最新

最新中华人民共和国法律配套解读与实例系列

1

中华人民共和国

监察法

配套解读与实例

夏红　赵霞 编著

法律出版社
LAW PRESS·CHINA

图书在版编目(CIP)数据

最新中华人民共和国监察法配套解读与实例 / 夏红,赵霞编著. -- 北京 : 法律出版社, 2019
ISBN 978-7-5197-3334-6

Ⅰ. ①最… Ⅱ. ①夏… ②赵… Ⅲ. ①行政监察法-法律解释-中国②行政监察法-案例-中国 Ⅳ. ①D922.114.5

中国版本图书馆 CIP 数据核字(2019)第 054860 号

最新中华人民共和国监察法配套解读与实例
ZUIXIN ZHONGHUA RENMIN GONGHEGUO JIANCHAFA PEITAO JIEDU YU SHILI

夏 红 赵 霞 编著

责任编辑 陶玉霞
装帧设计 李 瞻

编辑统筹 法规出版分社
出版 法律出版社
开本 710 毫米×1000 毫米 1/16
总发行 中国法律图书有限公司
印张 25.5
经销 新华书店
字数 480 千
印刷 三河市龙大印装有限公司
版本 2019 年 10 月第 1 版
责任印制 吕亚莉
印次 2019 年 10 月第 1 次印刷

法律出版社/北京市丰台区莲花池西里 7 号(100073)
网址/www.lawpress.com.cn
投稿邮箱/info@lawpress.com.cn
销售热线/400-660-8393
举报维权邮箱/jbwq@lawpress.com.cn
咨询电话/010-63939796

中国法律图书有限公司/北京市丰台区莲花池西里 7 号(100073)
全国各地中法图分、子公司销售电话:
统一销售客服/400-660-8393/6393
第一法律书店/010-83938432/8433 西安分公司/029-85330678 重庆分公司/023-67453036
上海分公司/021-62071010/1636 深圳分公司/0755-83072995

书号:ISBN 978-7-5197-3334-6
定价:59.00 元

出版说明

“最新中华人民共和国法律配套解读与实例系列”丛书由相关领域法律专家编写，收录法律标准文本，解读法律重点条文，并对与法律条文相配套的法律、法规、司法解释、审判政策和典型案例予以精要分析。丛书自2014年出版以来，得到了广大读者的关注与厚爱，读者对丛书的内容、编排体例给予了高度评价。2017年丛书全面修订，至今已经两年有余。两年来，随着我国立法的完善与发展，国家出台或者修改了与丛书各个领域联系紧密的法律法规、部门规章及司法解释，如《社会保险法》《公司法》《劳动法》《刑事诉讼法》《民事诉讼法》《公安机关办理行政案件程序规定》《最高人民法院关于适用〈中华人民共和国公司法〉若干问题的规定（五）》《最高人民法院关于适用〈中华人民共和国行政诉讼法〉的解释》等，为了进一步适应新的形势需要，编者再次对本丛书进行了较为系统的修改和完善。

丛书此次修订，重点吸纳最新的配套规定，精选近五年来最高人民法院公报案例、最高人民法院和最高人民检察院指导案例及典型案例，旨在提高案例的典型性和代表性，增强案例的针对性。同时，根据读者需求，增加了保险、监察、安全生产等领域的分册。

丛书编写以实用、易用为原则，汇编体例如下：

1. 法律适用提要。分册皆由该领域法律专家撰写适用提要，帮助读者对每一个立法背景、主要内容、注意事项有更全面深入的理解。

2. 重点法条注释。对重点法条进行条文解读，且每个条文都提炼条文主旨，帮助读者准确理解法条内容。

3. 配套法规解读。对与主体法重点条文配套的其他法律、法规、司法解释、审判政策进行解读，使观点更为鲜明、准确，语言更为通俗、精练，更便于读者理解和适用。

4. 关联法规索引。详细列出与主体法条文相关联的法规的名目，方便读者查询使用。

5. 典型案例精选。选取贴近日常生活的典型纠纷，以案说法、以案析法。

6. 附录相关法规。书末收录一些与本领域相关的法律、法规和司法解释，增强了法律法规的相关性和实效性。

需要说明的是,本丛书“适用提要”“条文主旨”“条文解读”“法规解读”等内容皆是编者为方便读者阅读、理解而编写,非国家正式颁布的法律文本,不具有法律效力。

总之,我们所有的付出都旨在提高本书的实用性,以满足广大读者更高的需求。书中不足之处还望读者在使用过程中不吝赐教,提出您的宝贵意见,以便本书继续修订完善。

法律出版社法规中心

2019 年 9 月

目　　录

中华人民共和国监察法

配 套 法 规

《中华人民共和国监察法》适用提要

2018 年 3 月 20 日,第十三届全国人民代表大会第一次会议通过了《中华人民共和国监察法》(以下简称《监察法》)并于当日公布实施。

在此之前,2016 年 12 月 25 日全国人民代表大会常务委员会通过了《关于在北京市、山西省、浙江省开展国家监察体制改革试点工作的决定》,开始了国家监察体制改革的初步尝试。为了贯彻落实党的十九大精神,根据党中央确定的《关于在全国各地推开国家监察体制改革试点方案》,在认真总结北京市、山西省、浙江省开展国家监察体制改革试点工作经验的基础上,第十二届全国人民代表大会常务委员会第三十次会议决定:在全国各地推开国家监察体制改革试点工作。2017 年 11 月 4 日,《全国人民代表大会常务委员会关于在全国各地推开国家监察体制改革试点工作的决定》颁布。为了进一步巩固并深化国家监察体制改革的探索成果,为了深化国家监察体制改革,加强对所有行使公权力的公职人员的监督,实现国家监察全面覆盖,深入开展反腐败工作,推进国家治理体系和治理能力现代化,2018 年 3 月 11 日,第十三届全国人民代表大会第一次会议通过了《中华人民共和国宪法修正案》,在《宪法》第三章"国家机构"中增加一节:第七节"监察委员会",增加了五个条文(第一百二十三条至第一百二十七条),明确了监察机关的宪法定位。

李建国副委员长在《关于〈中华人民共和国监察法(草案)〉的说明》中指出,《监察法》的制定是贯彻落实党中央关于深化国家监察体制改革决策部署的重大举措;是坚持和加强党对反腐败工作的领导,构建集中统一、权威高效的国家监察体系的必然要求;是总结党的十八大以来反腐败实践经验,为新形势下反腐败斗争提供坚强法治保障的现实需要;是坚持党内监督与国家监察有机统一,坚持走中国特色监察道路的创制之举。在《监察法》的制定过程中坚持正确政治方向,坚持与宪法修改保持一致,坚持问题导向,坚持科学立法、民主立法、依法立法的原则。

《监察法》共九章六十九条,包括总则、监察机关及其职责、监察范围和管辖、监察权限、监察程序、反腐败国际合作、对监察机关和监察人员的监督、法律责任和附则。再次确认和重申了监察机关是行使国家监察职能的专责机关的定位,并通过明确监察范围、监察权限、监察程序和监察处置的方式保障监察机关依法独立行使监察权。为了更好地与《监察法》相衔接，2018 年 10 月 26 日第十三届全国人民代表大会常务委员会第六次会议通过了《全国人民代表大会常务委员会关于修改〈中华人民共和国刑事诉讼法〉的决定》，并在该次会议上通过了《中华人民共和国国际刑事司法协助法》，都为确保监察机关职能的实现提供了保障。《监察法》实施以来，监察法规以及相关的党内法规不断出台，如《国家监察委员会管辖规定（试行）》（2018 年 10 月）、《中央纪委国家监委立案相关工作程序规定（试行）》（2018 年 11 月）、《中国共产党纪律检查机关监督执纪工作规则》（2018 年 12 月）、《党组讨论和决定党员处分事项工作程序规定（试行）》（2019 年 1 月）、《干部选拔任用工作监督检查和责任追究办法》（2019 年 5 月）等。2019 年 2 月 20 日，十九届中央纪委工作报告显示，2018 年，中央纪委国家监委立案审查调查中管干部 68 人，涉嫌犯罪移送司法机关 15 人；全国纪检监察机关共立案 63.8 万件，处分 62.1 万人，均创纪律检查机关恢复重建 40 年来的最高值；在高压震慑下，全国共有 2.7 万名党员干部主动交代了违纪违法问题，包括艾文礼、王铁等中管干部在内的 5000 余名党员干部主动投案；2018 年，全国纪检监察机关共运用监督执纪"四种形态"处理 173.7 万人次；第一、第二、第三、第四种形态分别占比 63.6%、28.5%、4.7% 和 3.2%；2018 年全国共谈话函询纪检监察干部 9200 余人，组织处理 1.3 万人，处分 3900 余人，移送司法机关 110 余人，中国特色国家监察体系不断完善，制度优势加速转化为治理效能。[1]

本书在编写的过程中，在对《监察法》的法律条文进行解读的同时，也注意检索和收集了对《监察法》条文理解有所助益的配套和相关的法律法规、党内法规，以期对《监察法》有更加深入的理解。同时秉承理论联系实际的基本原则，将监察法律文本与监察实践相结合，列举了典型案例，并对典型案例进行深度解析，以期在鲜活地适用中体现和反映《监察法》的立法目的。

〔1〕 王卓、程威、兰琳宗、韩亚栋：《肩负使命再出发——写在国家监察委员会成立一周年之际》，http://www.ccdi.gov.cn/toutiao/201903/T20190323_191031.html，查询时间：2019 年 5 月 31 日。

中华人民共和国监察法

（2018 年 3 月 20 日第十三届全国人民代表大会第一次会议通过
2018 年 3 月 20 日中华人民共和国主席令第三号公布　自公布之日起施行）

第一章　总　　则

本章介绍

本章为总则，共有六个条文。规定了《监察法》的立法目的，立法指导思想，监察委员会的法律地位，监察委员会依法独立行使监察权，监察工作的原则、任务。

第一条　【立法目的与根据】[1] **为了深化国家监察体制改革，加强对所有行使公权力的公职人员的监督，实现国家监察全面覆盖，深入开展反腐败工作，推进国家治理体系和治理能力现代化，根据宪法，制定本法。**

条文解读

本条是关于《监察法》立法目的与根据的规定。

根据本条规定，《监察法》的立法目的包括五个层层递进的方面：第一，深化国家监察体制改革；第二，加强对公职人员的监督；第三，实现国家监察全面覆盖；第四，深入开展反腐败工作；第五，推进国家治理体系和治理能力现代化。深化国家监察体制改革，是强化党和国家自我监督、坚持和加强党的领导的重大决策部署，是把党内监督同国家机关监督、民主监督、司法监督、群众监督、舆论监督贯通起来，形成发现问题、纠正偏差的有效机制。国家监察本质上属于党和国家的自我监督，不同于其他形式的外部监督，推进国家监察体制改革，有利于健全党和国家监督体系，确保党和国家长

〔1〕 条文主旨为编者所加，下同。

治久安。

有关国家监察体制改革在2016年10月的十八届六中全会公报中已经有所显现。公报指出,“各级党委应当支持和保证同级人大、政府、监察机关、司法机关等对国家机关及公职人员依法进行监督,人民政协依章程进行民主监督,审计机关依法进行审计监督”。不难看出,监察机关已被前所未有地放置于政府和司法机关之间。这一信息预示:监察机关将从政府职能部门,上升至与政府和法院、检察院平级的独立地位。[1]这在2018年3月11日第十三届全国人民代表大会第一次会议通过《中华人民共和国宪法修正案》中得以印证。嗣后,2018年3月20日同次会议通过了《中华人民共和国监察法》。

2017年10月,习近平总书记在中国共产党第十九次全国代表大会报告中指出:“深化国家监察体制改革,将试点工作在全国推开,组建国家、省、市、县监察委员会,同党的纪律检查机关合署办公,实现对所有行使公权力的公职人员监察全覆盖。”根据党中央决策部署和2016年12月25日十二届全国人大常委会第二十五次会议作出的决定,在北京市、山西省、浙江省开展改革试点工作,取得重要阶段性成果,探索积累了成功经验。根据党中央确定的《关于在全国各地推开国家监察体制改革试点方案》,在认真总结北京市、山西省、浙江省开展国家监察体制改革试点工作经验的基础上,2017年11月4日,第十二届全国人民代表大会常务委员会第三十次会议决定,在全国各地推开国家监察体制改革试点工作。至此,监察体制改革在全国铺开。截至2018年2月6日,全国31个省、市、县三级检察委员会已全部组建完成,这标志着国家监察体制改革试点工作取得重要阶段性成果。[2]

推进国家治理体系和治理能力现代化是党在2013年11月召开的十八届三中全会上提出的,是全面深化改革的总目标。国家治理体系和治理能力是一个国家制度和制度执行能力的集中体现。国家监察体制改革是党中央决定进行的一项事关全局的重大政治体制改革举措,其对国家治理体系的完善以及治理能力的提升都有重要作用。因此《监察法》的制定既是推进国家监察体制改革的重要成果,也是继续深化国家监察体制改革的基础和保障,使国家监察体制改革有法可依,有章可循,将改革纳入了法治化的轨道。

---

〔1〕 颢钧:《国家监察体制改革开启进行时》,http://www.xinhuanet.com/comments/2016-11/09/c_1119876483.htm,查询时间:2018年3月1日。

〔2〕 季元恺:《重大进展!全国31个省区市检察委员会全部产生》,http://n.cztv.com/news/12845563.html,查询时间:2018年3月1日。

配套法规及解读

《全国人民代表大会常务委员会关于在北京市、山西省、浙江省开展国家监察体制改革试点工作的决定》〔1〕（2016 年 12 月 25 日）

根据党中央确定的《关于在北京市、山西省、浙江省开展国家监察体制改革试点方案》，为在全国推进国家监察体制改革探索积累经验，第十二届全国人民代表大会常务委员会第二十五次会议决定：在北京市、山西省、浙江省开展国家监察体制改革试点工作。

一、在北京市、山西省、浙江省及所辖县、市、市辖区设立监察委员会，行使监察职权。将试点地区人民政府的监察厅（局）、预防腐败局及人民检察院查处贪污贿赂、失职渎职以及预防职务犯罪等部门的相关职能整合至监察委员会。试点地区监察委员会由本级人民代表大会产生。监察委员会主任由本级人民代表大会选举产生；监察委员会副主任、委员，由监察委员会主任提请本级人民代表大会常务委员会任免。监察委员会对本级人民代表大会及其常务委员会和上一级监察委员会负责，并接受监督。

二、试点地区监察委员会按照管理权限，对本地区所有行使公权力的公职人员依法实施监察；履行监督、调查、处置职责，监督检查公职人员依法履职、秉公用权、廉洁从政以及道德操守情况，调查涉嫌贪污贿赂、滥用职权、玩忽职守、权力寻租、利益输送、徇私舞弊以及浪费国家资财等职务违法和职务犯罪行为并作出处置决定，对涉嫌职务犯罪的，移送检察机关依法提起公诉。为履行上述职权，监察委员会可以采取谈话、讯问、询问、查询、冻结、调取、查封、扣押、搜查、勘验检查、鉴定、留置等措施。

三、在北京市、山西省、浙江省暂时调整或者暂时停止适用《中华人民共和国行政监察法》，《刑事诉讼法》第三条、第十八条、第一百四十八条以及第二编第二章第十一节关于检察机关对直接受理的案件进行侦查的有关规定，《中华人民共和国人民检察院组织法》第五条第二项，《中华人民共和国检察官法》第六条第三项，《中华人民共和国地方各级人民代表大会和地方各级人民政府组织法》第五十九条第五项关于县级以上的地方各级人民政府管理本行政区域内的监察工作的规定。其他法律中规定由行政监察机关行使的监察职责，一并调整由监察委员会行使。

实行监察体制改革，设立监察委员会，建立集中统一、权威高效的监察体系，是事关全局的重大政治体制改革。试点地区要按照改革试点方案的要求，切实加强党的领导，认真组织实施，保证试点工作积极稳妥、依法有序推进。

本决定自 2016 年 12 月 26 日起施行。

---

〔1〕 本决定中涉及的法律条文，均是 2016 年 12 月 25 日时的状态。

※法规解读：该决定系全国人大常委会对一市二省开展国家监察体制改革试点工作的授权。在该决定中初步规定了监察委员会的产生、人员任免、监察委员会的职能和职权，并暂停了与该项改革试点有冲突的相关法律，同时明确指出国家监察体制的改革是事关全局的重大政治体制改革。

《全国人民代表大会常务委员会关于在全国各地推开国家监察体制改革试点工作的决定》〔1〕(2017年11月4日)

为了贯彻落实党的十九大精神，根据党中央确定的《关于在全国各地推开国家监察体制改革试点方案》，在认真总结北京市、山西省、浙江省开展国家监察体制改革试点工作经验的基础上，第十二届全国人民代表大会常务委员会第三十次会议决定：在全国各地推开国家监察体制改革试点工作。

一、在各省、自治区、直辖市、自治州、县、自治县、市、市辖区设立监察委员会，行使监察职权。将县级以上地方各级人民政府的监察厅（局）、预防腐败局和人民检察院查处贪污贿赂、失职渎职以及预防职务犯罪等部门的相关职能整合至监察委员会。监察委员会由本级人民代表大会产生。监察委员会主任由本级人民代表大会选举产生；监察委员会副主任、委员，由监察委员会主任提请本级人民代表大会常务委员会任免。监察委员会对本级人民代表大会及其常务委员会和上一级监察委员会负责，并接受监督。

二、监察委员会按照管理权限，对本地区所有行使公权力的公职人员依法实施监察；履行监督、调查、处置职责，监督检查公职人员依法履职、秉公用权、廉洁从政以及道德操守情况，调查涉嫌贪污贿赂、滥用职权、玩忽职守、权力寻租、利益输送、徇私舞弊以及浪费国家资财等职务违法和职务犯罪行为并作出处置决定；对涉嫌职务犯罪的，移送检察机关依法提起公诉。为履行上述职权，监察委员会可以采取谈话、讯问、询问、查询、冻结、调取、查封、扣押、搜查、勘验检查、鉴定、留置等措施。

三、在试点工作中，暂时调整或者暂时停止适用《中华人民共和国行政监察法》，《刑事诉讼法》第三条、第十八条、第一百四十八条以及第二编第二章第十一节关于检察机关对直接受理的案件进行侦查的有关规定，《中华人民共和国人民检察院组织法》第五条第二项，《中华人民共和国检察官法》第六条第三项，《中华人民共和国地方各级人民代表大会和地方各级人民政府组织法》第五十九条第五项关于县级以上的地方各级人民政府管理本行政区域内的监察工作的规定。其他法律中规定由行政监察机关行使的监察职责，一并调整由监察委员会行使。

各地区、各部门要按照改革试点方案的要求，切实加强党的领导，认真组织实施，

〔1〕 本决定中涉及的法律条文，均是2017年11月4日时的状态。

保证试点工作积极稳妥、依法有序推进。

本决定自2017年11月5日起施行。

※法规解读：该决定系全国人大常委会授权在全国范围内推开国家监察体制改革试点工作的规定。该决定制定之时，《监察法》尚在制定过程中，根据《立法法》的规定，涉及国家重大事项，以及对公民政治权利的剥夺、限制人身自由的强制措施和处罚等事项只能制定法律，尚未制定法律的，全国人民代表大会及其常务委员会有权作出决定，同时授权决定应当明确授权的目的、事项、范围、期限以及被授权机关实施授权决定应当遵循的原则等。授权立法事项，经过实践检验，制定法律的条件成熟时，由全国人民代表大会及其常务委员会及时制定法律。法律制定后，相应立法事项的授权终止。为此，在《监察法》尚未出台的情况下，该决定使国家监察体制改革有规可依，有章可循。

该决定明确了监察委员会与原有相关职能部门的衔接，即将县级以上地方各级人民政府的监察厅(局)、预防腐败局和人民检察院查处贪污贿赂、失职渎职以及预防职务犯罪等部门的相关职能整合至监察委员会；还规定了监察委员会组成人员的任免，监察委员会的职责、职权和可以采取的措施，以及在相关法律尚未调整情况下，试点工作推进可能产生的法律冲突问题的调整。

关联法规索引

《宪法》第127条；《立法法》第8～13条

第二条 【立法指导思想】坚持中国共产党对国家监察工作的领导，以马克思列宁主义、毛泽东思想、邓小平理论、“三个代表”重要思想、科学发展观、习近平新时代中国特色社会主义思想为指导，构建集中统一、权威高效的中国特色国家监察体制。

条文解读

本条是关于《监察法》立法指导思想的规定。

根据本条规定，《监察法》的立法原则是坚持中国共产党对国家监察工作的领导。立法指导思想是以马克思列宁主义、毛泽东思想、邓小平理论、“三个代表”重要思想、科学发展观、习近平新时代中国特色社会主义思想为指导。《监察法》要实现的立法目标是要构建集中统一、权威高效的中国特色国家监察体制。

立法原则是立法主体进行立法活动的重要准绳，是立法指导思想在立法实践中的重要体现。2014 年 10 月，党的十八届四中全会通过的《中共中央关于全面推进依法治国若干重大问题的决定》明确指出："党的领导是中国特色社会主义最本质的特征，是社会主义法治最根本的保证。"2017 年 10 月 18 日，习近平总书记在中国共产党第十九次全国代表大会报告中指出："坚持党对一切工作的领导。"坚持党对立法工作的领导，是我国立法工作必须坚持的基本原则，也是必须遵循的客观规律。《监察法》的制定也要遵循这一立法原则。

以马克思列宁主义、毛泽东思想、邓小平理论、"三个代表"重要思想、科学发展观、习近平新时代中国特色社会主义思想为指导，是我国宪法中明确规定的指导思想。宪法是国家根本法，是治国安邦的总章程，是党和人民意志的集中体现。宪法具有最高的法律地位、法律权威和法律效力，是国家政治和社会生活的最高行为规范。2018 年 3 月 11 日，十三届全国人大一次会议表决通过《宪法修正案》，将习近平新时代中国特色社会主义思想载入宪法，把党的指导思想转化为国家指导思想，是党和国家事业发展的迫切需要，也是我国宪法完善发展的内在要求。将习近平新时代中国特色社会主义思想载入宪法，赋予其最高法律权威和法律效力，使之成为全体人民的共同意志，成为国家各项事业、各方面工作的根本遵循，有利于在全体人民中强化党的领导意识、把党的领导落实到国家工作全过程和各方面，确保党对国家各项事业、各方面工作的全面领导。[1]《监察法》作为普通法律，它的制定要以宪法为依据，并不得与宪法相抵触。

国家监察体制改革是我国一项重大的政治体制改革，是完善和发展中国特色社会主义制度，巩固党的执政基础、提高党的执政能力的需要。监察体制改革的总目标就是形成集中统一、权威高效的国家监察体系。它所要建立的是在中国共产党统一领导下的具有中国特色的国家反腐败工作机构。以零容忍态度惩治腐败是中国共产党鲜明的政治立场，是党心民心所向。当前反腐败斗争形势依然严峻复杂，与党风廉政建设和反腐败斗争的要求相比，我国之前的监察体制机制存在明显不适应问题。一是监察范围过窄。监察对象主要是行政机关及其工作人员，还没有做到对所有行使公权力的公职人员全覆盖。二是反腐败力量分散。国家监察体制改革之前，党的纪律检查机关依照党章党规对党员的违纪行为进行审查，行政监察机关依照《行政监察法》对行政机关工作人员的违法违纪行为进行监察，检察机关依照《刑事诉讼法》对国家工作人员职务犯罪行为进行查处，反腐败职能既分别行使，又交叉重叠，没有形成合力。同时，检察机关对职务犯罪案件既行使侦查权，又行使批捕、起诉等权力，缺乏有效监督机

---

〔1〕 轩理：《将习近平新时代中国特色社会主义思想载入宪法的重大意义 》，http://www.xinhuanet.com/2018-02/26/c_1122455317.htm，查询时间：2018 年 3 月 1 日。

制。深化国家监察体制改革,组建党统一领导的反腐败工作机构即监察委员会,就是将行政监察部门、预防腐败机构和检察机关查处贪污贿赂、失职渎职以及预防职务犯罪等部门的工作力量整合起来,把反腐败资源集中起来,把执纪和执法贯通起来,攥指成拳,形成合力。三是体现专责和集中统一不够。制定《监察法》,明确"各级监察委员会是行使国家监察职能的专责机关",从而与党章关于"党的各级纪律检查委员会是党内监督专责机关"相呼应,通过国家立法把党对反腐败工作集中统一领导的体制机制固定下来,构建党统一指挥、全面覆盖、权威高效的监督体系,把制度优势转化为治理效能。[1]

关联法规索引

《宪法》总则;《立法法》第 3 条;《中国共产党章程》总纲

第三条 【性质和职能】各级监察委员会是行使国家监察职能的专责机关,依照本法对所有行使公权力的公职人员(以下称公职人员)进行监察,调查职务违法和职务犯罪,开展廉政建设和反腐败工作,维护宪法和法律的尊严。

条文解读

本条是关于监察委员会性质和职能的规定。

各级监察委员会是行使国家监察职能的专责机关。"专责机关"是指各级监察委员会是国家机构中专司监察职能的机关,是实现党和国家自我监督的政治机关,不是行政机关,亦不是司法机关。监察机关与党的纪律检查机关合署办公,体现了党内监督和国家机关监督、党的纪律检查和国家监察的有机统一。"专责机关"与"专门机关"一字之差,不仅明确了监察委员会在国家机构中的地位,更突出了监察委员会的专业化特征和专门性职责。

监察委员会的职能主要包括三个方面:第一,依法行使监察权,代表党和国家对所有行使公权力的公职人员进行监察。根据《监察法》第十五条的规定,监察对象包括:中国共产党机关、人民代表大会及其常务委员会机关、人民政府、监察委员会、人民法院、人民检察院、中国人民政治协商会议各级委员会机关、民主党派机关和工商业联合会机关的公务员,以及参照《公务员法》管理的人员;法律、法规授权或者受国家机关依

---

〔1〕 李建国:《关于〈中华人民共和国监察法(草案)〉的说明》,http://www.zgg.org.cn/zhtbd_5658/2018qglh/qwfb/201803/t20180314_675760.html,查询时间:2018 年 3 月 14 日。

法委托管理公共事务的组织中从事公务的人员;国有企业管理人员;公办的教育、科研、文化、医疗卫生、体育等单位中从事管理的人员;基层群众性自治组织中从事管理的人员;其他依法履行公职的人员。第二,监察机关既调查职务违法行为,又调查职务犯罪行为。它的职能权限与执法部门、司法机关明显不同,一般的刑事犯罪行为不属于其调查范围。第三,开展廉政建设和反腐败工作,维护宪法和法律的尊严。监察委员会开展廉政建设和反腐败工作,对公职人员进行廉政教育,加强反腐力度,从思想源头抓起,筑牢拒腐防变的思想道德防线,防止公职人员发生腐败。宪法是国家根本法,监察机关及其工作人员在工作中要严格遵循宪法,以事实为根据、以法律为准绳,维护宪法和法律的尊严。

关联法规索引

《宪法》序言;《中国共产党章程》总纲

第四条 【依法独立行使监察权】 监察委员会依照法律规定独立行使监察权,不受行政机关、社会团体和个人的干涉。

监察机关办理职务违法和职务犯罪案件,应当与审判机关、检察机关、执法部门互相配合,互相制约。

监察机关在工作中需要协助的,有关机关和单位应当根据监察机关的要求依法予以协助。

条文解读

本条是关于监察委员会依法独立行使监察权的规定。本条共三款。

2018年3月11日,第十三届全国人大一次会议表决通过《中华人民共和国宪法修正案》,把党的十九大提出的重大理论创新和重大方针政策载入国家根本法,推动宪法与时俱进、完善发展。此次宪法修改共有二十一个条文,其中十一条与国家监察体制改革相关,在第三章"国家机构"中新增"监察委员会"一节,确立了监察委员会作为国家机构的宪法地位,为其依法行使职权、开展工作奠定了宪法基础。《宪法》第一百二十七条规定:监察委员会依照法律规定独立行使监察权,不受行政机关、社会团体和个人的干涉。监察机关办理职务违法和职务犯罪案件,应当与审判机关、检察机关、执法部门互相配合,互相制约。

在《宪法》中增加"监察委员会"一节,是对国家监察体制改革成果的深刻总结,具有坚实的政治基础、理论基础、实践基础和充分的法理支撑。要坚持改革决策和立法决策相统一、相衔接，做到重大改革于法有据，使改革和法治同步推进。《宪法修正案》就国家监察委员会和地方各级监察委员会的性质、地位、名称、人员组成、任期任届、领导体制和工作机制等作出规定，为监察委员会建立组织体系、履行职能职责、运用相关权限、构建配合制约机制、强化自我监督等提供了根本法依据，使党的主张通过法定程序成为国家意志，使国家监察体制改革于宪有据、《监察法》于宪有源，体现了全面深化改革和全面依法治国、全面从严治党的有机统一。

本条第一款是关于监察委员会依法独立行使监察权原则的规定。《宪法》规定："中华人民共和国各级监察委员会是国家的监察机关。"监察委员会是行使国家监察职能的专责机关，与党的纪律检查机关合署办公，体现了党内监督和国家机关监督、党的纪律检查和国家监察有机统一。各级监察委员会是实现党和国家自我监督的政治机关，不是行政机关、司法机关。其依法行使的监察权，不是行政监察、反贪反渎、预防腐败职能的简单叠加，而是在党直接领导下，代表党和国家对所有行使公权力的公职人员进行监督，既调查职务违法行为，又调查职务犯罪行为，其职能权限与司法机关、执法部门明显不同。监察委员会依法独立行使监察权，履行职责必须严格依照法律进行活动，既不能滥用或者超越职权，也不能不作为，更不允许利用职权徇私枉法，放纵职务违法犯罪行为。本款中的"干涉"主要是指行政机关、社会团体和个人利用职权、地位，或者采取其他不正当手段干扰、影响监察人员依法行使职权的行为。

本条第二款是关于监察机关与审判机关、检察机关、执法部门在办理职务违法犯罪案件过程中的关系的规定。监察机关在依法履职过程中，要严格按照程序规定，加强与有关机关、部门的协作配合，接受制约和监督。目前在实际工作中，审计部门发现领导干部涉嫌违纪违法问题线索，要按规定移送相关纪检监察机关调查处置；纪检监察机关提出采取技术调查、限制出境等措施的请求后，公安机关与相关部门要对适用对象、种类、期限、程序等进行严格审核并批准。监察委员会成立后，对涉嫌职务犯罪的行为，监察委员会调查终结后移送检察机关依法审查、提起公诉，由人民法院负责审判；对监察机关移送的案件，检察机关经审查后认为需要补充核实的，应退回监察机关进行补充调查，必要时还可自行补充侦查。对于有《刑事诉讼法》规定的不起诉的情形的，经上一级人民检察院批准，依法作出不起诉的决定；监察机关在收集、固定、审查、运用证据时，应当与刑事审判关于证据的要求和标准相一致。在制度上形成了监察委员会调查、检察院起诉、法院审判的工作机制，也体现了司法机关对监察机关的监督。[1]

---

〔1〕 整理自钟纪言：《以宪法为根本遵循 肩负起国家监察神圣职责》，http://www.chinacourt.org/article/detail/2018/03/id/3228852.shtml，查询时间：2018年3月14日。

本条第三款是关于有关机关和单位对监察机关的协助义务的规定。监察机关履行监督、调查、处置职责，行使调查权限，是依据法律授权，行政机关、社会团体和个人无权干涉，同时有关机关和单位还应当积极协助配合监察委员会行使监察权，以保障监察权的严肃性和权威性。监察机关工作过程中，遇到超出监察机关职权范围或者其他紧急、特殊情况，需要公安、审计、税务、海关、财政、金融等有关机关和单位予以协助的时候，有权要求相关机关和单位予以协助。只要是监察机关依法提出的协助要求，有关机关和单位应当在其职权范围内依法予以协助。

关联法规索引

《宪法》第127条

第五条 【监察原则】 国家监察工作严格遵照宪法和法律，以事实为根据，以法律为准绳；在适用法律上一律平等，保障当事人的合法权益；权责对等，严格监督；惩戒与教育相结合，宽严相济。

条文解读

本条是关于监察原则的规定。监察原则主要包括以下四个方面内容：

第一，严格遵照宪法和法律，以事实为根据，以法律为准绳。宪法是国家根本法，监察机关及其工作人员在工作中要严格遵循宪法，以事实为根据，以法律为准绳。"以事实为根据，以法律为准绳"是指监察人员在调查、处置案件时应重证据、重调查研究，认定事实必须以查证属实的证据为根据，适用法律又必须以查明的事实为根据；监察人员对案件的程序问题和实体问题的处理，包括案件线索处置、初核、立案、调查、作出处置决定等，都必须以《监察法》和其他相关法律的有关规定为标准，以法律的规定作为评价已经查明的案件事实的尺度。"以事实为根据，以法律为准绳"是有效开展监察工作不可分割的两个方面，二者相互联系，缺一不可。

第二，在适用法律上一律平等，保障当事人的合法权益。公民在适用法律上一律平等原则是宪法原则。该原则在《监察法》中的体现，是指对任何监察对象的职务违法、职务犯罪行为，无论其社会政治地位、民族、职业、出身、性别、经济状况、受教育程度、宗教信仰、参加党派等如何，都必须严格依照法律规定，在适用法律上不允许有任何歧视或者特殊优待，坚持相同情况同样对待，不同情况不同对待。不允许任何人享有超越法律之外的特权。"保障当事人合法权益"，这里主要指的是被调查人和涉案人员的合法权益。《宪法》第三十三条第三款规定国家尊重和保障人权。依据宪法原则,《监察法》明确规定保障当事人的合法权益。这里的"合法权益"包括人身权和财产权两个方面。《监察法》规定了监察机关因履职可以采取的十二项措施,关系到被调查人和涉案人员的人身和财产安全,监察机关及其工作人员应该依据法定权限、遵循法定程序依法履职,以保障被调查人及涉案人员的合法权益不受侵犯。

第三,权责对等,严格监督。权责对等是指在监察人员依法调查、处置监察对象时,应遵循监察对象所拥有的权力与其所承担的责任相适应的原则。严格监督是指在当前反腐败斗争形势依然严峻复杂的情况下,监察机关及其工作人员在监察工作中应该依法履职,严格监督,既要监督乱作为,也要监管消极的不作为、慢作为,保证公权力正确、有效行使,推动反腐败工作取得压倒性胜利。

第四,惩戒与教育相结合,宽严相济。"惩前毖后、治病救人"是我们党的一贯方针。惩戒与教育相结合,宽严相济原则是惩前毖后、治病救人方针在监察工作中的具体体现。惩戒与教育相结合的原则是指监察机关在开展监察工作中不仅要严肃查处监察对象的职务违法、犯罪行为,还要立足于教育,着眼于提高所有公职人员的思想和政治素质,把惩戒与防范、治标与治本有机地结合起来。既要反对"不教而诛",单纯惩戒,也要反对"教育万能"的思想,要把惩戒与教育有机地结合起来。这一原则有两方面的含义:一方面是对职务违法、犯罪者,必须严肃处理,依法惩处;另一方面要将教育贯穿于整个监察工作的始终,使惩戒立足于教育、挽救和防范的基础之上,提高监察对象遵纪守法、廉洁从政的自觉性。宽严相济原则是具有中国特色的基本刑事政策,它对于最大限度地预防和减少犯罪、化解社会矛盾、维护社会和谐稳定,具有特别重要的意义。宽严相济原则应贯穿于监察工作的全过程。在监察工作中坚持宽严相济的原则就是要根据职务违法、犯罪的具体情况,实行区别对待,做到该宽则宽,当严则严,打击和孤立极少数,教育、感化和挽救大多数,最大限度地减少社会对立面,促进社会和谐稳定,维护国家长治久安。

关联法规索引

《最高人民法院关于贯彻宽严相济刑事政策的若干意见》;《中国共产党纪律检查机关监督执纪工作规则》第3条

第六条 【工作方针】 国家监察工作坚持标本兼治、综合治理,强化监督问责,严厉惩治腐败;深化改革、健全法治,有效制约和监督权力;加强法治教育和道德教育,弘扬中华优秀传统文化,构建不敢腐、不能腐、不想腐的长效机制。

条文解读

本条是关于监察工作方针的规定。

国家监察工作要贯彻以下工作方针，包括：

第一，坚持标本兼治，综合治理，强化监督问责，严厉惩治腐败。就是保持高压态势，形成持续震慑，强化“不敢腐”。党的十八大以来，反腐败斗争呈压倒性态势并巩固发展，深化标本兼治，实现“干部清正、政府清廉、政治清明”的反腐倡廉建设战略目标，才能确保党和国家的长治久安。本条的规定体现了党的十九大报告“坚持无禁区、全覆盖、零容忍，坚持重遏制、强高压、长震慑”的要求。

第二，深化改革、健全法治，有效制约和监督权力。就是强化“不能腐”。国家监察体制改革是我国一项重大的政治体制改革，改革的总目标就是形成集中统一、权威高效的国家监察体系。通过立法把行之有效的改革举措以法律的形式固化下来，使监察活动全部纳入到法治轨道上来，增强监督实效，真正构筑起不能腐的堤坝，让权力得到约束。

第三，加强法治教育和道德教育，弘扬中华优秀传统文化。就是强化“不想腐”。国家治理需要法律和道德协同发力。在中共中央政治局第三十七次集体学习时，习近平总书记强调“把法治中国建设好，必须坚持依法治国和以德治国相结合，使法治和德治在国家治理中相互补充、相互促进、相得益彰”。法律是成文的道德，道德是内心的法律。法律和道德都有规范社会行为、调节社会关系、维护社会秩序的作用，在国家治理中都有其地位和功能。作为监察对象的公职人员既应该做全面依法治国的重要组织者、推动者，也应该做道德建设的积极倡导者、示范者；既要坚持带头学法、模范守法，也要加强以德修身、以德立威、以德服众，从中华民族历史文化中汲取智慧，努力成为全社会的道德楷模，带头践行社会主义核心价值观。

监察工作按照上述三项工作方针，扎实推进，最终构建起所有行使公权力的公职人员不敢腐、不能腐、不想腐，从惩戒、制度到信仰三位一体的反腐长效机制，为实现党和国家长治久安走出一条有中国特色的监察道路。

关联法规索引

《中国共产党章程》；《中国共产党问责条例》；《中国共产党纪律检查机关监督执纪工作规则》第4条

第二章　监察机关及其职责

本章介绍

本章从第七条至第十四条，共有八个条文，是关于监察机关及其职责的规定。具体内容包括：监察机关的设置；国家监察委员会的产生、组成及其与权力机关关系的规定；国家监察委员会主任任期的规定；地方各级监察委员会的产生、职责组成及其与本级权力机关和上一级主管机关关系的规定；地方各级监察委员会主任任期的规定；监察机关上下级领导关系的规定；监察委员会的职责；监察机构、监察人员的派驻、派出；国家实行监察官制度。

第七条　【监察机关设置】　中华人民共和国国家监察委员会是最高监察机关。

省、自治区、直辖市、自治州、县、自治县、市、市辖区设立监察委员会。

条文解读

本条共有两款，是关于监察机关设置的规定。

本条第一款是关于国家监察委员会地位的规定。《宪法》第一百二十五条第一款规定：中华人民共和国国家监察委员会是最高监察机关。《监察法》依据《宪法》规定，确立了国家监察委员会的性质和地位。在整个国家机构体系中，国家监察委员会是行使国家最高监察权的机关。国家监察委员会的最高监察权地位主要体现在：第一，国家监察委员会的组成人员由全国人民代表大会及其常务委员会选举或者任命产生。国家监察委员会主任由全国人民代表大会选举产生，其他组成人员由主任提名，全国人大常委会任免。第二，国家监察委员会负责全国监察工作，领导地方各级监察委员会的工作。第三，国家监察委员会有权办理各级监察机关管辖范围内的监察事项。

本条第二款是关于地方各级监察委员会机构设置的规定。地方各级监察委员会分三级：省、自治区、直辖市、自治州、县、自治县、市、市辖区依据本法规定设置省级监察委员会、市（地）级监察委员会、县级监察委员会。乡镇不设监察委员会。根据《监察法》第十二条关于监察机关派驻或者派出监察机构和监察专员的规定，监察委员会可以在乡镇设派驻机构，依法行使相关监察职权。

关联法规索引

《宪法》第30、123～125条

第八条 【国家监察委员会】 国家监察委员会由全国人民代表大会产生，负责全国监察工作。

国家监察委员会由主任、副主任若干人、委员若干人组成，主任由全国人民代表大会选举，副主任、委员由国家监察委员会主任提请全国人民代表大会常务委员会任免。

国家监察委员会主任每届任期同全国人民代表大会每届任期相同，连续任职不得超过两届。

国家监察委员会对全国人民代表大会及其常务委员会负责，并接受其监督。

条文解读

本条共四款，是关于国家监察委员会产生、组成与权力机关关系及国家监察委员会主任任期的规定。

本条第一款是关于国家监察委员会的产生和职责的规定。我国《宪法》第三条规定，国家行政机关、监察机关、审判机关、检察机关都由人民代表大会产生，对它负责，受它监督。依据《宪法》，本条款规定国家监察委员会由全国人民代表大会产生，负责全国监察工作。这意味着我国的国家机构发生了重要调整和完善，即在原来人大下的"一府两院"变成"一府一委两院"。这个"委"就是国家监察委员会。全国人民代表大会代表着立法权，国务院代表着行政权，最高人民法院和最高人民检察院代表着司法权，而国家监察委员会拥有了第四权——监察权，负责全国的监察工作。

本条第二款是关于国家监察委员会组成的规定。《宪法》第六十二条第七项规定全国人民代表大会选举国家监察委员会主任。《宪法》第一百二十四条规定中华人民共和国设立国家监察委员会和地方各级监察委员会。监察委员会由主任、副主任若干人、委员若干人组成。依据《宪法》，本条规定：国家监察委员会由主任、副主任若干人、委员若干人组成，主任由全国人民代表大会选举，副主任、委员由国家监察委员会主任提请全国人民代表大会常务委员会任免，这与最高人民法院、最高人民检察院相关领导人员产生方式相同。

本条第三款是关于国家监察委员会主任任职期限的规定。《宪法》第一百二十四条规定监察委员会主任每届任期同本级人民代表大会每届任期相同。国家监察委员会主任连续任职不得超过两届。依据《宪法》，本款规定了国家监察委员会主任每届任期同全国人民代表大会每届任期相同，连续任职不得超过两届。任期届满，要重新经过全国人大选举新的国家监察委员会主任。本款规定国家监察委员会主任连续任职不得超过两届，与《宪法》关于最高人民法院院长、最高人民检察院检察长连续任职届数的规定相一致。本法没有对监察委员会副主任、委员的任期作出规定，是为了保证国家监察机关职权行使的连续性。

本条第四款是关于国家监察委员会与权力机关关系的规定。国家监察委员会对全国人民代表大会及其常务委员会负责，并接受其监督。全国人大有权监督由其产生的其他国家机关的工作。国家监察委员会由全国人大产生，对其负责并接受其监督。全国人民代表大会有权罢免国家监察委员会主任。《宪法》第六十七条第六项规定了全国人大常委会有"监督国务院、中央军事委员会、国家监察委员会、最高人民法院和最高人民检察院的工作"的职权。全国人大常委会是全国人大的常设机关，是全国人大闭会期间行使国家权力的机关，是最高国家权力机关的组成部分，也是行使国家立法权的机关。在全国人大闭会期间，全国人大常委会行使全国人大的部分职能，对最高国家行政机关、监察机关、审判机关、检察机关进行监督，而这些机关要对它负责并接受其监督。依据《监察法》第五十三条的规定，国家监察委员会向全国人大常委会作专项工作报告，接受执法检查，接受人大代表或者常务委员会组成人员就监察工作中的有关问题提出的询问或质询。

关联法规索引

《宪法》第3、62、67、124、126条；《全国人民代表大会组织法》第一章、第二章

第九条　【地方各级监察委员会】　地方各级监察委员会由本级人民代表大会产生，负责本行政区域内的监察工作。

地方各级监察委员会由主任、副主任若干人、委员若干人组成，主任由本级人民代表大会选举，副主任、委员由监察委员会主任提请本级人民代表大会常务委员会任免。

地方各级监察委员会主任每届任期同本级人民代表大会每届任期相同。

地方各级监察委员会对本级人民代表大会及其常务委员会和上一级监察委员会负责，并接受其监督。

条文解读

本条共有四款，是关于地方各级监察委员会产生、职责、组成、任期及其与本级权力机关和上级监察委员会关系的规定。

第一款是关于地方各级监察委员会的产生和职责的规定。《宪法》第一百二十六条规定“地方各级监察委员会对产生它的国家权力机关和上一级监察委员会负责”。依据《宪法》，本条规定地方各级监察委员会由本级人民代表大会产生，负责本行政区域内的监察工作。地方各级人民代表大会是地方国家权力机关，在本行政区域内处于首要地位，代表本行政区域的人民行使管理国家事务的权力。地方各级国家行政机关、监察机关、审判机关和检察机关都由它产生，向它负责，受它监督。

第二款是关于地方各级监察委员会组成的规定。地方各级监察委员会由主任、副主任若干人、委员若干人组成，主任由本级人民代表大会选举，副主任、委员由监察委员会主任提请本级人民代表大会常务委员会任免。地方各级监察委员会组成和人员产生方式，与国家监察委员会相同。

第三款是关于地方各级监察委员会主任任期的规定。地方各级监察委员会主任每届任期同本级人民代表大会每届任期相同，随本级人大换届而换届。地方各级人民代表大会的每届任期是五年，地方各级监察委员会主任每届任期也是五年。对于地方各级监察委员会组成人员的连选连任，《监察法》没有作限制性规定。

第四款是关于地方各级监察委员会与本级权力机关和上一级主管机关关系的规定。地方各级监察委员会对本级人民代表大会及其常务委员会和上一级监察委员会负责，并接受其监督。地方各级人民代表大会有权监督其他地方国家机关的工作。地方各级监察委员会由本级人民代表大会产生，对其负责，并接受其监督。地方各级人大常务委员会是本级人民代表大会的常设机关，是在本级人大闭会期间经常行使地方国家权力的机关，它隶属于同级人民代表大会，向同级人民代表大会负责并报告工作。地方各级人大常委会有权监督本级人民政府、监察委员会、人民法院、人民检察院的工作。地方各级监察委员会接受双重监督，对其监察工作有监督权的还包括上一级监察委员会，这也说明了监察机关内部的隶属关系。这种双重监督体制确保监察队伍的忠诚、纯洁，保证监察工作的顺利进行。

关联法规索引

《宪法》第 104、126 条

第十条　【上下级关系】 **国家监察委员会领导地方各级监察委员会的工作，上级监察委员会领导下级监察委员会的工作。**

条文解读

本条是关于监察机关上下级领导关系的规定。

国家监察委员会和地方各级监察委员会之间、上下级监察委员会之间是领导与被领导的关系。国家监察委员会领导地方各级监察委员会的工作，上级监察委员会领导下级监察委员会的工作。这实际上明确了监察系统内部实行领导与被领导的关系体制机制，用法律形式将国家监察机制的组织创新固定下来。这样的领导体制有利于提高监察工作的效率，有效解决反腐败力量分散、职能交叉重叠等问题，有利于形成强有力的反腐败机构体系。

国家监察委员会是国家最高监察机关，在全国监察体系中处于最高地位，主管全国的监察工作，地方各级监察机关都必须服从它的领导。这种上下级关系旨在确保全国监察机关集中统一领导、工作步调一致及统一依法履职。上级监察委员会对下级监察委员会的工作负有领导责任。地方各级监察委员会负责本行政区域内的监察工作，依法履行自身的监督、调查、处置职责。同时，上级监察委员会对本行政区域内下级监察委员会的工作实行监督和业务指导。2013 年 11 月 12 日，党的十八届三中全会通过的《中共中央关于全面深化改革若干重大问题的决定》中明确规定，地方监察委员会查办职务违法犯罪案件以上级监察委员会领导为主，线索处置和案件查办在向同级党委报告的同时必须向上级纪委监委报告。规定上级监察委员会领导下级监察委员会的工作，一方面有利于上级监察委员会通过检查工作、受理复核申请等方式，加强对下级监察委员会履职情况进行监督，发现问题及时予以纠正，监督下级监察委员会严格依法办事，公正履职；另一方面当下级监察委员会遇到工作阻力时，上级监察委员会可以支持其依法行使职权，帮助其排除各种干扰。

关联法规索引

《宪法》第 125 条；《人民法院组织法》第 13 条；《人民检察院组织法》第 10 条；《中国共产党章程》第 45 条

第十一条 【法定职责】 监察委员会依照本法和有关法律规定履行监督、调查、处置职责：

（一）对公职人员开展廉政教育，对其依法履职、秉公用权、廉洁从政从业以及道德操守情况进行监督检查；

（二）对涉嫌贪污贿赂、滥用职权、玩忽职守、权力寻租、利益输送、徇私舞弊以及浪费国家资财等职务违法和职务犯罪进行调查；

（三）对违法的公职人员依法作出政务处分决定；对履行职责不力、失职失责的领导人员进行问责；对涉嫌职务犯罪的，将调查结果移送人民检察院依法审查、提起公诉；向监察对象所在单位提出监察建议。

条文解读

本条是关于监察委员会法定职责的规定。

《宪法》第一百二十四条第四款规定，“监察委员会的组织和职权由法律规定”，为《监察法》赋予监察委员会职责权限提供了宪法授权。依法赋予监察委员会职责权限，是健全党和国家监督体系的重要内容，不仅要实现监察对象全覆盖，也要实现监察职能全覆盖。

监察委员会的法定职责主要包括三个方面：监督、调查和处置。

第一，监督。对公职人员开展廉政教育，进行监督检查。监督是监察委员会的首要职责。监察委员会代表党和国家，依照《宪法》《监察法》及相关法律法规，对所有公职人员行使公权力的行为进行监督，确保权力“在阳光下运行”，把权力关进制度的笼子，防止和规制权力滥用。2016 年 10 月，党的十八届六中全会通过了《中国共产党党内监督条例》，明确规定了党内监督的原则、任务、主要内容和重点对象，针对不同主体，明确监督职责，规定具体监督措施，实现党内监督全覆盖。党内监督和国家监察都是中国特色治理体系的重要组成部分，具有高度的内在一致性。国家监察是对公权力最直接、最有效的监督，实现监察全覆盖直接关乎党的执政能力和治国理政科学化水平。制定《监察法》，就是要通过制度设计实现对所有行使公权力的公职人员的监察全覆盖，实现依规治党与依法治国、党内监督与国家监察的有机统一。监察委员会对公职人员开展廉政教育，从依法履职、秉公用权、廉洁从政及道德操守方面的情况进行监督检查。廉政教育的目的是从思想源头抓起，筑牢拒腐防变的思想道德防线，防止公职人员发生腐败。廉政教育的根本内容是加强理想信念教育，使公职人员牢固树立马克思主义的世界观、人生观、价值观，把好权力关、地位关和利益关，使讲规矩、守法律成为公职人员的自觉行动，不断增强“不想腐”的自觉。监督检查的方法包括列席或者召集会议、听取工作汇报、实施检查或者调阅、审查文件和资料等。

第二，调查。对职务违法和职务犯罪行为进行调查。监察委员会对涉嫌贪污贿赂、滥用职权、玩忽职守、权力寻租、利益输送、徇私舞弊以及浪费国家资财等职务违法和职务犯罪进行调查。这七类行为基本涵盖了公职人员的腐败行为类型。

贪污贿赂是指行使公权力的有关单位和人员，实施的贪污、受贿等侵犯国家廉政建设制度，以及与贪污、受贿违法犯罪密切相关的侵犯职务廉洁性的行为。

滥用职权是指公职人员违反法律规定或者超越法定职权范围行使职权，致使公共财产、国家和人民利益遭受损失的行为。这主要指以下几种情形：公职人员擅自处理其无权决定、处理的事项；公职人员以权谋私、假公济私，不正确履行职责；公职人员作出处理决定随意性大，对不同问题作相同处理，或对相同问题作不同处理等。

玩忽职守是指公职人员对工作不负责任、不履行或者不正确履行法定职责，致使国家、集体和公民的利益遭受损失的行为。公职人员玩忽职守有多种表现形式，如不履行法定职责，不实施岗位职务所要求实施的行为；对职责范围内管辖的事务不尽职责，敷衍塞责；在履行职责过程中擅离职守；对于可能对国家、集体和公民的利益造成损失的行为不采取有效措施予以制止，等等。滥用职权和玩忽职守在客观方面的区别就是滥用职权表现的是积极的作为，而玩忽职守表现的是消极的不作为。

权力寻租是指公职人员以权力为筹码谋求获取自身经济利益的违法犯罪行为。权力寻租行为把权力商品化，或以权力为资本，去参与商品交换和市场竞争，谋取金钱和物质利益，如权物交易、权钱交易、权权交易、权色交易等。权力寻租所带来的利益回报，成为权力腐败的原动力或污染源。

利益输送是指公职人员利用职权采取有别于传统方式的手段，将公共财产转移至本人或特定关系人控制以及利用掌握的公共资源为特定关系人或他人谋利，使自己或特定关系人受益的严重违法犯罪行为。

徇私舞弊是指公职人员为了私情、私利，包括贪图财物，讨好上级，照顾、袒护、包庇亲友或其他违法违纪人员等，在工作中利用手中权限或者本人职务、地位所形成的便利条件，故意违背事实和法律，弄虚作假，以帮助违法违纪人员逃避制裁等行为。

浪费国家资财是指公职人员违反规定，挥霍公款，铺张浪费的行为。

第三，处置。处置职责主要包括四个方面的内容：

1. 监察委员会对违法的公职人员依法作出政务处分决定。监察委员会根据监督、调查结果，对违法的公职人员依照法定程序作出警告、记过、记大过、降级、撤职、开除等政务处分决定。政务处分的表述于 2018 年 1 月首次出现在中央纪委查处违反中央八项规定精神问题月通报中。以“政务处分”代替“政纪处分”，一字之差，背后折射的是国家监察体制改革试点的重要内容。《监察法》扩大了监察对象的范围，包括中国共产党机关、人民代表大会及其常务委员会机关、人民政府、监察委员会、人民法院、人民检察院、中国人民政治协商会议各级委员会机关、民主党派机关和工商业联合会机关的公务员，以及参照《公务员法》管理的人员；法律、法规授权或者受国家机关依法委托管理公共事务的组织中从事公务的人员；国有企业管理人员；公办的教育、科研、文化、医疗卫生、体育等单位中从事管理的人员。监察改革前适用的政纪处分，主要针对行政机关及其工作人员，适用范围过窄。政务处分的适用对象范围比政纪处分更宽，不仅包括公务员，还包括其他行使公权力的公职人员，充分体现了权责对等、失责必究的基本精神。

2. 对履行职责不力、失职失责的领导人员进行问责。问责是指监察委员会根据有关规定，对不履行或者不正确履行职责的，按照管理权限对负有管理责任的领导人员作出问责决定，或者向有权作出问责决定的机关提出问责建议。问责的对象是公职人员中的领导人员，主要是指中国共产党机关、人民代表大会及其常务委员会机关、行政机关、监察机关、审判机关、检察机关、中国人民政治协商会议各级委员会机关、民主党派机关和工商业联合机关中担任各级领导职务和副调研员以上非领导职务的人员；参照《公务员法》管理的单位中担任各级领导职务和副调研员以上非领导职务的人员；大型、特大型国有和国有控股企业中层以上领导人员，中型以下国有和国有控股企业领导班子成员，以及上述企业中其他相当于县处级以上层次的人员；事业单位领导班子成员及其他六级以上管理岗位人员。

3. 对涉嫌职务犯罪的，将调查结果移送人民检察院依法审查、提起公诉。对被调查人涉嫌职务犯罪，监察机关经调查认为犯罪事实清楚，证据确实、充分的，制作起诉意见书，连同案卷材料、证据一并移送检察机关依法审查、提起公诉。

4. 向监察对象所在单位提出监察建议。监察建议是监察委员会在履行监察职能过程中，依照法定职权，根据监督、调查结果，向监察对象所在单位就廉政建设和履行职责等方面存在的问题提出的，具有法律效力的建议。被提出建议的有关单位无正当理由必须履行监察建议，否则，就要承担相应的法律责任。

配套法规及解读

《公务员法》(2018年12月29日修订)

第一条 为了规范公务员的管理，保障公务员的合法权益，加强对公务员的监督，促进公务员正确履职尽责，建设信念坚定、为民服务、勤政务实、敢于担当、清正廉洁的高素质专业化公务员队伍，根据宪法，制定本法。

第三条 公务员的义务、权利和管理，适用本法。

法律对公务员中领导成员的产生、任免、监督以及监察官、法官、检察官等的义务、权利和管理另有规定的，从其规定。

第六条　公务员的管理，坚持监督约束与激励保障并重的原则。

第十四条　公务员应当履行下列义务：

（一）忠于宪法，模范遵守、自觉维护宪法和法律，自觉接受中国共产党领导；

（二）忠于国家，维护国家的安全、荣誉和利益；

（三）忠于人民，全心全意为人民服务，接受人民监督；

（四）忠于职守，勤勉尽责，服从和执行上级依法作出的决定和命令，按照规定的权限和程序履行职责，努力提高工作质量和效率；

（五）保守国家秘密和工作秘密；

（六）带头践行社会主义核心价值观，坚守法治，遵守纪律，恪守职业道德，模范遵守社会公德、家庭美德；

（七）清正廉洁，公道正派；

（八）法律规定的其他义务。

※法规解读：《公务员法》第一、三、六及十四条明确规定了该法制定的目的、适用范围，公务员管理的原则及公务员应当履行的义务。公务员义务是《公务员法》及相关法律对公务员必须作出一定行为或不得作出一定行为的约束和强制。

第五十九条　公务员应当遵纪守法，不得有下列行为：

（一）散布有损宪法权威、中国共产党和国家声誉的言论，组织或者参加旨在反对宪法、中国共产党领导和国家的集会、游行、示威等活动；

（二）组织或者参加非法组织，组织或者参加罢工；

（三）挑拨、破坏民族关系，参加民族分裂活动或者组织、利用宗教活动破坏民族团结和社会稳定；

（四）不担当，不作为，玩忽职守，贻误工作；

（五）拒绝执行上级依法作出的决定和命令；

（六）对批评、申诉、控告、检举进行压制或者打击报复；

（七）弄虚作假，误导、欺骗领导和公众；

（八）贪污贿赂，利用职务之便为自己或者他人谋取私利；

（九）违反财经纪律，浪费国家资财；

（十）滥用职权，侵害公民、法人或者其他组织的合法权益；

（十一）泄露国家秘密或者工作秘密；

（十二）在对外交往中损害国家荣誉和利益；

（十三）参与或者支持色情、吸毒、赌博、迷信等活动；

（十四）违反职业道德、社会公德和家庭美德；

（十五）违反有关规定参与禁止的网络传播行为或者网络活动；

（十六）违反有关规定从事或者参与营利性活动，在企业或者其他营利性组织中兼任职务；

（十七）旷工或者因公外出、请假期满无正当理由逾期不归；

（十八）违纪违法的其他行为。

※法规解读：本条是关于公务员纪律的规定。公务员纪律是公务员法定义务的具体化，具有国家强制性，以惩戒作为执行的保障。本条规定了公务员的政治纪律、组织纪律、工作纪律、廉洁纪律、财经纪律、生活纪律等方面的禁止性纪律。

第六十一条 公务员因违纪违法应当承担纪律责任的，依照本法给予处分或者由监察机关依法给予政务处分；违纪违法行为情节轻微，经批评教育后改正的，可以免予处分。

对同一违纪违法行为，监察机关已经作出政务处分决定的，公务员所在机关不再给予处分。

※法规解读：本条是关于给予公务员处分、免予处分的条件及“一事不再罚”原则的规定。公务员承担相应的政纪处分或政务处分的条件就是有违纪违法行为。公务员免予处分的条件是虽有违纪违法行为，但情节轻微，经由有权机关批评、教育后，能够改正自己错误的，可以免予处分。对同一违纪违法行为，坚持“一事不再罚”原则，谁调查谁处理，不能既给予政务处分又给予政纪处分。

第六十二条 处分分为：警告、记过、记大过、降级、撤职、开除。

※法规解读：本条是关于处分种类的规定。主要划分为三类：第一，精神惩罚，一般适用于程度较低的违纪行为，通过对公务员名誉、荣誉等施加影响，使其重视、警惕不再有违纪违法行为。这主要包括警告、记过、记大过三种形式。第二，实质惩罚，一般都是适用于较严重的违纪违法行为，包括降级、撤职两种形式。降级是降低级别，根据有关规定，一般降低一个级别。撤职是撤销职务，撤职后按降低一级以上的职务另行确定职务。实质惩罚会给公务员的名誉、地位和经济带来一定的损失，使其不再有违纪违法行为。第三，开除。这是对公务员最严重的一种处分形式。适用于严重违纪违法行为，给予公务员开除处分，自处分之日起解除其与国家机关的人事关系。

第六十三条 对公务员的处分，应当事实清楚、证据确凿、定性准确、处理恰当、程序合法、手续完备。

公务员违纪违法的，应当由处分决定机关决定对公务员违纪违法的情况进行调查，并将调查认定的事实及拟给予处分的依据告知公务员本人。公务员有权进行陈述和申辩；处分决定机关不得因公务员申辩而加重处分。

处分决定机关认为对公务员应当给予处分的，应当在规定的期限内，按照管理权限和规定的程序作出处分决定。处分决定应当以书面形式通知公务员本人。

※法规解读:本条是关于对公务员处分的条件与程序的规定。对公务员处分的条件包括五个方面:事实清楚;证据确凿;定性准确;处理恰当;程序合法、手续完备。对公务员实施处分的过程中要严格履行法定程序,按照法律规定的方式、期限、步骤进行,以保证处分的客观、公正。给予公务员处分的实施程序为:调查;告知、陈述与申辩;作出处分决定;书面通知。

第六十四条 公务员在受处分期间不得晋升职务、职级和级别,其中受记过、记大过、降级、撤职处分的,不得晋升工资档次。

受处分的期间为:警告,六个月;记过,十二个月;记大过,十八个月;降级、撤职,二十四个月。

受撤职处分的,按照规定降低级别。

※法规解读:本条是关于处分期间及相关待遇的规定。为了维护行政处分的严肃性,公务员在受处分期间不得晋升职务、职级和级别,除受警告处分以外的,还不得晋升工资档次。处分期间随处分形式不同而不同:处分轻,期间短;处分重,期间长。受撤职处分的,按照规定降低级别。需要特别说明的是,本条所称"职级"是2018年《公务员法》修订中一个值得关注的地方,就是分别设置职务和职级,通过职务和职级两条线,可以让基层公务员有比较清晰、明确的晋升渠道,以充分发挥他们的才能,从而有利于基层公务员队伍的稳定。

第六十五条 公务员受开除以外的处分,在受处分期间有悔改表现,并且没有再发生违纪违法行为的,处分期满后自动解除。

解除处分后,晋升工资档次、级别和职务、职级不再受原处分的影响。但是,解除降级、撤职处分的,不视为恢复原级别、原职务、原职级。

※法规解读:本条是关于公务员处分自动解除的规定。第一款规定了公务员处分自动解除的条件有四个方面:一是公务员所受的是开除以外的处分;二是在受处分期间有悔改表现;三是没有再发生违纪行为;四是处分期满。第二款规定了公务员处分解除后的法律效果。解除处分后,公务员晋升工资档次、级别和职务、职级不再受原处分的影响。但是,解除降级、撤职处分的,不视为恢复原级别、原职务、原职级。这是因为解除处分不是撤销处分,因此解除处分不需要恢复到处分作出之前的状态。

《公职人员政务处分暂行规定》(2018年4月16日)

第一条 为了规范监察机关的政务处分工作,促进所有行使公权力的公职人员(以下简称公职人员)依法履职、秉公用权,廉洁从政从业、坚持道德操守,根据《中华人民共和国监察法》,制定本规定。

第二条 公职人员有违法违规行为应当承担法律责任的,在国家有关公职人员政务处分的法律出台前，监察机关可以根据被调查的公职人员的具体身份，依照相关法律、法规、国务院决定和规章对违法行为及其适用处分的规定，给予政务处分。

第三条 监察机关实施政务处分的依据，主要包括《中华人民共和国监察法》《中华人民共和国公务员法》《中华人民共和国法官法》《中华人民共和国检察官法》《中华人民共和国企业国有资产法》《行政机关公务员处分条例》《事业单位人事管理条例》《事业单位工作人员处分暂行规定》《国有企业领导人员廉洁从业若干规定》以及《农村基层干部廉洁履行职责若干规定(试行)》等。

第四条 公职人员依法履行职务的行为受法律保护，非因法定事由，非经法定程序，不受政务处分。

第五条 给予公职人员政务处分，应当坚持法律面前一律平等，实事求是、公平公正，做到事实清楚、证据确凿、定性准确、处理恰当、程序合法、手续完备；坚持民主集中制，集体讨论决定；坚持惩前毖后、治病救人方针，与违法行为的性质、情节、危害程度相适应。

第六条 监察机关对违法的公职人员可以依法作出警告、记过、记大过、降级、撤职、开除等政务处分决定。

公职人员政务处分的期间、政务处分适用规则，可以根据被调查的公职人员的具体身份等情况，适用有关法律、法规、国务院决定和规章。

第七条 公职人员中的中共党员严重违犯党纪涉嫌犯罪的，应当由党组织先做出党纪处分决定，并由监察机关依法给予政务处分后，再依法追究其刑事责任。

非中共党员的公职人员涉嫌犯罪的，应当先由监察机关依法给予政务处分，再依法追究其刑事责任。

公职人员中的中共党员先依法受到行政处罚和刑事责任追究的，党组织、监察机关可以根据生效的行政处罚决定和司法机关的生效判决、裁定、决定及其认定的事实、性质和情节，依纪依法给予党纪、政务处分。

第八条 监察机关对公职人员中的中共党员给予政务处分，一般应当与党纪处分的轻重程度相匹配。其中，受到撤销党内职务、留党察看处分的，如果担任公职，应当依法给予其撤职等政务处分。严重违犯党纪、严重触犯刑律的公职人员必须依法开除公职。

第九条 对基层群众性自治组织、国有企业等单位中从事管理的人员，或者未列入国家机关人员编制的受国家机关依法委托管理公共事务的组织中从事公务的人员、其他依法履行公职的人员，监察机关可以依法采取下列处理措施：

(一)依据《中华人民共和国监察法》采取谈话提醒、批评教育、责令检查、诫勉；

(二)依据本规定第三条有关法规采取警示谈话、通报批评、停职检查、责令辞职。

对前款人员，监察机关可以依法向有关机关、单位提出下列监察建议：

（一）取消当选资格或者担任相应职务资格；

（二）调离岗位、降职、免职、罢免。

上述处理措施可以单独使用，也可以合并使用。

第十条 公职人员受到开除以外的政务处分，在受处分期间有悔改表现，并且没有再发生违法行为的，处分期满后自动解除。

事业单位工作人员在受处分期间有重大立功表现，按照有关规定给予个人记功以上奖励的，经作出处分决定的监察机关批准后，可以提前解除处分。

处分解除后，受处分的公职人员不再受原处分影响。受到降级或者撤职处分的，处分解除不视为恢复原级别、原职务。

第十一条 对公职人员给予政务处分，由监察机关按照管理权限依法作出决定。有下列情形的，应当履行有关手续：

（一）对经各级人民代表大会及其常务委员会选举或者决定任命的公职人员给予撤职、开除处分的，应当先由人民代表大会及其常务委员会依法罢免、撤销或者免去其职务，再由监察机关依法作出处分决定。

（二）对经中国人民政治协商会议各级委员会全体会议及其常务委员会选举或者决定任命的公职人员给予撤职、开除处分的，应当先由政协全体会议及其常务委员会免去其职务后，再由监察机关依法作出处分决定。

（三）对各级人大代表、政协委员给予政务处分，应当向其所在的人大常委会或者政协常委会通报。

（四）对基层群众性自治组织中从事管理的人员给予责令辞职等处理的，由县级监察机关向其所在的基层群众性自治组织及上级管理单位（机构）提出建议。

第十二条 公职人员有违法行为，已经被立案调查，不宜继续履行职责的，监察机关可以决定暂停其履行职务。

被调查的公职人员在被监察机关立案调查期间，不得交流、出境、辞去公职或者办理退休手续。监察机关应当在立案决定书中写明上述要求，并告知被调查人所在单位。

第十三条 监察机关经过调查、审理，决定给予公职人员政务处分或者免予处分的，按照下列程序办理：

（一）将调查认定的事实及拟给予政务处分的依据告知被调查的公职人员，听取其陈述和申辩，并对其陈述的事实、理由和证据进行复核，记录在案。被调查的公职人员提出的事实、理由和证据成立的，应予采信。

（二）按照处分决定权限，履行审批手续后，作出对该公职人员给予处分或者免予处分的决定；

（三）印发政务处分决定；

（四）将政务处分决定送达受处分人和所在单位，并在一定范围内宣布；

（五）对于受到降级以上政务处分的，应当在一个月内办理职务、工资及其他有关待遇等相应变更手续；

（六）将政务处分决定存入受处分公职人员的档案。

政务处分决定的内容和生效日期，参照《行政机关公务员处分条例》有关规定执行。给予开除以外政务处分的，应当在处分决定中写明处分期间。

第十四条 监察机关对本级党委管理的公职人员依法作出政务处分决定后，除依照本规定第十三条送达受处分人所在单位执行外，还应当根据受处分人的具体身份函告相应的机关或者群团组织等单位。

受处分人系民主党派和无党派人士的，同时函告本级党委统战部以及相应的民主党派机关或者相关单位。

第十五条 公职人员受到开除处分后，其本人档案按照国家有关规定转递管理。

第十六条 对公职人员不服政务处分决定的复审、复核，按照《中华人民共和国监察法》的规定办理。变更、撤销政务处分的情形和法律后果，根据受处分的公职人员的具体身份，依照或者参照《行政机关公务员处分条例》《事业单位工作人员处分暂行规定》等规定执行。

第十七条 对公职人员不履行或者不正确履行职责负有管理责任的领导人员，监察机关可以依据或者参照《中国共产党问责条例》《关于实行党政领导干部问责的暂行规定》等规定，按照管理权限对其作出通报批评、诫勉、停职检查、责令辞职等问责决定，或者向有权作出问责决定的机关提出降职、免职等问责建议。

第十八条 有违法行为应当受到政务处分的公职人员，在监察机关作出处分决定前已经退休的，不再给予处分；监察机关可以对其立案调查，依法应当给予降级、撤职、开除处分的，应当按照规定降低或者取消其享受的待遇。

有违法行为应当受到政务处分的公职人员，在监察机关作出处分决定前已经辞去公职或者死亡的，不再给予处分，但是监察机关可以立案调查，对其违法取得的财物和用于违法的财物，依照本规定第二十一条处理。

第十九条 公职人员有违法行为的，任免机关、单位可以履行主体责任，依照《中华人民共和国公务员法》等规定，对公职人员给予处分。

对公职人员的同一违法行为，监察机关已经给予政务处分的，任免机关、单位不再给予处分；任免机关、单位已经给予处分的，监察机关不再给予政务处分。

第二十条 下级监察机关根据上级监察机关的指定管辖决定，对不属于本监察机关管辖范围内的监察对象立案调查的，应当按照管理权限交有处分权的监察机关依法作出政务处分决定，或者交由其任免机关、单位给予处分。

第二十一条　公职人员违法取得的财物和用于违法的财物，除依法应当由其他机关没收、追缴或者责令退赔的，由监察机关没收、追缴或者责令退赔。违法取得的财物应当退还原所有人或者原持有人的，予以退还；属于国家财产以及不应当退还或者无法退还原所有人或者原持有人的，上缴国库。

第二十二条　本规定由中央纪律检查委员会、国家监察委员会负责解释。

第二十三条　本规定自发布之日起施行。

※法规解读：2018年4月16日，中央纪委、国家监察委联合发布了《公职人员政务处分暂行规定》。在政务处分法出台之前，该规定的颁布实施，填补了监察法配套法规体系的一项空白，为规范监察机关的政务处分工作，提供了法律依据。政务处分是指监察机关根据监督结果对违法的公职人员作出处置的一种形式。作出政务处分的主体是监察机关，政务处分的对象即被监察人，包括所有行使公权力的公职人员。《公职人员政务处分暂行规定》共二十三条，明确了监察机关实施政务处分的依据、对公职人员进行政务处分的性质、种类、适用范围和程序、工作流程、处理措施等内容，厘清监察委员会的职责权限。其中，特别需要注意的是明确规定“纪挺法前”的要求，不仅适用于党纪处分，也适用于政务处分。

《行政机关公务员处分条例》(2007年4月22日)

第一章　总　　则

第一条　为了严肃行政机关纪律，规范行政机关公务员的行为，保证行政机关及其公务员依法履行职责，根据《中华人民共和国公务员法》和《中华人民共和国行政监察法》，制定本条例。

第二条　行政机关公务员违反法律、法规、规章以及行政机关的决定和命令，应当承担纪律责任的，依照本条例给予处分。

法律、其他行政法规、国务院决定对行政机关公务员处分有规定的，依照该法律、行政法规、国务院决定的规定执行；法律、其他行政法规、国务院决定对行政机关公务员应当受到处分的违法违纪行为做了规定，但是未对处分幅度做规定的，适用本条例第三章与其最相类似的条款有关处分幅度的规定。

地方性法规、部门规章、地方政府规章可以补充规定本条例第三章未作规定的应当给予处分的违法违纪行为以及相应的处分幅度。除国务院监察机关、国务院人事部门外，国务院其他部门制定处分规章，应当与国务院监察机关、国务院人事部门联合制定。

除法律、法规、规章以及国务院决定外,行政机关不得以其他形式设定行政机关公务员处分事项。

第三条 行政机关公务员依法履行职务的行为受法律保护,非因法定事由,非经法定程序,不受处分。

第四条 给予行政机关公务员处分,应当坚持公正、公平和教育与惩处相结合的原则。

给予行政机关公务员处分,应当与其违法违纪行为的性质、情节、危害程度相适应。

给予行政机关公务员处分,应当事实清楚、证据确凿、定性准确、处理恰当、程序合法、手续完备。

第五条 行政机关公务员违法违纪涉嫌犯罪的,应当移送司法机关依法追究刑事责任。

第二章 处分的种类和适用

第六条 行政机关公务员处分的种类为:

(一)警告;

(二)记过;

(三)记大过;

(四)降级;

(五)撤职;

(六)开除。

第七条 行政机关公务员受处分的期间为:

(一)警告,6 个月;

(二)记过,12 个月;

(三)记大过,18 个月;

(四)降级、撤职,24 个月。

第八条 行政机关公务员在受处分期间不得晋升职务和级别,其中,受记过、记大过、降级、撤职处分的,不得晋升工资档次;受撤职处分的,应当按照规定降低级别。

第九条 行政机关公务员受开除处分的,自处分决定生效之日起,解除其与单位的人事关系,不得再担任公务员职务。

行政机关公务员受开除以外的处分,在受处分期间有悔改表现,并且没有再发生违法违纪行为的,处分期满后,应当解除处分。解除处分后,晋升工资档次、级别和职务不再受原处分的影响。但是,解除降级、撤职处分的,不视为恢复原级别、原职务。

第十条 行政机关公务员同时有两种以上需要给予处分的行为的，应当分别确定其处分。应当给予的处分种类不同的，执行其中最重的处分；应当给予撤职以下多个相同种类处分的，执行该处分，并在一个处分期以上、多个处分期之和以下，决定处分期。

行政机关公务员在受处分期间受到新的处分的，其处分期为原处分期尚未执行的期限与新处分期限之和。

处分期最长不得超过48个月。

第十一条 行政机关公务员2人以上共同违法违纪，需要给予处分的，根据各自应当承担的纪律责任，分别给予处分。

第十二条 有下列情形之一的，应当从重处分：

（一）在2人以上的共同违法违纪行为中起主要作用的；

（二）隐匿、伪造、销毁证据的；

（三）串供或者阻止他人揭发检举、提供证据材料的；

（四）包庇同案人员的；

（五）法律、法规、规章规定的其他从重情节。

第十三条 有下列情形之一的，应当从轻处分：

（一）主动交代违法违纪行为的；

（二）主动采取措施，有效避免或者挽回损失的；

（三）检举他人重大违法违纪行为，情况属实的。

第十四条 行政机关公务员主动交代违法违纪行为，并主动采取措施有效避免或者挽回损失的，应当减轻处分。

行政机关公务员违纪行为情节轻微，经过批评教育后改正的，可以免予处分。

第十五条 行政机关公务员有本条例第十二条、第十三条规定情形之一的，应当在本条例第三章规定的处分幅度以内从重或者从轻给予处分。

行政机关公务员有本条例第十四条第一款规定情形的，应当在本条例第三章规定的处分幅度以外，减轻一个处分的档次给予处分。应当给予警告处分，又有减轻处分的情形的，免予处分。

第十六条 行政机关经人民法院、监察机关、行政复议机关或者上级行政机关依法认定有行政违法行为或者其他违法违纪行为，需要追究纪律责任的，对负有责任的领导人员和直接责任人员给予处分。

第十七条 违法违纪的行政机关公务员在行政机关对其作出处分决定前，已经依法被判处刑罚、罢免、免职或者已经辞去领导职务，依法应当给予处分的，由行政机关根据其违法违纪事实，给予处分。

行政机关公务员依法被判处刑罚的,给予开除处分。

第三章　违法违纪行为及其适用的处分

第十八条　有下列行为之一的,给予记大过处分;情节较重的,给予降级或者撤职处分;情节严重的,给予开除处分:

(一)散布有损国家声誉的言论,组织或者参加旨在反对国家的集会、游行、示威等活动的;

(二)组织或者参加非法组织,组织或者参加罢工的;

(三)违反国家的民族宗教政策,造成不良后果的;

(四)以暴力、威胁、贿赂、欺骗等手段,破坏选举的;

(五)在对外交往中损害国家荣誉和利益的;

(六)非法出境,或者违反规定滞留境外不归的;

(七)未经批准获取境外永久居留资格,或者取得外国国籍的;

(八)其他违反政治纪律的行为。

有前款第(六)项规定行为的,给予开除处分;有前款第(一)项、第(二)项或者第(三)项规定的行为,属于不明真相被裹挟参加,经批评教育后确有悔改表现的,可以减轻或者免予处分。

第十九条　有下列行为之一的,给予警告、记过或者记大过处分;情节较重的,给予降级或者撤职处分;情节严重的,给予开除处分:

(一)负有领导责任的公务员违反议事规则,个人或者少数人决定重大事项,或者改变集体作出的重大决定的;

(二)拒绝执行上级依法作出的决定、命令的;

(三)拒不执行机关的交流决定的;

(四)拒不执行人民法院对行政案件的判决、裁定或者监察机关、审计机关、行政复议机关作出的决定的;

(五)违反规定应当回避而不回避,影响公正执行公务,造成不良后果的;

(六)离任、辞职或者被辞退时,拒不办理公务交接手续或者拒不接受审计的;

(七)旷工或者因公外出、请假期满无正当理由逾期不归,造成不良影响的;

(八)其他违反组织纪律的行为。

第二十条　有下列行为之一的,给予记过、记大过处分;情节较重的,给予降级或者撤职处分;情节严重的,给予开除处分:

(一)不依法履行职责,致使可以避免的爆炸、火灾、传染病传播流行、严重环境污染、严重人员伤亡等重大事故或者群体性事件发生的;

(二)发生重大事故、灾害、事件或者重大刑事案件、治安案件,不按规定报告、处理的;

(三)对救灾、抢险、防汛、防疫、优抚、扶贫、移民、救济、社会保险、征地补偿等专项款物疏于管理,致使款物被贪污、挪用,或者毁损、灭失的;

(四)其他玩忽职守、贻误工作的行为。

第二十一条 有下列行为之一的,给予警告或者记过处分;情节较重的,给予记大过或者降级处分;情节严重的,给予撤职处分:

(一)在行政许可工作中违反法定权限、条件和程序设定或者实施行政许可的;

(二)违法设定或者实施行政强制措施的;

(三)违法设定或者实施行政处罚的;

(四)违反法律、法规规定进行行政委托的;

(五)对需要政府、政府部门决定的招标投标、征收征用、城市房屋拆迁、拍卖等事项违反规定办理的。

第二十二条 弄虚作假,误导、欺骗领导和公众,造成不良后果的,给予警告、记过或者记大过处分;情节较重的,给予降级或者撤职处分;情节严重的,给予开除处分。

第二十三条 有贪污、索贿、受贿、行贿、介绍贿赂、挪用公款、利用职务之便为自己或者他人谋取私利、巨额财产来源不明等违反廉政纪律行为的,给予记过或者记大过处分;情节较重的,给予降级或者撤职处分;情节严重的,给予开除处分。

第二十四条 违反财经纪律,挥霍浪费国家资财的,给予警告处分;情节较重的,给予记过或者记大过处分;情节严重的,给予降级或者撤职处分。

第二十五条 有下列行为之一的,给予记过或者记大过处分;情节较重的,给予降级或者撤职处分;情节严重的,给予开除处分:

(一)以殴打、体罚、非法拘禁等方式侵犯公民人身权利的;

(二)压制批评,打击报复,扣压、销毁举报信件,或者向被举报人透露举报情况的;

(三)违反规定向公民、法人或者其他组织摊派或者收取财物的;

(四)妨碍执行公务或者违反规定干预执行公务的;

(五)其他滥用职权,侵害公民、法人或者其他组织合法权益的行为。

第二十六条 泄露国家秘密、工作秘密,或者泄露因履行职责掌握的商业秘密、个人隐私,造成不良后果的,给予警告、记过或者记大过处分;情节较重的,给予降级或者撤职处分;情节严重的,给予开除处分。

第二十七条 从事或者参与营利性活动,在企业或者其他营利性组织中兼任职务的,给予记过或者记大过处分;情节较重的,给予降级或者撤职处分;情节严重的,给予开除处分。

第二十八条 严重违反公务员职业道德，工作作风懈怠、工作态度恶劣，造成不良影响的，给予警告、记过或者记大过处分。

第二十九条 有下列行为之一的，给予警告、记过或者记大过处分；情节较重的，给予降级或者撤职处分；情节严重的，给予开除处分：

（一）拒不承担赡养、抚养、扶养义务的；

（二）虐待、遗弃家庭成员的；

（三）包养情人的；

（四）严重违反社会公德的行为。

有前款第（三）项行为的，给予撤职或者开除处分。

第三十条 参与迷信活动，造成不良影响的，给予警告、记过或者记大过处分；组织迷信活动的，给予降级或者撤职处分，情节严重的，给予开除处分。

第三十一条 吸食、注射毒品或者组织、支持、参与卖淫、嫖娼、色情淫乱活动的，给予撤职或者开除处分。

第三十二条 参与赌博的，给予警告或者记过处分；情节较重的，给予记大过或者降级处分；情节严重的，给予撤职或者开除处分。

为赌博活动提供场所或者其他便利条件的，给予警告、记过或者记大过处分；情节严重的，给予撤职或者开除处分。

在工作时间赌博的，给予记过、记大过或者降级处分；屡教不改的，给予撤职或者开除处分。

挪用公款赌博的，给予撤职或者开除处分。

利用赌博索贿、受贿或者行贿的，依照本条例第二十三条的规定给予处分。

第三十三条 违反规定超计划生育的，给予降级或者撤职处分；情节严重的，给予开除处分。

第四章 处分的权限

第三十四条 对行政机关公务员给予处分，由任免机关或者监察机关（以下统称处分决定机关）按照管理权限决定。

第三十五条 对经全国人民代表大会及其常务委员会决定任命的国务院组成人员给予处分，由国务院决定。其中，拟给予撤职、开除处分的，由国务院向全国人民代表大会提出罢免建议，或者向全国人民代表大会常务委员会提出免职建议。罢免或者免职前，国务院可以决定暂停其履行职务。

第三十六条 对经地方各级人民代表大会及其常务委员会选举或者决定任命的地方各级人民政府领导人员给予处分，由上一级人民政府决定。

拟给予经县级以上地方人民代表大会及其常务委员会选举或者决定任命的县级以上地方人民政府领导人员撤职、开除处分的，应当先由本级人民政府向同级人民代表大会提出罢免建议。其中，拟给予县级以上地方人民政府副职领导人员撤职、开除处分的，也可以向同级人民代表大会常务委员会提出撤销职务的建议。拟给予乡镇人民政府领导人员撤职、开除处分的，应当先由本级人民政府向同级人民代表大会提出罢免建议。罢免或者撤销职务前，上级人民政府可以决定暂停其履行职务；遇有特殊紧急情况，省级以上人民政府认为必要时，也可以对其作出撤职或者开除的处分，同时报告同级人民代表大会常务委员会，并通报下级人民代表大会常务委员会。

第三十七条　对地方各级人民政府工作部门正职领导人员给予处分，由本级人民政府决定。其中，拟给予撤职、开除处分的，由本级人民政府向同级人民代表大会常务委员会提出免职建议。免去职务前，本级人民政府或者上级人民政府可以决定暂停其履行职务。

第三十八条　行政机关公务员违法违纪，已经被立案调查，不宜继续履行职责的，任免机关可以决定暂停其履行职务。

被调查的公务员在违法违纪案件立案调查期间，不得交流、出境、辞去公职或者办理退休手续。

第五章　处分的程序

第三十九条　任免机关对涉嫌违法违纪的行政机关公务员的调查、处理，按照下列程序办理：

（一）经任免机关负责人同意，由任免机关有关部门对需要调查处理的事项进行初步调查；

（二）任免机关有关部门经初步调查认为该公务员涉嫌违法违纪，需要进一步查证的，报任免机关负责人批准后立案；

（三）任免机关有关部门负责对该公务员违法违纪事实做进一步调查，包括收集、查证有关证据材料，听取被调查的公务员所在单位的领导成员、有关工作人员以及所在单位监察机构的意见，向其他有关单位和人员了解情况，并形成书面调查材料，向任免机关负责人报告；

（四）任免机关有关部门将调查认定的事实及拟给予处分的依据告知被调查的公务员本人，听取其陈述和申辩，并对其所提出的事实、理由和证据进行复核，记录在案。被调查的公务员提出的事实、理由和证据成立的，应予采信；

（五）经任免机关领导成员集体讨论，作出对该公务员给予处分、免予处分或者撤销案件的决定；

(六)任免机关应当将处分决定以书面形式通知受处分的公务员本人,并在一定范围内宣布;

(七)任免机关有关部门应当将处分决定归入受处分的公务员本人档案,同时汇集有关材料形成该处分案件的工作档案。

受处分的行政机关公务员处分期满解除处分的程序,参照前款第(五)项、第(六)项和第(七)项的规定办理。

任免机关应当按照管理权限,及时将处分决定或者解除处分决定报公务员主管部门备案。

第四十条 监察机关对违法违纪的行政机关公务员的调查、处理,依照《中华人民共和国行政监察法》规定的程序办理。

第四十一条 对行政机关公务员违法违纪案件进行调查,应当由2名以上办案人员进行;接受调查的单位和个人应当如实提供情况。

严禁以暴力、威胁、引诱、欺骗等非法方式收集证据;非法收集的证据不得作为定案的依据。

第四十二条 参与行政机关公务员违法违纪案件调查、处理的人员有下列情形之一的,应当提出回避申请;被调查的公务员以及与案件有利害关系的公民、法人或者其他组织有权要求其回避:

(一)与被调查的公务员是近亲属关系的;

(二)与被调查的案件有利害关系的;

(三)与被调查的公务员有其他关系,可能影响案件公正处理的。

第四十三条 处分决定机关负责人的回避,由处分决定机关的上一级行政机关负责人决定;其他违法违纪案件调查、处理人员的回避,由处分决定机关负责人决定。

处分决定机关或者处分决定机关的上一级行政机关,发现违法违纪案件调查、处理人员有应当回避的情形,可以直接决定该人员回避。

第四十四条 给予行政机关公务员处分,应当自批准立案之日起6个月内作出决定;案情复杂或者遇有其他特殊情形的,办案期限可以延长,但是最长不得超过12个月。

第四十五条 处分决定应当包括下列内容:

(一)被处分人员的姓名、职务、级别、工作单位等基本情况;

(二)经查证的违法违纪事实;

(三)处分的种类和依据;

(四)不服处分决定的申诉途径和期限;

(五)处分决定机关的名称、印章和作出决定的日期。

解除处分决定除包括前款第（一）项、第（二）项和第（五）项规定的内容外，还应当包括原处分的种类和解除处分的依据，以及受处分的行政机关公务员在受处分期间的表现情况。

第四十六条　处分决定、解除处分决定自作出之日起生效。

第四十七条　行政机关公务员受到开除处分后，有新工作单位的，其本人档案转由新工作单位管理；没有新工作单位的，其本人档案转由其户籍所在地人事部门所属的人才服务机构管理。

第六章　不服处分的申诉

第四十八条　受到处分的行政机关公务员对处分决定不服的，依照《中华人民共和国公务员法》和《中华人民共和国行政监察法》的有关规定，可以申请复核或者申诉。

复核、申诉期间不停止处分的执行。

行政机关公务员不因提出复核、申诉而被加重处分。

第四十九条　有下列情形之一的，受理公务员复核、申诉的机关应当撤销处分决定，重新作出决定或者责令原处分决定机关重新作出决定：

（一）处分所依据的违法违纪事实证据不足的；

（二）违反法定程序，影响案件公正处理的；

（三）作出处分决定超越职权或者滥用职权的。

第五十条　有下列情形之一的，受理公务员复核、申诉的机关应当变更处分决定，或者责令原处分决定机关变更处分决定：

（一）适用法律、法规、规章或者国务院决定错误的；

（二）对违法违纪行为的情节认定有误的；

（三）处分不当的。

第五十一条　行政机关公务员的处分决定被变更，需要调整该公务员的职务、级别或者工资档次的，应当按照规定予以调整；行政机关公务员的处分决定被撤销的，应当恢复该公务员的级别、工资档次，按照原职务安排相应的职务，并在适当范围内为其恢复名誉。

被撤销处分或者被减轻处分的行政机关公务员工资福利受到损失的，应当予以补偿。

第七章　附　　则

第五十二条　有违法违纪行为应当受到处分的行政机关公务员，在处分决定机关作出处分决定前已经退休的，不再给予处分；但是，依法应当给予降级、撤职、开除处分的，应当按照规定相应降低或者取消其享受的待遇。

第五十三条 行政机关公务员违法违纪取得的财物和用于违法违纪的财物，除依法应当由其他机关没收、追缴或者责令退赔的，由处分决定机关没收、追缴或者责令退赔。违法违纪取得的财物应当退还原所有人或者原持有人的，退还原所有人或者原持有人；属于国家财产以及不应当退还或者无法退还原所有人或者原持有人的，上缴国库。

第五十四条 对法律、法规授权的具有公共事务管理职能的事业单位中经批准参照《中华人民共和国公务员法》管理的工作人员给予处分，参照本条例的有关规定办理。

第五十五条 本条例自2007年6月1日起施行。1988年9月13日国务院发布的《国家行政机关工作人员贪污贿赂行政处分暂行规定》同时废止。

※法规解读：《公务员法》规定了公务员管理的基本原则和基本制度。实施《公务员法》要求建立较为完备的公务员管理法规体系。《行政机关公务员处分条例》的颁布实施，填补了公务员法配套法规体系的一项空白，为依法开展公务员纪律惩戒工作，提供了法律依据。《行政机关公务员处分条例》共七章五十五条。第一章“总则”，规定了立法目的，适用范围，处分的依据、设定、原则等内容；第二章“处分的种类和适用”，规定了处分的种类和期限、处分的法律后果、解除处分的条件、数种违法违纪行为合并处理运用规则、共同违法违纪中纪律责任适用规则、从重从轻减轻以及不给予处分的条件、单位违法违纪以及依法被判处刑罚应当如何给予处分等内容；第三章“违法违纪行为及其适用的处分”，规定了违反政治纪律、组织纪律、廉政纪律、财经纪律、玩忽职守、滥用职权、渎职，严重违反公务员职业道德和社会公德等行为及相应的处分种类和幅度等内容；第四章“处分的权限”，规定了给予公务员处分的权限；第五章“处分的程序”，规定了任免机关调查处理政纪案件程序、监察机关调查处理行政机关公务员违法违纪案件的程序所应适用的法律依据、调查人员及非法收集证据、回避制度、办案期限等内容；第六章“不服处分的申诉”，规定了公务员不服处分提出申诉，有关机关处理申诉的途径、期限等内容，变更处分决定的条件和权限等；第七章“附则”，规定了行政机关公务员违法违纪所取得财物的处理、参照执行《行政机关公务员处分条例》的人员范围以及条例的施行日期等内容。随着2018年《监察法》的出台和《公务员法》的修订，《行政机关公务员处分条例》也将做相应修正。

《刑法》(2017年11月4日修正)

第一百三十一条 航空人员违反规章制度，致使发生重大飞行事故，造成严重后果的，处三年以下有期徒刑或者拘役；造成飞机坠毁或者人员死亡的，处三年以上七年以下有期徒刑。

第一百三十二条　铁路职工违反规章制度，致使发生铁路运营安全事故，造成严重后果的，处三年以下有期徒刑或者拘役；造成特别严重后果的，处三年以上七年以下有期徒刑。

第一百三十四条　在生产、作业中违反有关安全管理的规定，因而发生重大伤亡事故或者造成其他严重后果的，处三年以下有期徒刑或者拘役；情节特别恶劣的，处三年以上七年以下有期徒刑。

强令他人违章冒险作业，因而发生重大伤亡事故或者造成其他严重后果的，处五年以下有期徒刑或者拘役；情节特别恶劣的，处五年以上有期徒刑。

第一百三十五条　安全生产设施或者安全生产条件不符合国家规定，因而发生重大伤亡事故或者造成其他严重后果的，对直接负责的主管人员和其他直接责任人员，处三年以下有期徒刑或者拘役；情节特别恶劣的，处三年以上七年以下有期徒刑。

第一百三十五条之一　举办大型群众性活动违反安全管理规定，因而发生重大伤亡事故或者造成其他严重后果的，对直接负责的主管人员和其他直接责任人员，处三年以下有期徒刑或者拘役；情节特别恶劣的，处三年以上七年以下有期徒刑。

第一百三十六条　违反爆炸性、易燃性、放射性、毒害性、腐蚀性物品的管理规定，在生产、储存、运输、使用中发生重大事故，造成严重后果的，处三年以下有期徒刑或者拘役；后果特别严重的，处三年以上七年以下有期徒刑。

第一百三十七条　建设单位、设计单位、施工单位、工程监理单位违反国家规定，降低工程质量标准，造成重大安全事故的，对直接责任人员，处五年以下有期徒刑或者拘役，并处罚金；后果特别严重的，处五年以上十年以下有期徒刑，并处罚金。

第一百三十八条　明知校舍或者教育教学设施有危险，而不采取措施或者不及时报告，致使发生重大伤亡事故的，对直接责任人员，处三年以下有期徒刑或者拘役；后果特别严重的，处三年以上七年以下有期徒刑。

第一百三十九条　违反消防管理法规，经消防监督机构通知采取改正措施而拒绝执行，造成严重后果的，对直接责任人员，处三年以下有期徒刑或者拘役；后果特别严重的，处三年以上七年以下有期徒刑。

第一百三十九条之一　在安全事故发生后，负有报告职责的人员不报或者谎报事故情况，贻误事故抢救，情节严重的，处三年以下有期徒刑或者拘役；情节特别严重的，处三年以上七年以下有期徒刑。

第一百六十三条　公司、企业或者其他单位的工作人员利用职务上的便利，索取他人财物或者非法收受他人财物，为他人谋取利益，数额较大的，处五年以下有期徒刑或者拘役；数额巨大的，处五年以上有期徒刑，可以并处没收财产。

公司、企业或者其他单位的工作人员在经济往来中，利用职务上的便利，违反国家规定,收受各种名义的回扣、手续费,归个人所有的,依照前款的规定处罚。

国有公司、企业或者其他国有单位中从事公务的人员和国有公司、企业或者其他国有单位委派到非国有公司、企业以及其他单位从事公务的人员,有前两款行为的,依照本法第三百八十五条、第三百八十六条的规定定罪处罚。

第一百六十四条 为谋取不正当利益,给予公司、企业或者其他单位的工作人员以财物,数额较大的,处三年以下有期徒刑或者拘役,并处罚金;数额巨大的,处三年以上十年以下有期徒刑,并处罚金。

为谋取不正当商业利益,给予外国公职人员或者国际公共组织官员以财物的,依照前款的规定处罚。

单位犯前两款罪的,对单位判处罚金,并对其直接负责的主管人员和其他直接责任人员,依照第一款的规定处罚。

行贿人在被追诉前主动交待行贿行为的,可以减轻处罚或者免除处罚。

第一百六十五条 国有公司、企业的董事、经理利用职务便利,自己经营或者为他人经营与其所任职公司、企业同类的营业,获取非法利益,数额巨大的,处三年以下有期徒刑或者拘役,并处或者单处罚金;数额特别巨大的,处三年以上七年以下有期徒刑,并处罚金。

第一百六十六条 国有公司、企业、事业单位的工作人员,利用职务便利,有下列情形之一,使国家利益遭受重大损失的,处三年以下有期徒刑或者拘役,并处或者单处罚金;致使国家利益遭受特别重大损失的,处三年以上七年以下有期徒刑,并处罚金:

(一)将本单位的盈利业务交由自己的亲友进行经营的;

(二)以明显高于市场的价格向自己的亲友经营管理的单位采购商品或者以明显低于市场的价格向自己的亲友经营管理的单位销售商品的;

(三)向自己的亲友经营管理的单位采购不合格商品的。

第一百六十七条 国有公司、企业、事业单位直接负责的主管人员,在签订、履行合同过程中,因严重不负责任被诈骗,致使国家利益遭受重大损失的,处三年以下有期徒刑或者拘役;致使国家利益遭受特别重大损失的,处三年以上七年以下有期徒刑。

第一百六十八条 国有公司、企业的工作人员,由于严重不负责任或者滥用职权,造成国有公司、企业破产或者严重损失,致使国家利益遭受重大损失的,处三年以下有期徒刑或者拘役;致使国家利益遭受特别重大损失的,处三年以上七年以下有期徒刑。

国有事业单位的工作人员有前款行为,致使国家利益遭受重大损失的,依照前款的规定处罚。

国有公司、企业、事业单位的工作人员,徇私舞弊,犯前两款罪的,依照第一款的规定从重处罚。

第一百六十九条　国有公司、企业或者其上级主管部门直接负责的主管人员，徇私舞弊，将国有资产低价折股或者低价出售，致使国家利益遭受重大损失的，处三年以下有期徒刑或者拘役；致使国家利益遭受特别重大损失的，处三年以上七年以下有期徒刑。

第一百六十九条之一　上市公司的董事、监事、高级管理人员违背对公司的忠实义务，利用职务便利，操纵上市公司从事下列行为之一，致使上市公司利益遭受重大损失的，处三年以下有期徒刑或者拘役，并处或者单处罚金；致使上市公司利益遭受特别重大损失的，处三年以上七年以下有期徒刑，并处罚金：

（一）无偿向其他单位或者个人提供资金、商品、服务或者其他资产的；

（二）以明显不公平的条件，提供或者接受资金、商品、服务或者其他资产的；

（三）向明显不具有清偿能力的单位或者个人提供资金、商品、服务或者其他资产的；

（四）为明显不具有清偿能力的单位或者个人提供担保，或者无正当理由为其他单位或者个人提供担保的；

（五）无正当理由放弃债权、承担债务的；

（六）采用其他方式损害上市公司利益的。

上市公司的控股股东或者实际控制人，指使上市公司董事、监事、高级管理人员实施前款行为的，依照前款的规定处罚。

犯前款罪的上市公司的控股股东或者实际控制人是单位的，对单位判处罚金，并对其直接负责的主管人员和其他直接责任人员，依照第一款的规定处罚。

第一百七十一条　出售、购买伪造的货币或者明知是伪造的货币而运输，数额较大的，处三年以下有期徒刑或者拘役，并处二万元以上二十万元以下罚金；数额巨大的，处三年以上十年以下有期徒刑，并处五万元以上五十万元以下罚金；数额特别巨大的，处十年以上有期徒刑或者无期徒刑，并处五万元以上五十万元以下罚金或者没收财产。

银行或者其他金融机构的工作人员购买伪造的货币或者利用职务上的便利，以伪造的货币换取货币的，处三年以上十年以下有期徒刑，并处二万元以上二十万元以下罚金；数额巨大或者有其他严重情节的，处十年以上有期徒刑或者无期徒刑，并处二万元以上二十万元以下罚金或者没收财产；情节较轻的，处三年以下有期徒刑或者拘役，并处或者单处一万元以上十万元以下罚金。

伪造货币并出售或者运输伪造的货币的，依照本法第一百七十条的规定定罪从重处罚。

第一百八十条　证券、期货交易内幕信息的知情人员或者非法获取证券、期货交易内幕信息的人员，在涉及证券的发行，证券、期货交易或者其他对证券、期货交易价格有重大影响的信息尚未公开前，买入或者卖出该证券，或者从事与该内幕信息有关的期货交易，或者泄露该信息，或者明示、暗示他人从事上述交易活动，情节严重的，处五年以下有期徒刑或者拘役，并处或者单处违法所得一倍以上五倍以下罚金；情节特别严重的，处五年以上十年以下有期徒刑，并处违法所得一倍以上五倍以下罚金。

单位犯前款罪的，对单位判处罚金，并对其直接负责的主管人员和其他直接责任人员，处五年以下有期徒刑或者拘役。

内幕信息、知情人员的范围，依照法律、行政法规的规定确定。

证券交易所、期货交易所、证券公司、期货经纪公司、基金管理公司、商业银行、保险公司等金融机构的从业人员以及有关监管部门或者行业协会的工作人员，利用因职务便利获取的内幕信息以外的其他未公开的信息，违反规定，从事与该信息相关的证券、期货交易活动，或者明示、暗示他人从事相关交易活动，情节严重的，依照第一款的规定处罚。

第一百八十一条 编造并且传播影响证券、期货交易的虚假信息，扰乱证券、期货交易市场，造成严重后果的，处五年以下有期徒刑或者拘役，并处或者单处一万元以上十万元以下罚金。

证券交易所、期货交易所、证券公司、期货经纪公司的从业人员，证券业协会、期货业协会或者证券期货监督管理部门的工作人员，故意提供虚假信息或者伪造、变造、销毁交易记录，诱骗投资者买卖证券、期货合约，造成严重后果的，处五年以下有期徒刑或者拘役，并处或者单处一万元以上十万元以下罚金；情节特别恶劣的，处五年以上十年以下有期徒刑，并处二万元以上二十万元以下罚金。

单位犯前两款罪的，对单位判处罚金，并对其直接负责的主管人员和其他直接责任人员，处五年以下有期徒刑或者拘役。

第一百八十三条 保险公司的工作人员利用职务上的便利，故意编造未曾发生的保险事故进行虚假理赔，骗取保险金归自己所有的，依照本法第二百七十一条的规定定罪处罚。

国有保险公司工作人员和国有保险公司委派到非国有保险公司从事公务的人员有前款行为的，依照本法第三百八十二条、第三百八十三条的规定定罪处罚。

第一百八十四条 银行或者其他金融机构的工作人员在金融业务活动中索取他人财物或者非法收受他人财物，为他人谋取利益的，或者违反国家规定，收受各种名义的回扣、手续费，归个人所有的，依照本法第一百六十三条的规定定罪处罚。

国有金融机构工作人员和国有金融机构委派到非国有金融机构从事公务的人员有前款行为的，依照本法第三百八十五条、第三百八十六条的规定定罪处罚。

第一百八十五条 商业银行、证券交易所、期货交易所、证券公司、期货经纪公司、保险公司或者其他金融机构的工作人员利用职务上的便利，挪用本单位或者客户资金的，依照本法第二百七十二条的规定定罪处罚。

国有商业银行、证券交易所、期货交易所、证券公司、期货经纪公司、保险公司或者其他国有金融机构的工作人员和国有商业银行、证券交易所、期货交易所、证券公司、期货经纪公司、保险公司或者其他国有金融机构委派到前款规定中的非国有机构从事公务的人员有前款行为的，依照本法第三百八十四条的规定定罪处罚。

第一百八十五条之一 商业银行、证券交易所、期货交易所、证券公司、期货经纪公司、保险公司或者其他金融机构，违背受托义务，擅自运用客户资金或者其他委托、信托的财产，情节严重的，对单位判处罚金，并对其直接负责的主管人员和其他直接责任人员，处三年以下有期徒刑或者拘役，并处三万元以上三十万元以下罚金；情节特别严重的，处三年以上十年以下有期徒刑，并处五万元以上五十万元以下罚金。

社会保障基金管理机构、住房公积金管理机构等公众资金管理机构，以及保险公司、保险资产管理公司、证券投资基金管理公司，违反国家规定运用资金的，对其直接负责的主管人员和其他直接责任人员，依照前款的规定处罚。

第一百八十六条 银行或者其他金融机构的工作人员违反国家规定发放贷款，数额巨大或者造成重大损失的，处五年以下有期徒刑或者拘役，并处一万元以上十万元以下罚金；数额特别巨大或者造成特别重大损失的，处五年以上有期徒刑，并处二万元以上二十万元以下罚金。

银行或者其他金融机构的工作人员违反国家规定，向关系人发放贷款的，依照前款的规定从重处罚。

单位犯前两款罪的，对单位判处罚金，并对其直接负责的主管人员和其他直接责任人员，依照前两款的规定处罚。

关系人的范围，依照《中华人民共和国商业银行法》和有关金融法规确定。

第一百八十七条 银行或者其他金融机构的工作人员吸收客户资金不入帐，数额巨大或者造成重大损失的，处五年以下有期徒刑或者拘役，并处二万元以上二十万元以下罚金；数额特别巨大或者造成特别重大损失的，处五年以上有期徒刑，并处五万元以上五十万元以下罚金。

单位犯前款罪的，对单位判处罚金，并对其直接负责的主管人员和其他直接责任人员，依照前款的规定处罚。

第一百八十八条 银行或者其他金融机构的工作人员违反规定，为他人出具信用证或者其他保函、票据、存单、资信证明，情节严重的，处五年以下有期徒刑或者拘役；情节特别严重的，处五年以上有期徒刑。

单位犯前款罪的，对单位判处罚金，并对其直接负责的主管人员和其他直接责任人员，依照前款的规定处罚。

第一百八十九条 银行或者其他金融机构的工作人员在票据业务中，对违反票据法规定的票据予以承兑、付款或者保证，造成重大损失的，处五年以下有期徒刑或者拘役；造成特别重大损失的，处五年以上有期徒刑。

单位犯前款罪的，对单位判处罚金，并对其直接负责的主管人员和其他直接责任人员，依照前款的规定处罚。

第二百二十八条 以牟利为目的，违反土地管理法规，非法转让、倒卖土地使用权，情节严重的，处三年以下有期徒刑或者拘役，并处或者单处非法转让、倒卖土地使用权价额百分之五以上百分之二十以下罚金；情节特别严重的，处三年以上七年以下有期徒刑，并处非法转让、倒卖土地使用权价额百分之五以上百分之二十以下罚金。

第二百三十四条 故意伤害他人身体的，处三年以下有期徒刑、拘役或者管制。

犯前款罪，致人重伤的，处三年以上十年以下有期徒刑；致人死亡或者以特别残忍手段致人重伤造成严重残疾的，处十年以上有期徒刑、无期徒刑或者死刑。本法另有规定的，依照规定。

第二百三十八条 非法拘禁他人或者以其他方法非法剥夺他人人身自由的，处三年以下有期徒刑、拘役、管制或者剥夺政治权利。具有殴打、侮辱情节的，从重处罚。

犯前款罪，致人重伤的，处三年以上十年以下有期徒刑；致人死亡的，处十年以上有期徒刑。使用暴力致人伤残、死亡的，依照本法第二百三十四条、第二百三十二条的规定定罪处罚。

为索取债务非法扣押、拘禁他人的，依照前两款的规定处罚。

国家机关工作人员利用职权犯前三款罪的，依照前三款的规定从重处罚。

第二百四十三条 捏造事实诬告陷害他人，意图使他人受刑事追究，情节严重的，处三年以下有期徒刑、拘役或者管制；造成严重后果的，处三年以上十年以下有期徒刑。

国家机关工作人员犯前款罪的，从重处罚。

不是有意诬陷，而是错告，或者检举失实的，不适用前两款的规定。

第二百四十五条 非法搜查他人身体、住宅，或者非法侵入他人住宅的，处三年以下有期徒刑或者拘役。

司法工作人员滥用职权，犯前款罪的，从重处罚。

第二百四十七条 司法工作人员对犯罪嫌疑人、被告人实行刑讯逼供或者使用暴力逼取证人证言的，处三年以下有期徒刑或者拘役。致人伤残、死亡的，依照本法第二百三十四条、第二百三十二条的规定定罪从重处罚。

第二百四十八条　监狱、拘留所、看守所等监管机构的监管人员对被监管人进行殴打或者体罚虐待，情节严重的，处三年以下有期徒刑或者拘役；情节特别严重的，处三年以上十年以下有期徒刑。致人伤残、死亡的，依照本法第二百三十四条、第二百三十二条的规定定罪从重处罚。

监管人员指使被监管人殴打或者体罚虐待其他被监管人的，依照前款的规定处罚。

第二百五十一条　国家机关工作人员非法剥夺公民的宗教信仰自由和侵犯少数民族风俗习惯，情节严重的，处二年以下有期徒刑或者拘役。

第二百五十三条　邮政工作人员私自开拆或者隐匿、毁弃邮件、电报的，处二年以下有期徒刑或者拘役。

犯前款罪而窃取财物的，依照本法第二百六十四条的规定定罪从重处罚。

第二百五十四条　国家机关工作人员滥用职权、假公济私，对控告人、申诉人、批评人、举报人实行报复陷害的，处二年以下有期徒刑或者拘役；情节严重的，处二年以上七年以下有期徒刑。

第二百五十五条　公司、企业、事业单位、机关、团体的领导人，对依法履行职责、抵制违反会计法、统计法行为的会计、统计人员实行打击报复，情节恶劣的，处三年以下有期徒刑或者拘役。

第二百五十六条　在选举各级人民代表大会代表和国家机关领导人员时，以暴力、威胁、欺骗、贿赂、伪造选举文件、虚报选举票数等手段破坏选举或者妨害选民和代表自由行使选举权和被选举权，情节严重的，处三年以下有期徒刑、拘役或者剥夺政治权利。

第二百七十一条　公司、企业或者其他单位的人员，利用职务上的便利，将本单位财物非法占为已有，数额较大的，处五年以下有期徒刑或者拘役；数额巨大的，处五年以上有期徒刑，可以并处没收财产。

国有公司、企业或者其他国有单位中从事公务的人员和国有公司、企业或者其他国有单位委派到非国有公司、企业以及其他单位从事公务的人员有前款行为的，依照本法第三百八十二条、第三百八十三条的规定定罪处罚。

第二百七十二条　公司、企业或者其他单位的工作人员，利用职务上的便利，挪用本单位资金归个人使用或者借贷给他人，数额较大、超过三个月未还的，或者虽未超过三个月，但数额较大、进行营利活动的，或者进行非法活动的，处三年以下有期徒刑或者拘役；挪用本单位资金数额巨大的，或者数额较大不退还的，处三年以上十年以下有期徒刑。

国有公司、企业或者其他国有单位中从事公务的人员和国有公司、企业或者其他国有单位委派到非国有公司、企业以及其他单位从事公务的人员有前款行为的,依照本法第三百八十四条的规定定罪处罚。

第二百七十三条 挪用用于救灾、抢险、防汛、优抚、扶贫、移民、救济款物,情节严重,致使国家和人民群众利益遭受重大损害的,对直接责任人员,处三年以下有期徒刑或者拘役;情节特别严重的,处三年以上七年以下有期徒刑。

第二百七十七条 以暴力、威胁方法阻碍国家机关工作人员依法执行职务的,处三年以下有期徒刑、拘役、管制或者罚金。

以暴力、威胁方法阻碍全国人民代表大会和地方各级人民代表大会代表依法执行代表职务的,依照前款的规定处罚。

在自然灾害和突发事件中,以暴力、威胁方法阻碍红十字会工作人员依法履行职责的,依照第一款的规定处罚。

故意阻碍国家安全机关、公安机关依法执行国家安全工作任务,未使用暴力、威胁方法,造成严重后果的,依照第一款的规定处罚。

暴力袭击正在依法执行职务的人民警察的,依照第一款的规定从重处罚。

第二百九十条 聚众扰乱社会秩序,情节严重,致使工作、生产、营业和教学、科研、医疗无法进行,造成严重损失的,对首要分子,处三年以上七年以下有期徒刑;对其他积极参加的,处三年以下有期徒刑、拘役、管制或者剥夺政治权利。

聚众冲击国家机关,致使国家机关工作无法进行,造成严重损失的,对首要分子,处五年以上十年以下有期徒刑;对其他积极参加的,处五年以下有期徒刑、拘役、管制或者剥夺政治权利。

多次扰乱国家机关工作秩序,经行政处罚后仍不改正,造成严重后果的,处三年以下有期徒刑、拘役或者管制。

多次组织、资助他人非法聚集,扰乱社会秩序,情节严重的,依照前款的规定处罚。

第三百零四条 邮政工作人员严重不负责任,故意延误投递邮件,致使公共财产、国家和人民利益遭受重大损失的,处二年以下有期徒刑或者拘役。

第三百零五条 在刑事诉讼中,证人、鉴定人、记录人、翻译人对与案件有重要关系的情节,故意作虚假证明、鉴定、记录、翻译,意图陷害他人或者隐匿罪证的,处三年以下有期徒刑或者拘役;情节严重的,处三年以上七年以下有期徒刑。

第三百零七条 以暴力、威胁、贿买等方法阻止证人作证或者指使他人作伪证的,处三年以下有期徒刑或者拘役;情节严重的,处三年以上七年以下有期徒刑。

帮助当事人毁灭、伪造证据,情节严重的,处三年以下有期徒刑或者拘役。

司法工作人员犯前两款罪的,从重处罚。

第三百零八条 对证人进行打击报复的,处三年以下有期徒刑或者拘役;情节严重的,处三年以上七年以下有期徒刑。

第三百零八条之一 司法工作人员、辩护人、诉讼代理人或者其他诉讼参与人,泄露依法不公开审理的案件中不应当公开的信息,造成信息公开传播或者其他严重后果的,处三年以下有期徒刑、拘役或者管制,并处或者单处罚金。

有前款行为,泄露国家秘密的,依照本法第三百九十八条的规定定罪处罚。

公开披露、报道第一款规定的案件信息,情节严重的,依照第一款的规定处罚。

单位犯前款罪的,对单位判处罚金,并对其直接负责的主管人员和其他直接责任人员,依照第一款的规定处罚。

第三百一十四条 隐藏、转移、变卖、故意毁损已被司法机关查封、扣押、冻结的财产,情节严重的,处三年以下有期徒刑、拘役或者罚金。

第三百七十四条 在征兵工作中徇私舞弊,接送不合格兵员,情节严重的,处三年以下有期徒刑或者拘役;造成特别严重后果的,处三年以上七年以下有期徒刑。

第三百八十二条 国家工作人员利用职务上的便利,侵吞、窃取、骗取或者以其他手段非法占有公共财物的,是贪污罪。

受国家机关、国有公司、企业、事业单位、人民团体委托管理、经营国有财产的人员,利用职务上的便利,侵吞、窃取、骗取或者以其他手段非法占有国有财物的,以贪污论。

与前两款所列人员勾结,伙同贪污的,以共犯论处。

第三百八十三条 对犯贪污罪的,根据情节轻重,分别依照下列规定处罚:

(一)贪污数额较大或者有其他较重情节的,处三年以下有期徒刑或者拘役,并处罚金。

(二)贪污数额巨大或者有其他严重情节的,处三年以上十年以下有期徒刑,并处罚金或者没收财产。

(三)贪污数额特别巨大或者有其他特别严重情节的,处十年以上有期徒刑或者无期徒刑,并处罚金或者没收财产;数额特别巨大,并使国家和人民利益遭受特别重大损失的,处无期徒刑或者死刑,并处没收财产。

对多次贪污未经处理的,按照累计贪污数额处罚。

犯第一款罪,在提起公诉前如实供述自己罪行、真诚悔罪、积极退赃,避免、减少损害结果的发生,有第一项规定情形的,可以从轻、减轻或者免除处罚;有第二项、第三项规定情形的,可以从轻处罚。

犯第一款罪,有第三项规定情形被判处死刑缓期执行的,人民法院根据犯罪情节等情况可以同时决定在其死刑缓期执行二年期满依法减为无期徒刑后,终身监禁,不得减刑、假释。

第三百八十四条 国家工作人员利用职务上的便利，挪用公款归个人使用，进行非法活动的，或者挪用公款数额较大、进行营利活动的，或者挪用公款数额较大、超过三个月未还的，是挪用公款罪，处五年以下有期徒刑或者拘役；情节严重的，处五年以上有期徒刑。挪用公款数额巨大不退还的，处十年以上有期徒刑或者无期徒刑。

挪用用于救灾、抢险、防汛、优抚、扶贫、移民、救济款物归个人使用的，从重处罚。

第三百八十五条 国家工作人员利用职务上的便利，索取他人财物的，或者非法收受他人财物，为他人谋取利益的，是受贿罪。

国家工作人员在经济往来中，违反国家规定，收受各种名义的回扣、手续费，归个人所有的，以受贿论处。

第三百八十六条 对犯受贿罪的，根据受贿所得数额及情节，依照本法第三百八十三条的规定处罚。索贿的从重处罚。

第三百八十七条 国家机关、国有公司、企业、事业单位、人民团体，索取、非法收受他人财物，为他人谋取利益，情节严重的，对单位判处罚金，并对其直接负责的主管人员和其他直接责任人员，处五年以下有期徒刑或者拘役。

前款所列单位，在经济往来中，在帐外暗中收受各种名义的回扣、手续费的，以受贿论，依照前款的规定处罚。

第三百八十八条 国家工作人员利用本人职权或者地位形成的便利条件，通过其他国家工作人员职务上的行为，为请托人谋取不正当利益，索取请托人财物或者收受请托人财物的，以受贿论处。

第三百八十八条之一 国家工作人员的近亲属或者其他与该国家工作人员关系密切的人，通过该国家工作人员职务上的行为，或者利用该国家工作人员职权或者地位形成的便利条件，通过其他国家工作人员职务上的行为，为请托人谋取不正当利益，索取请托人财物或者收受请托人财物，数额较大或者有其他较重情节的，处三年以下有期徒刑或者拘役，并处罚金；数额巨大或者有其他严重情节的，处三年以上七年以下有期徒刑，并处罚金；数额特别巨大或者有其他特别严重情节的，处七年以上有期徒刑，并处罚金或者没收财产。

离职的国家工作人员或者其近亲属以及其他与其关系密切的人，利用该离职的国家工作人员原职权或者地位形成的便利条件实施前款行为的，依照前款的规定定罪处罚。

第三百八十九条 为谋取不正当利益，给予国家工作人员以财物的，是行贿罪。

在经济往来中，违反国家规定，给予国家工作人员以财物，数额较大的，或者违反国家规定，给予国家工作人员以各种名义的回扣、手续费的，以行贿论处。

因被勒索给予国家工作人员以财物，没有获得不正当利益的，不是行贿。

第三百九十条之一 为谋取不正当利益,向国家工作人员的近亲属或者其他与该国家工作人员关系密切的人,或者向离职的国家工作人员或者其近亲属以及其他与其关系密切的人行贿的,处三年以下有期徒刑或者拘役,并处罚金;情节严重的,或者使国家利益遭受重大损失的,处三年以上七年以下有期徒刑,并处罚金;情节特别严重的,或者使国家利益遭受特别重大损失的,处七年以上十年以下有期徒刑,并处罚金。

单位犯前款罪的,对单位判处罚金,并对其直接负责的主管人员和其他直接责任人员,处三年以下有期徒刑或者拘役,并处罚金。

第三百九十一条 为谋取不正当利益,给予国家机关、国有公司、企业、事业单位、人民团体以财物的,或者在经济往来中,违反国家规定,给予各种名义的回扣、手续费的,处三年以下有期徒刑或者拘役,并处罚金。

单位犯前款罪的,对单位判处罚金,并对其直接负责的主管人员和其他直接责任人员,依照前款的规定处罚。

第三百九十二条 向国家工作人员介绍贿赂,情节严重的,处三年以下有期徒刑或者拘役,并处罚金。

介绍贿赂人在被追诉前主动交待介绍贿赂行为的,可以减轻处罚或者免除处罚。

第三百九十三条 单位为谋取不正当利益而行贿,或者违反国家规定,给予国家工作人员以回扣、手续费,情节严重的,对单位判处罚金,并对其直接负责的主管人员和其他直接责任人员,处五年以下有期徒刑或者拘役,并处罚金。因行贿取得的违法所得归个人所有的,依照本法第三百八十九条、第三百九十条的规定定罪处罚。

第三百九十四条 国家工作人员在国内公务活动或者对外交往中接受礼物,依照国家规定应当交公而不交公,数额较大的,依照本法第三百八十二条、第三百八十三条的规定定罪处罚。

第三百九十五条 国家工作人员的财产、支出明显超过合法收入,差额巨大的,可以责令该国家工作人员说明来源,不能说明来源的,差额部分以非法所得论,处五年以下有期徒刑或者拘役;差额特别巨大的,处五年以上十年以下有期徒刑。财产的差额部分予以追缴。

国家工作人员在境外的存款,应当依照国家规定申报。数额较大、隐瞒不报的,处二年以下有期徒刑或者拘役;情节较轻的,由其所在单位或者上级主管机关酌情给予行政处分。

第三百九十六条 国家机关、国有公司、企业、事业单位、人民团体,违反国家规定,以单位名义将国有资产集体私分给个人,数额较大的,对其直接负责的主管人员和其他直接责任人员,处三年以下有期徒刑或者拘役,并处或者单处罚金;数额巨大的,处三年以上七年以下有期徒刑,并处罚金。

司法机关、行政执法机关违反国家规定，将应当上缴国家的罚没财物，以单位名义集体私分给个人的，依照前款的规定处罚。

第三百九十七条 国家机关工作人员滥用职权或者玩忽职守，致使公共财产、国家和人民利益遭受重大损失的，处三年以下有期徒刑或者拘役；情节特别严重的，处三年以上七年以下有期徒刑。本法另有规定的，依照规定。

国家机关工作人员徇私舞弊，犯前款罪的，处五年以下有期徒刑或者拘役；情节特别严重的，处五年以上十年以下有期徒刑。本法另有规定的，依照规定。

第三百九十八条 国家机关工作人员违反保守国家秘密法的规定，故意或者过失泄露国家秘密，情节严重的，处三年以下有期徒刑或者拘役；情节特别严重的，处三年以上七年以下有期徒刑。

非国家机关工作人员犯前款罪的，依照前款的规定酌情处罚。

第三百九十九条 司法工作人员徇私枉法、徇情枉法，对明知是无罪的人而使他受追诉、对明知是有罪的人而故意包庇不使他受追诉，或者在刑事审判活动中故意违背事实和法律作枉法裁判的，处五年以下有期徒刑或者拘役；情节严重的，处五年以上十年以下有期徒刑；情节特别严重的，处十年以上有期徒刑。

在民事、行政审判活动中故意违背事实和法律作枉法裁判，情节严重的，处五年以下有期徒刑或者拘役；情节特别严重的，处五年以上十年以下有期徒刑。

在执行判决、裁定活动中，严重不负责任或者滥用职权，不依法采取诉讼保全措施、不履行法定执行职责，或者违法采取诉讼保全措施、强制执行措施，致使当事人或者其他人的利益遭受重大损失的，处五年以下有期徒刑或者拘役；致使当事人或者其他人的利益遭受特别重大损失的，处五年以上十年以下有期徒刑。

司法工作人员收受贿赂，有前三款行为的，同时又构成本法第三百八十五条规定之罪的，依照处罚较重的规定定罪处罚。

第三百九十九条之一 依法承担仲裁职责的人员，在仲裁活动中故意违背事实和法律作枉法裁决，情节严重的，处三年以下有期徒刑或者拘役；情节特别严重的，处三年以上七年以下有期徒刑。

第四百条 司法工作人员私放在押的犯罪嫌疑人、被告人或者罪犯的，处五年以下有期徒刑或者拘役；情节严重的，处五年以上十年以下有期徒刑；情节特别严重的，处十年以上有期徒刑。

司法工作人员由于严重不负责任，致使在押的犯罪嫌疑人、被告人或者罪犯脱逃，造成严重后果的，处三年以下有期徒刑或者拘役；造成特别严重后果的，处三年以上十年以下有期徒刑。

第四百零一条 司法工作人员徇私舞弊，对不符合减刑、假释、暂予监外执行条件的罪犯，予以减刑、假释或者暂予监外执行的，处三年以下有期徒刑或者拘役；情节严重的，处三年以上七年以下有期徒刑。

第四百零三条 国家有关主管部门的国家机关工作人员，徇私舞弊，滥用职权，对不符合法律规定条件的公司设立、登记申请或者股票、债券发行、上市申请，予以批准或者登记，致使公共财产、国家和人民利益遭受重大损失的，处五年以下有期徒刑或者拘役。

上级部门强令登记机关及其工作人员实施前款行为的，对其直接负责的主管人员，依照前款的规定处罚。

第四百零四条 税务机关的工作人员徇私舞弊，不征或者少征应征税款，致使国家税收遭受重大损失的，处五年以下有期徒刑或者拘役；造成特别重大损失的，处五年以上有期徒刑。

第四百零五条 税务机关的工作人员违反法律、行政法规的规定，在办理发售发票、抵扣税款、出口退税工作中，徇私舞弊，致使国家利益遭受重大损失的，处五年以下有期徒刑或者拘役；致使国家利益遭受特别重大损失的，处五年以上有期徒刑。

其他国家机关工作人员违反国家规定，在提供出口货物报关单、出口收汇核销单等出口退税凭证的工作中，徇私舞弊，致使国家利益遭受重大损失的，依照前款的规定处罚。

第四百零六条 国家机关工作人员在签订、履行合同过程中，因严重不负责任被诈骗，致使国家利益遭受重大损失的，处三年以下有期徒刑或者拘役；致使国家利益遭受特别重大损失的，处三年以上七年以下有期徒刑。

第四百零七条 林业主管部门的工作人员违反森林法的规定，超过批准的年采伐限额发放林木采伐许可证或者违反规定滥发林木采伐许可证，情节严重，致使森林遭受严重破坏的，处三年以下有期徒刑或者拘役。

第四百零八条 负有环境保护监督管理职责的国家机关工作人员严重不负责任，导致发生重大环境污染事故，致使公私财产遭受重大损失或者造成人身伤亡的严重后果的，处三年以下有期徒刑或者拘役。

第四百零八条之一 负有食品安全监督管理职责的国家机关工作人员，滥用职权或者玩忽职守，导致发生重大食品安全事故或者造成其他严重后果的，处五年以下有期徒刑或者拘役；造成特别严重后果的，处五年以上十年以下有期徒刑。

徇私舞弊犯前款罪的，从重处罚。

第四百零九条 从事传染病防治的政府卫生行政部门的工作人员严重不负责任，导致传染病传播或者流行，情节严重的，处三年以下有期徒刑或者拘役。

第四百一十条 国家机关工作人员徇私舞弊，违反土地管理法规，滥用职权，非法批准征收、征用、占用土地，或者非法低价出让国有土地使用权，情节严重的，处三年以下有期徒刑或者拘役；致使国家或者集体利益遭受特别重大损失的，处三年以上七年以下有期徒刑。

第四百一十一条 海关工作人员徇私舞弊，放纵走私，情节严重的，处五年以下有期徒刑或者拘役；情节特别严重的，处五年以上有期徒刑。

第四百一十二条 国家商检部门、商检机构的工作人员徇私舞弊，伪造检验结果的，处五年以下有期徒刑或者拘役；造成严重后果的，处五年以上十年以下有期徒刑。

前款所列人员严重不负责任，对应当检验的物品不检验，或者延误检验出证、错误出证，致使国家利益遭受重大损失的，处三年以下有期徒刑或者拘役。

第四百一十三条 动植物检疫机关的检疫人员徇私舞弊，伪造检疫结果的，处五年以下有期徒刑或者拘役；造成严重后果的，处五年以上十年以下有期徒刑。

前款所列人员严重不负责任，对应当检疫的检疫物不检疫，或者延误检疫出证、错误出证，致使国家利益遭受重大损失的，处三年以下有期徒刑或者拘役。

第四百一十四条 对生产、销售伪劣商品犯罪行为负有追究责任的国家机关工作人员，徇私舞弊，不履行法律规定的追究职责，情节严重的，处五年以下有期徒刑或者拘役。

第四百一十五条 负责办理护照、签证以及其他出入境证件的国家机关工作人员，对明知是企图偷越国（边）境的人员，予以办理出入境证件的，或者边防、海关等国家机关工作人员，对明知是偷越国（边）境的人员，予以放行的，处三年以下有期徒刑或者拘役；情节严重的，处三年以上七年以下有期徒刑。

第四百一十六条 对被拐卖、绑架的妇女、儿童负有解救职责的国家机关工作人员，接到被拐卖、绑架的妇女、儿童及其家属的解救要求或者接到其他人的举报，而对被拐卖、绑架的妇女、儿童不进行解救，造成严重后果的，处五年以下有期徒刑或者拘役。

负有解救职责的国家机关工作人员利用职务阻碍解救的，处二年以上七年以下有期徒刑；情节较轻的，处二年以下有期徒刑或者拘役。

第四百一十七条 有查禁犯罪活动职责的国家机关工作人员，向犯罪分子通风报信、提供便利，帮助犯罪分子逃避处罚的，处三年以下有期徒刑或者拘役；情节严重的，处三年以上十年以下有期徒刑。

第四百一十八条 国家机关工作人员在招收公务员、学生工作中徇私舞弊，情节严重的，处三年以下有期徒刑或者拘役。

第四百一十九条 国家机关工作人员严重不负责任，造成珍贵文物损毁或者流失，后果严重的，处三年以下有期徒刑或者拘役。

※法规解读:2018年4月17日,中央纪委国家监委印发了《国家监察委员会管辖规定(试行)》,该规定详细列举了国家监委管辖的六大类88个职务犯罪案件罪名,其中贪污贿赂类犯罪涉及的刑法条文24条,包括17个罪名;滥用职权类犯罪涉及的刑法条文15条,包括15个罪名;玩忽职守类犯罪涉及的刑法条文11条,包括11个罪名;徇私舞弊类犯罪涉及的刑法条文15条,包括15个罪名;重大责任类犯罪共涉及刑法条文11条,包括11个罪名;公职人员其他犯罪共涉及刑法条文19条,包括19个罪名。

《刑事诉讼法》(2018年10月26日修正)

第一百六十九条　凡需要提起公诉的案件,一律由人民检察院审查决定。

※法规解读:本条是关于公诉权由人民检察院统一行使的规定。刑事诉讼中的起诉根据行使追诉权主体的不同,可以分为公诉和自诉。公诉是指由国家设立的专门机关及其人员依法向法院提出诉讼,要求法院通过审判追究被告人刑事责任的一种诉讼活动。自诉是指由被害人及其法定代理人或法律规定的享有起诉权的人直接向法院起诉要求追究被告人刑事责任的诉讼活动。我国采用以公诉为主、自诉为辅的刑事起诉模式。公诉权是指法律规定具有公诉职能的机关代表国家为追究被告人的刑事责任向审判机关提起诉讼的权力。在我国,检察机关是唯一行使公诉权的国家机关。依据本条和《刑事诉讼法》的相关规定,在刑事诉讼中,除了人民法院直接受理的告诉才处理和其他不需要进行侦查的轻微的刑事案件外,其他案件均由人民检察院提公诉。我国公诉权的主要内容包括:审查起诉、决定起诉或不起诉、提起公诉、派员出席法庭支持公诉。

第一百七十条　人民检察院对于监察机关移送起诉的案件,依照本法和监察法的有关规定进行审查。人民检察院经审查,认为需要补充核实的,应当退回监察机关补充调查,必要时可以自行补充侦查。

对于监察机关移送起诉的已采取留置措施的案件,人民检察院应当对犯罪嫌疑人先行拘留,留置措施自动解除。人民检察院应当在拘留后的十日以内作出是否逮捕、取保候审或者监视居住的决定。在特殊情况下,决定的时间可以延长一日至四日。人民检察院决定采取强制措施的期间不计入审查起诉期限。

※法规解读:本条是关于检察院审查起诉监察机关移送的案件及留置措施与刑事强制措施之间衔接机制的规定。本条是2018年新修改的内容,为建立权威高效的监察调查与审查起诉工作衔接机制提供了充分的法律制度保障。人民检察院对于监察机关移送起诉的案件,在审查时要依照《刑事诉讼法》和《监察法》的相关规定,如果发现案件有事实不清、证据不足需要核实的,应当退回监察机关补充调查,必要时可以自行补充侦查。依据本条规定,退回补充调查和自行补充侦查这两种处理方式,应以退回补充调查为主,以检察院自行补充侦查为辅。选择退回调查,还是自行补充侦查,一般

取决于未查明案件的事实和性质。对于补充调查的案件,监察机关应当在一个月内补充调查完毕,以二次为限,《监察法》第四十七条对此作了明确规定。对于检察机关自行补充侦查的,依据《刑事诉讼法》的规定也是以二次为限,一个月内补充侦查完毕。本条第二款规定了留置转强制措施的相关内容,较好地解决了留置措施和刑事强制措施的衔接问题。对被调查人已采取留置措施的案件,检察机关应当对犯罪嫌疑人先行拘留,拘留后,留置措施自动解除。检察机关在拘留后再根据案件具体情况,决定采取强制措施的种类,即采取逮捕、取保候审还是监视居住。先行拘留的期限一般是十天,案情重大、复杂的可延长一日至四日。检察机关在受理监察机关移交的案件后,可以利用最长十四天的拘留期限,决定是否采取强制措施,采取何种强制措施,不受监察机关的干涉。

第一百七十一条 人民检察院审查案件的时候,必须查明:

(一)犯罪事实、情节是否清楚,证据是否确实、充分,犯罪性质和罪名的认定是否正确;

(二)有无遗漏罪行和其他应当追究刑事责任的人;

(三)是否属于不应追究刑事责任的;

(四)有无附带民事诉讼;

(五)侦查活动是否合法。

※法规解读:本条是关于人民检察院审查起诉内容的规定。审查起诉是指人民检察院对于侦查终结、移送起诉的案件受理后,依法进行审查,以决定是否对犯罪嫌疑人提起公诉的诉讼活动。依据本条及《人民检察院刑事诉讼规则(试行)》的相关规定,人民检察院审查起诉的内容包括:(1)犯罪嫌疑人身份状况是否清楚,包括姓名、性别、国籍、出生年月日、职业和单位等;单位犯罪的,单位的相关情况是否清楚;(2)犯罪事实、情节是否清楚;实施犯罪的时间、地点、手段、犯罪事实、危害后果是否明确;(3)认定犯罪性质和罪名的意见是否正确;有无法定的从重、从轻、减轻或者免除处罚的情节及酌定从重、从轻情节;共同犯罪案件的犯罪嫌疑人在犯罪活动中的责任的认定是否恰当;(4)证明犯罪事实的证据材料包括采取技术侦查措施的决定书及证据材料是否随案移送;证明相关财产系违法所得的证据材料是否随案移送;不宜移送的证据的清单、复制件、照片或者其他证明文件是否随案移送;(5)证据是否确实、充分,是否依法收集,有无应当排除非法证据的情形;(6)侦查的各种法律手续和诉讼文书是否完备;(7)有无遗漏罪行和其他应当追究刑事责任的人;(8)是否属于不应当追究刑事责任的;(9)有无附带民事诉讼;对于国家财产、集体财产遭受损失的,是否需要由人民检察院提起附带民事诉讼;(10)采取的强制措施是否适当,对于已经逮捕的犯罪嫌疑人,有无继续羁押的必要;(11)侦查活动是否合法;(12)涉案款物是否查封、扣押、冻结并妥善保管,清

单是否齐备;对被害人合法财产的返还和对违禁品或者不宜长期保存的物品的处理是否妥当,移送的证明文件是否完备。人民检察院通过审查,对那些犯罪事实清楚,证据确实、充分,依法应当追究刑事责任的犯罪嫌疑人提起公诉,交付审判,以实现国家刑罚权;对侦查活动进行补正和监督,补正遗漏罪行和遗漏犯罪嫌疑人;对案件进行过滤,终结不应起诉和不必起诉之案件。

第一百七十二条　人民检察院对于监察机关、公安机关移送起诉的案件,应当在一个月以内作出决定,重大、复杂的案件,可以延长十五日;犯罪嫌疑人认罪认罚,符合速裁程序适用条件的,应当在十日以内作出决定,对可能判处的有期徒刑超过一年的,可以延长至十五日。

人民检察院审查起诉的案件,改变管辖的,从改变后的人民检察院收到案件之日起计算审查起诉期限。

※法规解读:本条共有两款,是关于审查起诉期限的规定,包括适用速裁程序的期限。第一款规定了人民检察院对于监察机关、公安机关移送起诉的案件审查期限为一个月,最长不得超过一个月零十五天。为了保证刑事诉讼活动迅速、及时地进行,避免犯罪嫌疑人被超期羁押,保障无罪的人和依法不应追究刑事责任的人的合法权益,《刑事诉讼法》对人民检察院审查起诉的期限作了限定。依据本法及《人民检察院刑事诉讼规则(试行)》的相关规定,人民检察院对公安机关移送起诉的案件进行审查起诉的期限为一个月,重大、复杂案件一个月内不能作出决定的,经检察长批准,可以延长十五日。依据本条规定,2018年速裁程序正式启动,认罪认罚覆盖到诉讼的侦查、逮捕、起诉、审判各个环节。符合速裁程序的审查起诉期限缩短为十日内,对可能判处的有期徒刑超过一年的,可以延长至十五日。第二款是关于改变管辖案件审查起诉期限计算的规定。人民检察院审查起诉的案件,改变管辖的,从改变后的人民检察院收到案件之日起计算审查起诉期限。即人民检察院审查起诉期间,案件改变管辖的,审查起诉的期限重新计算。

第一百七十三条　人民检察院审查案件,应当讯问犯罪嫌疑人,听取辩护人或者值班律师、被害人及其诉讼代理人的意见,并记录在案。辩护人或者值班律师、被害人及其诉讼代理人提出书面意见的,应当附卷。

犯罪嫌疑人认罪认罚的,人民检察院应当告知其享有的诉讼权利和认罪认罚的法律规定,听取犯罪嫌疑人、辩护人或者值班律师、被害人及其诉讼代理人对下列事项的意见,并记录在案:

(一)涉嫌的犯罪事实、罪名及适用的法律规定;

(二)从轻、减轻或者免除处罚等从宽处罚的建议;

(三)认罪认罚后案件审理适用的程序;

(四)其他需要听取意见的事项。

人民检察院依照前两款规定听取值班律师意见的,应当提前为值班律师了解案件有关情况提供必要的便利。

※法规解读:本条是关于人民检察院审查案件程序的规定。人民检察院对移送起诉的案件进行审查,首先,审阅案卷材料,制作阅卷笔录。其次,人民检察院应当讯问犯罪嫌疑人,听取辩护人或者值班律师、被害人及其诉讼代理人的意见,并记录在案。这是人民检察院审查起诉的必经程序。通过讯问犯罪嫌疑人,办案人员可以直接听取犯罪嫌疑人的供述和辩解,核实其在侦查阶段提供口供的可靠性、分析口供与其他证据有无矛盾,查清犯罪事实和情节的具体细节,有无漏罪和其他应当追究刑事责任的人。同时还可以了解犯罪嫌疑人思想状况、认罪态度以及有无受到刑讯逼供、诱供、骗供等情况。人民检察院审查案件,还应当听取辩护人或值班律师、被害人及其诉讼代理人的意见。被害人是直接遭受犯罪行为侵害的人,因而办案人员应当听取被害人的意见,一方面向其进一步了解、核实案件情况,另一方面了解被害人关于案件处理的意见和惩罚犯罪的要求,告知其有提起附带民事诉讼的权利。讯问、听取意见应由两名以上办案人员进行,并制作笔录。辩护人或值班律师、被害人及其诉讼代理人提出书面意见的,应当附卷。2018年《刑事诉讼法》修改中新增加了听取值班律师的意见的规定。

本条第二款是审查起诉阶段最先出现"认罪认罚"内容的法条。认罪认罚从宽制度,在2018年《刑事诉讼法》修改中得以正式确立,是此次修改的一大亮点。认罪认罚从宽制度的前提条件是犯罪嫌疑人、被告人认罪认罚的自愿性。检察机关在其中承担着比公安机关、审判机关更加重要的责任。在审查案件环节,检察机关讯问犯罪嫌疑人时要充分履行告知其享有的诉讼权利和认罪认罚的相关法律规定,听取犯罪嫌疑人、辩护人或者值班律师、被害人及其诉讼代理人的意见,并记录在案。

本条第三款中,"为值班律师了解案件有关情况提供必要的便利"主要指人民检察院为值班律师提供会见权、在场权和阅卷权等权利保障,以强化值班律师的参与和法律帮助。值班律师制度也是2018年《刑事诉讼法》修改新设立的制度,在保障犯罪嫌疑人合法权益方面发挥着重要作用,特别是对于犯罪嫌疑人、被告人认罪认罚自愿性的保障方面,确保其获得有效法律帮助、自愿认罪认罚,防止无罪者受到错误追究。因此,检察机关应高度重视并切实保障值班律师参与诉讼活动的程序权利。

关联法规索引

《法官法》第六章;《检察官法》第六章;《企业国有资产法》第八章;《事业单位人事管理条例》第六章;《事业单位工作人员处分暂行规定》;《中国共产党章程》第七、八章;《中国共产党纪律检查机关监督执纪工作规则》;《中国共产党纪律处分条例》;《中国共产党党内监督条例》;《中国共产党问责条例》;《农村基层干部廉洁履行职责若干规定(试行)》第四章;《国有企业领导人员廉洁从业若干规定》第四章

典型案例

某某省人民政府原副省长王某某严重违纪违法案[1]

※案情简介:2018年9月,经中共中央批准,中央纪委国家监委对某某省委原常委、省政府原副省长王某某严重违纪违法问题进行了立案审查调查。经查,王某某违反政治纪律和政治规矩,政治信仰缺失,热衷于阅看有严重政治问题的境外书刊,拉票助选,封官许愿,不遵守外事工作纪律并造成恶劣影响,对抗组织审查;违反中央八项规定精神,大搞特权,违规公款豪华装修住所,大吃大喝,安排或接受可能影响公正执行公务的宴请;违反组织纪律,不按规定报告个人有关事项,在组织函询时不如实说明问题,违规为他人职务提拔提供帮助;违反廉洁纪律,利用职权为有关企业承揽工程提供帮助并约定收受好处费,违规从事营利活动并获取巨额利益,向管理服务对象借用巨额钱款谋利,违规占用公共财物、损公肥私,利用职权为他人谋利并同意收受干股,与多名女性搞钱色、权色交易;违反工作纪律,违规推动国家明令禁止的高尔夫球场建设项目,干预司法活动;违反生活纪律,贪图享乐、生活奢靡,痴迷兰花、玩物丧志。利用职务上的便利或职权地位形成的便利条件,为他人谋取利益并收受巨额财物涉嫌受贿犯罪;利用职务上的便利,非法占有公共财物涉嫌贪污犯罪。王某某身为党的高级领导干部,彻底背离了党的理想信念宗旨,德不配位,寡廉鲜耻,严重违反党的纪律,构成职务违法并涉嫌犯罪,是党的十八大后不收敛、不收手,政治问题与经济问题相互交织、甘于被“围猎”的典型,其行为严重破坏了某某省的政治生态和市场经济秩序,性质严重,影响恶劣,应予严肃处理。依据《中国共产党纪律处分条例》《中华人民共和国监察法》等有关规定,经中央纪委常委会会议研究并报中共中央批准,决定给予王某某开除党籍处分;由国家监委给予其开除公职处分;收缴其违纪违法所得;将其涉嫌犯罪问题移送检察机关依法审查起诉,所涉财物随案移送。2019年4月23日,某市第一中级人民法院一审对某某省人民政府原副省长王某某受贿、贪污、内幕交易案进行公开宣

---

〔1〕 本案根据网络资料整理,具体参见逸轩:《某某省人民政府原副省长王某某受贿、贪污、内幕交易案一审宣判》,http://cqyzy. chinacourt. gov. cn/article/detail/2019/04/id/3850278. shtml,查询时间:2019年5月29日;《某某省委原常委、省政府原副省长王某某严重违纪违法被开除党籍和公职》http://www. ccdi. gov. cn/scdc/zggb/djcf/201809/t20180920_180117. html,查询时间:2019年5月15日。

判，鉴于王某某到案后能够如实供述罪行，主动交代办案机关尚未掌握的贪污犯罪事实和部分受贿犯罪事实，其贪污罪构成自首；认罪悔罪，积极退赃，受贿、贪污赃款赃物全部追缴，具有法定、酌定从轻或减轻处罚情节，依法对其受贿罪和内幕交易罪予以从轻处罚，对贪污罪减轻处罚。据此，某市第一中级人民法院对被告人王某某以受贿罪判处有期徒刑十四年，并处罚金人民币三百万元；以贪污罪判处有期徒刑五年，并处罚金人民币五十万元；以内幕交易罪判处有期徒刑七年，并处罚金人民币一亿七千万元，决定执行有期徒刑二十年，并处罚金人民币一亿七千三百五十万元。对王某某受贿、贪污、内幕交易违法所得及其孳息依法予以追缴，上缴国库。

※案件要旨：依据《监察法》第十一条规定，监察委员会的法定职责主要包括三个方面：监督、调查和处置。中央纪委国家监委对某某省委原常委、省政府原副省长王某某严重违纪违法问题进行了立案调查，并依据其违纪行为分别给予了开除党籍的党纪处分及开除公职的政务处分。因王某某涉嫌职务犯罪，收缴其违纪违法所得，将其涉嫌犯罪问题移送检察机关，所涉财物随案移送。经检察机关依法审查、提起公诉，由人民法院依法作出相应判决。

江苏滨海：用好监察建议书　深化标本兼治[1]

※案情简介：2018年12月，滨海县纪委监委在调查县直某单位工作人员问题线索时，发现该单位在执法过程中存在单人执法、行政处罚未依法制作笔录等问题。2019年年初，滨海县监委在对相关人员进行调查处理的同时，向该单位下发了监察建议书。2018年以来，滨海县监委认真履行宪法、监察法赋予的职责，在对违纪违法人员进行严肃处理的同时，由纪检监察室、党风室、审理室等相关职能室组成的监察建议联合工作小组，注重问题背后的成因分析，开列“问题清单”，直击问题根源，提出健全制度、完善管理、纠正措施等建议，“对症下药”向责任单位发出监察建议书。为确保监察建议“落地有声”，该县监委适时发出督办单，督促有关单位认真整改、认真落实。监察体制改革以来，该县监委充分用好监察建议书，不断延伸监督触角，拓宽监督宽度。目前，该县监委已向县城管局、水利局等5个单位发出监察建议书5份，提出监察建议16条，督促整改执纪不严、履职不尽责、制度不完善等突出问题23个。

※案件要旨：《监察法》第十一条第三项规定了监察委员会处置职责的四个方面。其中第四个方面是向监察对象所在单位提出监察建议。监察建议是监察委员会在履行监察职能过程中，依照法定职权，根据监督、调查结果，向监察对象所在单位就廉政

---

〔1〕 本案根据同名网络报道整理，具体参见 http://www.ccdi.gov.cn/gzdt/jctzgg/201903/t20190304_189830.html，查询时间：2019年5月15日。

建设和履行职责等方面存在的问题提出的,具有一定法律效力的建议。被提出建议的有关单位无正当理由必须履行监察建议,否则就要承担相应的法律责任。滨海县纪委监委的监察建议书客观指出了监察对象所在单位工作中存在的问题和不足,该单位通过监察建议吸取了深刻教训,认真组织整改,并强化了日常管理和检查,完善相关规章制度。滨海县纪委监委对违纪违法人员并不是简单化处理,而是按照“惩前毖后,治病救人”的原则,用好监察建议书,深化标本兼治,让监察对象不犯或少犯错误。

第十二条　【派驻和派出】　各级监察委员会可以向本级中国共产党机关、国家机关、法律法规授权或者委托管理公共事务的组织和单位以及所管辖的行政区域、国有企业等派驻或者派出监察机构、监察专员。

监察机构、监察专员对派驻或者派出它的监察委员会负责。

条文解读

本条共有两款,是关于监察机关派驻或者派出监察机构和监察专员的设置以及管理体制的规定。

《监察法》扩大了监察对象的范围,涉及所有行使公权力的公职人员,监察任务范围广,任务重。为了保证监察机关能够及时、准确地了解情况,有效实施监察,有必要设置派驻或派出的监察机构和监察专员。根据监察任务的具体情况选择派驻或派出的形式,派驻具有长期性、稳定性,派出具有临时性和短期性。

派驻监督是党的自我监督的重要形式。《中国共产党章程》第四十五条第四款规定,党的中央和地方纪律检查委员会向同级党和国家机关全面派驻党的纪律检查组。《中国共产党党内监督条例》第二十八条明确规定了纪委派驻纪检组与派出机关的工作关系、派驻纪检组的职责任务、派出机关的领导方式。把派驻监督纳入党内监督的制度框架,强化了党内监督,为推进全面从严治党提供了制度保障。在《监察法》中规定监察机关派驻或者派出监察机构、监察专员,是从法律层面上将派驻监督这一机制法治化、规范化。

本条共分两款。第一款是关于监察机构和监察专员派驻或者派出的设置范围及组织形式的规定。本款列举了派驻或者派出的设置范围,具体包括本级中国共产党机关、国家机关、法律法规授权或者委托管理公共事务的组织和单位以及所管辖的行政区域、国有企业等。本款所称行政区域主要是指街道、乡镇以及不设置人民代表大会的地区、盟等区域。派驻或者派出的组织形式,具体包括监察机构或者监察专员。《监察法》仅对监察派驻制度作了原则性规定,但对派驻或者派出范围、组织形式等具体问题,并没有作细致规定。监察委员会是设置派驻、派出监察机构还是监察专员,应遵循实际需要,根据监察对象的多少、任务轻重而定。一般来说,地区、盟等地方的监察机构,可以采取派出监察机构的形式;对于街道、乡镇,可以采取派出监察专员的形式;而中国共产党机关、国家机关等的监察机构,可以采取派驻监察机构的形式。

第二款是关于监察机关派驻或者派出监察机构和监察专员的管理体制的规定。派驻或者派出的监察机构和监察专员是监察机关的组成部分,代表派出它的监察机关行使监察职能,监察机构、监察专员对派驻或派出它的监察机关负责,不受驻在部门的领导,独立开展监察工作。各级监察委员会与本级党的纪律检查委员会合署办公,监察委员会派驻或者派出的监察机构、监察专员,也应当与本级纪委派驻或者派出到该单位以及行政区域、国有企业的纪检组合署办公。

关联法规索引

《中国共产党章程》第45条;《中国共产党党内监督条例》第28条;《中国共产党纪律检查机关监督执纪工作规则》第13、75条;《关于深化中央纪委国家监委派驻机构改革的意见》;《关于中共中央纪委派驻纪检组履行监督职责的意见》

第十三条 【授权监察】 派驻或者派出的监察机构、监察专员根据授权,按照管理权限依法对公职人员进行监督,提出监察建议,依法对公职人员进行调查、处置。

条文解读

本条是关于派驻或者派出的监察机构、监察专员根据授权进行监察的规定。

派驻或派出的监察机构、监察专员根据监察委员会的授权,在授权管理权限范围内,从两个方面对有关单位、有关人员行使监察职责:第一,对有关单位和行政区域的公职人员进行监督,提出监察建议。派驻或者派出的监察机构、监察专员的设置、具体职责和可以行使的权限,包括监督对象有哪些人员、具体履行什么样的监督职责等,由相关文件作出明确授权,派驻或者派出的监察机构、监察专员根据授权开展监察工作。从监察工作的具体实践来看,派驻或者派出的监察机构、监察专员的监督对象是其驻在的有关单位和行政区域的所有行使公权力的公职人员,其中重点对象是领导人员。派驻监察机构、监察专员根据监督结果,对驻在单位廉政建设和履职情况存在的问题等提出监察建议。第二,依法对公职人员进行调查、处置。派驻或者派出的监察机构、监察专员根据授权，依据《监察法》第十一条的规定，对公职人员进行调查、处置。但其调查、处置对象，不包括派驻或者派出它的监察委员会直接负责调查、处置的公职人员。

在派驻或者派出监察机构的职责权限上，派出监察机构原则上既可以对公职人员涉嫌职务违法行为进行调查、处置，又可以对涉嫌职务犯罪进行调查、处置；而派驻监察机构的具体职责权限，则需要根据派出它的监察机关的授权来确定。

关联法规索引

《中国共产党章程》第45条；《中国共产党党内监督条例》第28条；《关于深化中央纪委国家监委派驻机构改革的意见》；《中国共产党纪律检查机关监督执纪工作规则》第13、75条；《关于中共中央纪委派驻纪检组履行监督职责的意见》

典型案例

某省县纪委监委发挥派驻监督作用，重点检查"庸懒散"等突出问题[1]

※案情简介：监察体制改革以来，某省县纪委监委各派驻纪检监察组聚焦群众反映强烈的"门难进、脸难看、事难办"等方面突出问题，发挥派驻监督"探头"作用，切实解决干部作风"庸懒散"问题。各派驻纪检监察组常念"紧箍咒"，抓好日常监督。定期对被监督单位进行突击检查，通过随机督查、电话回访、群众随访、问卷调查等方式，重点检查工作人员是否存在不担当、不作为、不办事、慢办事等形式主义、官僚主义突出问题。

此外，某省县纪委监委通过在服务大厅设置意见箱，公布举报电话和电子邮箱等方式，畅通群众举报渠道，24小时接受群众对工作人员"庸懒散"等突出问题监督，织密"监督网"，倒逼干部作风好转。开展点名道姓通报曝光、以身边事教育身边人、组织学习党章党规党纪、与群众心贴心交流等活动，使服务窗口工作人员知敬畏、明底线、守纪律，自觉进行自我监督，提升为民服务意识。

※案件要旨：《监察法》第十三条规定了派驻或者派出的监察机构、监察专员根据授权进行监察的有关内容。派驻监察是党内监督和国家监察的重要形式。某省县纪委监委充分发挥派驻监督"探头"作用，通过对被监督单位进行突击检查，随机督查、电

〔1〕 本案根据《某省县：重点检查"慵懒散"等突出问题》整理，具体参见 http://www.ccdi.gov.cn/gzdt/pzjd/201903/t20190322_191012.html，查询时间：2019年5月4日。

话回访、群众随访、问卷调查、在服务大厅设置意见箱、公布举报电话和电子邮箱等方式，创新监督途径，切实解决干部作风“庸懒散”问题。对于调查出的问题，通过点名道姓通报曝光的处置方式，以身边事教育身边人。开展组织学习党章党规党纪、与群众心贴心交流等活动，使工作人员知敬畏、明底线、守纪律，自觉进行自我监督，提升为民服务意识，派驻监督取得了良好的监督实效。

第十四条 【监察官制度】 国家实行监察官制度，依法确定监察官的等级设置、任免、考评和晋升等制度。

条文解读

本条是关于监察官制度的规定。

国家实行监察官制度是构建具有中国特色的国家监察体系的重要举措。监察官是依法行使国家监察权的人员，其重要职权就是忠于宪法，依据《监察法》规定，对所有行使公权力的公职人员履行调查、监督和处置的职责。《监察法》第五十六条规定：监察人员必须模范遵守宪法和法律，忠于职守、秉公执法，清正廉洁、保守秘密；必须具有良好的政治素质，熟悉监察业务，具备运用法律、法规、政策和调查取证等能力，自觉接受监督。依据《监察法》的基本规定，对监察官履职的政治、道德、廉洁等要求作出明确规定，实现权责对等，形成具有中国特色的监察官制度体系，有利于监察人员依法履职尽责，为廉政建设和反腐败工作贡献力量，以推进国家治理体系和治理能力现代化。

建立监察官的等级设置、任免、考评和晋升等具体制度赋予法律依据。依据《监察法》有关规定，我国应尽快制定《监察官法》，确定监察官的等级设置、任免、考评和晋升等制度。在监察官等级设置上，要创制具有中国特色的监察官称谓和等级。在监察官任免、考评和晋升等制度设计上，要科学设立上下进退机制。监察官门槛要高、退出机制要强。对于监察官的工资待遇，要坚持权责对等原则，参考有关专业干部队伍的待遇标准，综合考虑国家财政负担能力等因素研究解决方案。通过建立监察官制度，加强对监察官的管理，可以提高监察官的素质，切实保障监察人员的合法权益，依法独立行使监察权，保障监察机关有效实施监督，以期建立集中统一、权威高效的监察体系。

关联法规索引

《公务员法》；《人民警察法》；《检察官法》；《法官法》

第三章　监察范围和管辖

本章介绍

本章从第十五条至第十七条，共有三个条文，规定了监察范围、管辖的一般原则及管辖变更的相关内容。

第十五条　【监察范围】　监察机关对下列公职人员和有关人员进行监察：

（一）中国共产党机关、人民代表大会及其常务委员会机关、人民政府、监察委员会、人民法院、人民检察院、中国人民政治协商会议各级委员会机关、民主党派机关和工商业联合会机关的公务员，以及参照《中华人民共和国公务员法》管理的人员；

（二）法律、法规授权或者受国家机关依法委托管理公共事务的组织中从事公务的人员；

（三）国有企业管理人员；

（四）公办的教育、科研、文化、医疗卫生、体育等单位中从事管理的人员；

（五）基层群众性自治组织中从事管理的人员；

（六）其他依法履行公职的人员。

条文解读

本条是关于监察对象范围的规定。

党的十八大以来，党内监督得到有效加强，党内监督全覆盖必然要求国家监察实现全覆盖、无盲点，有利于强化党和国家监督效能，推进国家治理体系和治理能力现代化。国家监察制度改革之前，由于《行政监察法》规定的监察对象范围过窄，还有相当一部分行使公权力的公职人员处于纪检监察机关监督不到的空白地带。比如，人大、政协、检察院、法院中的非党员公职人员，民主党派机关中的非中共党员公职人员，协警、交管员等受委托临时行使公权力的人员中的非党员，还有非党员村干部等，这些群体不属于《行政监察法》的监察对象，又不在纪委监督的范围之列。他们在行使公权力的过程中往往只能在违法后进行事后处理，情节较轻的违规行为和廉洁问题很容易出现“法办够不上，党纪不适用”的局面，日常监督更缺乏相应的专门机关。[1]本条规定弥补了以前行政监察范围过窄的短板，真正把所有公权力都关进制度“笼子”。监察委员会同党的纪律检查机关合署办公，实现对所有行使公权力的公职人员监察全覆盖，正是以习近平同志为核心的党中央着力实现党内监督与国家监察有机统一，扫除对公权力监督盲区死角作出的重大战略安排。

第一，中国共产党机关、人民代表大会及其常务委员会机关、人民政府、监察委员会、人民法院、人民检察院、中国人民政治协商会议各级委员会机关、民主党派机关和工商业联合会机关的公务员，以及参照《公务员法》管理的人员

（一）公务员。依照《公务员法》第二条的规定，公务员是指依法履行公职、纳入国家行政编制、由国家财政负担工资福利的工作人员。公务员身份的确定，有一套严格的法定程序，只有经过有关机关审核、审批及备案等程序，登记、录用或者调任为公务员后，方可确定为公务员。公务员包括中国共产党机关、人民代表大会及其常务委员会机关、人民政府、监察委员会、人民法院、人民检察院、中国人民政治协商会议各级委员会机关、民主党派机关和工商业联合会机关中从事公务的人员。

1. 中国共产党机关公务员。其包括：(1)中央和地方各级党委、纪律检查委员会的领导人员；(2)中央和地方各级党委工作部门、办事机构和派出机构的工作人员；(3)中央和地方各级纪律检查委员会机关和派出机构的工作人员；(4)街道、乡、镇党委机关的工作人员。

2. 人民代表大会及其常务委员会机关公务员。其包括：(1)县级以上各级人民代表大会常务委员会领导人员，乡、镇人民代表大会主席、副主席；(2)县级以上各级人民代表大会常务委员会工作机构和办事机构的工作人员；(3)各级人民代表大会专门委员会办事机构的工作人员。

3. 人民政府公务员。其包括：(1)各级人民政府的领导人员；(2)县级以上各级人民政府工作部门和派出机构的工作人员；(3)乡、镇人民政府机关的工作人员。

4. 监察委员会公务员。其包括：(1)各级监察委员会的组成人员；(2)各级监察委员会内设机构和派驻、派出监察机构的工作人员、监察专员等。

5. 人民法院公务员。其包括：(1)最高人民法院和地方各级人民法院的法官、审判辅助人员；(2)最高人民法院和地方各级人民法院的司法行政人员等。

6. 人民检察院公务员。其包括：(1)最高人民检察院和地方各级人民检察院的检察官、检察辅助人员；(2)最高人民检察院和地方各级人民检察院的司法行政人员等。

---

〔1〕 余哲西：《改革后如何确定监察对象范围——着力实现对公权力监督全覆盖》，http://www.bzlz.gov.cn/news/show-5807.html，查询时间：2018年3月10日。

7. 中国人民政治协商会议各级委员会机关公务员。其包括:(1)中国人民政治协商会议各级委员会的领导人员;(2)中国人民政治协商会议各级委员会工作机构的工作人员。

8. 民主党派机关和工商业联合会机关公务员。其包括中国国民党革命委员会中央和地方各级委员会,中国民主同盟中央和地方各级委员会,中国民主建国会中央和地方各级委员会,中国民主促进会中央和地方各级委员会,中国农工民主党中央和地方各级委员会,中国致公党中央和地方各级委员会,九三学社中央和地方各级委员会,台湾民主自治同盟中央和地方各级委员会的公务员,以及中华全国工商业联合会和地方各级工商联等单位的公务员。

(二)参公人员。参公人员是参照《公务员法》管理的工作人员的简称。主要分为参公机关人员和参公事业单位管理人员,参公机关人员一般指的是共青团、妇联、工会等群团组织,使用的是行政编制,但是性质依然是参公人员;另外一类是参公事业单位管理人员,一般是某个行政机关的二级机构,编制一般使用的是事业编制,待遇参照公务员。参照《公务员法》管理的工作人员(工勤除外)与公务员主要是人员使用的编制不同,其他的如工资福利待遇、日常管理等,都是执行《公务员法》及其配套法规、政策的规定。

第二,法律、法规授权或者受国家机关依法委托管理公共事务的组织中从事公务的人员

这主要是指除参公管理以外的其他管理公共事务的事业单位,比如疾控中心等的工作人员。法律、法规授权,主要包括全国人民代表大会及其常务委员会制定的法律,国务院制定的行政法规,省、自治区、直辖市和设区的市的人民代表大会及其常务委员会制定的地方性法规,民族自治地方的人民代表大会制定的自治条例和单行条例,与行政法规有同等法律效力的国务院的决定等法规性文件的授权。管理公共事务的组织主要是指政府系统行使的行政管理职能和党委系统担负党的领导机关工作职能的组织。依授权或依委托管理公共事务的组织中从事公务的人员是《监察法》所规定的监察对象。

第三,国有企业管理人员

国有企业是指财产属于国家所有的,从事生产、经营或者服务活动的经济组织。这包括国有独资企业、国有控股企业(含国有独资金融企业和国有控股金融企业)及其分支机构。国有企业中的管理人员是《监察法》的监察对象,如设董事会的企业中由国有股权代表出任的董事长、副董事长、董事,总经理、副总经理,党委书记、副书记、纪委书记,工会主席等;未设董事会的企业的总经理(总裁)、副总经理(副总裁),党委书记、副书记、纪委书记,工会主席等。

第四，公办事业单位的管理人员

公办的教育、科研、文化、医疗卫生、体育等单位一般主要指的是国有事业单位，即由政府利用国有资产设立的，从事教育、科技、文化、卫生等活动的社会服务组织。国有事业单位一般是国家设置的带有一定的公益性质的机构，但不属于政府机构，与公务员是不同的。一般情况下国家会对这些事业单位予以财政补助，分为全额拨款事业单位、差额拨款事业单位。国有事业单位中从事管理的人员是《监察法》的监察对象，如公办学校的校长、副校长，科研院所的院长、所长，公立医院的院长、副院长等。

第五，基层群众性自治组织中从事管理的人员

我国《宪法》第一百一十一条规定，城市和农村按居民居住地区设立的居民委员会或者村民委员会是基层群众性自治组织。根据《宪法》、《村民委员会组织法》和《城市居民委员会组织法》的规定，以及现行《宪法》实施以来我国城乡基层社会组织建设的实际情况，基层群众性自治组织指的是依照有关法律规定，以城乡居民（村民）一定的居住地为纽带和范围设立，并由居民（村民）选举产生的成员组成的，实行自我管理、自我教育、自我服务的社会组织。在基层群众性自治组织中从事管理的人员是《监察法》的监察对象，如村民委员会、居民委员会的主任、副主任和委员，以及其他受委托从事管理的人员。

第六，其他依法履行公职的人员

这是一个兜底性条款，避免挂一漏万。判断一个"履行公职的人员"是否属于监察对象的标准，主要看其是否行使公权力，所涉嫌的职务违法或者职务犯罪是否损害了公权力的廉洁性。其他依法行使公权力的公职人员属于监察法所规定的监察对象。

配套法规及解读

《公务员法》(2018 年 12 月 29 日修订)

第二条 本法所称公务员，是指依法履行公职、纳入国家行政编制、由国家财政负担工资福利的工作人员。

※法规解读：本条是关于公务员范围的规定。依据本条规定，公务员必须同时符合三个条件：第一，依法履行公职，即依法从事公务活动的人员。这里的"法"作广义的理解，包括宪法、法律、行政法规、地方性法规等。第二，纳入国家行政编制。第三，由国家财政负担工资福利。具体来说，就是指由国家提供工资、退休和福利等保障。

第一百零六条 法律、法规授权的具有公共事务管理职能的事业单位中除工勤人员以外的工作人员，经批准参照本法进行管理。

※法规解读：本条是关于对授权的事业单位人员参照《公务员法》管理的规定。事业单位是指国家为了社会公益目的，由国家机关举办或者其他组织利用国有资产举办

的,从事教育、科技、文化、卫生等活动的社会服务组织。法律、法规授权的具有公共事务管理职能的事业单位一般应具备三个条件:一是被授权的事业单位应与所授权行使的行政职能无利害关系。二是被授权的事业单位应具备了解和掌握与所行使的行政职能有关的专业知识及特殊素质的工作人员。三是被授权的事业单位应具备行使所授权行政职能所需要的基本设备和条件。

关联法规索引

《宪法》第111条;《村民委员会组织法》第6条;《城市居民委员会组织法》第7、8条;《关于事业单位参照公务员法管理工作有关问题的意见》

典型案例

杨某某贪污公款自首案[1]

※案情简介:杨某某是湖南省新邵县城乡居民医保管理服务中心(简称医保中心)出纳,自2014年3月至2018年5月的四年间,利用职务便利,非法套取、侵吞个人管理的医保专项基金,共计作案238次,套取586.1747万元。湖南省新邵县人民法院认为公诉机关指控杨某某犯贪污罪的事实清楚,证据确实充分,罪名成立。杨某某具有自首情节,可以从轻处罚。案发后积极退赃,可以从轻处罚。为打击犯罪,维护国家机关的正常管理活动和国家工作人员职务行为的廉洁性,根据相关法律规定,判处杨某某有期徒刑10年6个月。

※案件要旨:这个案件非常值得关注的细节是,事情最初败露时,杨某某在丈夫陪同下,向新邵县监察委员会投案自首而不是去公安机关自首。对违法犯罪行为的调查,公安机关、检察机关、监察机关各有分工。《刑事诉讼法》第十九条规定:刑事案件的侦查由公安机关进行,法律另有规定的除外。人民检察院在对诉讼活动实行法律监督中发现的司法工作人员利用职权实施的非法拘禁、刑讯逼供、非法搜查等侵犯公民权利、损害司法公正的犯罪,可以由人民检察院立案侦查。对于公安机关管辖的国家机关工作人员利用职权实施的重大犯罪案件,需要由人民检察院直接受理的时候,经省级以上人民检察院决定,可以由人民检察院立案侦查。自诉案件,由人民法院直接

[1] 本案根据武汉市新洲区人民法院(2019)鄂0117刑初145号判决书和《纪法小课|这个出纳贪污公款,自首怎么不去公安局而去监委?》整理,参见http://www.ccdi.gov.cn/toutiao/201904/t20190410_192023.html,查询时间:2019年5月18日。

受理。《监察法》第十一条第二项规定，监察委员会“对涉嫌贪污贿赂、滥用职权、玩忽职守、权力寻租、利益输送、徇私舞弊以及浪费国家资财等职务违法和职务犯罪进行调查”。也就是说，公职人员涉嫌职务违法和职务犯罪，应由监察委员会进行调查。杨某某利用职务之便非法套取、侵吞医保专项基金的行为，属于贪污贿赂性质的职务犯罪，在监察委员会的调查范围之内。杨某某是新邵县城乡居民医保管理服务中心的工作人员，是否属于公职人员？依据《监察法》第十五条第二项对监察对象的规定，“法律、法规授权或者受国家机关依法委托管理公共事务的组织中从事公务的人员”，杨某某的工作是根据已经审核完毕的补偿表中需要报销的医疗保险费用，以现金支票或银行转账方式支付给病人，行使的是公权力，也就属于监察对象范围。据此，杨某某向监察机关投案自首的行为是正确的。

吉林某某学院原副院长张某某严重违纪违法案〔1〕

※案情简介：2018年12月，经吉林省委批准，吉林省监委对吉林某某学院原副院长张某某严重职务违法问题进行了立案调查。经查，张某某违反公务员法律法规关于政治纪律和政治规矩的相关规定，散布有损党和政府形象的言论；违反招投标法律法规，违规办理招标投标；违反公务员法律法规关于职务廉洁的相关规定，违规收受礼金，违规在下属单位核销个人医疗费，默许其妻子违规领取工资、津贴补贴；违反财经法律法规，报销应由个人承担的相关费用；违反公务员法律法规关于社会公德的相关规定；利用职务上的便利，骗取公款、为他人谋取利益并收受财物，涉嫌贪污、受贿犯罪。张某某身为领导干部，理想信念丧失，宗旨意识淡漠，违反政治纪律和政治规矩，散布有损党和政府形象的言论，违规办理招投标，利用职权谋取私利，丧失社会公德，侵占国家财产，构成严重职务违法并涉嫌犯罪，且在党的十八大后不收敛、不收手，性质恶劣、情节严重，应予严肃处理。依据《监察法》、《公务员法》等有关规定，经吉林省监委研究并报吉林省委批准，决定给予张某某开除公职处分；收缴其违法所得；建议由有关单位按照规定开除张某某中国民主建国会会籍；将其涉嫌犯罪问题移送检察机关依法审查起诉，所涉财物随案移送。

※案件要旨：本案的关键是公办单位中的管理人员是否属于监察对象。《监察法》第十五条第四项规定，监察机关对“公办的教育、科研、文化、医疗卫生、体育等单位中从事管理的人员”进行监察。这是以法律的形式明确了公办的“教科文卫体”单位中从

〔1〕 本案根据《公办单位中的管理人员属于监察对象》和《吉林某某学院原副院长张某某严重违法被开除公职》整理，具体参见 http://www.ccdi.gov.cn/yaowen/201812/t20181219_185374.htm，查询时间：2019年5月30日；https://baijiahao.Baikal.com/s? id = 1620264529984741329&wfr = spider&for = pc，查询时间：2019年5月17日。

事管理的人员属于监察对象，为纪检监察机关依法对这类人员开展监察工作提供了法律依据。吉林某某学院原副院长张某某，虽然不是中共党员，但属于行使公权力的公职人员，属于《监察法》规定的监察对象，其涉嫌职务违法犯罪行为应当由当地纪检监察机关依法调查处置。教育、科研、文化、医疗卫生、体育等领域一方面是我们党依法执政、通过各级政府履行社会管理职能的重要内容，另一方面也是涉及广大人民群众相关民生问题的重要内容，这些领域出了问题，直接影响到人民群众的获得感，影响党的执政基础。将公办的教育、科研、文化、医疗卫生、体育等单位中从事管理的人员纳入监察对象范畴，有利于加强党对反腐败工作的集中统一领导，实现对公权力监督的全覆盖，巩固扩大反腐败斗争成果，不断增强人民群众获得感。

第十六条　【管辖一般原则】　各级监察机关按照管理权限管辖本辖区内本法第十五条规定的人员所涉监察事项。

上级监察机关可以办理下一级监察机关管辖范围内的监察事项，必要时也可以办理所辖各级监察机关管辖范围内的监察事项。

监察机关之间对监察事项的管辖有争议的，由其共同的上级监察机关确定。

条文解读

本条是关于监察机关管辖一般原则的规定。本条共分三款，内容涉及地域管辖、级别管辖变通和管辖权争议三个方面。

第一款是关于监察机关对监察事项的一般管辖原则。监察委员会实行的是地域管辖和级别管辖相结合的原则。地域管辖是指不同地区的同级监察机关在调查、监督、处置公职人员职务违法、犯罪行为的权限分工。级别管辖是要划分上下级监察机关之间的分工和权限。依据本款规定，各级监察机关按照管理权限管辖本辖区内所有行使公权力的人员所涉监察事项。“按照管理权限”指的是按照干部管理权限，如国家监察委员会管辖中管干部所涉监察事项，省级监察委员会管辖本省省管干部所涉监察事项。

第二款是关于级别管辖变通的规定。根据本款规定，上级监察机关可以办理下一级监察机关管辖范围内的监察事项，必要时也可以办理所辖各级监察机关管辖范围内的监察事项，它实际上是把监察事项从有管辖权的下级人民监察机关上移给上级监察机关，即所谓提级管辖。提级管辖便于上级机关处理一些难度较大的监察事项，如在所辖地区影响重大的监察事项、下级监察机关不便办理或可能影响公正处理的复杂监察事项、领导机关指定由上级监察机关直接办理的监察事项等。

第三款是关于管辖权争议的规定。监察事项纷繁复杂，有时某个监察事项依据地域管辖、级别管辖原则并不能确定由哪个监察机关来行使管辖权，为了避免有管辖权的监察机关对监察事项互相争办或者推诿，影响监察事项的及时处理，或者造成监察工作重复，支出不必要的人力、财力、物力，依本条规定，对监察事项的管辖有争议的，由其共同的上级监察机关确定。"共同的上级监察机关"是指与两个或两个以上发生管辖争议的监察机关均有领导和被领导隶属关系的上级监察机关。

配套法规及解读

《刑事诉讼法》(2018 年 10 月 26 日修正)

第二十五条 刑事案件由犯罪地的人民法院管辖。如果由被告人居住地的人民法院审判更为适宜的，可以由被告人居住地的人民法院管辖。

※法规解读：本条是关于人民法院地域管辖原则的规定。地域管辖是指不同地区的同级人民法院在第一审刑事案件上的审判权限的分工，它所要解决的是某一刑事案件应由同级中的哪一个法院进行第一审审判的问题。一般情况下，地域管辖实行以犯罪地人民法院管辖为主的原则。这里说的"犯罪地"，是指犯罪行为发生地和犯罪结果发生地。由犯罪地法院管辖，有利于保护和勘验现场，便于全面收集和核实证据，可以迅速查明案情，便于当事人和其他诉讼参与人就近参加诉讼，也便于当地群众旁听审判，发挥审判的法制教育功能。但是被告人流窜作案，主要犯罪地难以确定，而其居住地群众更了解案件情况，或者可能对被告人适用缓刑、管制或者单独适用剥夺政治权利等刑罚，需要在其居住地执行的，或者有其他表明由被告人居住地的人民法院管辖更为适宜的情况的，可以由被告人居住地的人民法院管辖，即所谓地域管辖以居住地管辖为辅原则。本条所说的"居住地"，是指被告人的户籍所在地和居所地。

第二十六条 几个同级人民法院都有权管辖的案件，由最初受理的人民法院审判。在必要的时候，可以移送主要犯罪地的人民法院审判。

※法规解读：本条是关于共同管辖的规定。司法实践中情况非常复杂，有时某个案件依据地域管辖原则并不能确定由哪个法院来行使管辖权，为了避免有管辖权的人民法院对案件互相争办或者推诿，影响案件的及时处理，或者造成审判工作重复，支出不必要的人力、财力、物力，本条规定，对几个同级人民法院都有管辖权的案件，由最初受理的人民法院审判。但是，在必要的时候，也可以移送主要犯罪地的人民法院管辖。这里说的"主要犯罪地"，是指案件涉及多个地点时，对该犯罪的成立起主要作用的地点(包括一人犯数罪时主要罪行的实行地)。这里说的"必要的时候"，主要是指对审判工作的顺利进行来讲，存在特殊需要的时候。在司法实践中，对于共同犯罪的被告人，在地域管辖上适用就主不就从的原则，即主犯归哪个法院管辖，整个案件

就归哪个法院管辖。

关联法规索引

《最高人民法院关于适用〈中华人民共和国刑事诉讼法〉的解释》第2、13、14条；《最高人民法院关于规范上下级人民法院审判业务关系的若干意见》第5条；《国家监察委员会管辖规定(试行)》第五章

第十七条　【管辖变更】　上级监察机关可以将其所管辖的监察事项指定下级监察机关管辖,也可以将下级监察机关有管辖权的监察事项指定给其他监察机关管辖。

监察机关认为所管辖的监察事项重大、复杂,需要由上级监察机关管辖的,可以报请上级监察机关管辖。

条文解读

本条是关于管辖变更的规定。本条共分两款,内容涉及指定管辖、报请提级管辖原则的规定。

第一款是关于指定管辖原则的规定。指定管辖主要用于解决管辖不明或者管辖争议问题。所谓"管辖不明",主要是指监察事项的管辖问题在法律中没有明确规定。所谓"管辖争议",包括积极管辖争议和消极管辖争议两种。积极管辖争议是指有两个或者两个以上的监察机关想要对监察事项进行管辖而引发的争议;消极管辖争议是指没有监察机关依法对监察事项行使管辖权而引起的管辖问题。根据本款规定,上级监察机关可以将其所管辖的监察事项指定下级监察机关管辖,也可以将下级监察机关有管辖权的监察事项指定给其他监察机关管辖,使原本没有管辖权的下级监察机关或其他监察机关取得了监察权。

第二款是关于报请提级管辖的规定。下级监察机关对自己管辖的监察事项,认为情况复杂、重大,自己没有足够力量进行有效监察或可能影响公正处理的,需要由上级监察机关管辖的,可以报请上级监察机关管辖。

配套法规及解读

《刑事诉讼法》(2018年10月26日修正)

第二十四条　上级人民法院在必要的时候,可以审判下级人民法院管辖的第一审

刑事案件;下级人民法院认为案情重大、复杂需要由上级人民法院审判的第一审刑事案件,可以请求移送上一级人民法院审判。

※法规解读:本条是关于人民法院级别管辖变通的规定。根据本条规定,人民法院对属于自己管辖的第一审刑事案件,在必要的时候可以改变案件管辖,即所谓管辖权的转移,它实际上是把案件从有管辖权的下级人民法院上移给本来无管辖权的上级人民法院,从而使上级人民法院取得管辖权。

这种变通具体来讲有两种情况:一是上级人民法院监督、指导下级人民法院审判工作时,发现下级人民法院管辖的刑事案件案情复杂、涉及面广、影响大,下级人民法院没有足够的力量来审判或者下级人民法院对法律政策的适用界限不清、难以认定,审判有困难的,上级人民法院就可以把案件提上来由自己审判,以保证办案的质量。上级人民法院认为有必要审理下级人民法院管辖的第一审刑事案件,应当向下级人民法院下达改变管辖决定书,并书面通知同级人民检察院、被告人的羁押场所和当事人;二是下级人民法院对自己管辖的第一审刑事案件,认为案情复杂、重大,自己没有足够力量审判或者审判有阻力、有困难,或者对法律政策的适用把握不准等,需要由上级人民法院审判的时候,可以在案件审理期限届满十五日前,书面请求移送至上一级人民法院审判,由上级人民法院决定是否同意。

第二十七条 上级人民法院可以指定下级人民法院审判管辖不明的案件,也可以指定下级人民法院将案件移送其他人民法院审判。

※法规解读:本条是关于指定管辖的规定。指定管辖主要用于解决管辖不明或者管辖争议问题。所谓“管辖不明”,主要是指该案的管辖问题在法律中没有明确规定。所谓“管辖争议”,包括积极管辖争议和消极管辖争议两种。积极管辖争议是指有两个或者两个以上的人民法院想要对案件进行管辖而引发的争议;消极管辖争议是指没有人民法院依法对案件行使管辖权而引起的管辖问题。根据本条规定,几个同级法院就同一案件的管辖问题发生争议时,首先应当协商解决,协商不成时由最初受理案件的人民法院在审限内报争议各方共同上一级人民法院指定管辖。上级人民法院有权指定下级人民法院审理该案件,也可以直接指令已经受理该案的人民法院将案件移送其他人民法院审判。此外,当有管辖权的法院不宜行使管辖权时,也可以由上级人民法院以指定的方式确定案件由哪个法院管辖。在指定管辖的程序上,上级人民法院应当在开庭前将指定管辖决定书分别送达被指定管辖的人民法院及其他对管辖权有争议的人民法院。原受理的人民法院不再行使管辖权。收到上级人民法院指定管辖的决定书后,对公诉案件应当将全部案卷材料退回提起公诉的人民检察院并书面通知当事人;对自诉案件,将全部案卷材料移送被指定管辖的人民法院,并书面通知当事人。

关联法规索引

《最高人民法院关于适用〈中华人民共和国刑事诉讼法〉的解释》第15～20条;《最高人民法院关于规范上下级人民法院审判业务关系的若干意见》第3、4条;《国家监察委员会管辖规定(试行)》第五章

典型案例

运用指定管辖,排除干扰调查共同涉案人[1]

※案情简介:2018年4月,广东省纪委监委对某地级市领导李某某(化名)进行纪律审查和监察调查,并采取留置措施;几乎在同一时间,广州市越秀区纪委监委对李某某案多名涉嫌共同职务违法和职务犯罪的涉案人员进行监察调查,并采取留置措施。李某某案并不是越秀区的自办案件,该案的几名涉案人员与李某某同在一个城市,也并不属于越秀区纪委监委的监察范围,越秀区纪委监委为何会跨地域来办理这一系列窝案?这是因为上级纪委监委运用指定管辖,所以越秀区纪委监委才能异地办案,排除干扰调查共同涉案人。

※案件要旨:《监察法》第十七条规定:上级监察机关可以将其所管辖的监察事项指定下级监察机关管辖,也可以将下级监察机关有管辖权的监察事项指定给其他监察机关管辖。一般来说,上级监察机关将下级监察机关有管辖权的监察事项指定给自己所辖的其他监察机关管辖,主要出于以下两种情形:一是地域管辖不明的监察事项,如涉嫌职务违法犯罪行为由分属两个或两个以上行政区域的监察对象共同所为;二是由于各种原因,原来有管辖权的监察机关不适宜或者不能办理某监察事项。上级纪委监委指定越秀区纪委监委异地办案,就属于第二种情形。李某某长期在某地级市担任重要领导职务,社会关系复杂。指定越秀区纪委监委异地管辖该案涉嫌共同职务犯罪的涉案人员,可以有效排除当地的人情干扰和阻力,保证监察事项得到正确、及时处理。合理运用指定管辖,可以增强监察工作的机动性、实效性,做到原则性与灵活性相结合,切实把制度优势充分转化为治理效能。

---

〔1〕 本案根据《运用指定管辖,排除干扰调查共同涉案人》整理,参见 http://www.ccdi.gov.cn/yaowen/201806/t20180625_174430.html,查询时间:2019年5月17日。

第四章　监察权限

本章介绍

本章从第十八条至第三十四条，共十七个条文，对监察权限进行了规定。监察机关的权限有监督调查权、监察谈话权、讯问权、询问权、留置权、查询冻结权、搜查权、查封扣押权、勘验检查权、鉴定权、采取技术调查措施权、通缉决定权、限制出境权、收集调取证据权、立案管辖权、认罪认罚案件从宽处理建议权等，这些职权是确保监察机关履行监察专责的重要保障。

第十八条　【监督调查权】　监察机关行使监督、调查职权，有权依法向有关单位和个人了解情况，收集、调取证据。有关单位和个人应当如实提供。

监察机关及其工作人员对监督、调查过程中知悉的国家秘密、商业秘密、个人隐私，应当保密。

任何单位和个人不得伪造、隐匿或者毁灭证据。

条文解读

本条共有三款，是对监察机关行使监督、调查权的规定。

本条第一款是对监察机关职权的一般性规定。根据本条款规定，监察机关的权限主要包括监察和调查两个方面。这两个方面的权力相辅相成，相互依存。监察机关为了更好地行使监察职能，依法对公职人员进行监察，就需要把相关事项调查清楚；只有将违法违纪事项调查清楚，才能准确监督，有效监督。监察机关在调查过程中，有依法向有关单位和个人了解情况，收集和调取证据的权力。相应地，有关单位和个人则负有如实提供情况信息以及证据的义务，即相关义务人不仅应当提供，而且应当如实提供，要求确保提供信息的真实性和准确性。

本条第二款规定了监察机关及其工作人员的保密义务。监察机关及其工作人员在履行法定职责的过程中，对其知悉的国家秘密、商业秘密以及个人隐私承担保密义务。无论是从确保国家安全和利益，还是相关个人和单位的正当利益和权益的角度，他们都负有保密义务。《保守国家秘密法》规定，国家秘密是关系国家安全和利益，依照法定程序确定，在一定时间内只限一定范围的人员知悉的事项。国家秘密受法律保护，一切国家机关、武装力量、政党、社会团体、企业事业单位和公民都有保守国家秘密的义务。

所谓商业秘密，是指不为公众所知悉、能为权利人带来经济利益，具有实用性并经权利人采取保密措施的技术信息和经营信息，包括设计资料、程序、产品配方、制作工艺、制作方法、管理诀窍、客户名单、货源情报、产销策略等。根据《国家工商行政管理局关于商业秘密构成要件问题的答复》的精神，商业秘密的构成要件有三：一是该信息不为公众所知悉，即该信息是不能从公开渠道直接获取的。二是该信息能为权利人带来经济利益，具有实用性。这是指该信息具有可确定的可应用性，能为权利人带来现实的或者潜在的经济利益或者竞争优势。三是权利人对该信息采取了保密措施。权利人采取保密措施，包括口头或书面的保密协议、对商业秘密权利人的职工或与商业秘密权利人有业务关系的他人提出保密要求等合理措施。只要权利人提出了保密要求，商业秘密权利人的职工或与商业秘密权利人有业务关系的他人知道或应该知道存在商业秘密，即为权利人采取了合理的保密措施，职工或他人就对权利人承担保密义务。

个人隐私权是自然人所享有的对与公共利益无关的个人信息、私人活动和私有领域进行支配的权利。隐私权是一项重要的公民权利。《宪法》第四十条规定：中华人民共和国公民的通信自由和通信秘密受法律的保护。除因国家安全或者追查刑事犯罪的需要，由公安机关或者检察机关依照法律规定的程序对通信进行检查外，任何组织或者个人不得以任何理由侵犯公民的通信自由和通信秘密。

《保守国家秘密法》《刑法》《侵权责任法》等法律对国家秘密、商业秘密和个人隐私的保护均作了规定。办案机关及其工作人员对在办案过程中接触到的涉及国家秘密、个人隐私的证据，应当妥善保管，不得遗失、泄露，更不得让不该知悉的人知悉。

本条第三款是对禁止妨害取证义务的规定。根据本条款规定，该项义务由非特定主体承担，义务主体包括单位和个人。具体行为方式上，包括禁止伪造、隐匿和毁灭证据。所谓伪造证据，就是故意制造虚假证据材料的行为，包括模仿真实证据而制造假证据，或者凭空捏造虚假的证据，以及对真实证据加以变更改造，使其失去或减弱证明作用的情形。所谓隐匿证据，就是隐藏证据材料的行为。所谓毁灭证据，就是采取非正当手段使得证据材料毁损或者灭失的行为。伪造、隐匿和毁灭证据的行为均会对监察机关的监督、调查活动造成妨碍，应当依法予以惩治。

配套法规及解读

《刑事诉讼法》(2018年10月26日修正)

第四十四条　辩护人或者其他任何人，不得帮助犯罪嫌疑人、被告人隐匿、毁灭、伪造证据或者串供,不得威胁、引诱证人作伪证以及进行其他干扰司法机关诉讼活动的行为。

违反前款规定的,应当依法追究法律责任,辩护人涉嫌犯罪的,应当由办理辩护人所承办案件的侦查机关以外的侦查机关办理。辩护人是律师的,应当及时通知其所在的律师事务所或者所属的律师协会。

※法规解读:本条共有两款,规定了辩护人的义务。

本条第一款是关于不得干扰司法机关诉讼活动义务的规定。适用主体范围包括"辩护人或者其他任何人",所谓"其他任何人"泛指不特定主体。干扰司法机关诉讼活动的行为包括帮助犯罪嫌疑人、被告人隐匿、毁灭、伪造证据或者传统,威胁引诱证人作伪证,以及其他干扰司法机关诉讼活动的行为。

本条第二款是关于干扰司法机关诉讼活动行为追究法律责任的规定。首先本条款明确肯定了依法追究的原则,同时,为了确保案件侦办的公正性,防止打击报复,本条款特别规定,辩护人涉嫌犯罪的案件,应当由办理辩护人所侦办案件的侦查机关以外的侦查机关办理。并且对于辩护人是律师的情况,侦查机关还应当将律师受到追诉的情况及时告知其所在的律师事务所和所属的律师协会,以保障律师权益。

第五十四条 人民法院、人民检察院和公安机关有权向有关单位和个人收集、调取证据。有关单位和个人应当如实提供证据。

行政机关在行政执法和查办案件过程中收集的物证、书证、视听资料、电子数据等证据材料,在刑事诉讼中可以作为证据使用。

对涉及国家秘密、商业秘密、个人隐私的证据,应当保密。

凡是伪造证据、隐匿证据或者毁灭证据的,无论属于何方,必须受法律追究。

※法规解读:本条共有四款,规定了收集证据的主体、对象以及妨碍取证的法律责任。

根据本条第一款规定,在刑事诉讼中,为了查明案件真实情况,人民法院、人民检察院和公安机关有权向有关单位和个人收集、调取证据。有关单位和个人应当如实提供证据。根据有关规定,辩护律师有权自行取证或者申请人民检察院、人民法院调查取证。只有公安、司法人员和律师才有权收集证据,其他任何机关、企事业单位、人民团体和公民个人,都无权收集和调取证据。

根据本条第三款规定,有些证据涉及国家秘密,为了维护国家利益和公共利益,对这类证据应当保密;同时,为满足实际需要,对涉及"商业秘密"和"个人隐私"的证据也作了保密性规定。为了保障刑事诉讼的顺利进行,严惩妨碍诉讼的行为,本条第四款规定,对伪造证据、隐匿证据或者毁灭证据的所有行为人,都应依法追究法律责任。

本条第二款的立法目的在于明确行政执法机关在执法过程中所收集的物证、书证、视听资料、电子证据等证据材料的证据能力，以解决这一长期困扰司法实践的疑难问题。据此，行政执法机关在行政执法过程中所收集的物证、书证等证据材料自始即具有证据能力，无须再经过所谓证据“转化”即可在刑事诉讼中作为证据使用。

关联法规索引

《宪法》第40、53、76条；《刑法》第307条；《保守国家秘密法》；《反恐怖主义法》第48、51条；《刑事诉讼法》第152条；《保守国家秘密法实施条例》；《招标投标法实施条例》第62条；《人民检察院刑事诉讼规则(试行)》第190、267条；《最高人民法院关于民事执行中财产调查若干问题的规定》第25条；《最高人民法院、最高人民检察院、公安部关于办理刑事案件收集提取和审查判断电子数据若干问题的规定》第3条；《公安机关办理刑事案件程序规定》第58～63条

第十九条 【监察谈话】 对可能发生职务违法的监察对象，监察机关按照管理权限，可以直接或者委托有关机关、人员进行谈话或者要求说明情况。

条文解读

本条是对监察谈话权及要求说明情况权的规定。

《中国共产党章程》第四十条明确规定：坚持惩前毖后、治病救人，执纪必严、违纪必究，抓早抓小、防微杜渐，按照错误性质和情节轻重，给以批评教育直至纪律处分。2015年9月24日至26日，时任中共中央政治局常委、中央纪委书记王岐山在福建调研并主持召开座谈会，听取党员和群众代表对修订廉政准则和党纪处分条例的意见建议时强调，要在思想认识、责任担当、方法措施上跟上中央要求，把纪律和规矩挺在前面，把握运用监督执纪“四种形态”，以严明的纪律推进全面从严治党。运用监督执纪“四种形态”，经常开展批评和自我批评、约谈函询，让“红红脸、出出汗”成为常态；党纪轻处分、组织调整成为违纪处理的大多数；党纪重处分、重大职务调整的成为少数；严重违纪涉嫌违法立案审查的成为极少数。2017年10月，《十八届中央纪律检查委员会向中国共产党第十九次全国代表大会的工作报告》中指出，坚持抓早抓小，发现苗头就及时纠正，对反映的一般性问题及时谈话提醒、约谈函询，让本人作出说明，所在党委(党组)书记签字；对如实说明的予以采信，了结后向被函询人反馈澄清，体现了党对干部的信任。

根据本条规定，监察谈话适用于可能发生职务违法的监察对象。首先，监察谈话

作为监察权限之一,只能适用于监察机关监察的对象范围。其次,监察谈话适用于可能发生职务违法的情况下。"可能"并不意味着有确凿的证据,只是有线索或者发生问题的苗头。谈话的作用有两种:第一,对监察对象进行诫勉,起到警示作用,防止问题进一步扩大或者恶化,实现"抓早抓小"。《中国共产党问责条例》第八条第二款第二项明确规定,以谈话或者书面方式进行诫勉。《党政领导干部考核工作条例》第四十二条规定,考核中发现领导班子和领导干部存在问题的,区分不同情形,予以谈话提醒直至组织处理;发现违纪违法问题线索,移送纪检监察、司法机关处理。第二,调查了解问题,具有初步调查的作用。《中国共产党巡视工作条例》第二十九条规定:有关纪律检查机关、组织部门收到巡视移交的问题或者线索后,应当及时研究提出谈话函询、初核、立案或者组织处理等意见,并于三个月内将办理情况反馈巡视工作领导小组办公室。

根据本条规定,按照谈话主体的差异,监察谈话分为两种方式:一是自行谈话,二是委托谈话;根据谈话方式的不同,监察谈话分为直接谈话和要求说明情况两种。《中国共产党纪律检查机关监督执纪工作规则》规定,监督执纪实行分级负责制。纪检监察机关采取谈话函询方式处置问题线索,应当起草谈话函询报批请示,拟订谈话方案和相关工作预案,按程序报批。需要谈话函询下一级党委(党组)主要负责人的,应当报纪检监察机关主要负责人批准,必要时向同级党委主要负责人报告。谈话应当由纪检监察机关相关负责人或者承办部门负责人进行,可以由被谈话人所在党委(党组)、纪委监委(纪检监察组、纪检监察工委)有关负责人陪同;经批准也可以委托被谈话人所在党委(党组)主要负责人进行。谈话应当在具备安全保障条件的场所进行。由纪检监察机关谈话的,应当制作谈话笔录,谈话后可以视情况由被谈话人写出书面说明。《中国共产党纪律检查机关监督执纪工作规则》中还明确规定,纪检监察机关开展谈话应当做到全程可控。谈话前做好风险评估、医疗保障、安全防范工作以及应对突发事件的预案;谈话中及时研判谈话内容以及案情变化,发现严重职务违法、职务犯罪,依照《监察法》需要采取留置措施的,应当及时采取留置措施;谈话结束前做好被谈话人思想工作,谈话后按程序与相关单位或者人员交接,并做好跟踪回访等工作。

配套法规及解读

《关于对党员领导干部进行诫勉谈话和函询的暂行办法》(2005年12月19日)

第一条 为加强和改进对党员领导干部的日常教育和管理,根据《中国共产党党内监督条例(试行)》,制定本办法。

第二条 根据党委(党组)要求,纪律检查机关和组织(人事)部门按照干部管理权限,对党员领导干部进行诫勉谈话和函询。对下一级领导班子成员,根据具体情况,也可以委托其所在党委(党组)的主要负责人进行诫勉谈话。

第三条　党员领导干部有下列情况之一的,应当对其进行诫勉谈话:

(一)不能严格遵守党的政治纪律,贯彻落实党的路线方针政策和上级党组织决议、决定以及工作部署不力;

(二)不认真执行民主集中制,作风专断,或者在领导班子中闹无原则纠纷;

(三)不认真履行职责,给工作造成一定损失;

(四)搞华而不实和脱离实际的“形象工程”、“政绩工程”,铺张浪费,造成不良影响;

(五)不严格执行《党政领导干部选拔任用工作条例》,用人失察失误;

(六)不严格执行廉洁自律规定,造成不良影响;

(七)其他需要进行诫勉谈话的情况。

第四条　诫勉谈话时,应当向谈话对象说明谈话原因,认真听取其对有关问题的解释和说明,指出需要注意的问题,并要求其提出改正措施。

第五条　纪律检查机关和组织(人事)部门应当采取适当方式,对诫勉谈话对象存在的主要问题的改正情况进行了解。对于没有改正或者改正不明显的,应当根据党委(党组)的意见,予以批评教育并督促改正,或者作出组织处理。

第六条　纪律检查机关和组织(人事)部门针对群众反映的党员领导干部政治思想、道德品质、廉政勤政、选人用人等方面的问题,也可以用书面形式对被反映的党员领导干部进行函询。

第七条　党员领导干部在收到函询的十五个工作日内,应当实事求是地作出书面回复。如有特殊情况不能如期回复的,应当在规定期限内说明理由。对函询问题未讲清楚的,可再次对其进行函询或者采取其他方式进行了解。对无故不回复的,应当责令其尽快回复。

第八条　对党员领导干部进行诫勉谈话和函询,要严格履行审批程序。一般应当按照干部管理权限,由纪律检查机关或者组织(人事)部门的有关单位提出意见,报本机关或者本部门领导批准。

第九条　党员领导干部接受组织诫勉谈话和函询,要如实回答问题,不得隐瞒、编造、歪曲事实和回避问题,不得无故不回复组织函询,不得对反映问题的人进行追查,更不得打击报复。对违反者,应当进行批评教育,情节严重的给予组织处理或者纪律处分。

第十条　党员领导干部的诫勉谈话记录(需经本人核实)和回复组织函询的材料,由进行诫勉谈话和函询的机关或者部门留存。

第十一条　有关工作人员对党员领导干部进行的诫勉谈话和函询内容要严格保

密。对失密、泄密者,按照有关规定处理。

第十二条 非中共党员领导干部,需要进行诫勉谈话和函询的,适用本办法。

第十三条 中国人民解放军和中国人民武装警察部队关于对党员领导干部进行诫勉谈话和函询的办法,由解放军总政治部参照本办法制定。

第十四条 本办法由中央组织部商中央纪委解释。

第十五条 本办法自发布之日起施行。

※**法规解读:**上述条文是对党员领导干部进行诫勉谈话和函询程序的规定。

本规则第二条规定了诫勉谈话和函询的权限,第三条规定了诫勉谈话的适用情形,第四条规定了诫勉谈话的具体程序,第五条规定了诫勉谈话效果的后续跟踪,第六条规定了函询的适用情形,第七条规定了函询的程序,第八条规定了诫勉谈话和函询的报批程序,第九条规定了接受诫勉谈话和函询的党员领导干部的义务,第十条规定了相关材料的留存,第十一条规定了诫勉谈话和函询中的保密义务,第十二条是对非党员领导干部适用诫勉谈话和函询的适用规定。

《中国共产党纪律检查机关监督执纪工作规则》(2018 年 12 月 28 日)

第二十六条 各级党委(党组)和纪检监察机关应当推动加强和规范党内政治生活,经常拿起批评和自我批评的武器,及时开展谈话提醒、约谈函询,促使党员、干部以及监察对象增强党的观念和纪律意识。

第二十七条 纪检监察机关采取谈话函询方式处置问题线索,应当起草谈话函询报批请示,拟订谈话方案和相关工作预案,按程序报批。需要谈话函询下一级党委(党组)主要负责人的,应当报纪检监察机关主要负责人批准,必要时向同级党委主要负责人报告。

第二十八条 谈话应当由纪检监察机关相关负责人或者承办部门负责人进行,可以由被谈话人所在党委(党组)、纪委监委(纪检监察组、纪检监察工委)有关负责人陪同;经批准也可以委托被谈话人所在党委(党组)主要负责人进行。

谈话应当在具备安全保障条件的场所进行。由纪检监察机关谈话的,应当制作谈话笔录,谈话后可以视情况由被谈话人写出书面说明。

第二十九条 纪检监察机关进行函询应当以办公厅(室)名义发函给被反映人,并抄送其所在党委(党组)和派驻纪检监察组主要负责人。被函询人应当在收到函件后 15 个工作日内写出说明材料,由其所在党委(党组)主要负责人签署意见后发函回复。

被函询人为党委(党组)主要负责人的,或者被函询人所作说明涉及党委(党组)主要负责人的,应当直接发函回复纪检监察机关。

第三十条 承办部门应当在谈话结束或者收到函询回复后 1 个月内写出情况报

告和处置意见，按程序报批。根据不同情形作出相应处理：

（一）反映不实，或者没有证据证明存在问题的，予以采信了结，并向被函询人发函反馈。

（二）问题轻微，不需要追究纪律责任的，采取谈话提醒、批评教育、责令检查、诫勉谈话等方式处理。

（三）反映问题比较具体，但被反映人予以否认且否认理由不充分具体的，或者说明存在明显问题的，一般应当再次谈话或者函询；发现被反映人涉嫌违纪或者职务违法、职务犯罪问题需要追究纪律和法律责任的，应当提出初步核实的建议。

（四）对诬告陷害者，依规依纪依法予以查处。

必要时可以对被反映人谈话函询的说明情况进行抽查核实。

谈话函询材料应当存入廉政档案。

第三十一条　被谈话函询的党员干部应当在民主生活会、组织生活会上就本年度或者上年度谈话函询问题进行说明，讲清组织予以采信了结的情况；存在违纪问题的，应当进行自我批评，作出检讨。

※法规解读：上述条文系《中国共产党纪律检查机关监督执纪工作规则》第五章“谈话函询”的规定。谈话函询是纪检监察机关对问题线索进行处理的四种方式之一。上述条文规定了谈话函询的作用、程序、主体、处理及反馈等问题。

关联法规索引

《全国人民代表大会常务委员会关于在北京市、山西省、浙江省开展国家监察体制改革试点工作的决定》二；《全国人民代表大会常务委员会关于在全国各地推开国家监察体制改革试点工作的决定》二；《中国共产党章程》第46条；《中国共产党党内监督条例》第3条；《中国共产党巡视工作条例》第29条；《党政领导干部考核工作条例》第16、20、24、27、38、42、50条；《中共中央办公厅关于解决形式主义突出问题为基层减负的通知》四；《中国共产党纪律检查机关监督执纪工作规则》第五章

第二十条　【陈述与讯问】　在调查过程中，对涉嫌职务违法的被调查人，监察机关可以要求其就涉嫌违法行为作出陈述，必要时向被调查人出具书面通知。

对涉嫌贪污贿赂、失职渎职等职务犯罪的被调查人，监察机关可以进行讯问，要求其如实供述涉嫌犯罪的情况。

条文解读

本条共有两款,是对监察机关要求被调查人作出陈述以及有权对被调查人进行讯问的规定。

本条第一款是对监察机关要求被调查人作出陈述权的规定。要求陈述权具有一定的强制性,但其强制性弱于讯问权。根据本条规定,要求陈述权的适用对象为涉嫌职务违法的被调查人;要求其陈述的内容为被调查人涉嫌的违法行为;程序上,由监察机关根据情况选择是否采用书面通知的方式进行。《中共中央纪律检查委员会关于查处党员违纪案件中收集、鉴别、适用证据的具体规定》中规定,受审查党员的陈述,指受审查党员就案件事实所作的交代、申辩和对同案违纪人员的检举、揭发。

本条第二款是对监察机关讯问权的规定。讯问的对象与要求陈述的对象有显著的不同,为涉嫌贪污贿赂、失职渎职等职务犯罪的被调查人。在这一点上,《监察法》与《刑事诉讼法》等保持了一致,即只有对涉嫌犯罪的人的问询才能被称为讯问。讯问在刑事诉讼中是一种侦查措施,具有强制性,被讯问人有如实回答的义务。

配套法规及解读

《刑事诉讼法》(2018 年 10 月 26 日修正)

第一百二十条 侦查人员在讯问犯罪嫌疑人的时候,应当首先讯问犯罪嫌疑人是否有犯罪行为,让他陈述有罪的情节或者无罪的辩解,然后向他提出问题。犯罪嫌疑人对侦查人员的提问,应当如实回答。但是对与本案无关的问题,有拒绝回答的权利。

侦查人员在讯问犯罪嫌疑人的时候,应当告知犯罪嫌疑人享有的诉讼权利,如实供述自己罪行可以从宽处理和认罪认罚的法律规定。

※法规解读:本条共有两款,是关于讯问过程的规定。

讯问犯罪嫌疑人是获得案件信息的有效途径。讯问犯罪嫌疑人既要遵从无罪推定的基本逻辑,也要遵循事物认知从无到有、从少到多的发展轨迹。所以,讯问时侦查人员首先应当讯问犯罪嫌疑人是否有犯罪行为,让他自己陈述有罪的情节或者无罪的辩解,然后再根据其先前陈述进一步提出具体问题。在讯问过程中,犯罪嫌疑人负有如实陈述义务,享有拒绝回答的权利。

本条第二款在 2018 年《刑事诉讼法》修订时,增加了认罪认罚的内容。本款是对侦查人员告知义务的规定。根据本条款规定,侦查人员在讯问的时候应当告知犯罪嫌疑人如实供述自己的罪行可以从宽处理以及认罪认罚的法律规定,一方面鼓励犯罪嫌疑人与侦查机关积极配合,另一方面也帮助犯罪嫌疑人对如实陈述和认罪认罚作出更加理性的选择。宽严相济一直是我国的刑事政策。2016 年 9 月根据《全国人民代表大会常务委员会关于授权最高人民法院、最高人民检察院在部分地区开展刑事案件认罪认罚从宽制度试点工作的决定》，认罪认罚从宽制度开始在全国十八个地区试点。该项试点的成果已经在2018年10月《刑事诉讼法》修改时予以吸收。现行《刑事诉讼法》已经将认罪认罚从宽作为一项基本原则规定下来。《最高人民法院关于常见犯罪的量刑指导意见》明确规定：对于坦白情节，综合考虑如实供述罪行的阶段、程度、罪行轻重以及悔罪程度等情况，确定从宽的幅度。如实供述自己罪行的，可以减少基准刑的20%以下；如实供述司法机关尚未掌握的同种较重罪行的，可以减少基准刑的10%～30%；因如实供述自己罪行，避免特别严重后果发生的，可以减少基准刑的30%～50%。对于当庭自愿认罪的，根据犯罪的性质、罪行的轻重、认罪程度以及悔罪表现等情况，可以减少基准刑的10%以下。依法认定自首、坦白的除外。因此，帮助犯罪嫌疑人了解相关规定既是侦查机关的义务，也是犯罪嫌疑人的一项诉讼权利。但是侦查人员对犯罪嫌疑人的告知一定要全面和准确。犯罪嫌疑人如有疑问，侦查人员也可以向其进行解释。切忌大包大揽，胡乱承诺。

《人民检察院刑事诉讼规则(试行)》(2012年11月22日修订)

第一百九十七条 讯问犯罪嫌疑人一般按照下列顺序进行：

(一)查明犯罪嫌疑人的基本情况，包括姓名、出生年月日、籍贯、身份证号码、民族、职业、文化程度、工作单位及职务、住所、家庭情况、社会经历、是否属于人大代表、政协委员等；

(二)告知犯罪嫌疑人在侦查阶段的诉讼权利，有权自行辩护或委托律师辩护，告知其如实供述自己罪行可以依法从宽处理的法律规定；

(三)讯问犯罪嫌疑人是否有犯罪行为，让他陈述有罪的事实或者无罪的辩解，应当允许其连贯陈述。

犯罪嫌疑人对侦查人员的提问，应当如实回答。但是对与本案无关的问题，有拒绝回答的权利。

讯问犯罪嫌疑人时，应当告知犯罪嫌疑人将对讯问进行全程同步录音、录像，告知情况应当在录音、录像中予以反映，并记明笔录。

讯问时，对犯罪嫌疑人提出的辩解要认真查核。严禁刑讯逼供和以威胁、引诱、欺骗以及其他非法的方法获取供述。

《公安机关办理刑事案件程序规定》(2012年12月13日)

第一百九十八条 侦查人员讯问犯罪嫌疑人时，应当首先讯问犯罪嫌疑人是否有犯罪行为，并告知犯罪嫌疑人如实供述自己罪行可以从轻或者减轻处罚的法律规定，让他陈述有罪的情节或者无罪的辩解，然后向他提出问题。

犯罪嫌疑人对侦查人员的提问，应当如实回答。但是对与本案无关的问题，有拒绝回答的权利。

第一次讯问,应当问明犯罪嫌疑人的姓名、别名、曾用名、出生年月日、户籍所在地、现住地、籍贯、出生地、民族、职业、文化程度、家庭情况、社会经历、是否属于人大代表、政协委员、是否受过刑事处罚或者行政处理等情况。

※法规解读:以上条文均是对讯问过程及内容相关规则的规定。

讯问程序既是侦查机关获取、审查、核实证据的重要方式,同时也是犯罪嫌疑人为自己进行辩护和辩解的重要环节。虽然侦查机关基于一定的证据已经产生了对讯问对象的怀疑,因此才讯问犯罪嫌疑人。但是作为国家专门机关仍负有客观公正义务,因此在讯问过程中,侦查机关的讯问依然要遵循认识事件发展的基本逻辑进行。

讯问犯罪嫌疑人的时候,应当首先查明他的基本情况。第一次讯问应当查明犯罪嫌疑人的姓名、别名、曾用名、出生年月日、户籍所在地、现住地、籍贯、出生地、民族、职业、文化程度、家庭情况、社会经历、是否属于人大代表、政协委员、是否受过刑事处罚或者行政处理等情况。然后,讯问其是否有犯罪行为,让其陈述有罪的事实或者作无罪的辩解,继而再向他提出问题。侦查人员在讯问中对犯罪嫌疑人的犯罪事实、动机、目的、手段,与犯罪有关的时间、地点,涉及的人、事、物,都应当讯问清楚。对犯罪嫌疑人供述的犯罪事实、申辩和反证,侦查机关都应当认真核查,依法处理。在讯问中,需要运用证据证实犯罪嫌疑人的罪行时,讯问人员应当注意防止泄露侦查工作秘密。讯问是侦查人员与犯罪嫌疑人直接交锋的过程,需要很多讯问的方法、策略和技巧。但是不能以侵犯犯罪嫌疑人合法权益的方法获取证据。刑事诉讼中对讯问获取证据的方法有严格的限制,禁止采用刑讯逼供和以威胁、引诱、欺骗以及其他非法的方法获取供述。否则这些非法取证行为一经证实,有可能被认定为非法证据,从而不能在后续的诉讼中使用。

犯罪嫌疑人依法享有辩护权,因而其在侦查讯问过程中有权依法进行辩护,同时侦查机关及其侦查人员有义务保障其行使辩护权。

关联法规索引

《全国人民代表大会常务委员会关于在北京市、山西省、浙江省开展国家监察体制改革试点工作的决定》二;《全国人民代表大会常务委员会关于在全国各地推开国家监察体制改革试点工作的决定》二;《刑事诉讼法》第 118～123 条;《中共中央纪律检查委员会关于查处党员违纪案件中收集、鉴别、适用证据的具体规定》第 2 条;《中纪委、中央政法委、中央组织部、最高人民法院、最高人民检察院、公安部、监察部、司法部、国务院法制办关于加大惩治和预防渎职侵权违法犯罪工作力度的若干意见》三;《中央政法委关于切实防止冤假错案的规定》一;《中国共产党纪律检查机关监督执纪工作规则》第 40 条

第二十一条　【询问】　在调查过程中，监察机关可以询问证人等人员。

条文解读

本条是对监察机关询问权的规定。

询问是一种调查方法。根据《监察法》的规定，讯问和询问，都是通过提出问题了解情况的方法，但是二者适用的对象是完全不同的。讯问的对象为涉嫌贪污贿赂、失职渎职等职务犯罪的被调查人。由于讯问具有强制性，因此其对象要有明确的限定性。但是询问则不同，询问具有平等性。故而，本条中，并未对询问的对象进行封闭式的列举。而是规定，询问的对象为“证人等”人员，“等”字具有一定的对外包容性。具体在监察机关调查案件的过程中，询问的人员可以是证人、被害人以及其他可能了解情况的人员。

配套法规及解读

《刑事诉讼法》(2018 年 10 月 26 日修正)

第一百二十四条　侦查人员询问证人，可以在现场进行，也可以到证人所在单位、住处或者证人提出的地点进行，在必要的时候，可以通知证人到人民检察院或者公安机关提供证言。在现场询问证人，应当出示工作证件，到证人所在单位、住处或者证人提出的地点询问证人，应当出示人民检察院或者公安机关的证明文件。

询问证人应当个别进行。

※法规解读：本条是关于询问证人地点及方式的规定。询问证人是侦查人员收集案件信息和证据的重要方式之一。侦查人员收集证人证言主要通过询问的方式进行。本条第一款主要是关于询问证人地点的规定。侦查人员对证人进行询问可以在现场进行，也可以到证人所在单位、住处或者证人提出的地点进行。询问证人地点的选择以就近、就便为原则，同时兼顾证人的其他相关需要，尽量照顾证人的需求。在必要的时候，也可以通知证人到人民检察院或者公安机关提供证言。询问是法定主体的职权。但是作为被询问对象的证人有权利了解询问人员的身份等信息，以便更好地保护其合法权益，履行法定义务。为了保障证人的知悉权，现场询问证人时，由于事件可能具有突发性，因此只要出示工作证件，表明其合法身份即可；到证人所在单位、住处或者证人提出的地点询问时应当出示侦查机关的证明文件。为了确保证人提供证言的真实性，避免不必要的干扰和影响，因此本条第二款明确规定询问证人应当个别进行。

第一百二十五条　询问证人，应当告知他应当如实地提供证据、证言和有意作伪证或者隐匿罪证要负的法律责任。

※法规解读：本条是关于询问证人告知义务的规定。证人证言是案件证据的重要来源。每个证人都有如实作证的义务。《刑法》第三百零五条规定：在刑事诉讼中，证人、鉴定人、记录人、翻译人对与案件有重要关系的情节，故意作虚假证明、鉴定、记录、翻译，意图陷害他人或者隐匿罪证的，处三年以下有期徒刑或者拘役；情节严重的，处三年以上七年以下有期徒刑。侦查机关在询问证人时应当明确告知被询问人两个方面的问题：第一，其义务；第二，违反义务的法律后果。实践表明，这是保证证人如实陈述，防止其有意作伪证和隐匿证据的重要措施，也是确保其依法提供证言的前提。

《刑法》(2017年11月4日修正)

第三百零五条 在刑事诉讼中，证人、鉴定人、记录人、翻译人对与案件有重要关系的情节，故意作虚假证明、鉴定、记录、翻译，意图陷害他人或者隐匿罪证的，处三年以下有期徒刑或者拘役；情节严重的，处三年以上七年以下有期徒刑。

※法规解读：本条是关于伪证罪的规定。伪证罪，是指在刑事诉讼中，证人、鉴定人、记录人和翻译人对与案件有重要关系的情节，故意作虚假证明、鉴定、记录、翻译，意图陷害他人或者隐匿罪证的行为。伪证罪的主体是特殊主体，即只能是在刑事诉讼中的证人、鉴定人、记录人和翻译人。在刑事诉讼过程中，“证人”，是指陈述自己所知道的案件情况的人。“鉴定人”，是指司法机关为鉴别案件中某些情节的真伪和事实真相而指派或聘请的、具有专门知识或者特殊技能的人。“记录人”，是指为案件的调查取证，询问证人、被害人或审问犯罪嫌疑人、被告人等做记录的人。“翻译人”，是指司法机关指派或聘请为案件中的外籍、少数民族或聋哑人等诉讼参与人充当翻译的人员，也包括为案件中的法律文书或者证据材料等有关资料做翻译的人员。伪证罪在主观方面必须出自直接故意，即行为人明知其虚假陈述是与案件有重要关系的情节，但为了陷害他人或者隐匿罪证而为之。如果行为人不是出于陷害他人的意图或者隐匿罪证，就不能以伪证罪论处。如行为人因粗心大意，工作不认真，或者学识、业务能力不高而作出了错误的鉴定意见、记录、翻译，或者因错记、漏记、错译、漏译等原因而不能反映原意，等等。伪证罪在客观方面表现为在刑事立案、侦查、起诉、审判、执行中，对与案件有重要关系的情节，作虚假的证明、鉴定、记录、翻译的行为，或者隐匿罪证的行为。伪证罪侵犯的是复杂客体，包括公民的人身权利和国家司法机关的正常活动。

关联法规索引

《全国人民代表大会常务委员会关于在全国各地推开国家监察体制改革试点工作的决定》二；《全国人民代表大会常务委员会关于在北京市、山西省、浙江省开展国家监察体制改革试点工作的决定》二；《刑事诉讼法》第124～127条；《人民检察院讯问职务犯罪嫌疑人实行全程同步录音录像的规定》第 20 条;《人民检察院刑事诉讼规则(试行)》第 203 ~208 条;《公安机关办理刑事案件程序规定》第 205 ~207 条

第二十二条　【留置适用】 被调查人涉嫌贪污贿赂、失职渎职等严重职务违法或者职务犯罪,监察机关已经掌握其部分违法犯罪事实及证据,仍有重要问题需要进一步调查,并有下列情形之一的,经监察机关依法审批,可以将其留置在特定场所:

(一)涉及案情重大、复杂的;

(二)可能逃跑、自杀的;

(三)可能串供或者伪造、隐匿、毁灭证据的;

(四)可能有其他妨碍调查行为的。

对涉嫌行贿犯罪或者共同职务犯罪的涉案人员,监察机关可以依照前款规定采取留置措施。

留置场所的设置、管理和监督依照国家有关规定执行。

条文解读

本条共有三款,是对留置适用的规定。

留置是运用法治思维和法治方式反腐败的最重要、最有力的调查措施,也是各方面高度关注的调查手段。党的十九大报告明确指出,制定国家监察法,依法赋予监察委员会职责权限和调查手段,用留置取代"两规"措施。本条的第一款和第二款是对留置适用对象、适用条件和适用程序的规定。根据前两款的规定,留置适用的对象为涉嫌贪污贿赂犯罪、失职渎职等严重职务违法或者犯罪的被调查人和涉嫌行贿犯罪或者共同职务犯罪的涉案人员,即留置的对象一般为公职人员,以及涉嫌职务犯罪共犯的非公务人员。

留置适用的要求有五项:第一,事实及证据条件。监察机关已经掌握部分违法犯罪的事实及证据,这意味着无事实或者无证据则不能适用留置。第二,有进一步调查必要,而且调查的事项需为重要问题。第三,具有妨碍调查的法定情形。根据本条规定,妨碍法定情形主要是涉及案情重大、复杂;可能逃跑、自杀的;可能串供或者伪造、隐匿、毁灭证据的和其他可能妨碍调查行为的。第四,需要履行法定审批程序。第五,在特定场所执行。

本条第三款是对留置场所的规定。由于监察机关刚刚组建完成,留置场所还未设置完成。从试点的情况看,留置场所的设置有两种情况:一是在公安机关管理的看守所辟出专门区域;二是在纪检监察机关原有办案场所。[1]全国推开监察试点以后,各省市已经开始了进行留置场所的专门化建设,并开始招聘留置看护服务机构事业编制人员。具体留置场所的设置和管理需要按照国家的规定进行。

配套法规及解读

《刑事诉讼法》(2018 年 10 月 26 日修正)

第一百七十条 人民检察院对于监察机关移送起诉的案件,依照本法和监察法的有关规定进行审查。人民检察院经审查,认为需要补充核实的,应当退回监察机关补充调查,必要时可以自行补充侦查。

对于监察机关移送起诉的已采取留置措施的案件,人民检察院应当对犯罪嫌疑人先行拘留,留置措施自动解除。人民检察院应当在拘留后的十日以内作出是否逮捕、取保候审或者监视居住的决定。在特殊情况下,决定的时间可以延长一日至四日。人民检察院决定采取强制措施的期间不计入审查起诉期限。

※法规解读:本条共有两款,是 2018 年《刑事诉讼法》修改时新增条文,是关于人民检察院对于监察机关移送起诉案件的处理的规定。

本条第一款明确了人民检察院对监察机关移送案件审查起诉应当依据《刑事诉讼法》和《监察法》,经审查,认为案件事实不清、证据不足需要调查核实的,原则上退回监察机关补充调查。依据《监察法》的规定,补充调查应当在一个月内调查完毕,以两次为限。检察机关也可以自行补充侦查。

本条第二款是关于留置措施与强制措施衔接的规定。首先,对于监察机关已经采取了留置措施的案件,人民检察院应当对犯罪嫌疑人先行拘留,留置措施自动解除。这里的先行拘留是一种临时、过渡性质的强制措施,目的是将犯罪嫌疑人从监察调查程序转入刑事诉讼程序。其次,先行拘留的期限一般为十八日,重大、复杂案件可延长一至四日。再次,人民检察院依法独立作出对犯罪嫌疑人是否采取强制措施以及何种强制措施的决定,不受监察机关干涉。最后,检察机关决定采取强制措施的期间不计入审查起诉期限。这一做法同侦查程序与审查起诉环节的衔接处理方法不同。一般而言,公安机关移送人民检察院审查起诉的案件,检察机关决定采取或者变更强制措施的时间要计入审查起诉期限。

《中国共产党纪律检查机关监督执纪工作规则》(2018 年 12 月 28 日)

第四十一条 需要对被审查调查人采取留置措施的,应当依据监察法进行,在 24

---

〔1〕 参见《法工委:将按监察法要求,对留置场所的设置管理作进一步规定》,http://news.163.com/18/0227/13/DBLGMJVB000187VE.html,查询时间:2019 年 5 月 5 日。

小时内通知其所在单位和家属，并及时向社会公开发布。因可能毁灭、伪造证据，干扰证人作证或者串供等有碍调查情形而不宜通知或者公开的，应当按程序报批并记录在案。有碍调查的情形消失后，应当立即通知被留置人员所在单位和家属。

※法规解读：本条是关于采用留置措施通知家属的规定。

留置措施依法应当在留置场所进行，具有一定的强制限制人身自由的属性。因此，为了保障家属的知情权，确保被留置人所在单位正常的工作秩序，有必要让被留置人员的单位和家属了解相关情况。因此，本规则明确规定，通知被留置人员所在单位和家属的时间是采取留置措施的二十四小时内。同时还应当及时向社会公开发布。若通知和发布相关信息可能给案件调查造成影响，包括出现可能毁灭、伪造证据，干扰证人作证或者串供等有碍调查情形的，应当按照程序报批并记录在案。随着案件的调查的推进，以及时间的发展，妨碍案件调查的情况消失之后，还是应当依法通知被留置人员的单位和家属。

关联法规索引

《全国人民代表大会常务委员会关于在北京市、山西省、浙江省开展国家监察体制改革试点工作的决定》二；《全国人民代表大会常务委员会关于在全国各地推开国家监察体制改革试点工作的决定》二；《中国共产党纪律处分条例》第 30 条；《中国共产党纪律检查机关监督执纪工作规则》第 40、57、69 条

第二十三条　【查询、冻结】　监察机关调查涉嫌贪污贿赂、失职渎职等严重职务违法或者职务犯罪，根据工作需要，可以依照规定查询、冻结涉案单位和个人的存款、汇款、债券、股票、基金份额等财产。有关单位和个人应当配合。

冻结的财产经查明与案件无关的，应当在查明后三日内解除冻结，予以退还。

条文解读

本条共有两款，是对监察机关查询、冻结权的规定。

《商业银行法》《邮政法》等法律均明确规定，存款、汇款受到法律保护。各单位及个人对其名下的存款、汇款、债券、股票、基金份额等财产依法享有财产权益。随着社会的发展和金融活动的增加，个人的财产形态也发生了很大的变化。财产除了以实物存在的以外，还有大量财产份额以存款、汇款、债券、股票、基金等形式存在。这些非实物形式存在的财产由相应的金融机构进行管理。因此本条规定，有关单位和个人有义

务配合监察机关行使该项职权。

监察机关为了监督调查案件的需要,依据本条享有对相关财产权益进行了解和暂时性保全处分权。监察机关在调查案件的过程中,也要严格贯彻公权力行使时的比例原则。因此本条规定,只有在调查涉嫌贪污贿赂、失职渎职等严重职务违法或者职务犯罪案件时,监察机关才能运用查询、冻结权。

查询、冻结是监察机关查明被调查人财产状况的一种手段。查询、冻结是为了办案的需要,因此其形式的基本前提是与案件相关。查询是一种信息了解权,对财产权本身没有实质性影响。但是冻结则会实质性影响财产权益的行使和处分,导致相应的财产份额无法流通。因此,当查明已经冻结的财产和案件无关,秉承对私权利影响最小原则,监察机关有及时解除义务。本条款规定的解除冻结时间为查明与案件无关的三日内。解除冻结后,相关财产份额返还给原权属人。

配套法规及解读

《刑事诉讼法》(2018 年 10 月 26 日修正)

第一百四十四条 人民检察院、公安机关根据侦查犯罪的需要,可以依照规定查询、冻结犯罪嫌疑人的存款、汇款、债券、股票、基金份额等财产。有关单位和个人应当配合。

犯罪嫌疑人的存款、汇款、债券、股票、基金份额等财产已被冻结的,不得重复冻结。

※法规解读:本条有两款,是关于查询、冻结措施的规定。

查询、冻结是侦查机关查明犯罪嫌疑人财产的一种手段。随着社会的发展和金融活动的增加,犯罪嫌疑人的财产形态也发生了很大的变化,因此,本条第一款中规定查询、冻结的范围在 2012 年《刑事诉讼法》修改时,增加了债券、股票、基金份额等内容。这既有利于了解犯罪嫌疑人的财产状况,证实犯罪和惩罚犯罪,同时也有助于为国家、集体和个人挽回经济损失,维护国家、集体的经济利益和公民个人的合法财产权益。

查询和冻结是侦查机关职权中的一部分,是一种侦查措施。但是仅仅依靠侦查机关单方面的努力是难以完成任务的,侦查机关需要有关单位和个人的配合。因此,本条特别强调了有关单位和个人对侦查机关查询和冻结侦查行为的配合义务。有关单位包括银行、其他金融机构、有关机关等。对犯罪嫌疑人的存款、汇款、债券、股票、基金份额等财产的冻结,是对相应财产份额的诉讼保全措施,重复冻结既没必要也浪费了诉讼资源,因此不得重复冻结。

第一百四十五条 对查封、扣押的财物、文件、邮件、电报或者冻结的存款、汇款、债券、股票、基金份额等财产,经查明确实与案件无关的,应当在三日以内解除查封、扣押、冻结,予以退还。

※法规解读：根据《刑事诉讼法》第一百四十三条的规定，查封、扣押、冻结的侦查措施适用于与案件有关的财物、文件等。如果查明相关物品的确与案件无关，就没有继续查封、扣押或者冻结的正当性，不应当再继续查封、扣押相关财物、文件、邮件、电报或者冻结存款、汇款、股票、基金份额等财产。根据本条规定，一旦发现有前述情形的，采取查封、扣押、冻结措施的侦查机关应当在三日内解除相关措施，并且将相关财物退还，以充分保障当事人的合法权益。

关联法规索引

《全国人民代表大会常务委员会关于在北京市、山西省、浙江省开展国家监察体制改革试点工作的决定》二；《全国人民代表大会常务委员会关于在全国各地推开国家监察体制改革试点工作的决定》二；《刑事诉讼法》第 141 ~ 145 条；《人民检察院刑事诉讼规则（试行）》第 241 ~ 246 条；《中国人民银行关于贯彻落实中共中央政法委关于司法机关冻结、扣划银行存款问题的意见的通知》；《中国人民银行关于对监察机关能否查询和冻结被监察对象银行存款问题的答复》；《中共中央纪律检查委员会办公厅、监察部办公厅关于查办案件中需查询或者冻结被调查对象存款时应以监察机关名义使用监察文书的通知》；《金融机构协助查询、冻结、扣划工作管理规定》；《中共中央政法委关于司法机关冻结、扣划银行存款问题的意见》；《中央纪律检查委员会、中央组织部、中央宣传部、中央社会治安综合治理委员会办公室、最高人民法院、最高人民检察院、国家发展和改革委员会、公安部、监察部、民政部、司法部、国土资源部、住房和城乡建设部、中国人民银行、国家税务总局、国家工商行政管理总局、国务院法制办公室、中国银监会、中国证监会关于建立和完善执行联动机制若干问题的意见》第 15 条；《中共中央办公厅、国务院办公厅关于进一步规范刑事诉讼涉案财物处置工作的意见》八；《中国共产党纪律检查机关监督执纪工作规则》第 40 条

第二十四条　【搜查】　监察机关可以对涉嫌职务犯罪的被调查人以及可能隐藏被调查人或者犯罪证据的人的身体、物品、住处和其他有关地方进行搜查。在搜查时，应当出示搜查证，并有被搜查人或者其家属等见证人在场。

搜查女性身体，应当由女性工作人员进行。

监察机关进行搜查时，可以根据工作需要提请公安机关配合。公安机关应当依法予以协助。

条文解读

本条共有三款，是对监察机关搜查权的规定。

搜查即搜索查验，是一种具有一定强制性的调查手段。其强制性体现为是否搜查，以及搜查的时间方式等不需要征求被搜查人的意愿。根据本条第一款规定，监察机关的搜查权适用于涉嫌职务犯罪的案件的调查中，即仅涉嫌职务违法案件中不能适用。搜查的对象主要包括被调查人以及可能隐藏被调查人或者犯罪证据的人的身体、物品、住处和其他有关的地方。由于搜查可能危及个人隐私权等基本权利，因此采用令状主义，需要得到特定授权后才能进行搜查。本条的规定为一般授权。在具体实施搜查时，还需要具有搜查证。搜查证中需要载明搜查的事由，搜查的具体对象、时间等事项。搜查证为特别授权。虽然监察机关有搜查权，但只有取得搜查证这一特别授权后，搜查行为才为合法。监察机关在进行搜查时，需要出示搜查证，出示行为具有告知和表明合法性的双重意义。为了确保搜查的合法性和恰当性，搜查还需要有见证人在场见证。见证人可以是被搜查人本人或者是被搜查人的家属以及其他可以作为见证人的人。

本条第二款是对搜查女性身体的特殊规定。搜查的对象可以是人的身体，可以是无生命客体。搜查女性身体，是一个较为敏感的行为。为了尊重女性，确保女性权益不被侵犯，对女性身体的搜查，需要由女性的工作人员进行。

本条第三款是公安机关配合搜查义务的规定。《宪法》第一百二十七条第二款规定，监察机关办理职务违法和职务犯罪案件，应当与审判机关、检察机关、执法部门互相配合，互相制约。监察机关开展职务犯罪调查工作采用搜查措施时，根据工作实际情况的需要，有请求公安机关配合的权力，公安机关有依法进行配合的义务，正是《宪法》该条款精神的具体体现。

配套法规及解读

《刑事诉讼法》(2018 年 10 月 26 日修正)

第一百三十六条 为了收集犯罪证据、查获犯罪人，侦查人员可以对犯罪嫌疑人以及可能隐藏罪犯或者犯罪证据的人的身体、物品、住处和其他有关的地方进行搜查。

※法规解读：本条是关于搜查的一般性规定。

搜查，是指侦查人员对犯罪嫌疑人以及可能隐藏罪犯、犯罪证据的人的身体、物品、住处、其他有关地方进行搜索、查验的侦查活动。根据本条规定，搜查的直接目的在于收集犯罪证据，查获犯罪人。有权实施搜查的主体为侦查人员。搜查的对象为一切与犯罪嫌疑人有关，以及可能隐藏罪犯或者犯罪证据的人的身体、物品、住处和其他有关的地方，但是依法免受搜查的地方除外，如《外交特权与豁免条例》第四条第二款就明确规定，使馆的馆舍、设备及馆舍内其他财产和使馆交通工具免受搜查。

第一百三十八条　进行搜查，必须向被搜查人出示搜查证。

在执行逮捕、拘留的时候，遇有紧急情况，不另用搜查证也可以进行搜查。

※法规解读：本条共有两款，是关于搜查证的规定。

持证搜查是一般性原则。搜查证是表明侦查人员搜查合法性的唯一有效凭证。一般情况下，侦查机关进行搜查应当持有搜查证，且在搜查的时候需要向被搜查人出示搜查证。因此，通常情况下，任何公民均有权拒绝无证搜查。执行搜查的侦查人员不得少于二人。

本条第二款是关于无证搜查的规定。无证搜查只适用于执行逮捕、拘留，并遇到紧急情况的条件下，如可能随身携带凶器的；可能隐藏爆炸、剧毒等危险物品的；可能隐匿、毁弃、转移犯罪证据的；可能隐匿其他犯罪嫌疑人的；以及其他突然发生的紧急情况。但是搜查后，仍应当及时报告，补办搜查证。亦即，即便是无证搜查，也并非意味着自始至终均无搜查证，而是仅指搜查的当时因情况紧急来不及办理搜查证。

第一百三十九条　在搜查的时候，应当有被搜查人或者他的家属，邻居或者其他见证人在场。

搜查妇女的身体，应当由女工作人员进行。

※法规解读：本条有两款，是关于搜查见证以及搜查妇女身体的规定。

本条第一款是关于搜查中见证的规定。搜查是对特定地点或者人身的搜索和检查，为了确保搜查程序和结果的客观性，需要有见证人在场。这既是一种必要的监督方式，同时也是增加搜查公信力必不可少的环节。搜查中的见证人要么是被搜查人信任的人，要么是与案件无牵连的中立的第三方。为此，本条第一款规定，被搜查人或者他的家属，邻居或者其他人可以作为见证人，在侦查机关搜查的时候在场。

本条第二款是关于女性身体搜查的特别规定。鉴于性别的原因，对女性身体的搜查采用同性别原则，即应当由女性工作人员进行。这是对妇女的特殊保护。防止在搜查时出现人身侮辱等违法行为，以确保被搜查妇女的人格尊严和人身安全不受侵犯。

第一百四十条　搜查的情况应当写成笔录，由侦查人员和被搜查人或者他的家属，邻居或者其他见证人签名或者盖章。如果被搜查人或者他的家属在逃或者拒绝签名、盖章，应当在笔录上注明。

※法规解读：本条是关于搜查笔录的规定。

搜查情况应当制作搜查笔录。搜查笔录是搜查过程的记录。搜查笔录的内容应当包括搜查的时间、地点、搜查人、被搜查人、见证人、搜查过程和结果等情况。搜查结束后，侦查人员和被搜查人或者他的家属、邻居或者其他见证人应当在搜查笔录上签名或者盖章。搜查出来的涉案财物或者文件需要查封、扣押的，按照查封、扣押的相关程序规则办理。对于查获的重要书证、物证、视听资料及其放置地点应当拍照，并且用文字说明有关情况，必要的时候，可以录像。如果遇到被搜查人在逃，被搜查人或者他的家属拒绝在搜查笔录上签名或者盖章的情况，搜查人员也应当在搜查笔录中注明。

关联法规索引

《宪法》第37、127条；《全国人民代表大会常务委员会关于在北京市、山西省、浙江省开展国家监察体制改革试点工作的决定》二；《全国人民代表大会常务委员会关于在全国各地推开国家监察体制改革试点工作的决定》二；《刑事诉讼法》第7条；《人民检察院刑事诉讼规则(试行)》第219～230条；《公安机关办理刑事案件程序规定》第217～221条

第二十五条 【调取、查封、扣押】 监察机关在调查过程中，可以调取、查封、扣押用以证明被调查人涉嫌违法犯罪的财物、文件和电子数据等信息。采取调取、查封、扣押措施，应当收集原物原件，会同持有人或者保管人、见证人，当面逐一拍照、登记、编号，开列清单，由在场人员当场核对、签名，并将清单副本交财物、文件的持有人或者保管人。

对调取、查封、扣押的财物、文件，监察机关应当设立专用账户、专门场所，确定专门人员妥善保管，严格履行交接、调取手续，定期对账核实，不得毁损或者用于其他目的。对价值不明物品应当及时鉴定，专门封存保管。

查封、扣押的财物、文件经查明与案件无关的，应当在查明后三日内解除查封、扣押，予以退还。

条文解读

本条共有三款，是对监察机关调取、查封、扣押权的规定。

根据本条规定，监察机关为了更好地查明职务违法犯罪案件事实，有权对涉嫌违法犯罪的财物、文件和电子数据等信息扣押采用调取、查封、扣押的措施。随着科学技术手段的不断发展进步，以及信息载体介质的更新，信息资料除了以传统方式记录和保存外，越来越多以电子数据的方式记录和存储传播。因此，调取、查封、扣押的对象既包括传统的有形的财物和文件，也包括以电子数据存在的文件和信息。获取和保全相关材料信息时，应当坚持原物原件原则。这是因为原始证据的证明力要强于传来证

据,收集的原物原件其证明力更大。调取、查封、扣押作为一种职权行为,应当秉承严谨的态度和细致的作风,为了确保信息的准确性,调取、查封、扣押相关物品或者文件数据时,调查人员应当与持有人本人或者财物、文件数据的保管人,或者与符合法律规定的见证人一起,通过逐一拍照、登记、编号,开列清单的方式对财物、文件或者电子数据等信息进行记录登载,并且由在场人员当场核对、签名,并制作清单副本交财物、文件的持有人或者保管人留存。

本条第二款是对调取、查封、扣押的财物、文件保管的规定。监察机关所采取的调取、查封、扣押措施本身并不改变财物、文件的权属关系,因此为了更好地保障财物、文件、电子数据信息权利人的合法权益,监察机关应当尽到妥善保管的义务,不得毁损或者用于其他目的。根据本条款规定,监察机关要按照"三专门"要求,即专用账户、专门场所,专门人员,对调取、查封、扣押的财物、文件进行保管,并通过严格履行交接、调取手续,定期对账核实等方式确保相关财物和文件妥当安置和存放。调取、查封、扣押的物品价值会影响其保管的方式,原则上,价值越高的保管方式越严格,因此,对于对价值不明物品应当通过及时鉴定的方式搞清其价值,并且通过专门封存的方式进行保管。

本条第三款是对解除查封、扣押的规定。前面已经提起查封、扣押措施本身并不改变物品的权属关系。为了更好地保护物品权利人的合法权益,当查明相关财物、文件与案件并无关联的,监察机关有义务在查明的三日之内,解除查封、扣押措施,并将相关物品退还给原持有人或者保管人。

配套法规及解读

《刑事诉讼法》(2018 年 10 月 26 日修正)

第一百四十一条 在侦查活动中发现的可用以证明犯罪嫌疑人有罪或者无罪的各种财物、文件,应当查封、扣押;与案件无关的财物、文件,不得查封、扣押。

对查封、扣押的财物、文件,要妥善保管或者封存,不得使用、调换或者损毁。

※法规解读:本条共有两款,是关于查封、扣押财物、文件的一般性规定。

查封、扣押财物和文件是刑事诉讼的侦查措施。其并不必然附属于勘验和搜查行为,因而本条在表述的时候,将该种侦查行为的适用时间进一步扩展为"在侦查活动中"。查封、扣押财物和文件是侦查机关依法强制封存、扣留与案件有关的财物、文件的侦查行为。只要是在侦查活动中发现的,对案件有证明作用的财物和文件,都属于该种侦查行为的适用对象。

侦查机关查封、扣押财物和文件的基本原则是"与案件有关",并不局限于有罪证据,凡是能够证明犯罪嫌疑人无罪、罪轻、从轻、减轻或者免除处罚的财物和文件也属于"与案件有关"的范围。对于不能立即查明是否与案件有关的可疑的文件、资料和其他物品也可以查封、扣押,但是应当及时审查。经查明确实与案件无关的,应当及时退还。另外,对于在侦查活动中发现的违禁品,无论是否与案件有关,侦查机关均有权查封、扣押。《公安机关办理刑事案件适用查封、冻结措施有关规定》对查封、扣押的范围予以了进一步明确:公安机关查封、冻结的涉案财物称涉案财物,是指公安机关在办理刑事案件过程中,依法以查封、冻结等方式固定的可用以证明犯罪嫌疑人有罪或者无罪的各种财产和物品,包括:犯罪所得及其孳息;用于实施犯罪行为的工具;其他可以证明犯罪行为是否发生以及犯罪情节轻重的财物。同时,应当为犯罪嫌疑人及其所扶养的家属保留必要的生活费用和物品。公安机关为了侦查犯罪的需要,可以依法查封的包括:涉案的土地、房屋等不动产,以及涉案的车辆、船舶、航空器和大型机器、设备等特定动产。必要时,可以一并扣押证明其财产所有权或者相关权益的法律文件和文书。置于不动产上的设施、家具和其他相关物品,需要作为证据使用的,应当扣押;不宜移动的,可以一并查封。查封、扣押财物和文件作为一种侦查行为,其必然是以国家强制力为后盾的。因此当遇到财物和文件持有人拒绝交出时,侦查机关有权强制查封和扣押。侦查机关查封、扣押的财物和文件是重要的案件证据材料,往往需要随案移送或者备查。对于属于其他合法持有人的财物和文件,还涉及返还等问题。由于查封、扣押的财物和文件从法理的角度上而言属于特定物,而非种类物,因此一旦灭失或者损毁将无法弥补。另外,侦查机关查封、扣押措施对于特定财物和文件而言只是一种暂时性的保全和固定方式,因此,使用、调换或者毁损都将是对法定物权的侵害。妥善保管或者封存,严禁使用、调换或者毁损查封、扣押的财物和文件是侦查机关的法定义务。

第一百四十二条　对查封、扣押的财物、文件,应当会同在场见证人和被查封、扣押财物、文件持有人查点清楚,当场开列清单一式二份,由侦查人员、见证人和持有人签名或者盖章,一份交给持有人,另一份附卷备查。

※法规解读:本条是关于查封、扣押财物和文件清单的规定。

查封、扣押财物和文件需要制作清单,由实施查封、扣押行为的侦查人员会同在场见证人和被查封、扣押财物的持有人共同查验清楚,当场开列清单,写明财物或者文件的名称、型号、规格、数量、重量、质量、颜色、新旧程度和缺损特征等,由侦查人员、见证人和持有人签名或者盖章,一份交给持有人,另一份附卷备查。如果持有人拒绝签名或者盖章的,应当在扣押物品清单上记明。对于查封、扣押的金银珠宝、文物、名贵字画、违禁品以及其他不易辨别真伪的贵重物品,应当场密封,并由扣押人员、见证人和被扣押物品持有人在密封材料上签名或者盖章。对于应当扣押但是不便提取的物品,经拍照或者录像后,可以交被扣押物品持有人保管,并且单独开具扣押物品清单一式二份，在清单上注明该物品已经拍照或者录像，物品持有人应当妥善保管，不得转移、变卖、毁损，由侦查人员、见证人和持有人签名或者盖章，一份交给物品持有人，另一份连同照片或者录像带附卷备查。

关联法规索引

《全国人民代表大会常务委员会关于在北京市、山西省、浙江省开展国家监察体制改革试点工作的决定》二；《全国人民代表大会常务委员会关于在全国各地推开国家监察体制改革试点工作的决定》二；《最高人民法院、最高人民检察院、公安部关于对冻结、扣划企业事业单位、机关团体在银行、非银行金融机构存款的执法活动加强监督的通知》；《人民检察院刑事诉讼规则（试行）》第236、237条；《公安机关办理刑事案件程序规定》第225、226条；《公安部关于刑事案件现场勘验检查中正确适用提取和扣押措施的批复》；《中国共产党纪律检查机关监督执纪工作规则》第34、40条

第二十六条　【勘验检查】　监察机关在调查过程中，可以直接或者指派、聘请具有专门知识、资格的人员在调查人员主持下进行勘验检查。勘验检查情况应当制作笔录，由参加勘验检查的人员和见证人签名或者盖章。

条文解读

本条是对监察机关勘验检查权的规定。

勘验、检查是监察机关的调查权之一。一般而言，勘验、检查的对象为与违法犯罪有关的场所、物品、人身和尸体。勘验的对象为无生命客体，如场所、物品、尸体等；检查的对象为有生命客体，如人身。有些勘验、检查工作，监察机关调查人员即可进行，但是有些勘验、检查活动比较复杂，或者需要更强的专业知识，因此，在必要的时候，监察机关可以指派或者聘请具有专门知识和相关资质的人员进行。但是为了确保勘验、检查工作的合法性、有序性，以及能够满足整体调查工作的需要，勘验、检查工作应当在监察机关调查人员的主持和组织之下进行。而且，勘验、检查过程需要有见证人在场见证。勘验、检查工作要有明确的记录，过程情况要制作成勘验、检查笔录，并由参加勘验、检查的人员和见证人签名或者盖章确认。监察机关开展勘验、检查工作，有关单位和个人有配合的义务，根据《非法干预查处渎职侵权违法犯罪案件违纪行为适用〈中国共产党纪律处分条例〉若干问题的解释》第五条的规定，对于在执纪、行政执法和司法工作中拒绝履行勘验、检查、鉴定、认定职责，或者拒绝出具勘验、检查、鉴定、认定

报告,或者出具虚假勘验、检查、鉴定、认定报告的有关责任人员,依照《中国共产党纪律处分条例》进行处理。

配套法规及解读

《刑事诉讼法》(2018 年 10 月 26 日修正)

第一百二十八条 侦查人员对于与犯罪有关的场所、物品、人身、尸体应当进行勘验或者检查。在必要的时候,可以指派或者聘请具有专门知识的人,在侦查人员的主持下进行勘验、检查。

第一百二十九条 任何单位和个人,都有义务保护犯罪现场,并且立即通知公安机关派员勘验。

第一百三十条 侦查人员执行勘验、检查,必须持有人民检察院或者公安机关的证明文件。

第一百三十二条 为了确定被害人、犯罪嫌疑人的某些特征、伤害情况或者生理状态,可以对人身进行检查,可以提取指纹信息,采集血液、尿液等生物样本。

犯罪嫌疑人如果拒绝检查,侦查人员认为必要的时候,可以强制检查。

检查妇女的身体,应当由女工作人员或者医师进行。

第一百三十三条 勘验、检查的情况应当写成笔录,由参加勘验、检查的人和见证人签名或者盖章。

※法规解读:上述条文是对刑事侦查中勘验、检查措施的规定。勘验、检查是侦查机关的专门调查活动之一,因此,侦查人员有权使用这些方法。侦查机关进行勘验、检查,要在侦查人员的主持下开展工作,可以根据需要聘请或者指派具有专门知识的人参加。侦查机关是勘验检查职权的主体,因此除此之外的非特定主体均为义务主体。配合国家专门机关追诉犯罪是每个社会个体的义务。任何单位和个人对于犯罪现场都有保护的义务。勘验检查作为强制侦查措施的一种,需要持证进行。与其他侦查行为一样,进行勘验、检查的侦查人员要有开展此项侦查行为的证明文件,以佐证其行为的合法性。人身检查根据对象不同在适用中有所区分。对犯罪嫌疑人的人身检查可以强制进行,对被害人的人身检查则不能。针对女性的身体检查具有一定的敏感性和隐私性,为了最大限度地尊重女性的权益,本条特别规定,身体检查的对象是女性时,必须由女性的工作人员或者专业人员——医师进行。

《公安机关刑事案件现场勘验检查规则》(2015 年 10 月 22 日)

第二条 刑事案件现场勘验、检查,是侦查人员运用科学技术手段,对与犯罪有关的场所、物品、人身、尸体等进行勘验、检查的侦查活动。

第三条 刑事案件现场勘验、检查的任务,是发现、固定、提取与犯罪有关的痕迹、物证及其他信息,存储现场信息资料,判断案件性质,分析犯罪过程,确定侦查方向和范围,为侦查破案、刑事诉讼提供线索和证据。

第四条　公安机关对具备勘验、检查条件的刑事案件现场,应当及时进行勘验、检查。

第五条　刑事案件现场勘验、检查的内容,包括现场保护、现场实地勘验检查、现场访问、现场搜索与追踪、侦查实验、现场分析、现场处理、现场复验与复查等。

第六条　刑事案件现场勘验、检查由公安机关组织现场勘验、检查人员实施。必要时,可以指派或者聘请具有专门知识的人,在侦查人员的组织下进行勘验、检查。

公安机关现场勘验、检查人员是指公安机关及其派出机构经过现场勘验、检查专业培训考试,取得现场勘验、检查资格的侦查人员。

第七条　公安机关进行现场勘验、检查应当注意保护公民生命健康安全,尽量避免或者减少财产损失。

第八条　刑事案件现场勘验、检查工作应当遵循依法、安全、及时、客观、全面、细致的原则。

现场勘验、检查人员应当严格遵守保密规定,不得擅自发布刑事案件现场有关情况,泄露国家秘密、商业秘密、个人隐私。

※法规解读:上述条文是关于公安机关刑事案件现场勘验检查的原则性规定。勘验检查是重要的侦查行为,是侦破刑事案件的重要手段。上述条文对刑事案件现场勘验、检查的内涵和外延进行了界定;明确了刑事案件现场勘验、检查的任务、主体和原则等内容。

第十四条　发案地公安机关接到刑事案件报警后,对于有犯罪现场的,应当迅速派员赶赴现场,做好现场保护工作。

第十五条　负责保护现场的人民警察应当根据案件具体情况,划定保护范围,设置警戒线和告示牌,禁止无关人员进入现场。

第十六条　负责保护现场的人民警察除抢救伤员、紧急排险等情况外,不得进入现场,不得触动现场上的痕迹、物品和尸体;处理紧急情况时,应当尽可能避免破坏现场上的痕迹、物品和尸体,对现场保护情况应当予以记录,对现场原始情况应当拍照或者录像。

第十七条　负责保护现场的人民警察对现场可能受到自然、人为因素破坏的,应当对现场上的痕迹、物品和尸体等采取相应的保护措施。

第十八条　保护现场的时间,从发现刑事案件现场开始,至现场勘验、检查结束。需要继续勘验、检查或者需要保留现场的,应当对整个现场或者部分现场继续予以保护。

第十九条 负责现场保护的人民警察应当将现场保护情况及时报告现场勘验、检查指挥员。

※法规解读：上述条文是对刑事案件公安机关现场保护的规定。前述条文系《公安机关刑事案件现场勘验检查规则》第三章"现场保护"的全部内容。虽然《刑事诉讼法》明确规定任何单位和个人都有保护现场的义务，但是单位或者个人毕竟是非专业人士，其对刑事案件现场的保护具有配合性。公安机关作为刑事案件的主要侦查机关，其对犯罪现场的保护更有利于刑事案件侦破的需要。因此，公安机关接到报警后，应当立即根据刑事侦查工作的及时性要求，迅速派员赶赴犯罪现场，主导犯罪现场的保护工作。现场保护的人民警察负责将现场保护的情况及时报告现场勘验、检查的指挥人员。对现场保护的时间一般从发现刑事案件开始到现场勘验、检查结束。特殊情况下，需要继续勘验、检查或者需要保留现场的，应当对整个现场或者部分现场予以保护，具体保护时间由公安机关决定。

在犯罪现场的保护中，首先应当根据案件具体情况，划定犯罪现场保护范围，通过设置警戒线和告示牌的方式进行明示，除了抢救伤员、紧急排险等特殊情况外，禁止无关人员进入现场。犯罪现场的保护要遵循保持原样原则，因此，即便是进行伤员救治，紧急排险等特殊处置，原则上也不得触动现场中的痕迹、物品和尸体。确有必要必须触动现场时，应尽量避免破坏现场。负责保护现场的人民警察，应当对现场的原始情况进行拍照或者录像，包括必要时对现场的触动等情况进行记录，以便更好进行现场保全。现场保护过程中，对于可能因为自然因素或者人为因素遭到破坏的痕迹、物品和实体等采取适宜的保护措施。

关联法规索引

《全国人民代表大会常务委员会关于在北京市、山西省、浙江省开展国家监察体制改革试点工作的决定》二；《全国人民代表大会常务委员会关于在全国各地推开国家监察体制改革试点工作的决定》二；《人民检察院刑事诉讼规则（试行）》第 209 ~218 条；《计算机犯罪现场勘验与电子证据检查规则》；《中共中央纪律检查委员会关于查处党员违纪案件中收集、鉴别、使用证据的具体规定》第 9 条；《中国共产党纪律检查机关案件检查工作条例实施细则》第 27 条；《纪检监察机关查办案件涉案财物价格认定工作暂行办法》第 11 条；《非法干预查处渎职侵权违法犯罪案件违纪行为适用〈中国共产党纪律处分条例〉若干问题的解释》第 5 条；《中国共产党纪律检查机关监督执纪工作规则》第 40 条

第二十七条　【鉴定】 监察机关在调查过程中，对于案件中的专门性问题，可以指派、聘请有专门知识的人进行鉴定。鉴定人进行鉴定后，应当出具鉴定意见，并且签名。

条文解读

本条是对监察机关鉴定权的规定。

监察机关在调查过程中的鉴定权，是一种监督鉴定权，与诉讼中的鉴定在时间和属性上有一定的交叉，但不完全相同。但即便如此，可以参照《全国人民代表大会常务委员会关于司法鉴定管理问题的决定》对鉴定问题进行规范。借鉴《全国人民代表大会常务委员会关于司法鉴定管理问题的决定》的规定，本条中的鉴定是指在监察机关在监督调查过程中，鉴定人运用科学技术或者专门知识对诉讼涉及的专门性问题进行鉴别和判断并提供鉴定意见的活动。

鉴定是一种借助专门知识和专门人员帮助监察人员对证据材料以及案件事实进行更加科学、客观和全面认识的活动。鉴定需要由专业人员进行。根据《全国人民代表大会常务委员会关于司法鉴定管理问题的决定》第四条规定，具备下列条件之一的人员，可以申请登记：具有与所申请从事的司法鉴定业务相关的高级专业技术职称；具有与所申请从事的司法鉴定业务相关的专业执业资格或者高等院校相关专业本科以上学历，从事相关工作五年以上；具有与所申请从事的司法鉴定业务相关工作十年以上经历，具有较强的专业技能。因故意犯罪或者职务过失犯罪受过刑事处罚的，受过开除公职处分的，以及被撤销鉴定人登记的人员，不得从事司法鉴定业务。实行鉴定人负责制度。鉴定人依法进行鉴定活动，不受干预，独立出具鉴定意见，对鉴定意见负责并在鉴定书上签名或者盖章。多人参加的鉴定，对鉴定意见有不同意见的，应当注明。

监察机关在案件调查过程中，涉及专门性问题的，可以从本机关中指派具有专门知识的人开展鉴定工作，也可以聘请合法鉴定机构中的鉴定人员进行鉴定。

配套法规及解读

《刑事诉讼法》(2018 年 10 月 26 日修正)

第一百四十六条　为了查明案情，需要解决案件中某些专门性问题的时候，应当指派、聘请有专门知识的人进行鉴定。

※法规解读：本条是关于鉴定的一般规定。

《全国人民代表大会常务委员会关于司法鉴定管理问题的决定》第一条规定，司法鉴定是指在诉讼活动中鉴定人运用科学技术或者专门知识对诉讼涉及的专门性问题进行鉴别和判断并提供鉴定意见的活动。刑事诉讼中，鉴定主要用于解决跟案件有关的专门性问题，以便帮助侦查人员对某些证据材料进行更加科学和客观的认识。

鉴定需要由专业人员进行。鉴定人由侦查机关指派或者聘请。在公安机关，刑事技术鉴定由县级以上公安机关刑事技术部门或者其他专职人员负责进行。需要聘请有专门知识的人进行鉴定时，应当经县级以上公安机关负责人批准后，制作聘请书。侦查机关应当为鉴定人进行鉴定提供必要的条件，及时向鉴定人送交有关检材和对比样本等原始材料，介绍与鉴定有关的情况，并且明确提出要求鉴定解决的问题，但是不得暗示或者强迫鉴定人作出某种鉴定意见。

第一百四十七条 鉴定人进行鉴定后，应当写出鉴定意见，并且签名。

鉴定人故意作虚假鉴定的，应当承担法律责任。

※法规解读：本条有两款，是关于鉴定人义务的规定。

《全国人民代表大会常务委员会关于司法鉴定管理问题的决定》中规定，司法鉴定实行鉴定人负责制度。鉴定人，是指取得鉴定人资格，在鉴定机构中从事法医类、物证类、声像资料、司法会计鉴定以及心理测试等工作的专业技术人员。鉴定人应当按照依法、科学、客观、公正、独立的原则开展鉴定工作。鉴定人依法享有以下权利：了解与鉴定有关的案件情况，要求委托单位提供鉴定所需的材料；进行必要的勘验、检查；查阅与鉴定有关的案件材料，询问与鉴定事项有关的人员；对违反法律规定委托的案件、不具备鉴定条件或者提供虚假鉴定材料的案件，有权拒绝鉴定；对与鉴定无关问题的询问，有权拒绝回答；与其他鉴定人意见不一致时，有权保留意见；法律、法规规定的其他权利。因而，鉴定人进行鉴定后，应当出具鉴定意见，并且在上面签名。

鉴定人是刑事诉讼中的其他诉讼参与人，其参与诉讼的主要目的在于帮助专门机关查清案件事实。因此，鉴定人应当依法履行下列义务：严格遵守法律、法规和鉴定工作规章制度；保守案件秘密；妥善保管送检的检材、样本和资料；接受委托单位与鉴定有关问题的咨询；出庭接受质证；法律、法规规定的其他义务。鉴定人故意作虚假鉴定的，显然违反了鉴定人的法定义务，构成犯罪的，依法追究刑事责任；尚不构成犯罪的，由省级人民政府司法行政部门给予停止从事司法鉴定业务三个月以上一年以下的处罚；情节严重的，撤销登记。

第一百四十八条 侦查机关应当将用作证据的鉴定意见告知犯罪嫌疑人、被害人。如果犯罪嫌疑人、被害人提出申请，可以补充鉴定或者重新鉴定。

※法规解读：本条是关于鉴定意见告知和补充鉴定、重新鉴定的规定。

根据本条的规定，侦查机关有将作为证据的鉴定意见告知犯罪嫌疑人和被害人的义务。该项义务主要是为了确保当事人知情权的实现,并以此为基础更好地制定诉讼策略。履行该项义务的主体是侦查机关;义务的内容是告知拟作为证据使用的鉴定意见,若虽然经过鉴定,但是侦查机关并不打算将该鉴定意见用于刑事诉讼,则无须告知当事人。告知的对象是犯罪嫌疑人和被害人。被害人死亡或者没有诉讼行为能力的,应当告知其法定代理人、近亲属或诉讼代理人。

实践中,很多鉴定意见对刑事责任的认定以及量刑都具有重要意义。因此,应当允许当事人对鉴定意见提出异议。犯罪嫌疑人、被害人知晓鉴定意见后,有权申请进行补充鉴定或者重新鉴定。该项申请权可以视为一种权利救济。补充鉴定主要发生在犯罪嫌疑人或者被害人认为鉴定事项有遗漏或者发现新的相关重要鉴定材料的情况。而当出现鉴定意见与案件中的其他证据相矛盾的,有证据证明鉴定意见确有错误的,送检材料不真实的;鉴定程序不符合法律规定的,鉴定人应当回避而未回避的,鉴定人或者鉴定机构不具备鉴定资格的,以及其他可能影响鉴定客观、公正的情况时,则犯罪嫌疑人、被告人有权申请进行重新鉴定。

第一百四十九条　对犯罪嫌疑人作精神病鉴定的期间不计入办案期限。

※法规解读:本条是关于司法精神病鉴定不计入办案期限的规定。

司法精神病鉴定属于法医类鉴定,是应用精神病学技术,以国家法律和有关规定为准则,协助公安和司法部门,解决案件审理中有关精神病学问题的措施。最高人民法院、最高人民检察院、公安部、司法部、卫生部《精神疾病司法鉴定暂行规定》第九条规定,刑事案件中,精神疾病司法鉴定包括:确定被鉴定人是否患有精神疾病,患何种精神疾病,实施危害行为时的精神状态,精神疾病和所实施危害行为之间的关系,以及有无刑事责任能力;确定被鉴定人在诉讼过程中的精神状态以及有无诉讼能力;确定被鉴定人在服刑期间的精神状态以及对其应当采取的法律措施的建议。司法精神病鉴定是一个复杂的过程。司法精神病鉴定的结果可能直接影响刑事追诉活动能否继续进行。根据《刑事诉讼法》第三百零三条的规定,公安机关在侦查阶段发现犯罪嫌疑人符合强制医疗条件,可以依法移送人民检察院,由检察机关依法向人民法院提出申请。

根据本条的规定,对犯罪嫌疑人进行司法精神病鉴定所花费的时间不计入办案期限。精神病鉴定期限自决定对犯罪嫌疑人进行鉴定之日起至收到鉴定意见后决定恢复计算侦查羁押期限之日止。

关联法规索引

《全国人大常委会法工委关于司法鉴定管理问题的决定施行前可否对司法鉴定机构和司法鉴定人实施准入管理等问题的意见》;《全国人大法工委关于对法医类鉴定与

医疗事故技术鉴定关系问题的意见》;《全国人民代表大会常务委员会关于司法鉴定管理问题的决定》;《全国人民代表大会常务委员会关于在北京市、山西省、浙江省开展国家监察体制改革试点工作的决定》二;《全国人民代表大会常务委员会关于在全国各地推开国家监察体制改革试点工作的决定》二;《人民检察院刑事诉讼规则(试行)》第247~256条;《司法部关于法医精神病鉴定业务范围问题的复函》;《公安机关办理刑事案件程序规定》第239~248条;《监察机关参加生产安全事故调查处理的规定》第12条;《中央纪委办公厅关于患精神疾病的党员犯有错误应如何处理的答复》;《中共中央纪律检查委员会关于查处党员违纪案件中收集、鉴别、使用证据的具体规定》第2条;《中国共产党纪律检查机关案件检查工作条例》第27、28条;《中国共产党纪律检查机关案件检查工作条例实施细则》第27、30条;《中国共产党党员权利保障条例》第11条;《非法干预查处渎职侵权违法犯罪案件违纪行为适用〈中国共产党纪律处分条例〉若干问题的解释》第5条;《中国共产党纪律检查机关监督执纪工作规则》第40条

第二十八条 【技术调查措施】 监察机关调查涉嫌重大贪污贿赂等职务犯罪,根据需要,经过严格的批准手续,可以采取技术调查措施,按照规定交有关机关执行。

批准决定应当明确采取技术调查措施的种类和适用对象,自签发之日起三个月以内有效;对于复杂、疑难案件,期限届满仍有必要继续采取技术调查措施的,经过批准,有效期可以延长,每次不得超过三个月。对于不需要继续采取技术调查措施的,应当及时解除。

条文解读

本条共有两款,是对监察机关技术调查措施权的规定。

本条第一款是对监察机关技术调查措施适用范围的规定。技术调查措施是发现、控制和防范隐蔽的犯罪活动、获取犯罪证据必不可少的重要手段。国家安全机关和公安机关较早在某些领域中使用了该种方法。1993年《国家安全法》第十条规定,国家安全机关因侦察危害国家安全行为的需要,根据国家有关规定,经过严格的批准手续,可以采取技术侦察措施(该规定在2009年的修订中没有变化,2015年的修订中删除)。1995年《人民警察法》第十六条规定,公安机关因侦查犯罪的需要,根据国家有关规定,经过严格的批准手续,可以采取技术侦察措施(该规定在2012年的修改中没有变化)。2012年《刑事诉讼法》修改时,特别增加了"技术侦查措施"一节,授权人民检察院在对于重大的贪污、贿赂犯罪案件以及利用职权实施的严重侵犯公民人身权利的重大犯罪

案件可以采用技术侦查措施。人民检察院的这项权力在2018年《刑事诉讼法》修改后，已经取消。2018年3月《监察法》的制定与实施，明确规定设立监察机关统一对职务违法犯罪行为进行监督调查。监察机关技术调查措施的适用案件为涉嫌重大贪污贿赂等职务犯罪案件。之前，最高人民检察院对于重大贪污贿赂犯罪的解释，或可以对理解本条款具有一定的启发。《人民检察院刑事诉讼规则（试行）》第二百六十三条规定，检察机关经过严格批准手续，可以采用技术侦查措施的是立案后，涉案数额在十万元以上、采取其他方法难以收集证据的重大贪污、贿赂犯罪案件以及利用职权实施的严重侵犯公民人身权利的重大犯罪案件。当然，具体何为"重大"可以由全国人大或者是国家监察委进行具体的解释和说明。同时，本条款规定的适用案件范围为"涉嫌重大贪污贿赂等职务犯罪"，明确说明的是"贪污贿赂犯罪"，但是其中还有一个"等"字，这包含了将其他职务犯罪也纳入技术调查措施适用范围中来的可能性。

技术调查措施虽然能够对案件的调查具有较大的助益，但是其亦可能因为适用不当，侵犯个人的隐私权。因此，技术侦查调查要遵循严格的法定主义原则。根据比例原则，该项措施只能在确有必要的情况下采用。采用技术调查措施需要经过严格的审批手续，并按照规定交有关机关执行。

与监察机关的很多调查措施一样，技术调查措施也同样采用令状主义，需要根据技术调查措施批准决定适用。在技术调查措施批准决定中需要明确适用的种类和对象。技术调查措施是一个总体称谓，具体包括电子监听、电话监听等多种形式，结合《刑事诉讼法》中技术侦查措施的适用经验，监察机关的技术调查措施在具体适用中，也应当明确适用的具体手段。技术调查措施批准决定的有效期为三个月，自签发之日起计算。特殊情况下，对于复杂、疑难案件，期限届满仍有必要继续采取技术调查措施的，经过批准有效期可以延长，每次不得超过三个月。即到三个月期限之后，需要重新履行手续，经过批准后方可延长。本条款并未对技术调查措施的最长适用期限，以及可以延长的次数进行限制。

作为一种调查措施，当并无采用该种措施的必要时，监察机关也应当及时解除适用。

配套法规及解读

《刑事诉讼法》（2018年10月26日修正）

第一百五十条 公安机关在立案后，对于危害国家安全犯罪、恐怖活动犯罪、黑社会性质的组织犯罪、重大毒品犯罪或者其他严重危害社会的犯罪案件，根据侦查犯罪的需要，经过严格的批准手续，可以采取技术侦查措施。

人民检察院在立案后，对于利用职权实施的严重侵犯公民人身权利的重大犯罪案件,根据侦查犯罪的需要,经过严格的批准手续,可以采取技术侦查措施,按照规定交有关机关执行。

追捕被通缉或者批准、决定逮捕的在逃的犯罪嫌疑人、被告人,经过批准,可以采取追捕所必需的技术侦查措施。

※法规解读:本条共有三款,是关于技术侦查措施适用范围的规定。

技术侦查措施是专门的刑事侦查措施。技术侦查是发现、控制和防范隐蔽的犯罪活动,获取犯罪证据必不可少的重要手段。随着社会整体科学技术水平的提高,技术侦查措施逐渐成为刑事侦查中常见的方法。国家安全机关和公安机关早已经在某些领域中使用了该种方法。该种方法虽然能够对案件的侦破具有较大的贡献,但是其亦可能因为使用不当,侵犯个人的隐私权。因此,技术侦查措施要遵循严格的法定主义原则,只能在刑事案件立案之后使用。并且根据刑事诉讼中的比例原则,该项措施只能在确有必要的情况下采用。为了更好地规范技术侦查措施,侦查机关采用技术侦查措施需要经过严格的审批手续。

本条第一款是关于公安机关适用技术侦查措施案件范围的规定。根据本条款的规定,公安机关有权适用技术侦查措施的案件范围是:危害国家安全犯罪、恐怖活动犯罪、黑社会性质的组织犯罪、重大毒品犯罪或者其他严重危害社会的犯罪案件。除了明确列举的可以采用技术侦查措施的案件外,"其他严重危害社会的犯罪案件"需要有关部门作出进一步的规范和明确,在实际执行中不能随意扩大适用。根据《公安机关办理刑事案件程序规定》,"其他严重危害社会的犯罪案件"主要包括:故意杀人、故意伤害致人重伤或者死亡、强奸、抢劫、绑架、放火、爆炸、投放危险物质等严重暴力犯罪案件;集团性、系列性、跨区域性重大犯罪案件;利用电信、计算机网络、寄递渠道等实施的重大犯罪案件,以及针对计算机网络实施的重大犯罪案件;其他严重危害社会的犯罪案件,依法可能判处七年以上有期徒刑的。公安机关采用技术侦查措施的时间为"立案之后"。立案是刑事诉讼程序开始的标志,刑事诉讼尚未正式启动之前,不能适用技术侦查措施。"根据侦查犯罪的需要"和"经过严格的批准手续"体现了侦查行为的比例性原则和令状原则,以此确保技术侦查手段采用的正当性和必要性。公安机关有权实施技术侦查措施。

本条第二款是关于检察机关采用技术侦查措施案件范围的规定。随着《监察法》的颁布实施以及2018年《刑事诉讼法》的修改,检察机关直接立案侦查的范围已经有所变化。因此,检察机关采用技术侦查措施的案件范围也随之调整。删掉了原来《刑事诉讼法》中规定的贪污、贿赂犯罪案件,保留了利用职权实施的严重侵犯公民人身权利的重大犯罪案件,主要包括有重大社会影响的、造成严重后果的或者情节特别严重的非法拘禁、非法搜查、刑讯逼供、暴力取证、虐待被监管人、报复陷害六类案件。检察机关决定采用技术侦查措施也必须在刑事案件立案之后进行。但是,检察机关并无技术侦查措施的具体实施权。这是与本条第一款中公安机关兼具技术侦查措施的适用决定权和实施权的不同之处。检察机关决定采用技术侦查措施后,需要按照规定交有关机关执行。

本条第三款是为了追捕需要采用技术侦查措施的规定。现代科学技术手段能通过技术、信号等多种方式有效地定位行为人,这为刑事追捕工作提供了方便条件。刑事诉讼中,为了满足缉捕在逃的犯罪嫌疑人、被告人的需要(包括通缉和决定逮捕后逃跑的),可采用技术侦查措施。但仍需要经过严格的审批手续,技术侦查措施方可以用于追捕工作。根据追捕在逃的犯罪嫌疑人、被告人的需要,本款没有对涉嫌犯罪的种类作出限定,由于追捕在逃犯主要是确定在逃犯罪嫌疑人、被告人的状况和位置,以便抓捕,与在侦查取证中采取技侦措施的情况不同,因此,只规定要经过批准。这里的"批准"主要是指侦查机关负责人批准。此种情形之下的技术侦查措施的执行主体也是公安机关。

第一百五十一条　批准决定应当根据侦查犯罪的需要,确定采取技术侦查措施的种类和适用对象。批准决定自签发之日起三个月以内有效。对于不需要继续采取技术侦查措施的,应当及时解除;对于复杂、疑难案件,期限届满仍有必要继续采取技术侦查措施的,经过批准,有效期可以延长,每次不得超过三个月。

※法规解读:本条是关于技术侦查措施的适用期限、延长时限和解除的规定。

批准适用技术侦查措施必须根据侦查犯罪的实际需要,并且严格贯彻侦查行为的比例原则,仅当必要且必须,并履行严格的审批手续后才能适用。批准适用技术侦查措施的决定中必须载明技术侦查措施的具体种类、适用对象和期限。一个批准适用技术侦查措施的决定有效期为三个月,自签发之日起有效。虽然如此,但并不意味着,批准适用之后,一定要用到批准决定书失效时为止,在三个月期间内,如果认为已经不需要继续采取技术侦查措施的,包括案件情况发生变化不再符合适用技术侦查措施的条件,或者已经取得相关证据,无须继续采用技术侦查手段的,均应当及时解除技术侦查措施。

如果案件情况复杂、疑难,技术侦查措施批准决定期限届满仍有继续采取技术侦查措施的必要的,经过批准,有效期限可以延长。每次延长的期限最长为三个月。

第一百五十二条　采取技术侦查措施,必须严格按照批准的措施种类、适用对象和期限执行。

侦查人员对采取技术侦查措施过程中知悉的国家秘密、商业秘密和个人隐私,应当保密;对采取技术侦查措施获取的与案件无关的材料,必须及时销毁。

采取技术侦查措施获取的材料,只能用于对犯罪的侦查、起诉和审判,不得用于其他用途。

公安机关依法采取技术侦查措施，有关单位和个人应当配合，并对有关情况予以保密。

※法规解读：本条共有四款，是关于严格执行技术侦查措施，侦查人员的保密义务，技术侦查措施获取材料的适用范围及有关单位和个人的配合、保密义务的规定。

本条第一款是关于严格执行技术侦查措施的规定。通常而言，技术侦查措施以实施对象为标准可以分为三类：以犯罪嫌疑人的通信工具为对象的技术侦查措施，如电话侦听、网络侦控等；以人为实施对象的技术侦查措施，如秘密跟踪、密拍密录等；以物为实施对象的技术侦查措施，如秘密搜查、秘密检查等。由于技术侦查措施的特殊性，因此需要严格遵循重罪、必要、特定和书面许可的原则。严格按照审批的种类、对象和期限执行，禁止任意泛化适用和扩展适用。

本条第二款是关于侦查人员保密义务的规定。在适用技术侦查措施的过程中，侦查人员不可避免地会了解到一些不宜公开的资讯，他们对于因此而知晓的国家秘密、商业秘密和个人隐私均应当严格保密，禁止泄露。对于因采用技术侦查措施而取得的与案件无关的信息和资料，为了防止泄密及侵犯隐私权，侦查人员也应当及时进行销毁处理。

本条第三款是关于采用技术侦查手段获取材料适用范围的规定。技术侦查措施是刑事侦查程序中的专门调查方法，运用该种侦查方法是为了查明案件情况的需要。因此，对于采用该种方式而获取的相关资料，只能用于刑事追诉，即对犯罪的侦查、起诉和审判，而严禁用于其他用途。此处规定的“其他用途”包括行政管理、民事纠纷的调处解决、商业用途等。

本条第四款是对有关单位和个人的配合及保密义务的规定。虽然技术侦查措施是侦查中的专门调查方法，但是这些方法的运用往往需要有相关的专门行业、领域和个人进行配合才能实施，如电话运营商、网络服务商等。相关单位和个人负有配合义务。同时，他们对于在与侦查机关配合过程中知悉的一些情况，也要负责保密，包括采取技术侦查措施以及实施的具体方法和手段等，否则将影响技术侦查措施采用的效果，进而影响证据的取得和犯罪的追诉。

《最高人民法院、最高人民检察院、公安部、国家安全部、司法部、全国人大常委会法制工作委员会关于实施刑事诉讼法若干问题的规定》（2012 年 12 月 26 日）

20. 刑事诉讼法第一百四十九条[1]中规定：“批准决定应当根据侦查犯罪的需要，确定采取技术侦查措施的种类和适用对象。”采取技术侦查措施收集的材料作为证据

〔1〕 现行《刑事诉讼法》第一百五十一条。

使用的,批准采取技术侦查措施的法律文书应当附卷,辩护律师可以依法查阅、摘抄、复制,在审判过程中可以向法庭出示。

※法规解读:本条是对采用技术侦查措施收集的作为证据使用材料的规定。

技术侦查措施是一种新的侦查措施,其主要目的仍是为更好地收集证据材料,为认定案件事实提供素材。技术侦查措施与其他的侦查行为一样,实行严格的令状主义,未经批准,不得采用,而且侦查机关需要严格按照批准范围、批准时限使用技术侦查措施。为了更好地监督侦查机关实施技术侦查措施,让辩方更好地了解证据来源的途径和手段,本条明确规定,批准采取技术侦查措施的法律文书应当附卷,并随案移送,辩护人可以较为便利地获悉相关情况,并可以在审判过程中通过当庭出示的方法进行质证和辩论。

关联法规索引

《人民警察法》第16条;《全国人民代表大会常务委员会关于在北京市、山西省、浙江省开展国家监察体制改革试点工作的决定》二;《全国人民代表大会常务委员会关于在全国各地推开国家监察体制改革试点工作的决定》二;《人民检察院刑事诉讼规则(试行)》第263~267条;《公安机关办理刑事案件程序规定》第254~261条;《公安机关办理刑事案件电子数据取证规则》第33条;《中国共产党纪律检查机关监督执纪工作规则》第40条

第二十九条　【通缉】　依法应当留置的被调查人如果在逃,监察机关可以决定在本行政区域内通缉,由公安机关发布通缉令,追捕归案。通缉范围超出本行政区域的,应当报请有权决定的上级监察机关决定。

条文解读

本条是对监察机关通缉权的规定。

通缉是缉拿在逃人员的一种手段。根据本条规定,监察机关的通缉权行使要遵循以下规则:第一,通缉对象。通缉的对象需要符合两项条件。首先,被调查人在逃;其次,在逃的被调查人应当依法予以留置。两项条件需要同时满足。第二,通缉决定权。各监察机关在本行政区域内有权决定通缉。通缉范围超出本行政区域的,应当报请有决定权的上级监察机关决定。即监察机关决定通缉的范围和管辖的行政区域范围具有一致性。第三,通缉令发布。根据本条规定,通缉令由公安机关发布。

配套法规及解读

《刑事诉讼法》(2018年10月26日修正)

第一百五十五条 应当逮捕的犯罪嫌疑人如果在逃,公安机关可以发布通缉令,采取有效措施,追捕归案。

各级公安机关在自己管辖的地区以内,可以直接发布通缉令;超出自己管辖的地区,应当报请有权决定的上级机关发布。

※法规解读:本条共有两款,是关于通缉的规定。

根据相关法律的规定,通缉适用于应当逮捕的犯罪嫌疑人在逃的,以及越狱逃跑的犯罪嫌疑人、被告人或者罪犯。有权发布通缉令的机关为县级以上的公安机关,其他任何机关、团体、单位、组织和个人都无权发布。人民检察院在办理自侦案件过程中,需要追捕在逃的犯罪嫌疑人时,经检察长批准,有权作出通缉决定,但仍需交由公安机关发布通缉令。有权发布通缉令的机关只能在自己管辖的区域范围内直接发布通缉令,一旦超出自己管辖的地区,则应当报请有权决定的上级机关发布。

通缉令中应写明被通缉人的姓名、性别、年龄、民族、籍贯、出生地、户籍所在地、居住地、职业、衣着和体貌特征并附被通缉人近期照片。除了必须保密的事项以外,应当写明发案的时间、地点和简要案情。通缉令发出后,如果发现新的重要情况可以补发通报。通报必须注明原通缉令的编号和日期。有关公安机关接到通缉令以后,应当及时部署,积极查缉。对于通缉在案的犯罪嫌疑人、被告人、罪犯,任何公民都有权扭送公安机关、人民检察院或人民法院处理。被通缉的人已经缉拿归案、死亡,或者通缉原因已经消失而无通缉必要的,发布通缉令的机关应当在原发布范围内立即发出撤销通缉令的通知。

《公安机关办理刑事案件程序规定》(2012年12月13日)

第二百六十五条 应当逮捕的犯罪嫌疑人如果在逃,公安机关可以发布通缉令,采取有效措施,追捕归案。

县级以上公安机关在自己管辖的地区内,可以直接发布通缉令;超出自己管辖的地区,应当报请有权决定的上级公安机关发布。

通缉令的发送范围,由签发通缉令的公安机关负责人决定。

第二百六十六条 通缉令中应当尽可能写明被通缉人的姓名、别名、曾用名、绰号、性别、年龄、民族、籍贯、出生地、户籍所在地、居住地、职业、身份证号码、衣着和体貌特征、口音、行为习惯,并附被通缉人近期照片,可以附指纹及其他物证的照片。除了必须保密的事项以外,应当写明发案的时间、地点和简要案情。

第二百六十七条 通缉令发出后,如果发现新的重要情况可以补发通报。通报必须注明原通缉令的编号和日期。

第二百六十八条 公安机关接到通缉令后，应当及时布置查缉。抓获犯罪嫌疑人后，报经县级以上公安机关负责人批准，凭通缉令或者相关法律文书羁押，并通知通缉令发布机关进行核实，办理交接手续。

第二百六十九条 需要对犯罪嫌疑人在口岸采取边控措施的，应当按照有关规定制作边控对象通知书，经县级以上公安机关负责人审核后，层报省级公安机关批准，办理全国范围内的边控措施。需要限制犯罪嫌疑人人身自由的，应当附有关法律文书。

紧急情况下，需要采取边控措施的，县级以上公安机关可以出具公函，先向当地边防检查站交控，但应当在七日以内按照规定程序办理全国范围内的边控措施。

第二百七十条 为发现重大犯罪线索，追缴涉案财物、证据，查获犯罪嫌疑人，必要时，经县级以上公安机关负责人批准，可以发布悬赏通告。

悬赏通告应当写明悬赏对象的基本情况和赏金的具体数额。

第二百七十一条 通缉令、悬赏通告应当广泛张贴，并可以通过广播、电视、报刊、计算机网络等方式发布。

第二百七十二条 经核实，犯罪嫌疑人已经自动投案、被击毙或者被抓获，以及发现有其他不需要采取通缉、边控、悬赏通告的情形的，发布机关应当在原通缉、通知、通告范围内，撤销通缉令、边控通知、悬赏通告。

第二百七十三条 通缉越狱逃跑的犯罪嫌疑人、被告人或者罪犯，适用本节的有关规定。

※**法规解读：**上述条文是关于通缉令及布控缉查的规定。

通缉令是为了让更多的人了解相关情况，因此应当载明必要的内容，如姓名、性别、出生地、职业等信息，并突出展示被通缉人的特征，以便汇集群众的力量抓获在逃的人犯。发布通缉令可以借助媒体的力量迅速扩大通缉令的影响力和传播力。同时可以设置一定的激励机制，采用悬赏通告。通缉令发出之后，有新情况、新线索的，可以补发通报。

通缉令发布之后，各机关应当积极采取控制措施和手段，并且积极配合。犯罪嫌疑人自首、被击毙或者被抓获，并经核实后，原发布机关应当在原通缉、通知、通告范围内，撤销通缉令、边控通知、悬赏通告。对于潜逃出境的犯罪嫌疑人，可以通过国际司法协助或者其他法律途径缉捕归案。

关联法规索引

《人民武装警察法》第11条；《治安管理处罚法》第56条；《最高人民检察院、公安部、中国人民银行、海关总署关于查处携款潜逃的经济犯罪分子的通知》；《最高人民检察院、公安部关于适用刑事强制措施有关问题的规定》第33条；《最高人民检察院关于处理自首和立功若干具体问题的意见》第3条;《人民检察院刑事诉讼规则(试行)》第137条;《最高人民法院、最高人民检察院关于适用犯罪嫌疑人、被告人逃匿、死亡案件违法所得没收程序若干问题的规定》第5条;《中国共产党纪律检查机关监督执纪工作规则》第40条

第三十条 【限制出境】 监察机关为防止被调查人及相关人员逃匿境外,经省级以上监察机关批准,可以对被调查人及相关人员采取限制出境措施,由公安机关依法执行。对于不需要继续采取限制出境措施的,应当及时解除。

条文解读

本条是对监察机关限制出境权的规定。

监察机关的限制出境权是保障调查顺利开展,并防止被调查人以及相关人员逃匿到境外的一种措施。国家保护中国公民出境入境合法权益。在中国境内的外国人的合法权益受法律保护。在中国境内的外国人应当遵守中国法律,不得危害中国国家安全、损害社会公共利益、破坏社会公共秩序。我国实行出境批准和查验制度。根据《出境入境管理法》的规定,中国公民出境,应当向出境边防检查机关交验本人的护照或者其他旅行证件等出境入境证件,履行规定的手续,经查验准许,方可出境。同时该法第十二条明确规定,中国公民有下列情形之一的,不准出境:未持有效出境入境证件或者拒绝、逃避接受边防检查的;被判处刑罚尚未执行完毕或者属于刑事案件被告人、犯罪嫌疑人的;有未了结的民事案件,人民法院决定不准出境的;因妨害国(边)境管理受到刑事处罚或者因非法出境、非法居留、非法就业被其他国家或者地区遣返,未满不准出境规定年限的;可能危害国家安全和利益,国务院有关主管部门决定不准出境的;法律、行政法规规定不准出境的其他情形。

限制出境是对公民权利的限制,为了慎重起见,本条对监察机关的限制出境权作了如下规定:

第一,采取限制出境措施的目的:为防止被调查人及相关人员逃匿境外。实践表明,一旦涉嫌职务犯罪违法犯罪的被调查人及相关人员出逃到境外,就会对案件的调查和处理造成影响和妨害。因为保障调查工作的顺利进行,对于有逃匿境外可能性的涉案人员,可以采用限制出境措施。

第二,限制出境措施的批准机关。为了慎重起见,本条规定,采用限制出境措施的,需要经省级以上监察机关批准。

第三,限制出境措施的执行机关。限制出境措施依法由公安机关执行。公安部在

出入境管理工作中的职责是负责依法管理口岸边防检查工作,组织指导出境入境和外国人在中国境内停留居留有关管理工作。公安部下设的出入境管理局,具体负责指导全国公安出入境管理工作;边防检查管理局具体负责现役制边防检查机关的出入境边防检查工作。公安机关出入境管理系统分为地方人民政府公安机关出入境管理部门序列和出入境边防检查机关序列。前者受当地公安机关领导,业务上受上级出入境管理部门指导;后者属于边防检查机关序列。

第四,限制出境措施的适用对象为涉嫌职务违法犯罪的被调查人及相关人员。所谓"相关人员"主要是指与被调查人涉嫌的违法犯罪相关的其他人员,如涉嫌行贿犯罪或者职务犯罪的共同涉案人以及与案件有关的其他人员。

监察机关在采取限制出境措施时要充分考虑到限制出境的必要性,并且遵循比例原则的精神,即便采取了限制出境的措施,该项措施的持续性也要根据被调查人及相关人员逃匿可能性的变化进行及时调整。当不再需要继续采取限制出境措施的,监察机关有义务及时解除该项措施。

配套法规及解读

《关于依法限制外国人和中国公民出境问题的若干规定》(1987 年 3 月 10 日)

《中华人民共和国外国人入境出境管理法》第二十三条和《中华人民共和国公民出境入境管理法》第八条规定了对某些外国人和中国公民不准其出境,现将贯彻执行中的若干问题规定如下:

(一)需要限制已入境的外国人出境或者限制中国公民出境的,必须严格依照法律规定执行。在执行中应当注意:凡能尽早处理的,不要等到外国人或中国公民临出境时处理;凡可以通过其他方式处理的,不要采取扣留证件的办法限制出境;凡能在内地处理的,不要到出境口岸处理,要把确需在口岸阻止出境的人员控制在极少数。

(二)限制外国人或中国公民出境的审批权限:

1. 公安机关和国家安全机关认定的犯罪嫌疑人或有其他违反法律的行为尚未处理并需要追究法律责任的,其限制出境的决定需经省、自治区、直辖市公安厅、局或国家安全厅、局批准。

2. 人民法院或人民检察院认定的犯罪嫌疑人或有其他违反法律的行为尚未处理并需要追究法律责任的,由人民法院或人民检察院决定限制出境并按有关规定执行,同时通报同级公安机关。

3. 国家安全机关对某些外国人或中国公民采取限制出境措施时,要及时通报公安机关。

4. 有未了结民事案件(包括经济纠纷案件)的,由人民法院决定限制出境并执行,同时通报公安机关。

5. 对其他需要在边防口岸限制出境的人员，可按 1985 年公安部、国家安全部《关于做好入出境查控工作的通知》(〔85〕公发 24 号文件)精神办理。

(三)人民法院、人民检察院、公安机关和国家安全机关在限制外国人和中国公民出境时，可以分别采取以下办法：

1. 向当事人口头通知或书面通知，在其案件(或问题)了结之前，不得离境；

2. 根据案件性质及当事人的具体情况，分别采取监视居住或取保候审的办法，或令其提供财产担保或交付一定数量保证金后准予出境；

3. 扣留当事人护照或其他有效出入境证件。但应在护照或其他出入境证件有效期内处理了结，同时发给本人扣留证件的证明。人民法院、人民检察院或国家安全机关扣留当事人护照或其他有效出入境证件，如在出入境证件有效期内不能了结的，应当提前通知公安机关。

(四)人民法院、人民检察院、国家安全机关及公安机关对某些不准出境的外国人和中国公民，需在边防检查站阻止出境的，应填写《口岸阻止人员出境通知书》(样式附后，自行印制)。在本省、自治区、直辖市口岸阻止出境的，应向本省、自治区、直辖市公安厅、局交控。在紧急情况下，如确有必要，也可先向边防检查站交控，然后按本通知的规定，补办交控手续。控制口岸超出本省、自治区、直辖市的，应通过有关省、自治区、直辖市公安厅、局办理交控手续。

※法规解读：《关于依法限制外国人和中国公民出境问题的若干规定》是由最高人民法院、最高人民检察院、公安部和国家安全部联合下发的。该规定中明确了限制出境的审批权限、限制出境的具体执行办法，同时明确了限制出境的及早处理原则和控制数量原则。

关联法规索引

《出境入境管理法》第 11、12 条；《民事诉讼法》第 255 条；《出境入境边防检查条例》第 7、8 条；《国家发展改革委、最高人民法院、中国人民银行等关于印发对失信被执行人实施联合惩戒的合作备忘录的通知》第 24 条；《关于对严重质量违法失信行为当事人实施联合惩戒的合作备忘录》；《公安部关于执行中国公民出境入境管理法及实施细则若干问题的说明》；《公安部、中国人民银行、中国保险监督管理委员会关于在查处金融违法犯罪案件中加强协作配合的通知》；《中国证券管理委员会关于在打击证券期货违法犯罪中加强执法协作的通知》六；《中国证券监督管理委员会、公安部、中国人民银行等关于进一步做好清理大股东占用上市公司资金工作的通知》；《中国共产党纪律检查机关监督执纪工作规则》第 40 条

第三十一条 【认罪认罚从宽建议】 涉嫌职务犯罪的被调查人主动认罪认罚，有下列情形之一的，监察机关经领导人员集体研究，并报上一级监察机关批准，可以在移送人民检察院时提出从宽处罚的建议：

（一）自动投案，真诚悔罪悔过的；

（二）积极配合调查工作，如实供述监察机关还未掌握的违法犯罪行为的；

（三）积极退赃，减少损失的；

（四）具有重大立功表现或者案件涉及国家重大利益等情形的。

条文解读

本条是对涉嫌职务犯罪被调查人认罪认罚情形的处理规定。

为进一步落实宽严相济刑事政策，完善刑事诉讼程序，合理配置司法资源，提高办理刑事案件的质量与效率，确保无罪的人不受刑事追究，有罪的人受到公正惩罚，维护当事人的合法权益，促进司法公正，2016 年 9 月，全国人大常委会通过了《关于授权最高人民法院、最高人民检察院在部分地区开展刑事案件认罪认罚从宽制度试点工作的决定》，授权在全国十八个省市开展刑事案件认罪认罚从宽制度试点工作。同年 11 月，最高人民法院、最高人民检察院、公安部、国家安全部、司法部下发了《关于在部分地区开展刑事案件认罪认罚从宽制度试点工作的办法》，其中明确规定：犯罪嫌疑人、被告人自愿如实供述自己的罪行，对指控的犯罪事实没有异议，同意量刑建议，签署具结书的，可以依法从宽处理。办理认罪认罚案件应当贯彻宽严相济刑事政策，坚持罪刑相适应、证据裁判原则。认罪认罚从宽精神已经被 2018 年《刑事诉讼法》所吸收，不仅规定为刑事诉讼中的一项基本原则，而且在刑事追诉的侦查、审查起诉和审判阶段均有体现。

监察机关办理职务犯罪案件过程中，若被调查人具有自动投案，真诚悔罪悔过的；积极配合调查工作，如实供述监察机关还未掌握的违法犯罪行为的；积极退赃，减少损失的；具有重大立功表现或者案件涉及国家重大利益等情形的，可以视为其具有认罪认罚的主观意图和行为表现。被调查人认罪认罚既能够有效地提高调查效率，提升案件调查质量，同时也体现了被调查人对于违法犯罪行为的认识和态度。

基于被调查人的认罪认罚的行为表现，监察机关有权作出从宽处理的建议。该建议具有监察机关对被调查人行为判断的性质。为此，本条规定，监察机关作出从宽建议的，需要经过监察机关领导人员集体研究，并报上一级监察机关批准。经过法定程序作出的认罪认罚从宽处罚建议，可以在案件移送时，向人民检察院提出。

配套法规及解读

《刑事诉讼法》(2018年10月26日修正)

第十五条 犯罪嫌疑人、被告人自愿如实供述自己的罪行,承认指控的犯罪事实,愿意接受处罚的,可以依法从宽处理。

※法规解读:本条为2018年《刑事诉讼法》修改时新增条文。

认罪认罚从宽体现了我国宽严相济的刑事政策。本次《刑事诉讼法》修改将认罪认罚从宽原则在总则中予以明确,为具体程序规定中的认罪认罚各项措施提供了基本依据。本条包括三层含义,即"认罪"、"认罚"和"从宽处理"。其中,"认罪"是指犯罪嫌疑人、被告人自愿如实供述自己的罪行,或者对侦查机关已经掌握并指出的犯罪事实,明确主动表示承认;"认罚"是指犯罪嫌疑人、被告人明确表示愿意接受司法机关给予的处罚,即对司法机关根据其犯罪事实、情节、认罪、悔罪、赔偿或者和解等情况所给出的刑罚明确表示接受,特别是对人民检察院提出的量刑建议明确表示接受;"从宽处理"既包括量刑上的从宽,也包括程序上的从简,是指犯罪嫌疑人、被告人同意人民检察院的量刑建议的,在遵循罪责刑相适应原则的基础上,较一般的自首和坦白给予更大的从宽幅度,同时对认罪认罚的犯罪嫌疑人、被告人适用轻缓的强制措施,作出轻缓的程序性处理,或者适用更为便利的诉讼程序。需要注意的是,本条所指之"认罪认罚从宽"必须同时具备"认罪"和"认罚"两个方面的要素,只有其一的态度和行为,虽可根据《刑法》和《刑事诉讼法》的规定从宽处罚,但不构成本条规定的"从宽"条件。

第一百七十三条 人民检察院审查案件,应当讯问犯罪嫌疑人,听取辩护人或者值班律师、被害人及其诉讼代理人的意见,并记录在案。辩护人或者值班律师、被害人及其诉讼代理人提出书面意见的,应当附卷。

犯罪嫌疑人认罪认罚的,人民检察院应当告知其享有的诉讼权利和认罪认罚的法律规定,听取犯罪嫌疑人、辩护人或者值班律师、被害人及其诉讼代理人对下列事项的意见,并记录在案:

(一)涉嫌的犯罪事实、罪名及适用的法律规定;

(二)从轻、减轻或者免除处罚等从宽处罚的建议;

(三)认罪认罚后案件审理适用的程序;

(四)其他需要听取意见的事项。

人民检察院依照前两款规定听取值班律师意见的,应当提前为值班律师了解案件有关情况提供必要的便利。

※法规解读:本条共有三款,是关于审查起诉程序的规定。本条在2018年《刑事诉讼法》修正时进行了较大幅度的修改。

本条第一款规定了人民检察院对移送起诉的案件审查起诉的程序要求。人民检察院应当讯问犯罪嫌疑人，听取辩护人或值班律师、被害人及其诉讼代理人的意见，并记录在案。这是人民检察院审查起诉的必经程序。通过讯问犯罪嫌疑人，办案人员可以直接听取犯罪嫌疑人的供述和辩解，核实其在侦查阶段提供口供的可靠性、分析口供与其他证据有无矛盾，查清犯罪事实和情节的具体细节，有无漏罪和其他应当追究刑事责任的人。同时还可以了解犯罪嫌疑人思想状况、认罪态度以及有无受到刑讯逼供、诱供、骗供等情况。而为了全面、客观了解案件情况，人民检察院审查案件，还应当听取辩护人或值班律师、被害人及其诉讼代理人的意见。讯问、听取意见应由两名以上办案人员进行，并制作笔录。辩护人或值班律师、被害人及其诉讼代理人提出书面意见的，应当附卷。

本条第二款、第三款是2018年《刑事诉讼法》对认罪认罚案件人民检察院审查起诉的新增规定。第二款明确了犯罪嫌疑人认罪认罚的，人民检察院应当告知其享有的诉讼权利和认罪认罚的法律规定。明确了人民检察院听取意见的事项范围，涉及案件事实、罪名、法律适用、量刑情节、审理程序等重要事项均要听取各方意见。

本条第三款规定人民检察院要为值班律师了解案件情况、提出意见提供便利。为了保障值班律师有效参与诉讼，充分发挥作用，保障犯罪嫌疑人合法权益，人民检察院应当为值班律师了解案件情况提供必要的便利，包括保障值班律师的会见权、在场权和阅卷权等。

《最高人民法院、最高人民检察院、公安部、国家安全部、司法部关于在部分地区开展刑事案件认罪认罚从宽制度试点工作的办法》(2016年11月11日)

为确保刑事案件认罪认罚从宽制度试点工作依法有序开展，根据刑法、刑事诉讼法和《全国人民代表大会常务委员会关于授权最高人民法院、最高人民检察院在部分地区开展刑事案件认罪认罚从宽制度试点工作的决定》，结合司法工作实际，制定本办法。

第一条　犯罪嫌疑人、被告人自愿如实供述自己的罪行，对指控的犯罪事实没有异议，同意量刑建议，签署具结书的，可以依法从宽处理。

第二条　具有下列情形之一的，不适用认罪认罚从宽制度：

(一)犯罪嫌疑人、被告人是尚未完全丧失辩认或者控制自己行为能力的精神病人的；

(二)未成年犯罪嫌疑人、被告人的法定代理人、辩护人对未成年人认罪认罚有异议的；

(三)犯罪嫌疑人、被告人行为不构成犯罪的；

(四)其他不宜适用的情形。

第三条　办理认罪认罚案件，应当遵循刑法、刑事诉讼法的基本原则，以事实为根据，以法律为准绳，保障犯罪嫌疑人、被告人依法享有的辩护权和其他诉讼权利，保障被害人的合法权益，维护社会公共利益，强化监督制约，确保无罪的人不受刑事追究，有罪的人受到公正惩罚，确保司法公正。

第四条 办理认罪认罚案件，应当坚持下列原则：

贯彻宽严相济刑事政策，充分考虑犯罪的社会危害性和犯罪嫌疑人、被告人的人身危险性，结合认罪认罚的具体情况，确定是否从宽以及从宽幅度，做到该宽则宽，当严则严，宽严相济，确保办案法律效果和社会效果。

坚持罪责刑相适应，根据犯罪的事实、性质、情节、后果，依照法律规定提出量刑建议，准确裁量刑罚，确保刑罚的轻重与犯罪分子所犯罪行和应当承担的刑事责任相适应。

坚持证据裁判，依照法律规定收集、固定、审查和认定证据。

第五条 办理认罪认罚案件，应当保障犯罪嫌疑人、被告人获得有效法律帮助，确保其了解认罪认罚的性质和法律后果，自愿认罪认罚。

法律援助机构可以根据人民法院、看守所实际工作需要，通过设立法律援助工作站派驻值班律师、及时安排值班律师等形式提供法律帮助。人民法院、看守所应当为值班律师开展工作提供便利工作场所和必要办公设施，简化会见程序，保障值班律师依法履行职责。

犯罪嫌疑人、被告人自愿认罪认罚，没有辩护人的，人民法院、人民检察院、公安机关应当通知值班律师为其提供法律咨询、程序选择、申请变更强制措施等法律帮助。

人民法院、人民检察院、公安机关应当告知犯罪嫌疑人、被告人申请法律援助的权利。符合应当通知辩护条件的，依法通知法律援助机构指派律师为其提供辩护。

第六条 人民法院、人民检察院、公安机关应当将犯罪嫌疑人、被告人认罪认罚作为其是否具有社会危害性的重要考虑因素，对于没有社会危险性的犯罪嫌疑人、被告人，应当取保候审、监视居住。

第七条 办理认罪认罚案件，应当听取被害人及其代理人意见，并将犯罪嫌疑人、被告人是否与被害人达成和解协议或者赔偿被害人损失，取得被害人谅解，作为量刑的重要考虑因素。

第八条 在侦查过程中，侦查机关应当告知犯罪嫌疑人享有的诉讼权利和认罪认罚可能导致的法律后果，听取犯罪嫌疑人及其辩护人或者值班律师的意见，犯罪嫌疑人自愿认罪认罚的，记录在案并附卷。

犯罪嫌疑人向看守所工作人员或辩护人、值班律师表示愿意认罪认罚的，有关人员应当及时书面告知办案单位。

对拟移送审查起诉的案件，侦查机关应当在起诉意见中写明犯罪嫌疑人自愿认罪认罚情况。

第九条　犯罪嫌疑人自愿如实供述涉嫌犯罪的事实，有重大立功或者案件涉及国家重大利益，需要撤销案件的，办理案件的公安机关应当层报公安部，由公安部提请最高人民检察院批准。

第十条　在审查起诉过程中，人民检察院应当告知犯罪嫌疑人享有的诉讼权利和认罪认罚可能导致的法律后果，就下列事项听取犯罪嫌疑人及其辩护人或者值班律师的意见，记录在案并附卷：

（一）指控的罪名及适用的法律条款；

（二）从轻、减轻或者免除处罚等从宽处罚的建议；

（三）认罪认罚后案件审查适用的程序；

（四）其他需要听取意见的情形。

犯罪嫌疑人自愿认罪，同意量刑建议和程序适用的，应当在辩护人或者值班律师在场的情况下签署具结书。

第十一条　人民检察院向人民法院提起公诉的，应当在起诉书中写明被告人认罪认罚情况，提出量刑建议，并同时移送被告人的认罪认罚具结书等材料。

量刑建议一般应当包括主刑、附加刑，并明确刑罚执行方式。可以提出相对明确的量刑幅度，也可以根据案件具体情况，提出确定刑期的量刑建议。建议判处财产刑的，一般应当提出确定的数额。

第十二条　对适用速裁程序的案件，人民检察院一般应当在受理后十日内作出是否提起公诉的决定；对可能判处的有期徒刑超过一年的，可以延长至十五日。

第十三条　犯罪嫌疑人自愿如实供述涉嫌犯罪的事实，有重大立功或者案件涉及国家重大利益的，经最高人民检察院批准，人民检察院可以作出不起诉决定，也可以对涉嫌数罪中的一项或者多项提起公诉。

具有法律规定不起诉情形的，依照法律规定办理。

第十四条　最高人民检察院批准不起诉的，或者经公安部提请批准撤销案件的，人民检察院、公安机关对查封、扣押、冻结的财物及其孳息，应当调查权属情况，查明是否属于违法所得或者依法应当追缴的其他涉案财物。案外人对查封、扣押、冻结的财物及其孳息提出权属异议的，应当进行审查。

确认查封、扣押、冻结的财物及其孳息属于违法所得、违禁品或者供作案所用的本人财物，除依法返还被害人的以外，应当在撤销案件或者作出不起诉决定后三十日内予以收缴，一律上缴国库。对查封、扣押、冻结的财物及其孳息不能确认属于违法所得或者依法应当追缴的其他涉案财物的，不得收缴。

第十五条　人民法院审理认罪认罚案件，应当告知被告人享有的诉讼权利和认罪认罚可能导致的法律后果，审查认罪认罚的自愿性和认罪认罚具结书内容的真实性、合法性。

第十六条 对于基层人民法院管辖的可能判处三年有期徒刑以下刑罚的案件，事实清楚、证据充分，当事人对适用法律没有争议，被告人认罪认罚并同意适用速裁程序的，可以适用速裁程序，由审判员独任审判，送达期限不受刑事诉讼法规定的限制，不进行法庭调查、法庭辩论，当庭宣判，但在判决宣告前应当听取被告人的最后陈述。

适用速裁程序审理案件，人民法院一般应当在十日内审结；对可能判处的有期徒刑超过一年的，可以延长至十五日。

第十七条 具有下列情形之一的，不适用速裁程序审理：

（一）被告人是盲、聋、哑人的；

（二）案件疑难、复杂，或者有重大社会影响的；

（三）共同犯罪案件中部分被告人对指控事实、罪名、量刑建议有异议的；

（四）被告人与被害人或者其代理人没有就附带民事赔偿等事项达成调解或者和解协议的；

（五）其他不宜适用速裁程序的情形。

第十八条 对于基层人民法院管辖的可能判处三年有期徒刑以上刑罚的案件，被告人认罪认罚的，可以依法适用简易程序审判，在判决宣告前应当听取被告人的最后陈述，一般应当当庭宣判。

第十九条 人民法院适用速裁程序或者简易程序审查的认罪认罚案件，有下列情形之一的，应当转为普通程序审理：

（一）被告人违背意愿认罪认罚的；

（二）被告人否认指控的犯罪事实的；

（三）其他不宜适用速裁程序或者简易程序审理的情形。

第二十条 对于认罪认罚案件，人民法院依法作出判决时，一般应当采纳人民检察院指控的罪名和量刑建议，但具有下列情形的除外：

（一）被告人不构成犯罪或者不应当追究刑事责任的；

（二）被告人违背意愿认罪认罚的；

（三）被告人否认指控的犯罪事实的；

（四）起诉指控的罪名与审理认定的罪名不一致的；

（五）其他可能影响公正审判的情形。

第二十一条 人民法院经审理认为，人民检察院的量刑建议明显不当，或者被告人、辩护人对量刑建议提出异议的，人民法院可以对建议人民检察院调整量刑建议，人民检察院不同意调整量刑建议或者调整量刑建议后被告人、辩护人仍有异议的，人民法院应当依法作出判决。

第二十二条　对不具有法定减轻处罚情节的认罪认罚案件，应当在法定刑的限度以内从轻判处刑罚，犯罪情节轻微不需要判处刑罚的，可以依法免予刑事处罚，确实需要在法定刑以下判处刑罚的，应当层报最高人民法院核准。

第二十三条　第二审人民法院对被告人不服适用速裁程序作出的第一审判决提起上诉的案件，可以不开庭审理。经审理认为原判认定事实和适用法律正确、量刑适当的，应当裁定驳回上诉，维持原判；原判认定事实没有错误，但适用法律有错误，或者量刑不当的，应当改判；原判事实不清或者证据不足的，应当裁定撤销原判，发回原审人民法院适用普通程序重新审判。

第二十四条　人民法院、人民检察院、公安机关工作人员在办理认罪认罚案件中，有刑讯逼供、暴力取证或者权钱交易、放纵罪犯等滥用职权、徇私枉法情形，构成犯罪的，依法追究刑事责任；尚不构成犯罪的，依法给予行政处分或者纪律处分。

第二十五条　国家安全机关依法办理认罪认罚案件，适用本办法中有关公安机关的规定。

第二十六条　办理犯罪嫌疑人、被告人认罪认罚案件，本办法有规定的，按照本办法执行；本办法没有规定的，适用刑法、刑事诉讼法等有关规定。

第二十七条　原刑事案件速裁程序试点相关规定可以参照执行，本办法另有规定的除外。

第二十八条　本办法在北京、天津、上海、重庆、沈阳、大连、南京、杭州、福州、厦门、济南、青岛、郑州、武汉、长沙、广州、深圳、西安试行。

第二十九条　本办法自发布之日起试行二年。

※法规解读：2016年9月，全国人大常委会发布了《关于授权最高人民法院、最高人民检察院在部分地区开展刑事案件认罪认罚从宽制度试点工作的决定》，嗣后，最高人民法院、最高人民检察院、公安部、国家安全部、司法部为了具体开展好刑事案件认罪认罚从宽制度试点制定了本办法。在二十九个条文中对于认罪认罚从宽的具体适用条件、原则、程序等进行了规定，成为在实践中推行认罪认罚从宽制度的具体依据。

关联法规索引

《刑事诉讼法》第81、172～174、176、190、201、222、226条；《全国人民代表大会常务委员会关于授权最高人民法院、最高人民检察院在部分地区开展刑事案件认罪认罚从宽制度试点工作的决定》；《司法部、财政部关于律师开展法律援助工作的意见》第6

条;《最高人民法院、最高人民检察院、公安部等关于开展法律援助值班律师工作的意见》;《中共中央关于全面推进依法治国若干重大问题的决定》

典型案例

艾某某携带赃款投案[1]

※案情简介:艾某某系某某省政协原副主席。艾某某于案发前携带赃款赃物主动到中央纪委国家监委投案,并如实供述自己的罪行。中央纪委国家监委提出对其减轻处罚的建议,检察机关的量刑建议中,亦提出减轻处罚的意见。4月18日,法院审理认为,艾某某构成自首,具有法定、酌定从轻、减轻处罚情节,依法可对其减轻处罚,判处八年有期徒刑。

※案件要旨:艾某某是国家监委成立后首个投案自首的中管干部。《监察法》第三十一条规定,涉嫌职务犯罪的被调查人主动认罪认罚,自动投案,真诚悔罪悔过的,监察机关经领导人员集体研究,并报上一级监察机关批准,可以在移送人民检察院时提出从宽处罚的建议。本案中,国家监察委就因为艾某某主动投案,并如实供述自己的罪行,提出了对其减轻处罚的建议。检察机关在审查起诉中亦采纳了该建议,提出了减轻处罚的量刑建议。《中国共产党纪律处分条例》明确,"处理违犯党纪的党组织和党员,应当实行惩戒与教育相结合,做到宽严相济";"主动交代本人应当受到党纪处分的问题的",可以从轻或者减轻处分。纪检监察机关依规依纪依法履行职责,唤醒违纪违法党员干部对组织的信任、对党纪国法的敬畏,取得了良好的政治效果、纪法效果和社会效果。越来越多的违纪违法党员干部在高压震慑下和政策感召下,抛弃侥幸心理、放下思想包袱,选择相信组织、依靠组织。腐败分子主动投案,已经成为反腐败工作的一个新特点。

第三十二条 【立功从宽】 职务违法犯罪的涉案人员揭发有关被调查人职务违法犯罪行为,查证属实的,或者提供重要线索,有助于调查其他案件的,监察机关经领导人员集体研究,并报上一级监察机关批准,可以在移送人民检察院时提出从宽处罚的建议。

---

〔1〕 本案根据张琰:《主动投案是选择了唯一正确的出路》整理,参见 http://www.ccdi.gov.cn/special/bwzp/201905/t20190509_193623.html,查询时间:2019年5月30日。

条文解读

本条是对职务违法犯罪涉案人员立功的规定。

所谓立功，是指违法犯罪分子揭发他人违法犯罪行为，查证属实，或者提供重要线索，从而帮助案件调查的行为。《刑法》第六十八条规定：犯罪分子有揭发他人犯罪行为，查证属实的，或者提供重要线索，从而得以侦破其他案件等立功表现的，可以从轻或者减轻处罚；有重大立功表现的，可以减轻或者免除处罚。比照《刑法》的规定，立功包括"揭发型"立功和"提供线索型"立功两种。本条也对两种类型均予以了肯定。

根据本条规定，构成立功的条件包括：第一，主体是职务违法犯罪的涉案人员，即需是其本人，职务违法犯罪的涉案人员亲友向有关揭发或者提供重要线索的，不能适用本条规定。立功行为本身是涉案人员认过悔罪的一种表现，是其人身危险性和再犯可能性降低的体现，涉案人员亲友的相关行为不能说明这一点。第二，揭发或者提供重要线索的需为职务违法犯罪行为。本条的这个规定，并非是为了限制职务违法犯罪涉案人员检举、揭发的事项，只是监察机关的职责范围是查处职务违法犯罪案件，因此，如果涉及非职务违法犯罪案件，则是否构成立功则需要由其他机关予以认定。第三，揭发、检举的内容真实，对案件调查有所助益。这是对揭发、检举行为效果的规定。《监察法》中对立功制度的规定，一方面，与我国当前的认罪认罚从宽制度相协调，通过制度上的激励措施鼓励职务违法犯罪涉案人员与有关机关配合，从而有助于职务犯罪的查处；另一方面，也能够有效地瓦解职务违法犯罪阵营，减少因职务犯罪对社会造成的危害和影响。根据《刑事诉讼法》的规定，最终是否从宽处理只能由人民法院依法作出裁决，检察机关有向人民法院提出从宽处罚的建议权。作为职务违法犯罪调查机关的监察机关，有权在向人民检察院移送案件时提出从宽处罚的建议。监察机关提出该项建议，从程序上需要经过监察机关领导人员集体研究，并报请上一级监察机关批准。

《国家监察委员会、最高人民法院、最高人民检察院等关于敦促职务犯罪案件境外在逃人员投案自首的公告》明确：职务犯罪案件境外在逃人员具有揭发他人犯罪行为，查证属实的，或者提供重要线索，从而得以侦破其他案件的，或者有积极协助抓捕其他在逃人员等立功表现的，可以依法从轻或者减轻处罚；有重大立功表现的，可以依法减轻或者免除处罚。

配套法规及解读

《刑法》(2017 年 11 月 4 日修正)

第六十八条 犯罪分子有揭发他人犯罪行为，查证属实的，或者提供重要线索，从而得以侦破其他案件等立功表现的，可以从轻或者减轻处罚；有重大立功表现的，可以减轻或者免除处罚。

※法规解读：本条是对立功行为的规定。《刑法》中的立功包括揭发型立功和提供线索型立功两种。并且从量刑上对立功行为的贡献大小进行了区分。一般立功的，可以从轻或者减轻处罚；有重大立功表现的（是指犯罪分子检举、揭发的他人犯罪，提供侦破其他案件的重要线索，阻止他人的犯罪活动，或者协助司法机关抓捕的其他犯罪嫌疑人，犯罪嫌疑人、被告人依法可能被判处无期徒刑以上刑罚的，应当认定为有重大立功表现。其中，可能被判处无期徒刑以上刑罚，是指根据犯罪行为的事实、情节可能判处无期徒刑以上刑罚。案件已经判决的，以实际判处的刑罚为准。但是，根据犯罪行为的事实、情节应当判处无期徒刑以上刑罚，因被判刑人有法定情节经依法从轻、减轻处罚后判处有期徒刑的，应当认定为重大立功），可以减轻或者免除处罚。

《最高人民法院、最高人民检察院关于办理职务犯罪案件认定自首、立功等量刑情节若干问题的意见》（2009年3月12日）

立功必须是犯罪分子本人实施的行为。为使犯罪分子得到从轻处理，犯罪分子的亲友直接向有关机关揭发他人犯罪行为，提供侦破其他案件的重要线索，或者协助司法机关抓捕其他犯罪嫌疑人的，不应当认定为犯罪分子的立功表现。

据以立功的他人罪行材料应当指明具体犯罪事实；据以立功的线索或者协助行为对于侦破案件或者抓捕犯罪嫌疑人要有实际作用。犯罪分子揭发他人犯罪行为时没有指明具体犯罪事实的；揭发的犯罪事实与查实的犯罪事实不具有关联性的；提供的线索或者协助行为对于其他案件的侦破或者其他犯罪嫌疑人的抓捕不具有实际作用的，不能认定为立功表现。

犯罪分子揭发他人犯罪行为，提供侦破其他案件重要线索的，必须经查证属实，才能认定为立功。审查是否构成立功，不仅要审查办案机关的说明材料，还要审查有关事实和证据以及与案件定性处罚相关的法律文书，如立案决定书、逮捕决定书、侦查终结报告、起诉意见书、起诉书或者判决书等。

据以立功的线索、材料来源有下列情形之一的，不能认定为立功：（1）本人通过非法手段或者非法途径获取的；（2）本人因原担任的查禁犯罪等职务获取的；（3）他人违反监管规定向犯罪分子提供的；（4）负有查禁犯罪活动职责的国家机关工作人员或者其他国家工作人员利用职务便利提供的。

犯罪分子检举、揭发的他人犯罪，提供侦破其他案件的重要线索，阻止他人的犯罪活动，或者协助司法机关抓捕的其他犯罪嫌疑人，犯罪嫌疑人、被告人依法可能被判处无期徒刑以上刑罚的，应当认定为有重大立功表现。其中，可能被判处无期徒刑以上刑罚，是指根据犯罪行为的事实、情节可能判处无期徒刑以上刑罚。案件已经判决的，以实际判处的刑罚为准。但是，根据犯罪行为的事实、情节应当判处无期徒刑以上刑罚，因被判刑人有法定情节经依法从轻、减轻处罚后判处有期徒刑的，应当认定为重大立功。

对于具有立功情节的犯罪分子，应当根据犯罪的事实、性质、情节和对于社会的危害程度，结合立功表现所起作用的大小、所破获案件的罪行轻重、所抓获犯罪嫌疑人可能判处的法定刑以及立功的时机等具体情节，依法决定是否从轻、减轻或者免除处罚以及从轻、减轻处罚的幅度。

※法规解读：前述条文是对职务犯罪中立功行为认定及法律后果的详细规定。职务犯罪中立功行为需要符合：第一，立功必须是犯罪分子本人实施的行为。第二，据以立功的他人罪行材料应当指明具体犯罪事实；据以立功的线索或者协助行为对于侦破案件或者抓捕犯罪嫌疑人要有实际作用。第三，犯罪分子揭发他人犯罪行为，提供侦破其他案件重要线索的，必须经查证属实。同时，排除了四类情况的立功认定。

关联法规索引

《刑法》第68条；《刑事诉讼法》第110、112条；《国家监察委员会、最高人民法院、最高人民检察院等关于敦促职务犯罪案件境外在逃人员投案自首的公告》；《最高人民法院关于贯彻宽严相济刑事政策的若干意见》第18条；《最高人民法院关于处理自首和立功若干具体问题的意见》；《最高人民法院、最高人民检察院、公安部、司法部关于敦促在逃犯罪人员投案自首的通告》四；《最高人民法院、最高人民检察院关于办理行贿刑事案件具体应用法律若干问题的解释》第9条；《人民检察院讯问职务犯罪嫌疑人实行全程同步录音录像的规定》第17条；《行政机关公务员处分条例》；《拘留所条例》第22条；《关于加强和改进人民政协民主监督工作的意见》五（四）；《中国共产党章程》第4条；《中国共产党党员权利保障条例》第19条；《中国共产党纪律处分条例》第17条

第三十三条　【证据】　监察机关依照本法规定收集的物证、书证、证人证言、被调查人供述和辩解、视听资料、电子数据等证据材料，在刑事诉讼中可以作为证据使用。

监察机关在收集、固定、审查、运用证据时，应当与刑事审判关于证据的要求和标准相一致。

以非法方法收集的证据应当依法予以排除，不得作为案件处置的依据。

条文解读

本条共有三款，是对监察机关收集证据材料的效力、证据相关标准和非法证据排

除规则的规定。

本条第一款是对监察机关收集的证据材料的效力的规定。根据本条规定,监察机关依照《监察法》收集的证据材料可以在刑事诉讼中作为证据使用。监察机关是我国进行监察的专责机关,其享有调查权,而非刑事诉讼的侦查权。根据刑事诉讼证据的法律属性要求,其证据收集主体并不符合要求。但是依据本条款的授权性规定,监察机关就取得了收集刑事诉讼中使用的证据材料的主体资格,其依照《监察法》收集的证据材料可以在刑事诉讼中使用。依据《监察法》的规定,监察机关运用专门性的调查手段,可以获取的证据材料包括物证、书证、证人证言、被调查人供述和辩解、视听资料、电子数据等证据材料。即意味着监察机关所收集的证据原则上应当具有《刑事诉讼法》第五十条所规定的法定形式。本款的规定,实现了《监察法》与《刑事诉讼法》的有效衔接,减少了工作环节,提高了职务犯罪追诉和惩治的力度和效率。

本条第二款是对监察机关证据使用要求和标准的规定。按照此项原则,对监察机关收集证据工作提出了较高的要求。刑事审判的要求是针对刑事案件的要求,因此,通常情况下,一般违法行为的查处证据材料要求会低些。但是根据本条款的规定,监察机关办理案件,无论是职务违法案件还是职务犯罪案件,均需要按照刑事审判的证据要求和标准进行。2014 年 10 月《中共中央关于全面推进依法治国若干重大问题的决定》明确提出, 推进以审判为中心的诉讼制度改革,确保侦查、审查起诉的案件事实证据经得起法律的检验。监察机关在查处职务违法犯罪案件的过程中,在收集、固定、审查、运用证据时,与刑事审判关于证据的要求和标准相一致,即充分体现以审判为中心的刑事诉讼改革精神。同时也为《监察法》与《刑事诉讼法》的有效衔接提供了贯通的桥梁和纽带。

非法证据不得在诉讼中使用,已经成为三大诉讼的共识。即便是在行政案件的调查过程中也严禁使用非法证据。这一方面体现了我国法治对于个人权利的尊重和保护,另一方面也是对公权力机关行使职权的监督和制约。

本条第三款体现了监察执法执纪过程中对于非法证据的否定立场,明确规定,非法证据应当排除,不得作为案件处置的依据。

配套法规及解读

《刑事诉讼法》(2018 年 10 月 26 日修正)

第五十四条 人民法院、人民检察院和公安机关有权向有关单位和个人收集、调取证据。有关单位和个人应当如实提供证据。

行政机关在行政执法和查办案件过程中收集的物证、书证、视听资料、电子数据等证据材料,在刑事诉讼中可以作为证据使用。

对涉及国家秘密、商业秘密、个人隐私的证据,应当保密。

凡是伪造证据、隐匿证据或者毁灭证据的,无论属于何方,必须受法律追究。

※法规解读:本条共有四款,规定了收集证据的主体、对象及妨碍取证的法律责任。

根据本条第一款规定,在刑事诉讼中,为了查明案件真实情况,人民法院、人民检察院和公安机关有权向有关单位和个人收集、调取证据。有关单位和个人应当如实提供证据。根据有关规定,辩护律师有权自行取证或者申请人民检察院、人民法院调查取证。只有公安司法人员和律师才有权收集证据,其他任何机关、企事业单位、人民团体和公民个人,都无权收集和调取证据。

根据本条第三款规定,有些证据涉及国家秘密,为了维护国家利益和公共利益,对这类证据应当保密;同时,为满足实际需要,对涉及"商业秘密"和"个人隐私"的证据也作了保密性规定。

为了保障刑事诉讼的顺利进行,严惩妨碍诉讼的行为,本条第四款规定,对伪造证据、隐匿证据或者毁灭证据的所有行为人,都应依法追究法律责任。

本条第二款的立法目的在于明确行政执法机关在执法过程中所收集的物证、书证、视听资料、电子证据等证据材料的证据能力,以解决这一长期困扰司法实践的疑难问题。据此,行政执法机关在行政执法过程中所收集的物证、书证等证据材料自始即具有证据能力,无须再经过所谓证据"转化"即可在刑事诉讼中作为证据使用。

第五十六条 采用刑讯逼供等非法方法收集的犯罪嫌疑人、被告人供述和采用暴力、威胁等非法方法收集的证人证言、被害人陈述,应当予以排除。收集物证、书证不符合法定程序,可能严重影响司法公正的,应当予以补正或者作出合理解释;不能补正或者作出合理解释的,对该证据应当予以排除。

在侦查、审查起诉、审判时发现有应当排除的证据的,应当依法予以排除,不得作为起诉意见、起诉决定和判决的依据。

※法规解读:本条规定确立了刑事诉讼中的非法证据排除规则。

本条第一款是对刑事诉讼中非法证据排除范围的规定。根据该条款规定,刑事诉讼中的非法证据包括非法言词证据和非法实物证据两类。刑事诉讼中非法言词证据的范围包括采用刑讯逼供等非法方法取得的犯罪嫌疑人、被告人供述和采用暴力、威胁等非法方法取得的证人证言、被害人陈述。非法实物证据是指在收集物证、书证这样的实物证据时,存在违反法定程序取证的情形,达到严重影响司法公正的程度,且不能对该不合法行为予以补正或者作出合理解释,应当予以排除的物证、书证。

值得注意的是,就"排除"而论,对于非法言词证据应绝对排除,不存在例外规定;而对于非法实物证据,则应实行裁量排除。另外,需要注意的是,《监察法》中对于非法证据排除的规定，并未对非法言词证据和非法实物证据进行区分，全都采用的是绝对排除的立场。

本条第二款是对非法证据排除效力的规定，确定只要发现应当排除的证据的，必须依法予以排除，各专门机关不能将其作为起诉意见、起诉决定和判决等相应文书的依据。该款事实上明确了非法证据排除规则适用于整个刑事追诉程序的立场。

第五十七条 人民检察院接到报案、控告、举报或者发现侦查人员以非法方法收集证据的，应当进行调查核实。对于确有以非法方法收集证据情形的，应当提出纠正意见；构成犯罪的，依法追究刑事责任。

※法规解读：基于检察机关的法律监督地位，本条规定从立法上赋予了其调查、核实、排除非法证据的职责。

人民检察院发现侦查人员采用非法方法收集证据的途径是多种多样的，可以是报案、控告、举报或者在日常监督检察过程中发现的。人民检察院发现侦查人员的采用非法方法收集证据的线索后，应当着手进行调查和核实，查证属实的，应当向侦查机关提出纠正意见，敦促其改正。对于其中情节严重，构成犯罪的，依法追究行为人的刑事责任。

第五十八条 法庭审理过程中，审判人员认为可能存在本法第五十六条规定的以非法方法收集证据情形的，应当对证据收集的合法性进行法庭调查。

当事人及其辩护人、诉讼代理人有权申请人民法院对以非法方法收集的证据依法予以排除。申请排除以非法方法收集的证据的，应当提供相关线索或者材料。

※法规解读：本条共有两款，规定了审判阶段启动非法证据调查程序的方式。

在法庭审理过程中，人民法院对于非法证据的调查有两种方式：

一是审判人员依职权调查，即审判人员认为可能存在本法第五十六条规定的以非法方法收集证据的情形的，应当主动启动程序对证据收集的合法性进行调查；二是依申请而为的调查，即辩护人在开庭审理前或者庭审中，提出被告人审判前供述是非法取得的，法庭在公诉人宣读起诉书之后，应当进行当庭调查。

本条第二款赋予了当事人及其辩护人、诉讼代理人排除非法证据申请权及附随义务。根据本条款规定，当事人及其辩护人、诉讼代理人享有向人民法院提出排除非法证据的申请权。但是该项申请权同时附随了一项提供线索或者材料的义务。但需要注意的是，由于在刑讯逼供等非法取证案件中辩方举证的困难性，辩方抗辩时无须承担举证责任，仅需通过陈述意见、提供线索或材料等方式，起到初始证明推动作用即可。

第五十九条 在对证据收集的合法性进行法庭调查的过程中，人民检察院应当对证据收集的合法性加以证明。

现有证据材料不能证明证据收集的合法性的，人民检察院可以提请人民法院通知有关侦查人员或者其他人员出庭说明情况；人民法院可以通知有关侦查人员或者其他人员出庭说明情况。有关侦查人员或者其他人员也可以要求出庭说明情况。经人民法院通知，有关人员应当出庭。

※法规解读：本条共有两款，规定了人民检察院对证据收集合法性的证明责任。

根据本条第一款的规定，人民检察院承担证明证据收集合法的举证责任，而被告方仅需提出抗辩，尽到学者所谓的“争点形成责任”义务即可，而由检察机关承担证明其证据收集合法的举证责任。为此，本条同步建立了侦查人员或者其他人员出庭作证制度。

在刑事诉讼证明活动中，人民检察院作为公诉机关，是诉讼程序的启动者，是要求法院作出判决的人，所以，它应该向法院提供证据支持其要求和主张；同时，由于检察机关已经做好了起诉准备，处于举证的便利地位，承担证明责任亦顺理成章。

本条第二款是关于侦查人员或者其他人员出庭说明情况的规定。与前款相联系，当人民检察院运用现有证据材料不能证明证据收集合法性问题时，就可以提请人民法院传召在侦查程序收集相关证据的人员，包括侦查人员和其他人员出庭说明情况。有关侦查人员或者其他人员遇到上述情况，也可以主动要求出庭说明情况。一经人民法院通知，侦查人员和其他相关人员就有出庭作证的义务。

第六十条 对于经过法庭审理，确认或者不能排除存在本法第五十六条规定的以非法方法收集证据情形的，对有关证据应当予以排除。

※法规解读：本条规定了非法证据的排除程序及证明标准。

在刑事诉讼中，检察机关不仅要承担证明证据收集合法的举证责任，而且应当证明至“证据确实、充分，事实清楚，能够排除合理怀疑”的程度。本条所谓“不能排除存在本法第五十六条规定的以非法方法收集证据情形的”，意指承担举证责任的检察机关未能举证达到“排除合理怀疑”的证明标准，此时将认定有关证据为非法证据，并予以排除。

《最高人民法院、最高人民检察院、公安部、国家安全部、司法部关于办理刑事案件排除非法证据若干问题的规定》(2010 年 6 月 13 日)

第一条 采用刑讯逼供等非法手段取得的犯罪嫌疑人、被告人供述和采用暴力、威胁等非法手段取得的证人证言、被害人陈述，属于非法言词证据。

第二条 经依法确认的非法言词证据，应当予以排除，不能作为定案的根据。

※法规解读：上述条文对非法言词证据的内涵和外延进行了界定，统一了司法实践中具体认定非法言词证据的标准，同时确定了应对非法言词证据予以排除的规则。根据该规则要求，凡是通过非法程序或手段，包括刑讯逼供取得的证人证言、被害人陈

述、被告人供述，均应予以排除，不能作为定案的根据。非法言词证据排除规则的宗旨在于限制、防止国家滥用权力，保证公民权利不受侵犯。它体现了强调程序公正的价值观念。

《最高人民法院、最高人民检察院、公安部、国家安全部、司法部关于办理刑事案件严格排除非法证据若干问题的规定》（2017年6月20日）

为准确惩罚犯罪，切实保障人权，规范司法行为，促进司法公正，根据《刑事诉讼法》及有关司法解释等规定，结合司法实际，制定如下规定。

一、一般规定

第一条 严禁刑讯逼供和以威胁、引诱、欺骗以及其他非法方法收集证据，不得强迫任何人证实自己有罪。对一切案件的判处都要重证据，重调查研究，不轻信口供。

第二条 采取殴打、违法使用戒具等暴力方法或者变相肉刑的恶劣手段，使犯罪嫌疑人、被告人遭受难以忍受的痛苦而违背意愿作出的供述，应当予以排除。

第三条 采用以暴力或者严重损害本人及其近亲属合法权益等进行威胁的方法，使犯罪嫌疑人、被告人遭受难以忍受的痛苦而违背意愿作出的供述，应当予以排除。

第四条 采用非法拘禁等非法限制人身自由的方法收集的犯罪嫌疑人、被告人供述，应当予以排除。

第五条 采用刑讯逼供方法使犯罪嫌疑人、被告人作出供述，之后犯罪嫌疑人、被告人受该刑讯逼供行为影响而作出的与该供述相同的重复性供述，应当一并排除，但下列情形除外：

（一）侦查期间，根据控告、举报或者自己发现等，侦查机关确认或者不能排除以非法方法收集证据而更换侦查人员，其他侦查人员再次讯问时告知诉讼权利和认罪的法律后果，犯罪嫌疑人自愿供述的；

（二）审查逮捕、审查起诉和审判期间，检察人员、审判人员讯问时告知诉讼权利和认罪的法律后果，犯罪嫌疑人、被告人自愿供述的。

第六条 采用暴力、威胁以及非法限制人身自由等非法方法收集的证人证言、被害人陈述，应当予以排除。

第七条 收集物证、书证不符合法定程序，可能严重影响司法公正的，应当予以补正或者作出合理解释；不能补正或者作出合理解释的，对有关证据应当予以排除。

二、侦查

第八条 侦查机关应当依照法定程序开展侦查，收集、调取能够证实犯罪嫌疑人有罪或者无罪、罪轻或者罪重的证据材料。

第九条 拘留、逮捕犯罪嫌疑人后，应当按照法律规定送看守所羁押。犯罪嫌疑人被送交看守所羁押后，讯问应当在看守所讯问室进行。因客观原因侦查机关在看守所讯问室以外的场所进行讯问的，应当作出合理解释。

第十条 侦查人员在讯问犯罪嫌疑人的时候，可以对讯问过程进行录音录像；对于可能判处无期徒刑、死刑的案件或者其他重大犯罪案件，应当对讯问过程进行录音录像。

侦查人员应当告知犯罪嫌疑人对讯问过程录音录像，并在讯问笔录中写明。

第十一条 对讯问过程录音录像，应当不间断进行，保持完整性，不得选择性地录制，不得剪接、删改。

第十二条 侦查人员讯问犯罪嫌疑人，应当依法制作讯问笔录。讯问笔录应当交犯罪嫌疑人核对，对于没有阅读能力的，应当向他宣读。对讯问笔录中有遗漏或者差错等情形，犯罪嫌疑人可以提出补充或者改正。

第十三条 看守所应当对提讯进行登记，写明提讯单位、人员、事由、起止时间以及犯罪嫌疑人姓名等情况。

看守所收押犯罪嫌疑人，应当进行身体检查。检查时，人民检察院驻看守所检察人员可以在场。检查发现犯罪嫌疑人有伤或者身体异常的，看守所应当拍照或者录像，分别由送押人员、犯罪嫌疑人说明原因，并在体检记录中写明，由送押人员、收押人员和犯罪嫌疑人签字确认。

第十四条 犯罪嫌疑人及其辩护人在侦查期间可以向人民检察院申请排除非法证据。对犯罪嫌疑人及其辩护人提供相关线索或者材料的，人民检察院应当调查核实。调查结论应当书面告知犯罪嫌疑人及其辩护人。对确有以非法方法收集证据情形的，人民检察院应当向侦查机关提出纠正意见。

侦查机关对审查认定的非法证据，应当予以排除，不得作为提请批准逮捕、移送审查起诉的根据。

对重大案件，人民检察院驻看守所检察人员应当在侦查终结前询问犯罪嫌疑人，核查是否存在刑讯逼供、非法取证情形，并同步录音录像。经核查，确有刑讯逼供、非法取证情形的，侦查机关应当及时排除非法证据，不得作为提请批准逮捕、移送审查起诉的根据。

第十五条 对侦查终结的案件，侦查机关应当全面审查证明证据收集合法性的证据材料，依法排除非法证据。排除非法证据后，证据不足的，不得移送审查起诉。

侦查机关发现办案人员非法取证的，应当依法作出处理，并可另行指派侦查人员重新调查取证。

三、审查逮捕、审查起诉

第十六条 审查逮捕、审查起诉期间讯问犯罪嫌疑人，应当告知其有权申请排除非法证据,并告知诉讼权利和认罪的法律后果。

第十七条 审查逮捕、审查起诉期间,犯罪嫌疑人及其辩护人申请排除非法证据,并提供相关线索或者材料的,人民检察院应当调查核实。调查结论应当书面告知犯罪嫌疑人及其辩护人。

人民检察院在审查起诉期间发现侦查人员以刑讯逼供等非法方法收集证据的,应当依法排除相关证据并提出纠正意见,必要时人民检察院可以自行调查取证。

人民检察院对审查认定的非法证据,应当予以排除,不得作为批准或者决定逮捕、提起公诉的根据。被排除的非法证据应当随案移送,并写明为依法排除的非法证据。

第十八条 人民检察院依法排除非法证据后,证据不足,不符合逮捕、起诉条件的,不得批准或者决定逮捕、提起公诉。

对于人民检察院排除有关证据导致对涉嫌的重要犯罪事实未予认定,从而作出不批准逮捕、不起诉决定,或者对涉嫌的部分重要犯罪事实决定不起诉的,公安机关、国家安全机关可要求复议、提请复核。

四、辩护

第十九条 犯罪嫌疑人、被告人申请提供法律援助的,应当按照有关规定指派法律援助律师。

法律援助值班律师可以为犯罪嫌疑人、被告人提供法律帮助,对刑讯逼供、非法取证情形代理申诉、控告。

第二十条 犯罪嫌疑人、被告人及其辩护人申请排除非法证据,应当提供涉嫌非法取证的人员、时间、地点、方式、内容等相关线索或者材料。

第二十一条 辩护律师自人民检察院对案件审查起诉之日起,可以查阅、摘抄、复制讯问笔录、提讯登记、采取强制措施或者侦查措施的法律文书等证据材料。其他辩护人经人民法院、人民检察院许可,也可以查阅、摘抄、复制上述证据材料。

第二十二条 犯罪嫌疑人、被告人及其辩护人向人民法院、人民检察院申请调取公安机关、国家安全机关、人民检察院收集但未提交的讯问录音录像、体检记录等证据材料,人民法院、人民检察院经审查认为犯罪嫌疑人、被告人及其辩护人申请调取的证据材料与证明证据收集的合法性有联系的,应当予以调取;认为与证明证据收集的合法性没有联系的,应当决定不予调取并向犯罪嫌疑人、被告人及其辩护人说明理由。

五、审判

第二十三条 人民法院向被告人及其辩护人送达起诉书副本时,应当告知其有权申请排除非法证据。

被告人及其辩护人申请排除非法证据,应当在开庭审理前提出,但在庭审期间发现相关线索或者材料等情形除外。人民法院应当在开庭审理前将申请书和相关线索或者材料的复制件送交人民检察院。

第二十四条 被告人及其辩护人在开庭审理前申请排除非法证据,未提供相关线索或者材料,不符合法律规定的申请条件的,人民法院对申请不予受理。

第二十五条 被告人及其辩护人在开庭审理前申请排除非法证据,按照法律规定提供相关线索或者材料的,人民法院应当召开庭前会议。人民检察院应当通过出示有关证据材料等方式,有针对性地对证据收集的合法性作出说明。人民法院可以核实情况,听取意见。

人民检察院可以决定撤回有关证据,撤回的证据,没有新的理由,不得在庭审中出示。

被告人及其辩护人可以撤回排除非法证据的申请。撤回申请后,没有新的线索或者材料,不得再次对有关证据提出排除申请。

第二十六条 公诉人、被告人及其辩护人在庭前会议中对证据收集是否合法未达成一致意见,人民法院对证据收集的合法性有疑问的,应当在庭审中进行调查;人民法院对证据收集的合法性没有疑问,且没有新的线索或者材料表明可能存在非法取证的,可以决定不再进行调查。

第二十七条 被告人及其辩护人申请人民法院通知侦查人员或者其他人员出庭,人民法院认为现有证据材料不能证明证据收集的合法性,确有必要通知上述人员出庭作证或者说明情况的,可以通知上述人员出庭。

第二十八条 公诉人宣读起诉书后,法庭应当宣布开庭审理前对证据收集合法性的审查及处理情况。

第二十九条 被告人及其辩护人在开庭审理前未申请排除非法证据,在法庭审理过程中提出申请的,应当说明理由。

对前述情形,法庭经审查,对证据收集的合法性有疑问的,应当进行调查;没有疑问的,应当驳回申请。

法庭驳回排除非法证据申请后,被告人及其辩护人没有新的线索或者材料,以相同理由再次提出申请的,法庭不再审查。

第三十条 庭审期间,法庭决定对证据收集的合法性进行调查的,应当先行当庭调查。但为防止庭审过分迟延,也可以在法庭调查结束前进行调查。

第三十一条 公诉人对证据收集的合法性加以证明,可以出示讯问笔录、提讯登记、体检记录、采取强制措施或者侦查措施的法律文书、侦查终结前对讯问合法性的核查材料等证据材料,有针对性地播放讯问录音录像,提请法庭通知侦查人员或者其他人员出庭说明情况。

被告人及其辩护人可以出示相关线索或者材料，并申请法庭播放特定时段的讯问录音录像。

侦查人员或者其他人员出庭，应当向法庭说明证据收集过程，并就相关情况接受发问。对发问方式不当或者内容与证据收集的合法性无关的，法庭应当制止。

公诉人、被告人及其辩护人可以对证据收集的合法性进行质证、辩论。

第三十二条 法庭对控辩双方提供的证据有疑问的，可以宣布休庭，对证据进行调查核实。必要时，可以通知公诉人、辩护人到场。

第三十三条 法庭对证据收集的合法性进行调查后，应当当庭作出是否排除有关证据的决定。必要时，可以宣布休庭，由合议庭评议或者提交审判委员会讨论，再次开庭时宣布决定。

在法庭作出是否排除有关证据的决定前，不得对有关证据宣读、质证。

第三十四条 经法庭审理，确认存在本规定所规定的以非法方法收集证据情形的，对有关证据应当予以排除。法庭根据相关线索或者材料对证据收集的合法性有疑问，而人民检察院未提供证据或者提供的证据不能证明证据收集的合法性，不能排除存在本规定所规定的以非法方法收集证据情形的，对有关证据应当予以排除。

对依法予以排除的证据，不得宣读、质证，不得作为判决的根据。

第三十五条 人民法院排除非法证据后，案件事实清楚，证据确实、充分，依据法律认定被告人有罪的，应当作出有罪判决；证据不足，不能认定被告人有罪的，应当作出证据不足、指控的犯罪不能成立的无罪判决；案件部分事实清楚，证据确实、充分的，依法认定该部分事实。

第三十六条 人民法院对证据收集合法性的审查、调查结论，应当在裁判文书中写明，并说明理由。

第三十七条 人民法院对证人证言、被害人陈述等证据收集合法性的审查、调查，参照上述规定。

第三十八条 人民检察院、被告人及其法定代理人提出抗诉、上诉，对第一审人民法院有关证据收集合法性的审查、调查结论提出异议的，第二审人民法院应当审查。

被告人及其辩护人在第一审程序中未申请排除非法证据，在第二审程序中提出申请的，应当说明理由。第二审人民法院应当审查。

人民检察院在第一审程序中未出示证据证明证据收集的合法性，第一审人民法院依法排除有关证据的，人民检察院在第二审程序中不得出示之前未出示的证据，但在第一审程序后发现的除外。

第三十九条 第二审人民法院对证据收集合法性的调查，参照上述第一审程序的规定。

第四十条 第一审人民法院对被告人及其辩护人排除非法证据的申请未予审查，并以有关证据作为定案根据，可能影响公正审判的，第二审人民法院可以裁定撤销原判，发回原审人民法院重新审判。

第一审人民法院对依法应当排除的非法证据未予排除的，第二审人民法院可以依法排除非法证据。排除非法证据后，原判决认定事实和适用法律正确、量刑适当的，应当裁定驳回上诉或者抗诉，维持原判；原判决认定事实没有错误，但适用法律有错误，或者量刑不当的，应当改判；原判决事实不清楚或者证据不足的，可以裁定撤销原判，发回原审人民法院重新审判。

第四十一条 审判监督程序、死刑复核程序中对证据收集合法性的审查、调查，参照上述规定。

第四十二条 本规定自2017年6月27日起施行。

※法规解读：上述规定是在刑事诉讼中非法证据排除规则基础上的细化。进一步统一和严格规范对于“非法方法”的理解和适用，首次规定了重复供述的排除规则，进一步加强了对被追诉人权利的保障力度和程度。《规定》配合刑事诉讼法的要求，重申和强化了相关规则的效力及违反的法律后果、专门机关在刑事诉讼各个阶段排除非法证据的职责和工作程序。《规定》的出台，是我国非法证据排除规则的新发展。

《人民法院办理刑事案件排除非法证据规程（试行）》（2017年11月27日）

为贯彻落实最高人民法院、最高人民检察院、公安部、国家安全部、司法部《关于推进以审判为中心的刑事诉讼制度改革的意见》和《关于办理刑事案件严格排除非法证据若干问题的规定》，规范非法证据排除程序，准确惩罚犯罪，切实保障人权，有效防范冤假错案，根据法律规定，结合司法实际，制定本规程。

第一条 采用下列非法方法收集的被告人供述，应当予以排除：

（一）采用殴打、违法使用戒具等暴力方法或者变相肉刑的恶劣手段，使被告人遭受难以忍受的痛苦而违背意愿作出的供述；

（二）采用以暴力或者严重损害本人及其近亲属合法权益等进行威胁的方法，使被告人遭受难以忍受的痛苦而违背意愿作出的供述；

（三）采用非法拘禁等非法限制人身自由的方法收集的被告人供述。

采用刑讯逼供方法使被告人作出供述，之后被告人受该刑讯逼供行为影响而作出的与该供述相同的重复性供述，应当一并排除，但下列情形除外：

（一）侦查期间，根据控告、举报或者自己发现等，侦查机关确认或者不能排除以非法方法收集证据而更换侦查人员，其他侦查人员再次讯问时告知诉讼权利和认罪的法

律后果,被告人自愿供述的;

(二)审查逮捕、审查起诉和审判期间,检察人员、审判人员讯问时告知诉讼权利和认罪的法律后果,被告人自愿供述的。

第二条 采用暴力、威胁以及非法限制人身自由等非法方法收集的证人证言、被害人陈述,应当予以排除。

第三条 采用非法搜查、扣押等违反法定程序的方法收集物证、书证,可能严重影响司法公正的,应当予以补正或者作出合理解释;不能补正或者作出合理解释的,对有关证据应当予以排除。

第四条 依法予以排除的非法证据,不得宣读、质证,不得作为定案的根据。

第五条 被告人及其辩护人申请排除非法证据,应当提供相关线索或者材料。"线索"是指内容具体、指向明确的涉嫌非法取证的人员、时间、地点、方式等;"材料"是指能够反映非法取证的伤情照片、体检记录、医院病历、讯问笔录、讯问录音录像或者同监室人员的证言等。

被告人及其辩护人申请排除非法证据,应当向人民法院提交书面申请。被告人书写确有困难的,可以口头提出申请,但应当记录在案,并由被告人签名或者捺印。

第六条 证据收集合法性的举证责任由人民检察院承担。

人民检察院未提供证据,或者提供的证据不能证明证据收集的合法性,经过法庭审理,确认或者不能排除以非法方法收集证据情形的,对有关证据应当予以排除。

第七条 开庭审理前,承办法官应当阅卷,并对证据收集的合法性进行审查:

(一)被告人在侦查、审查起诉阶段是否提出排除非法证据申请;提出申请的,是否提供相关线索或者材料;

(二)侦查机关、人民检察院是否对证据收集的合法性进行调查核实;调查核实的,是否作出调查结论;

(三)对于重大案件,人民检察院驻看守所检察人员在侦查终结前是否核查讯问的合法性,是否对核查过程同步录音录像;进行核查的,是否作出核查结论;

(四)对于人民检察院在审查逮捕、审查起诉阶段排除的非法证据,是否随案移送并写明为依法排除的非法证据。

人民法院对证据收集的合法性进行审查后,认为需要补充证据材料的,应当通知人民检察院在三日内补送。

第八条 人民法院向被告人及其辩护人送达起诉书副本时,应当告知其有权在开庭审理前申请排除非法证据并同时提供相关线索或者材料。上述情况应当记录在案。

被告人申请排除非法证据，但没有辩护人的，人民法院应当通知法律援助机构指派律师为其提供辩护。

第九条　被告人及其辩护人申请排除非法证据，应当在开庭审理前提出，但在庭审期间发现相关线索或者材料等情形除外。

第十条　被告人及其辩护人申请排除非法证据，并提供相关线索或者材料的，人民法院应当召开庭前会议，并在召开庭前会议三日前将申请书和相关线索或者材料的复制件送交人民检察院。

被告人及其辩护人申请排除非法证据，未提供相关线索或者材料的，人民法院应当告知其补充提交。被告人及其辩护人未能补充的，人民法院对申请不予受理，并在开庭审理前告知被告人及其辩护人。上述情况应当记录在案。

第十一条　对于可能判处无期徒刑、死刑或者黑社会性质组织犯罪、严重毒品犯罪等重大案件，被告人在驻看守所检察人员对讯问的合法性进行核查询问时，明确表示侦查阶段没有刑讯逼供等非法取证情形，在审判阶段又提出排除非法证据申请的，应当说明理由。人民法院经审查对证据收集的合法性没有疑问的，可以驳回申请。

驻看守所检察人员在重大案件侦查终结前未对讯问的合法性进行核查询问，或者未对核查询问过程全程同步录音录像，被告人及其辩护人在审判阶段提出排除非法证据申请，提供相关线索或者材料，人民法院对证据收集的合法性有疑问的，应当依法进行调查。

第十二条　在庭前会议中，人民法院对证据收集的合法性进行审查的，一般按照以下步骤进行：

（一）被告人及其辩护人说明排除非法证据的申请及相关线索或者材料；

（二）公诉人提供证明证据收集合法性的证据材料；

（三）控辩双方对证据收集的合法性发表意见；

（四）控辩双方对证据收集的合法性未达成一致意见的，审判人员归纳争议焦点。

第十三条　在庭前会议中，人民检察院应当通过出示有关证据材料等方式，有针对性地对证据收集的合法性作出说明。人民法院可以对有关材料进行核实，经控辩双方申请，可以有针对性地播放讯问录音录像。

第十四条　在庭前会议中，人民检察院可以撤回有关证据。撤回的证据，没有新的理由，不得在庭审中出示。

被告人及其辩护人可以撤回排除非法证据的申请。撤回申请后，没有新的线索或者材料，不得再次对有关证据提出排除申请。

第十五条 控辩双方在庭前会议中对证据收集的合法性达成一致意见的，法庭应当在庭审中向控辩双方核实并当庭予以确认。对于一方在庭审中反悔的，除有正当理由外，法庭一般不再进行审查。

控辩双方在庭前会议中对证据收集的合法性未达成一致意见，人民法院应当在庭审中进行调查，但公诉人提供的相关证据材料确实、充分，能够排除非法取证情形，且没有新的线索或者材料表明可能存在非法取证的，庭审调查举证、质证可以简化。

第十六条 审判人员应当在庭前会议报告中说明证据收集合法性的审查情况，主要包括控辩双方的争议焦点以及就相关事项达成的一致意见等内容。

第十七条 被告人及其辩护人在开庭审理前未申请排除非法证据，在庭审过程中提出申请的，应当说明理由。人民法院经审查，对证据收集的合法性有疑问的，应当进行调查；没有疑问的，应当驳回申请。

人民法院驳回排除非法证据的申请后，被告人及其辩护人没有新的线索或者材料，以相同理由再次提出申请的，人民法院不再审查。

第十八条 人民法院决定对证据收集的合法性进行法庭调查的，应当先行当庭调查。对于被申请排除的证据和其他犯罪事实没有关联等情形，为防止庭审过分迟延，可以先调查其他犯罪事实，再对证据收集的合法性进行调查。

在对证据收集合法性的法庭调查程序结束前，不得对有关证据宣读、质证。

第十九条 法庭决定对证据收集的合法性进行调查的，一般按照以下步骤进行：

（一）召开庭前会议的案件，法庭应当在宣读起诉书后，宣布庭前会议中对证据收集合法性的审查情况，以及控辩双方的争议焦点；

（二）被告人及其辩护人说明排除非法证据的申请及相关线索或者材料；

（三）公诉人出示证明证据收集合法性的证据材料，被告人及其辩护人可以对相关证据进行质证，经审判长准许，公诉人、辩护人可以向出庭的侦查人员或者其他人员发问；

（四）控辩双方对证据收集的合法性进行辩论。

第二十条 公诉人对证据收集的合法性加以证明，可以出示讯问笔录、提讯登记、体检记录、采取强制措施或者侦查措施的法律文书、侦查终结前对讯问合法性的核查材料等证据材料，也可以针对被告人及其辩护人提出异议的讯问时段播放讯问录音录像，提请法庭通知侦查人员或者其他人员出庭说明情况。不得以侦查人员签名并加盖公章的说明材料替代侦查人员出庭。

庭审中，公诉人当庭不能举证或者为提供新的证据需要补充侦查，建议延期审理的，法庭可以同意。

第二十一条　被告人及其辩护人可以出示相关线索或者材料，并申请法庭播放特定讯问时段的讯问录音录像。

被告人及其辩护人向人民法院申请调取侦查机关、人民检察院收集但未提交的讯问录音录像、体检记录等证据材料，人民法院经审查认为该证据材料与证据收集的合法性有关的，应当予以调取；认为与证据收集的合法性无关的，应当决定不予调取，并向被告人及其辩护人说明理由。

被告人及其辩护人申请人民法院通知侦查人员或者其他人员出庭说明情况，人民法院认为确有必要的，可以通知上述人员出庭。

第二十二条　法庭对证据收集的合法性进行调查的，应当重视对讯问录音录像的审查，重点审查以下内容：

（一）讯问录音录像是否依法制作。对于可能判处无期徒刑、死刑的案件或者其他重大犯罪案件，是否对讯问过程进行录音录像；

（二）讯问录音录像是否完整。是否对每一次讯问过程录音录像，录音录像是否全程不间断进行，是否有选择性录制、剪接、删改等情形；

（三）讯问录音录像是否同步制作。录音录像是否自讯问开始时制作，至犯罪嫌疑人核对讯问笔录、签字确认后结束；讯问笔录记载的起止时间是否与讯问录音录像反映的起止时间一致；

（四）讯问录音录像与讯问笔录的内容是否存在差异。对与定罪量刑有关的内容，讯问笔录记载的内容与讯问录音录像是否存在实质性差异，存在实质性差异的，以讯问录音录像为准。

第二十三条　侦查人员或者其他人员出庭的，应当向法庭说明证据收集过程，并就相关情况接受发问。对发问方式不当或者内容与证据收集的合法性无关的，法庭应当制止。

经人民法院通知，侦查人员不出庭说明情况，不能排除以非法方法收集证据情形的，对有关证据应当予以排除。

第二十四条　人民法院对控辩双方提供的证据来源、内容等有疑问的，可以告知控辩双方补充证据或者作出说明；必要时，可以宣布休庭，对证据进行调查核实。法庭调查核实证据，可以通知控辩双方到场，并将核实过程记录在案。

对于控辩双方补充的和法庭庭外调查核实取得的证据，未经当庭出示、质证等法庭调查程序查证属实，不得作为证明证据收集合法性的根据。

第二十五条　人民法院对证据收集的合法性进行调查后，应当当庭作出是否排除有关证据的决定。必要时，可以宣布休庭，由合议庭评议或者提交审判委员会讨论，再次开庭时宣布决定。

第二十六条 经法庭审理，具有下列情形之一的，对有关证据应当予以排除：

（一）确认以非法方法收集证据的；

（二）应当对讯问过程录音录像的案件没有提供讯问录音录像，或者讯问录音录像存在选择性录制、剪接、删改等情形，现有证据不能排除以非法方法收集证据的；

（三）侦查机关除紧急情况外没有在规定的办案场所讯问，现有证据不能排除以非法方法收集证据的；

（四）驻看守所检察人员在重大案件侦查终结前未对讯问合法性进行核查，或者未对核查过程同步录音录像，或者录音录像存在选择性录制、剪接、删改等情形，现有证据不能排除以非法方法收集证据的；

（五）其他不能排除存在以非法方法收集证据的。

第二十七条 人民法院对证人证言、被害人陈述、物证、书证等证据收集合法性的审查、调查程序，参照上述规定。

第二十八条 人民法院对证据收集合法性的审查、调查结论，应当在裁判文书中写明，并说明理由。

第二十九条 人民检察院、被告人及其法定代理人提出抗诉、上诉，对第一审人民法院有关证据收集合法性的审查、调查结论提出异议的，第二审人民法院应当审查。

第三十条 被告人及其辩护人在第一审程序中未提出排除非法证据的申请，在第二审程序中提出申请，有下列情形之一的，第二审人民法院应当审查：

（一）第一审人民法院没有依法告知被告人申请排除非法证据的权利的；

（二）被告人及其辩护人在第一审庭审后发现涉嫌非法取证的相关线索或者材料的。

第三十一条 人民检察院应当在第一审程序中全面出示证明证据收集合法性的证据材料。

人民检察院在第一审程序中未出示证明证据收集合法性的证据，第一审人民法院依法排除有关证据的，人民检察院在第二审程序中不得出示之前未出示的证据，但在第一审程序后发现的除外。

第三十二条 第二审人民法院对证据收集合法性的调查，参照上述第一审程序的规定。

第三十三条 第一审人民法院对被告人及其辩护人排除非法证据的申请未予审查，并以有关证据作为定案的根据，可能影响公正审判的，第二审人民法院应当裁定撤销原判，发回原审人民法院重新审判。

第三十四条 第一审人民法院对依法应当排除的非法证据未予排除的，第二审人民法院可以依法排除相关证据。排除非法证据后，应当按照下列情形分别作出处理：

（一）原判决认定事实和适用法律正确、量刑适当的，应当裁定驳回上诉或者抗诉，维持原判；

（二）原判决认定事实没有错误，但适用法律有错误，或者量刑不当的，应当改判；

（三）原判决事实不清或者证据不足的，可以在查清事实后改判；也可以裁定撤销原判，发回原审人民法院重新审判。

第三十五条 审判监督程序、死刑复核程序中对证据收集合法性的审查、调查，参照上述规定。

第三十六条 本规程自2018年1月1日起试行。

※法规解读：上述规程是为贯彻落实最高人民法院、最高人民检察院、公安部、国家安全部、司法部《关于推进以审判为中心的刑事诉讼制度改革的意见》和《关于办理刑事案件严格排除非法证据若干问题的规定》，深入推进以审判为中心的刑事诉讼制度改革，加强庭审实质化，最高人民法院制定的“三项规程”[1]之一。该规程重点针对非法证据排除程序适用中存在的启动难、证明难、认定难、排除难等问题，进一步明确了人民法院审查和排除非法证据的具体规则和程序。

关联法规索引

《人民检察院刑事诉讼规则（试行）》第65～67、72条；《最高人民法院关于适用〈中华人民共和国刑事诉讼法〉的解释》第101～103条；《最高人民法院、最高人民检察院、公安部关于办理刑事案件收集提取和审查判断电子数据若干问题的规定》第22～28条；《最高人民检察院关于切实履行检察职能防止和纠正冤假错案的若干意见》第13条；《最高人民法院、最高人民检察院、公安部、国家安全部、司法部关于推进以审判为中心的刑事诉讼制度改革的意见》八；《最高人民法院关于依法切实保障律师诉讼权利的规定》五；《最高人民法院关于全面推进以审判为中心的刑事诉讼制度改革的实施意见》第21条；《未成年人刑事检察工作指引（试行）》第53条；《人民法院办理刑事案件排除非法证据规程（试行）》；《人民检察院办理死刑第二审案件和复核监督工作指引（试行）》第11、50条

[1] 即《人民法院办理刑事案件庭前会议规程（试行）》、《人民法院办理刑事案件排除非法证据规程（试行）》和《人民法院办理刑事案件第一审普通程序法庭调查规程（试行）》，简称“三项规程”。

第三十四条 【立案管辖权】 人民法院、人民检察院、公安机关、审计机关等国家机关在工作中发现公职人员涉嫌贪污贿赂、失职渎职等职务违法或者职务犯罪的问题线索，应当移送监察机关，由监察机关依法调查处置。

被调查人既涉嫌严重职务违法或者职务犯罪，又涉嫌其他违法犯罪的，一般应当由监察机关为主调查，其他机关予以协助。

条文解读

本条共有两款，是对监察机关立案管辖权的规定。

本条第一款规定了职务违法犯罪案件的专属管辖权。各级监察委员会是行使国家监察职能的专责机关，依照《监察法》对所有行使公权力的公职人员进行监察，调查职务违法和职务犯罪，开展廉政建设和反腐败工作，维护宪法和法律的尊严。因而，公职人员涉嫌贪污贿赂、失职渎职等职务违法或者职务犯罪案件由监察机关专属管辖。根据本条款规定，其他国家机关，包括人民法院、人民检察院、公安机关、审计机关等在实际工作中发现的这些案件，包括案件线索，均有义务移送至监察机关。由监察机关依照法律进行调查和处置。

本条第二款规定了共同管辖的处理。所谓共同管辖，是指被调查人涉嫌数个违法犯罪，分别由不同的国家机关行使立案管辖权的情况。根据本条款规定，被调查人既涉嫌严重职务违法或者职务犯罪，又涉嫌其他违法犯罪的，以监察机关为主进行调查，其他机关予以协助，这意味着，只要被调查人的行为中有一项是应当由监察机关负责，原则上全案都由监察机关进行调查处理。

配套法规及解读

《刑事诉讼法》(2018 年 10 月 26 日修正)

第十九条 刑事案件的侦查由公安机关进行，法律另有规定的除外。

人民检察院在对诉讼活动实行法律监督中发现的司法工作人员利用职权实施的非法拘禁、刑讯逼供、非法搜查的侵犯公民人身权利、损害司法公正的犯罪，可以由人民检察院立案侦查。对于公安机关管辖的国家机关工作人员利用职权实施的重大犯罪案件，需要由人民检察院直接受理的时候，经省级以上人民检察院决定，可以由人民检察院立案侦查。

自诉案件，由人民法院直接受理。

※法规解读：本条共有三款，是关于职能管辖的规定。2018 年《刑事诉讼法》修正

时对该条第二款作了修改,调整了人民检察院立案侦查的案件范围。

为了使公安司法机关的任务同其职责相适应,以利于准确、及时地查明案情和有效地惩治犯罪,本条对公、检、法三机关直接受理刑事案件的权限作了明确划分。公安机关是刑事案件的主要侦查机关,负责对《刑事诉讼法》"法律另有规定"之外的所有刑事案件的侦查工作。"法律另有规定的除外"情况主要是指人民检察院管辖的自侦案件;人民法院直接受理的自诉案件;国家安全机关依法立案侦查的危害国家安全的刑事案件;军队保卫部门依法立案侦查的军队内部发生的刑事案件;中国海警局在履行海上维权执法职责时立案侦查的海上刑事案件;监狱依法立案侦查的罪犯在监狱内犯罪的案件以及依据《监察法》由监察机关立案调查的案件。

可以由人民检察院立案侦查的案件主要包括两大类:(1)检察机关在对诉讼活动实行法律监督中发现的司法工作人员利用职权实施的非法拘禁、刑讯逼供、非法搜查等侵犯公民权利、损害司法公正的犯罪。这里的司法工作人员是指有侦查、检察、审判、监管职责的工作人员;这里的诉讼活动包括立案、侦查、审判、执行的全过程。这些犯罪大多是由于执法不严格、司法不规范、违反法定程序或者适用法律错误等原因造成的,不具有"腐败型"犯罪的典型性,属于人民检察院履行法律监督职责范围。(2)对公安机关管辖的国家机关工作人员利用职权实施的重大犯罪案件,需要由人民检察院直接受理的时候,经省级以上人民检察院决定,可以由人民检察院立案侦查。这类案件本属公安机关管辖,而公安机关不便立案、应当立案拒不立案或者虽然立案但怠于侦查,因此经省(自治区、直辖市)人民检察院或者最高人民检察院决定,检察机关可以依法立案侦查。需要注意的是,本款规定的两类案件"可以由人民检察院立案侦查",没有排除监察机关直接调查的可能。对于涉嫌"腐败型"职务犯罪的案件,检察机关在查办时应当将犯罪线索及时移送监察机关。

人民法院直接受理自诉案件,具体包括:告诉才处理的案件;被害人有证据证明的轻微刑事案件;被害人有证据证明对被告人侵犯自己人身权利、财产权利的行为应当依法追究刑事责任,且有证据证明曾经提出控告,而公安机关或者人民检察院不予追究被告人刑事责任的案件。

关联法规索引

《宪法》第127条;《全国人民代表大会常务委员会关于在北京市、山西省、浙江省开展国家监察体制改革试点工作的决定》;《全国人民代表大会常务委员会关于在全国各地推开国家监察体制改革试点工作的决定》;《公务员法》第57条;《最高人民检察院、生态环境部、国家发展和改革委员会、司法部、自然资源部、住房城乡建设部、交通运输部、水利部、农业农村部、国家林业和草原局关于在检察公益诉讼中加强协作配合依法打好污染防治攻坚战的意见》第 19 条;《中央企业违规经营投资责任追究实施办法(试行)》第 5 条;《安全生产行政执法与刑事司法衔接工作办法》第 6 条;《全国扫黑除恶专项斗争督导工作方案》;《中国共产党纪律检查机关监督执纪工作规则》;《地方党政领导干部食品安全责任制规定》第 18 条;《党政领导干部考核工作条例》第 53 条

第五章　监察程序

本章介绍

本章从第三十五条至第四十九条，共十五个条文，是对监察机关办理案件程序的规定。这主要包括五个方面的内容：第一，案件线索，包括接受、管理、处理，以及对案件线索的初步核查。第二，立案及调查，具体包括立案的条件及程序、调查开展原则、调查措施、调查范围限定原则，特别是对于限制人身自由的留置措施的决定及执行。第三，调查结束后的处理，包括对案件的处理结果、对涉案财物的处理。第四，案件审查起诉。第五，对被调查人权利的救济举措。

第三十五条　【线索接受】　监察机关对于报案或者举报，应当接受并按照有关规定处理。对于不属于本机关管辖的，应当移送主管机关处理。

条文解读

本条是对接受案件线索的规定。

监察机关办理案件的线索来源于多种渠道。报案是指单位、个人以及被害人发现有违法犯罪事实发生，但尚不知道为何人所为时，向有关机关告发的行为。举报是指单位和个人对其发现的违法犯罪事实或者违法犯罪行为人向有关机关告发、揭露的行为。通常举报的案件事实以及证据材料比报案的要更加详细和具体。根据本条规定，监察机关有接受报案或者举报的义务。根据《刑事诉讼法》的规定，具有办理刑事案件职权的公权力机关对于报案、控告、举报，都应当接受。对于不属于自己管辖的，应当移送主管机关处理，并且通知报案人、控告人、举报人；对于不属于自己管辖而又必须采取紧急措施的，应当先采取紧急措施，然后移送主管机关。若犯罪人向公安机关、人民检察院或者人民法院自首的，也适用前述规定。根据我国现行法律，对违法犯罪案件的侦查分别由不同的机关根据分工依法行使职权，因此，监察机关对于收到的报案或者举报线索，若不属于自己管辖的范围，应当在接受后再移送给主管机关处理。

配套法规及解读

《刑事诉讼法》(2018年10月26日修正)

第一百零九条 公安机关或者人民检察院发现犯罪事实或者犯罪嫌疑人,应当按照管辖范围,立案侦查。

※法规解读:本条是关于立案侦查机关的规定。

刑事诉讼中的立案是指公安司法机关对于报案、控告、举报、犯罪嫌疑人自首以及自诉人起诉等材料依法进行审查,决定是否作为一个刑事案件进行侦查或审判的诉讼活动。立案是刑事诉讼活动的开端,标志着刑事诉讼程序正式启动。立案也是法律赋予公安司法机关的权力和职责,其他任何机关和个人都无权立案。公诉案件的立案侦查机关主要为公安机关和人民检察院,二者在职能管辖的范围上有所分工。公安机关、人民检察院依据《刑事诉讼法》第十九条的规定对其管辖范围内的案件立案侦查。

第一百一十条 任何单位和个人发现有犯罪事实或者犯罪嫌疑人,有权利也有义务向公安机关、人民检察院或者人民法院报案或者举报。

被害人对侵犯其人身、财产权利的犯罪事实或者犯罪嫌疑人,有权向公安机关、人民检察院或者人民法院报案或者控告。

公安机关、人民检察院或者人民法院对于报案、控告、举报,都应当接受。对于不属于自己管辖的,应当移送主管机关处理,并且通知报案人、控告人、举报人;对于不属于自己管辖而又必须采取紧急措施的,应当先采取紧急措施,然后移送主管机关。

犯罪人向公安机关、人民检察院或者人民法院自首的,适用第三款规定。

※法规解读:本条是关于立案材料来源及接受的规定,共有四款。

本条第一、二、四款是关于立案材料来源的规定。立案材料来源是指立案阶段案件线索来源和有关案件的证据来源。立案材料来源于以下几个方面:(1)公安机关或人民检察院发现的犯罪事实或犯罪嫌疑人。公安机关是刑事诉讼中的侦查机关,检察机关对于依法直接受理的案件承担侦查职责。因而,公安机关和人民检察院在依法履行职责、办理刑事案件的过程中发现、获取的案件线索和有关犯罪的证据,是立案材料的主要来源之一。(2)单位或者个人的报案或举报。揭露犯罪既是每个公民的权利也是应尽的义务,因而,任何单位或个人发现有犯罪事实或者犯罪嫌疑人的,都应该向公安司法机关报案或举报。报案和举报的区别在于是否有明确的犯罪嫌疑人。报案一般针对犯罪事实的发生,往往嫌疑人并不明确。而举报的内容则不仅有犯罪事实的发生,通常还有明确的嫌疑人。(3)被害人的报案或者控告。被害人是直接遭受犯罪行为侵害的人,对案件具体情况相对比较了解,且具有追究犯罪的强烈愿望和主动性,因而被害人的报案或者控告是立案材料的主要来源之一。报案和控告的区别和前述报案和举报的区别是一样的,即报案仅针对犯罪事实的发生,而控告的内容则包括犯罪事实及犯罪嫌疑人。控告和举报的内容都是向公安司法机关揭露、告发犯罪事实和犯罪嫌疑人,二者的区别在于,控告是由遭受犯罪行为直接侵害的被害人提出的,而举报一般是由与案件无直接利害关系的单位或个人提出的。(4)犯罪人的自首。《刑法》规定,犯罪以后自动投案,如实供述自己的罪行的是自首。犯罪人的自首是立案材料的来源之一。此外,正在被采取强制措施的犯罪嫌疑人、被告人,正在被执行刑罚的罪犯如实向公安司法机关供述尚未被掌握的其他罪行的,也构成自首,其提供的材料也是立案材料的来源之一。

本条第三款是关于公安机关、人民检察院或者人民法院对报案、控告、举报都应当接受的规定。接受报案、举报和控告,是公安司法机关的法定职责,不得因为任何理由推诿或拒绝。对不属于自己管辖范围的,也不能拒绝,而应该在接受后将案件移送主管机关处理,同时通知报案人、举报人、控告人。对不属于自己管辖的案件,如果出现必须采取紧急措施的情况,如犯罪嫌疑人要逃跑、转移赃款赃物、毁灭证据等,则应当先采取紧急措施,再移送主管机关。《刑事诉讼法》作此规定一方面便于人民群众与违法犯罪作斗争,避免其投诉无门;另一方面也可以防止公安司法机关之间相互推诿,有利于及时有效打击犯罪。

第一百一十一条　报案、控告、举报可以用书面或者口头提出。接受口头报案、控告、举报的工作人员,应当写成笔录,经宣读无误后,由报案人、控告人、举报人签名或者盖章。

接受控告、举报的工作人员,应当向控告人、举报人说明诬告应负的法律责任。但是,只要不是捏造事实,伪造证据,即使控告、举报的事实有出入,甚至是错告的,也要和诬告严格加以区别。

公安机关、人民检察院或者人民法院应当保障报案人、控告人、举报人及其近亲属的安全。报案人、控告人、举报人如果不愿公开自己的姓名和报案、控告、举报的行为,应当为他保守秘密。

※法规解读:本条共有三款,是关于报案、控告、举报的形式和相关要求的规定。

本条第一款是关于报案、控告、举报形式的规定。依据本条,报案、控告和举报既可以采用书面方式,也可以采用口头方式,二者具有相同的法律效力。采用口头方式的,接受报案、控告、举报的工作人员,应当写成笔录,经宣读无误后,由报案人、控告人、举报人签名或者盖章。本条第二款是关于严格区分诬告与错告的规定。为了保证接受的立案材料客观、真实、可靠,接受控告、举报的工作人员应当说明诬告应负的法律责任。所谓诬告,是指为陷害他人故意捏造事实向公安司法机关揭发他人有罪的行为。诬告属于违法甚至犯罪的行为。但实践中,由于情况不明、认识错误使控告、举报人提供的材料与案件事实有出入的,属于错告。为鼓励人民群众与违法犯罪作斗争,要严格区分诬告与错告的界限，即是否有虚构事实诬陷他人的故意。本条第三款是关于公安司法机关安全保障和保密义务的规定。

《人民检察院刑事诉讼规则(试行)》(2012年11月22日修订)

第一百五十七条 人民检察院控告检察部门或者举报中心统一受理报案、控告、举报、申诉和犯罪嫌疑人投案自首，并根据具体情况和管辖规定，在七日以内作出以下处理：

(一)属于人民检察院管辖的，按照相关规定移送本院有关部门或者其他人民检察院办理；

(二)不属于人民检察院管辖的，移送有管辖权的机关处理，并且通知报案人、控告人、举报人、自首人。对于不属于人民检察院管辖又必须采取紧急措施的，应当先采取紧急措施，然后移送主管机关；

(三)对案件事实或者线索不明的，应当进行必要的调查核实，收集相关材料，查明情况后及时移送有管辖权的机关或者部门办理。

控告检察部门或者举报中心可以向下级人民检察院交办控告、申诉、举报案件，交办举报线索前应当向有关侦查部门通报，交办函及有关材料复印件应当转送本院有关侦查部门。控告检察部门或者举报中心对移送本院有关部门和向下级人民检察院交办的案件，应当依照有关规定进行督办。

※法规解读：本条是关于人民检察院对报案、控告、举报、申诉和自首如何处理的具体规定。相对于《刑事诉讼法》的规定，本条第一款进一步明确了人民检察院受理报案、控告、举报、申诉和自首的机构为控告检察部门或举报中心，其对于报案、控告、举报、申诉和自首应当在受理后的七日内依法作出相应处理。本条第二款明确了控告检察部门或者举报中心向下级人民检察院交办控告、申诉、举报案件的具体程序和要求。

关联法规索引

《中国共产党纪律检查机关案件检查工作条例》第10条；《中国共产党纪律检查机关监督执纪工作规则》第20条；《干部选拔任用工作监督检查和责任追究办法》第31条

第三十六条 【机制与管理】 监察机关应当严格按照程序开展工作，建立问题线索处置、调查、审理各部门相互协调、相互制约的工作机制。

监察机关应当加强对调查、处置工作全过程的监督管理，设立相应的工作部门履行线索管理、监督检查、督促办理、统计分析等管理协调职能。

条文解读

本条共有两款，是对监察机关工作机制与全过程监督管理的规定。

本条第一款是对监察机关工作机制的规定。监察机关是行使国家监察职能的专责机关。《中国共产党纪律检查机关监督执纪工作规则》第六条规定：党的纪律检查机关和国家监察机关是党和国家自我监督的专责机关，中央纪委和地方各级纪委贯彻党中央关于国家监察工作的决策部署，审议决定监委依法履职中的重要事项，把执纪和执法贯通起来，实现党内监督和国家监察的有机统一。作为行使国家权力的机关，监察机关也应当严格依照法治精神，按照法治规则开展工作，各项监察工作均应当按照法定程序开展。同时，作为行使国家监察职能的专责机关，其所处理的案件具有较强的复杂性和多变性，监察机关内部应当充分配合，同时与负有职务违法犯罪的追诉和审判职能的其他国家专门机关也要建立好相互协调和相互制约的工作机制，既能对彼此的权力运行依法进行控制和制约，同时也能充分合作，顺畅联通程序运行，实现对职务违法犯罪的治理。将协调和制约工作机制贯穿于监察工作的始终。

本条第二款是对监察机关处理案件线索相互协调、互相制约工作机制的规定。为了更好地办理案件，监察机关收到案件线索后，首先是严格按照程序规定开展工作。《监察法》第三十七条、第三十八条，对于案件线索的处理方式、处理结论以及对于线索的初步调查都进行了较为细致的规定，同时在本章的其他法律条文中，也对于案件的调查程序、调查措施等予以了明确。监察机关内部需要围绕案件办理工作建立起高效、便捷的协调和制约机制。监察机关在办理刑事案件时的起诉由检察机关负责，审判由人民法院负责，因此，监察机关与其他国家机关也应当秉承协调与制约的原则开展工作。

本条第二款是对监察机关对案件办理全过程监督管理职能的规定。监察机关需要设立专门的工作部门对案件办理全过程进行监督管理，该部门的职能主要有线索管理、监督检查、督促办理、统计分析四项职能，该职能具有管理和协调的属性，一方面，确保监察机关内部对案件的调查和处置衔接有序，运行高效；另一方面，也要对内部调查和处置行为本身进行监督把控，确保合法合规，依法查处。

关联法规索引

《教育部直属高校经济活动内部控制指南（试行）》；《中国共产党纪律检查机关监督执纪工作规则》第20、21条

第三十七条 【线索处理】 监察机关对监察对象的问题线索，应当按照有关规定提出处置意见，履行审批手续，进行分类办理。线索处置情况应当定期汇总、通报，定期检查、抽查。

条文解读

本条是对问题线索处置程序和要求的规定。

根据分工原则，监察机关办理的是特殊主体的案件，即公职人员违法犯罪的案件。与监察对象有关的案件线索，监察机关有义务依法依规进行处理，并提出处置意见。根据《中国共产党纪律检查机关案件检查工作条例》的规定，对案件办理采用分级分类办理的制度。《中国共产党纪律检查机关监督执纪工作规则》规定，纪检监察机关应当加强对问题线索的集中管理、分类处置、定期清理。信访举报部门归口受理同级党委管理的党组织和党员、干部以及监察对象涉嫌违纪或者职务违法、职务犯罪问题的信访举报，统一接收有关纪检监察机关、派驻或者派出机构以及其他单位移交的相关信访举报，移送本机关有关部门，深入分析信访形势，及时反映损害群众最关心、最直接、最现实的利益问题。巡视巡察工作机构和审计机关、行政执法机关、司法机关等单位发现涉嫌违纪或者职务违法、职务犯罪问题线索，应当及时移交纪检监察机关案件监督管理部门统一办理。监督检查部门、审查调查部门、干部监督部门发现的相关问题线索，属于本部门受理范围的，应当送案件监督管理部门备案；不属于本部门受理范围的，经审批后移送案件监督管理部门，由其按程序转交相关监督执纪部门办理。纪检监察机关应当结合问题线索所涉及地区、部门、单位总体情况，综合分析，按照谈话函询、初步核实、暂存待查、予以了结四类方式进行处置。线索处置不得拖延和积压，处置意见应当在收到问题线索之日起一个月内提出，并制定处置方案，履行审批手续。案件监督管理部门对问题线索实行集中管理、动态更新、定期汇总核对，提出分办意见，报纪检监察机关主要负责人批准，按程序移送承办部门。承办部门应当指定专人负责管理问题线索，逐件编号登记、建立管理台账。线索管理处置各环节应当由经手人员签名，全程登记备查。

同时本条还确定了对于案件线索处置的定期监督检查制度，具体包括汇总、通报、检查和抽查四种方式。《中国共产党纪律检查机关监督执纪工作规则》规定，纪检监察机关应当根据工作需要，定期召开专题会议，听取问题线索综合情况汇报，进行分析研判，对重要检举事项和反映问题集中的领域深入研究，提出处置要求，做到件件有着落。承办部门应当做好线索处置归档工作，归档材料齐全完整，载明领导批示和处置过程。案件监督管理部门定期汇总、核对问题线索及处置情况，向纪检监察机关主要负责人报告,并向相关部门通报。

配套法规及解读

《中国共产党纪律检查机关监督执纪工作规则》(2018年12月28日)

第二十条 纪检监察机关应当加强对问题线索的集中管理、分类处置、定期清理。信访举报部门归口受理同级党委管理的党组织和党员、干部以及监察对象涉嫌违纪或者职务违法、职务犯罪问题的信访举报,统一接收有关纪检监察机关、派驻或者派出机构以及其他单位移交的相关信访举报,移送本机关有关部门,深入分析信访形势,及时反映损害群众最关心、最直接、最现实的利益问题。

巡视巡察工作机构和审计机关、行政执法机关、司法机关等单位发现涉嫌违纪或者职务违法、职务犯罪问题线索,应当及时移交纪检监察机关案件监督管理部门统一办理。

监督检查部门、审查调查部门、干部监督部门发现的相关问题线索,属于本部门受理范围的,应当送案件监督管理部门备案;不属于本部门受理范围的,经审批后移送案件监督管理部门,由其按程序转交相关监督执纪部门办理。

第二十一条 纪检监察机关应当结合问题线索所涉及地区、部门、单位总体情况,综合分析,按照谈话函询、初步核实、暂存待查、予以了结4类方式进行处置。

线索处置不得拖延和积压,处置意见应当在收到问题线索之日起1个月内提出,并制定处置方案,履行审批手续。

第二十二条 纪检监察机关对反映同级党委委员、候补委员,纪委常委、监委委员,以及所辖地区、部门、单位主要负责人的问题线索和线索处置情况,应当及时向上级纪检监察机关报告。

第二十三条 案件监督管理部门对问题线索实行集中管理、动态更新、定期汇总核对,提出分办意见,报纪检监察机关主要负责人批准,按程序移送承办部门。承办部门应当指定专人负责管理问题线索,逐件编号登记、建立管理台账。线索管理处置各环节应当由经手人员签名,全程登记备查。

第二十四条 纪检监察机关应当根据工作需要,定期召开专题会议,听取问题线索综合情况汇报,进行分析研判,对重要检举事项和反映问题集中的领域深入研究,提出处置要求,做到件件有着落。

第二十五条 承办部门应当做好线索处置归档工作,归档材料齐全完整,载明领导批示和处置过程。案件监督管理部门定期汇总、核对问题线索及处置情况,向纪检监察机关主要负责人报告,并向相关部门通报。

※法规解读:上述条文是《中国共产党纪律检查机关监督执纪工作规则》第四章的

内容。该章是对线索处置的规定。本章共有六个条文,分别规定了问题线索处置的基本原则、线索处置及审批制度、涉特定人员问题线索的汇报制度、问题线索的跟踪台账管理制度、问题线索情况汇报研究、线索处置归档制度。

关联法规索引

《中国共产党纪律检查机关案件检查工作条例》第9、17条

第三十八条 【线索初步核实】 需要采取初步核实方式处置问题线索的,监察机关应当依法履行审批程序,成立核查组。初步核实工作结束后,核查组应当撰写初步核实情况报告,提出处理建议。承办部门应当提出分类处理意见。初步核实情况报告和分类处理意见报监察机关主要负责人审批。

条文解读

本条是对监察机关办理案件线索初步核实程序的规定。

《中国共产党章程》第四十六条第四款规定:各级纪律检查委员会发现同级党的委员会委员有违犯党的纪律的行为,可以先进行初步核实,如果需要立案检查的,应当在向同级党的委员会报告的同时向上一级纪律检查委员会报告;涉及常务委员的,报告上一级纪律检查委员会,由上一级纪律检查委员会进行初步核实,需要审查的,由上一级纪律检查委员会报它的同级党的委员会批准。根据《中国共产党纪律检查机关监督执纪工作规则》的规定,初步核实是办理相应案件对于线索处置的方式之一。需要采取初步核实方式处置问题线索的,办案机关和办案人员应当制定工作方案,成立核查组,履行审批程序。

根据监察法律法规的规定,初步核实是监察机关对问题线索进行处置的四种方式之一。选择适用该种方式处置的,监察机关要依法履行审批程序后,成立核查组。对问题线索的核实由核查组进行。核查组经过调查核实后,由核查组撰写初步核实情况报告,并在报告中提出处理建议。案件的承办部门有义务提出分类处理的意见。核查组的初步核实情况报告和承办部门提出的分类处理意见应当报监察机关主要负责人审批。

同时根据《监察法》第三十九条的规定,初步核实也是为监察案件立案服务的。

关联法规索引

《国务院办公厅关于建立国有企业违规经营投资责任追究制度的意见》六;《检察人员执法过错责任追究条例》第16条;《人民法院监察工作条例》第25条;《中国共产党章程》第46条;《中国共产党纪律检查机关监督执纪工作规则》

第三十九条 【立案调查】 经过初步核实,对监察对象涉嫌职务违法犯罪,需要追究法律责任的,监察机关应当按照规定的权限和程序办理立案手续。

监察机关主要负责人依法批准立案后,应当主持召开专题会议,研究确定调查方案,决定需要采取的调查措施。

立案调查决定应当向被调查人宣布,并通报相关组织。涉嫌严重职务违法或者职务犯罪的,应当通知被调查人家属,并向社会公开发布。

条文解读

本条共有三款,是监察机关办理案件立案程序的规定。

本条第一款是对监察机关立案条件的规定。监察机关立案条件主要有两个方面:第一,事实条件:涉嫌职务违法犯罪;第二,法律条件:需要追究法律责任。两项条件必须同时满足。需要注意的是,监察机关办理的案件并非单纯的刑事案件,而是包括违法和犯罪两种类型。问题线索经过核实后,认为符合立案条件的案件,监察机关根据《监察法》中的管辖权限,并履行程序办理立案手续。

本条第二款是对立案后案件处理的规定。监察案件的立案由监察机关负责人批准。案件立案后,需要进一步调查。根据本条规定,监察机关对于案件的调查应当秉持严谨慎重的态度,要进行充分的思考和论证。根据本条规定,监察机关立案决定作出后,应当由监察机关主要负责人主持召开专题会议,该会议是监察机关开展调查的必经程序,会议内容主要包括两个方面:第一,确定调查方案;第二,决定需要采取的调查措施。

本条第三款是对立案调查决定宣布和公布的决定。监察机关办理案件相关信息采取公开原则。公开主要体现在四个方面:第一,向被调查人公开。根据本条规定,立案调查决定应当向被调查人宣布。第二,向相关组织公开。主要是与被调查人有关的组织部门,如被调查人所在的单位等。第三,向家属公开。主要是将相关情况告知被调查人的家属。第四,向社会公开。结合条文内容,前两个公开是无条件的,只要监察机关作出了立案决定,就需要向被调查人和相关组织通报。后两个是有条件的公开,即仅当被调查人涉嫌严重职务违法或者职务犯罪的情况下才公开。

配套法规及解读

《刑事诉讼法》(2018年10月26日修正)

第一百一十二条 人民法院、人民检察院或者公安机关对于报案、控告、举报和自首的材料,应当按照管辖范围,迅速进行审查,认为有犯罪事实需要追究刑事责任的时候,应当立案;认为没有犯罪事实,或者犯罪事实显著轻微,不需要追究刑事责任的时候,不予立案,并且将不立案的原因通知控告人。控告人如果不服,可以申请复议。

※法规解读:本条是关于立案条件和对立案材料审查处理的规定。

依据本条规定,刑事立案的条件是:第一,认为有犯罪事实发生。即公安司法机关通过对立案材料的审查认为有犯罪行为发生。至于对有犯罪事实发生的证明标准,《刑事诉讼法》并未规定。鉴于立案是刑事诉讼的开始程序,侦查活动尚未开始,因而不要求案件事实清楚、犯罪嫌疑人明确,只要有初步证据证明有触犯《刑法》之行为发生即可。第二,需要追究刑事责任。认为有犯罪事实发生并不一定导致立案,还要具备需要追究刑事责任这一要件。刑事诉讼的目的是追诉犯罪,实现国家刑罚权。因而虽然有犯罪事实发生,但不需要追究刑事责任的,也不能立案。依据《刑事诉讼法》第十六条之规定,情节显著轻微、危害不大,不认为是犯罪的;犯罪已过追诉时效期限的;经特赦令免除刑罚的;依照《刑法》告诉才处理的犯罪,没有告诉或者撤回告诉的;犯罪嫌疑人、被告人死亡的;其他法律规定免予追究刑事责任的,依法不需要追究刑事责任。因此在立案审查阶段发现的,应当作出不立案决定。

公安司法机关对于立案材料经审查后,处理方式有两种:第一,对符合立案条件的,决定立案;第二,认为不符合立案条件的,不予立案,并将不立案的原因通知控告人。控告人不服的,有权向作出不立案决定的机关申请复议。

关联法规索引

《人民检察院刑事诉讼规则(试行)》第183~185条;《中国共产党纪律检查机关监督执纪工作规则》第36~39条

第四十条 【证据收集】 **监察机关对职务违法和职务犯罪案件，应当进行调查，收集被调查人有无违法犯罪以及情节轻重的证据，查明违法犯罪事实，形成相互印证、完整稳定的证据链。**

严禁以威胁、引诱、欺骗及其他非法方式收集证据，严禁侮辱、打骂、虐待、体罚或者变相体罚被调查人和涉案人员。

条文解读

本条共有两款，是对监察机关调查及收集证据的规定。

本条第一款是对全面收集证据的规定。根据《监察法》第十八条规定，监察机关负有职务犯罪违法犯罪的监督、调查职权，因此根据职权职责相当原则，当发现职务犯罪违法违纪线索，监察机关既有调查的权力，也有调查的义务。在调查的过程中，监察机关应当全面收集证据，包括对被调查人有利的证据和对被调查人不利的证据。由于监察机关的案件调查工作是一种回溯性的证实活动，因此要根据证据材料来发现违法犯罪的事实。违法犯罪事实的查明，仅仅有单独的证据材料是不够的，各个证据材料之间要能够印证，确保证据材料本身符合法律的规定，同时各个证据之间还要形成完整稳定的证据链条，具有证明案件事实的整体性和逻辑性。

本条第二款是对监察机关办案严禁非法收集证据的规定。监察机关是依法行使国家权力的机关，其应该严格按照宪法和法律赋予的职权，依法履行职责。本条款是沿袭了我国立法对非法证据一贯的否定性立场，不仅对以威胁、引诱、欺骗及其他非法方式收集证据明确禁止，同时对其他侵犯被调查人的行为，包括侮辱、打骂、虐待、体罚或者变相体罚的做法予以否定和排斥。

配套法规及解读

《刑事诉讼法》(2018 年 10 月 26 日修正)

第五十二条 审判人员、检察人员、侦查人员必须依照法定程序，收集能够证实犯罪嫌疑人、被告人有罪或者无罪、犯罪情节轻重的各种证据。严禁刑讯逼供和以威胁、引诱、欺骗以及其他非法方法收集证据，不得强迫任何人证实自己有罪。必须保证一切与案件有关或者了解案情的公民，有客观地充分地提供证据的条件，除特殊情况外，可以吸收他们协助调查。

※法规解读：本条是关于公安、司法机关人员依法收集证据的规定。

收集证据是公安司法机关根据法律规定的范围和程序，发现、提取、固定、检验和保管与案件有关的证据材料的诉讼活动。收集证据是运用证据的前提和基础。根据本条规定,办理刑事案件的专门机关要履行客观全面收集证据及严格依照法律规定的程序收集证据的义务。严禁以非法的方法收集证据,尤其禁止以刑讯逼供或者威胁、引诱、欺骗等非法方法收集证据。根据有关规定,以刑讯逼供或者威胁、引诱、欺骗等非法方法获取的证人证言、被害人陈述、犯罪嫌疑人、被告人供述不能作为定案的根据。物证、书证的取得明显违反法律规定,可能影响公正审判的,应当予以补正或者作出合理解释;否则,该物证、书证不能作为定案的根据。

公安司法机关的取证,必须保证一切与案件有关或了解案情的公民,有客观地、充分地提供证据的条件,除特殊情况外,还可以吸收他们协助调查。这既是确保案件公正办理的前提,同时也是依靠群众原则在办理案件过程中的体现。本条中的"特殊情况",主要是指一些可能妨碍诉讼顺利进行的情形,如可能导致泄露国家秘密、犯罪嫌疑人逃跑或者造成串供、毁灭、隐匿证据等情况。

值得注意的是,本条"不得强迫任何人证实自己有罪"的表述,学界将其称为"反对强迫自证其罪"特权。这一规定,一方面是为了强化对刑讯逼供等非法取证行为的禁绝态度,另一方面也是为实现与国际公约对接,即为我国加入《公民权利和政治权利国际公约》做准备。

第五十六条 采用刑讯逼供等非法方法收集的犯罪嫌疑人、被告人供述和采用暴力、威胁等非法方法收集的证人证言、被害人陈述,应当予以排除。收集物证、书证不符合法定程序,可能严重影响司法公正的,应当予以补正或者作出合理解释;不能补正或者作出合理解释的,对该证据应当予以排除。

在侦查、审查起诉、审判时发现有应当排除的证据的,应当依法予以排除,不得作为起诉意见、起诉决定和判决的依据。

※法规解读:本条规定确立了刑事诉讼中的非法证据排除规则。

本条第一款首先对非法言词证据的范围作了规定,即采用刑讯逼供等非法方法取得的犯罪嫌疑人、被告人供述和采用暴力、威胁等非法方法取得的证人证言、被害人陈述。之前曾有司法解释对"引诱""欺骗"等非法手段获取的言词证据不能作为定案或指控根据的规定,本条针对我国司法实际,强调对采用刑讯逼供等非法手段获取的证据的排除,并非意味着"引诱""欺骗"手段就是合法的。由于在司法实践中,"威胁""引诱""欺骗"的含义及标准不好界定,很多讯(询)问技巧、策略很难与之区分开来,如果这些讯(询)问方法被一味排除,将给侦查工作带来较大冲击。因此,对此问题应根据案情作具体处理。如果采用"威胁""引诱""欺骗"的方法严重违反了法律的规定,使被告人被迫作出供述,并且严重损害了口供的客观真实性,应当予以排除。

根据该条规定,在收集物证、书证这样的实物证据时,如果存在违反法定程序取证的情形,且达到严重影响司法公正的程度,那么首先要对该不合法行为予以补正或者作出合理解释,在不能补正或者不能作出合理解释的情况下,该证据应当予以排除。

值得注意的是,就"排除"而论,对于非法言词证据应绝对排除,不存在例外规定;而对于非法实物证据,则应实行裁量排除。另外,本规定所要排除的仅是非法言词和实物证据本身,不包括它们的派生证据,即所谓的"毒树之果"。

本条第二款确定了公安机关、检察机关、审判机关如果分别在侦查、审查起诉和审判过程中发现有第一款规定的应当排除的证据的,必须依法予以排除,而不能将其作为起诉意见、起诉决定和判决等相应文书的依据。该款事实上是将非法证据排除规则适用于整个刑事诉讼过程,有助于进一步严格规范侦查、检察、审判各机关的取证行为,充分保障犯罪嫌疑人、被告人的合法权益,也有助于维护国家法律的统一、正确实施。

需要强调的是,在司法实践中,检察机关要对侦查人员的刑讯逼供行为提起公诉,通常需要以情节严重、造成严重后果为前提,在这种情况下获取的供述应当予以排除。但是,确立非法言词证据规则的主要功能在于维护司法尊严,保障基本人权,因此,即使刑讯逼供行为没有达到情节严重的程度,没有构成犯罪,但如果其侵害了公民的宪法性权利,影响了被告人供述的真实性和自愿性,也应当予以排除。《中国共产党纪律检查机关监督执纪工作规则》明确规定,审查调查应当充分听取被审查调查人陈述,保障其饮食、休息,提供医疗服务,确保安全。严格禁止使用违反党章党规党纪和国家法律的手段,严禁逼供、诱供、侮辱、打骂、虐待、体罚或者变相体罚。

《最高人民法院、最高人民检察院、公安部、国家安全部、司法部关于办理刑事案件严格排除非法证据若干问题的规定》(2017年6月20日)

为准确惩罚犯罪,切实保障人权,规范司法行为,促进司法公正,根据《中华人民共和国刑事诉讼法》及有关司法解释等规定,结合司法实际,制定如下规定。

一、一般规定

第一条　严禁刑讯逼供和以威胁、引诱、欺骗以及其他非法方法收集证据,不得强迫任何人证实自己有罪。对一切案件的判处都要重证据,重调查研究,不轻信口供。

第二条　采取殴打、违法使用戒具等暴力方法或者变相肉刑的恶劣手段,使犯罪嫌疑人、被告人遭受难以忍受的痛苦而违背意愿作出的供述,应当予以排除。

第三条　采用以暴力或者严重损害本人及其近亲属合法权益等进行威胁的方法,使犯罪嫌疑人、被告人遭受难以忍受的痛苦而违背意愿作出的供述,应当予以排除。

第四条　采用非法拘禁等非法限制人身自由的方法收集的犯罪嫌疑人、被告人供述,应当予以排除。

第五条　采用刑讯逼供方法使犯罪嫌疑人、被告人作出供述,之后犯罪嫌疑人、被告人受该刑讯逼供行为影响而作出的与该供述相同的重复性供述，应当一并排除，但下列情形除外：

（一）侦查期间，根据控告、举报或者自己发现等，侦查机关确认或者不能排除以非法方法收集证据而更换侦查人员，其他侦查人员再次讯问时告知诉讼权利和认罪的法律后果，犯罪嫌疑人自愿供述的；

（二）审查逮捕、审查起诉和审判期间，检察人员、审判人员讯问时告知诉讼权利和认罪的法律后果，犯罪嫌疑人、被告人自愿供述的。

第六条 采用暴力、威胁以及非法限制人身自由等非法方法收集的证人证言、被害人陈述，应当予以排除。

第七条 收集物证、书证不符合法定程序，可能严重影响司法公正的，应当予以补正或者作出合理解释；不能补正或者作出合理解释的，对有关证据应当予以排除。

二、侦查

第八条 侦查机关应当依照法定程序开展侦查，收集、调取能够证实犯罪嫌疑人有罪或者无罪、罪轻或者罪重的证据材料。

第九条 拘留、逮捕犯罪嫌疑人后，应当按照法律规定送看守所羁押。犯罪嫌疑人被送交看守所羁押后，讯问应当在看守所讯问室进行。因客观原因侦查机关在看守所讯问室以外的场所进行讯问的，应当作出合理解释。

第十条 侦查人员在讯问犯罪嫌疑人的时候，可以对讯问过程进行录音录像；对于可能判处无期徒刑、死刑的案件或者其他重大犯罪案件，应当对讯问过程进行录音录像。

侦查人员应当告知犯罪嫌疑人对讯问过程录音录像，并在讯问笔录中写明。

第十一条 对讯问过程录音录像，应当不间断进行，保持完整性，不得选择性地录制，不得剪接、删改。

第十二条 侦查人员讯问犯罪嫌疑人，应当依法制作讯问笔录。讯问笔录应当交犯罪嫌疑人核对，对于没有阅读能力的，应当向他宣读。对讯问笔录中有遗漏或者差错等情形，犯罪嫌疑人可以提出补充或者改正。

第十三条 看守所应当对提讯进行登记，写明提讯单位、人员、事由、起止时间以及犯罪嫌疑人姓名等情况。

看守所收押犯罪嫌疑人，应当进行身体检查。检查时，人民检察院驻看守所检察人员可以在场。检查发现犯罪嫌疑人有伤或者身体异常的，看守所应当拍照或者录像，分别由送押人员、犯罪嫌疑人说明原因，并在体检记录中写明，由送押人员、收押人员和犯罪嫌疑人签字确认。

第十四条 犯罪嫌疑人及其辩护人在侦查期间可以向人民检察院申请排除非法

证据。对犯罪嫌疑人及其辩护人提供相关线索或者材料的，人民检察院应当调查核实。调查结论应当书面告知犯罪嫌疑人及其辩护人。对确有以非法方法收集证据情形的，人民检察院应当向侦查机关提出纠正意见。

侦查机关对审查认定的非法证据，应当予以排除，不得作为提请批准逮捕、移送审查起诉的根据。

对重大案件，人民检察院驻看守所检察人员应当在侦查终结前询问犯罪嫌疑人，核查是否存在刑讯逼供、非法取证情形，并同步录音录像。经核查，确有刑讯逼供、非法取证情形的，侦查机关应当及时排除非法证据，不得作为提请批准逮捕、移送审查起诉的根据。

第十五条　对侦查终结的案件，侦查机关应当全面审查证明证据收集合法性的证据材料，依法排除非法证据。排除非法证据后，证据不足的，不得移送审查起诉。

侦查机关发现办案人员非法取证的，应当依法作出处理，并可另行指派侦查人员重新调查取证。

三、审查逮捕、审查起诉

第十六条　审查逮捕、审查起诉期间讯问犯罪嫌疑人，应当告知其有权申请排除非法证据，并告知诉讼权利和认罪的法律后果。

第十七条　审查逮捕、审查起诉期间，犯罪嫌疑人及其辩护人申请排除非法证据，并提供相关线索或者材料的，人民检察院应当调查核实。调查结论应当书面告知犯罪嫌疑人及其辩护人。

人民检察院在审查起诉期间发现侦查人员以刑讯逼供等非法方法收集证据的，应当依法排除相关证据并提出纠正意见，必要时人民检察院可以自行调查取证。

人民检察院对审查认定的非法证据，应当予以排除，不得作为批准或者决定逮捕、提起公诉的根据。被排除的非法证据应当随案移送，并写明为依法排除的非法证据。

第十八条　人民检察院依法排除非法证据后，证据不足，不符合逮捕、起诉条件的，不得批准或者决定逮捕、提起公诉。

对于人民检察院排除有关证据导致对涉嫌的重要犯罪事实未予认定，从而作出不批准逮捕、不起诉决定，或者对涉嫌的部分重要犯罪事实决定不起诉的，公安机关、国家安全机关可要求复议、提请复核。

四、辩护

第十九条　犯罪嫌疑人、被告人申请提供法律援助的，应当按照有关规定指派法律援助律师。

法律援助值班律师可以为犯罪嫌疑人、被告人提供法律帮助，对刑讯逼供、非法取证情形代理申诉、控告。

第二十条 犯罪嫌疑人、被告人及其辩护人申请排除非法证据，应当提供涉嫌非法取证的人员、时间、地点、方式、内容等相关线索或者材料。

第二十一条 辩护律师自人民检察院对案件审查起诉之日起，可以查阅、摘抄、复制讯问笔录、提讯登记、采取强制措施或者侦查措施的法律文书等证据材料。其他辩护人经人民法院、人民检察院许可，也可以查阅、摘抄、复制上述证据材料。

第二十二条 犯罪嫌疑人、被告人及其辩护人向人民法院、人民检察院申请调取公安机关、国家安全机关、人民检察院收集但未提交的讯问录音录像、体检记录等证据材料，人民法院、人民检察院经审查认为犯罪嫌疑人、被告人及其辩护人申请调取的证据材料与证明证据收集的合法性有联系的，应当予以调取；认为与证明证据收集的合法性没有联系的，应当决定不予调取并向犯罪嫌疑人、被告人及其辩护人说明理由。

五、审判

第二十三条 人民法院向被告人及其辩护人送达起诉书副本时，应当告知其有权申请排除非法证据。

被告人及其辩护人申请排除非法证据，应当在开庭审理前提出，但在庭审期间发现相关线索或者材料等情形除外。人民法院应当在开庭审理前将申请书和相关线索或者材料的复制件送交人民检察院。

第二十四条 被告人及其辩护人在开庭审理前申请排除非法证据，未提供相关线索或者材料，不符合法律规定的申请条件的，人民法院对申请不予受理。

第二十五条 被告人及其辩护人在开庭审理前申请排除非法证据，按照法律规定提供相关线索或者材料的，人民法院应当召开庭前会议。人民检察院应当通过出示有关证据材料等方式，有针对性地对证据收集的合法性作出说明。人民法院可以核实情况，听取意见。

人民检察院可以决定撤回有关证据，撤回的证据，没有新的理由，不得在庭审中出示。

被告人及其辩护人可以撤回排除非法证据的申请。撤回申请后，没有新的线索或者材料，不得再次对有关证据提出排除申请。

第二十六条 公诉人、被告人及其辩护人在庭前会议中对证据收集是否合法未达成一致意见，人民法院对证据收集的合法性有疑问的，应当在庭审中进行调查；人民法院对证据收集的合法性没有疑问，且没有新的线索或者材料表明可能存在非法取证的，可以决定不再进行调查。

第二十七条 被告人及其辩护人申请人民法院通知侦查人员或者其他人员出庭，人民法院认为现有证据材料不能证明证据收集的合法性，确有必要通知上述人员出庭作证或者说明情况的,可以通知上述人员出庭。

第二十八条 公诉人宣读起诉书后,法庭应当宣布开庭审理前对证据收集合法性的审查及处理情况。

第二十九条 被告人及其辩护人在开庭审理前未申请排除非法证据,在法庭审理过程中提出申请的,应当说明理由。

对前述情形,法庭经审查,对证据收集的合法性有疑问的,应当进行调查;没有疑问的,应当驳回申请。

法庭驳回排除非法证据申请后,被告人及其辩护人没有新的线索或者材料,以相同理由再次提出申请的,法庭不再审查。

第三十条 庭审期间,法庭决定对证据收集的合法性进行调查的,应当先行当庭调查。但为防止庭审过分迟延,也可以在法庭调查结束前进行调查。

第三十一条 公诉人对证据收集的合法性加以证明,可以出示讯问笔录、提讯登记、体检记录、采取强制措施或者侦查措施的法律文书、侦查终结前对讯问合法性的核查材料等证据材料,有针对性地播放讯问录音录像,提请法庭通知侦查人员或者其他人员出庭说明情况。

被告人及其辩护人可以出示相关线索或者材料,并申请法庭播放特定时段的讯问录音录像。

侦查人员或者其他人员出庭,应当向法庭说明证据收集过程,并就相关情况接受发问。对发问方式不当或者内容与证据收集的合法性无关的,法庭应当制止。

公诉人、被告人及其辩护人可以对证据收集的合法性进行质证、辩论。

第三十二条 法庭对控辩双方提供的证据有疑问的,可以宣布休庭,对证据进行调查核实。必要时,可以通知公诉人、辩护人到场。

第三十三条 法庭对证据收集的合法性进行调查后,应当当庭作出是否排除有关证据的决定。必要时,可以宣布休庭,由合议庭评议或者提交审判委员会讨论,再次开庭时宣布决定。

在法庭作出是否排除有关证据的决定前,不得对有关证据宣读、质证。

第三十四条 经法庭审理,确认存在本规定所规定的以非法方法收集证据情形的,对有关证据应当予以排除。法庭根据相关线索或者材料对证据收集的合法性有疑问,而人民检察院未提供证据或者提供的证据不能证明证据收集的合法性,不能排除存在本规定所规定的以非法方法收集证据情形的,对有关证据应当予以排除。

对依法予以排除的证据,不得宣读、质证,不得作为判决的根据。

第三十五条 人民法院排除非法证据后,案件事实清楚,证据确实、充分,依据法律认定被告人有罪的,应当作出有罪判决;证据不足,不能认定被告人有罪的,应当作出证据不足、指控的犯罪不能成立的无罪判决;案件部分事实清楚,证据确实、充分的,依法认定该部分事实。

第三十六条 人民法院对证据收集合法性的审查、调查结论,应当在裁判文书中写明,并说明理由。

第三十七条 人民法院对证人证言、被害人陈述等证据收集合法性的审查、调查,参照上述规定。

第三十八条 人民检察院、被告人及其法定代理人提出抗诉、上诉,对第一审人民法院有关证据收集合法性的审查、调查结论提出异议的,第二审人民法院应当审查。

被告人及其辩护人在第一审程序中未申请排除非法证据,在第二审程序中提出申请的,应当说明理由。第二审人民法院应当审查。

人民检察院在第一审程序中未出示证据证明证据收集的合法性,第一审人民法院依法排除有关证据的,人民检察院在第二审程序中不得出示之前未出示的证据,但在第一审程序后发现的除外。

第三十九条 第二审人民法院对证据收集合法性的调查,参照上述第一审程序的规定。

第四十条 第一审人民法院对被告人及其辩护人排除非法证据的申请未予审查,并以有关证据作为定案根据,可能影响公正审判的,第二审人民法院可以裁定撤销原判,发回原审人民法院重新审判。

第一审人民法院对依法应当排除的非法证据未予排除的,第二审人民法院可以依法排除非法证据。排除非法证据后,原判决认定事实和适用法律正确、量刑适当的,应当裁定驳回上诉或者抗诉,维持原判;原判决认定事实没有错误,但适用法律有错误,或者量刑不当的,应当改判;原判决事实不清楚或者证据不足的,可以裁定撤销原判,发回原审人民法院重新审判。

第四十一条 审判监督程序、死刑复核程序中对证据收集合法性的审查、调查,参照上述规定。

第四十二条 本规定自2017年6月27日起施行。

※法规解读:《关于办理刑事案件严格排除非法证据若干问题的规定》在《刑事诉讼法》第五十六条以及《最高人民法院、最高人民检察院、公安部、国家安全部、司法部关于办理刑事案件排除非法证据若干问题的规定》的基础上,进一步细化了相关操作规范,使部分模糊的条文内容更加明晰。比如,扩大了非法证据的排除范围,明确规定了"采取殴打、违法使用戒具等暴力方法或者变相肉刑的恶劣手段""威胁""非法限制人身自由"的排除后果,同时突出了"使犯罪嫌疑人、被告人遭受难以忍受的痛苦而违背意愿作出的供述"的相关要求;第五条在设定了两种例外情形的基础上,首次提出了

重复性供述的排除规则，规定“采用刑讯逼供方法使犯罪嫌疑人、被告人作出供述，之后犯罪嫌疑人、被告人受该刑讯逼供行为影响而作出的与该供述相同的重复性供述，应当一并排除”；第九条明确了对拘留、逮捕后的犯罪嫌疑人进行讯问的地点要求，重申了讯问地点的重要性。这些内容对于实现程序正义、保障人权的真正实现具有重要意义。同时，对刑事诉讼各个阶段排除非法证据的职责和程序也作了明确规定，它可以看作我国非法证据排除规则的新发展。

关联法规索引

《刑法》第136条；《最高人民法院关于适用〈中华人民共和国刑事诉讼法〉的解释》第62、95条；《人民检察院刑事诉讼规则（试行）》第65～67条；《最高人民法院、最高人民检察院、公安部、国家安全部、司法部关于办理刑事案件排除非法证据若干问题的规定》；《最高人民法院、最高人民检察院、公安部关于办理刑事案件收集提取和审查判断电子数据若干问题的规定》第22～28条；《人民法院办理刑事案件排除非法证据规程（试行）》；《公安机关办理刑事案件程序规定》第57、60～63、67条；《中共中央关于全面深化改革若干重大问题的决定》；《中国共产党纪律检查机关监督执纪工作规则》第43条

第四十一条 【调查措施】 调查人员采取讯问、询问、留置、搜查、调取、查封、扣押、勘验检查等调查措施，均应当依照规定出示证件，出具书面通知，由二人以上进行，形成笔录、报告等书面材料，并由相关人员签名、盖章。

调查人员进行讯问以及搜查、查封、扣押等重要取证工作，应当对全过程进行录音录像，留存备查。

条文解读

本条共有两款，是对监察机关办理案件调查措施的规定。

本条第一款是对监察机关办理案件有权采用的调查措施及程序要求的规定。根据本条款规定，监察机关办理案件，有权采用的调查措施有讯问、询问、留置、搜查、查封、扣押、勘验、检查等几种。除了前述明确列举的调查措施，在《全国人民代表大会常务委员会关于在北京市、山西省、浙江省开展国家监察体制改革试点工作的决定》和《全国人民代表大会常务委员会关于在全国各地推开国家监察体制改革试点工作的决定》中还授权允许采取谈话、冻结、调取、鉴定等措施。

依据现行法律,讯问是指监察人员为了查清案件事实,依照法定程序以言辞方式向被调查人查问案件事实和其他与案件有关问题的一种调查措施。询问是指监察人员依照法定程序,以言辞方式了解案件情况的调查措施,一般询问的对象为证人或者被害人,也包括可能了解案件情况的其他人员。搜查是指监察人员在调查案件过程中,为了收集与职务违法犯罪证据,查获违法犯罪行为人,依法对涉嫌违法犯罪行为人以及可能隐藏违法犯罪人或者证据的身体、物品、住所和其他有关场所进行的搜索、检查的调查措施。勘验、检查是指监察人员对与职务违法犯罪行为有关的场所、物品、人身等进行勘查和检验,以发现和收集违法犯罪活动留下的各种痕迹和物品的调查措施。勘验和检查都应当由监察人员进行,必要的情况下可以指派后者聘请有专门知识的人,在监察人员的主持下进行。勘验和检查也有所不同,勘验的对象为现场、物品无生命客体,检查的对象主要是活人的身体。查封、扣押是指监察机关依法强行封存、提取与案件有关的不动产、物品、文件以及视听资料等的一种调查措施。查封和扣押的目的在于取得和保全证据,防止证据被损毁、隐匿。查封、扣押是一种单独的调查措施,同时也经常与勘验或者搜查措施配合使用。在勘验或者搜查的过程中,发现与违法犯罪有关的物品和文件,就可以采用查封、扣押措施。

在《监察法》颁行之前,留置是依据《人民警察法》规定的一种行政强制措施,该法第九条第二款规定:对有违法犯罪嫌疑的人员,经公安机关批准,需要对其继续盘问的,对被盘问人的留置时间自带至公安机关之时起不超过二十四小时,特殊情况下,经县级以上公安机关批准,可以延长至四十八小时,并应当留有盘问记录。《监察法》本条中的留置系国家监察机关办理案件过程中的调查措施。党的十九大报告中明确提出要制定国家监察法,用留置取代"两规"(在规定时间、规定地点就案件涉及的问题作出说明)。留置具有约定限制人身自由的属性。在 2016 年 12 月《全国人民代表大会常务委员会关于在北京市、山西省、浙江省开展国家监察体制改革试点工作的决定》以及 2017 年 1 月的《全国人民代表大会常务委员会关于在全国各地推开国家监察体制改革试点工作的决定》中均明确授权监察机关有权采用留置的调查措施。国家监察机关在履行监察职能过程中采用的留置措施与公安机关的留置措施不同。

本条第二款是对调查措施全程录音录像的规定。监察机关在采取特定调查措施时的全程录音录像制度,是对检察机关从 2007 年就开始的在职务犯罪侦查中讯问全程录音录像的做法的继承和发展。根据本条款规定,全程录音录像的做法适用于讯问以及搜查、查封、扣押等重要取证行为。与此前检察机关的做法不同的是:第一,适用的范围有所扩大。不仅适用于涉嫌职务犯罪的调查,而且适用于职务违法行为的调查;第二,不仅适用于讯问行为,而且适用于搜查、查封、扣押等重要取证行为。监察调查中的全程录音录像制度是对刑事诉讼中正当程序推进成果的吸纳,一方面确保调查取证过程的合法有效；另一方面也能够对取证行为进行监督，保护有关主体的合法权益。

配套法规及解读

《刑事诉讼法》(2018 年 10 月 26 日修正)

第一百一十八条　讯问犯罪嫌疑人必须由人民检察院或者公安机关的侦查人员负责进行。讯问的时候，侦查人员不得少于二人。

犯罪嫌疑人被送交看守所羁押以后，侦查人员对其进行讯问，应当在看守所内进行。

※法规解读：本条共有两款，是关于讯问主体及讯问地点的规定。

本条第一款是关于讯问主体的规定。讯问犯罪嫌疑人是重要的侦查措施。虽然本条第一款只提到了人民检察院和公安机关，但是根据相关刑事法律的规定，讯问由享有侦查权的机关在各自的职权范围内进行，但需是侦查人员。非法定的侦查机关、法定侦查机关非在其职权范围内，或者虽是侦查机关工作人员但非侦查人员，均不是合法、适格的讯问主体。为了确保讯问人员的人身安全、讯问程序及讯问结果的正当性，讯问时侦查人员人数不得少于二人。

本条第二款规定了讯问被羁押犯罪嫌疑人的地点。犯罪嫌疑人被拘留或者逮捕的，按照法律规定应送交看守所进行羁押。一旦犯罪嫌疑人被送交看守所羁押后，讯问只能在看守所内进行。即羁押后对犯罪嫌疑人进行讯问的合法地点只能是看守所。本款是 2012 年《刑事诉讼法》修改时新增加的内容，旨在遏制非法讯问行为的发生。

第一百二十条　侦查人员在讯问犯罪嫌疑人的时候，应当首先讯问犯罪嫌疑人是否有犯罪行为，让他陈述有罪的情节或者无罪的辩解，然后向他提出问题。犯罪嫌疑人对侦查人员的提问，应当如实回答。但是对与本案无关的问题，有拒绝回答的权利。

侦查人员在讯问犯罪嫌疑人的时候，应当告知犯罪嫌疑人如实供述自己罪行可以从宽处理和认罪认罚的法律规定。

※法规解读：本条共有两款，是关于讯问过程的规定。

讯问犯罪嫌疑人是获得案件信息的有效途径。讯问犯罪嫌疑人既要遵从无罪推定的基本逻辑，也要遵循事物认知从无到有、从少到多的发展轨迹。所以，讯问时侦查人员首先应当讯问犯罪嫌疑人是否有犯罪行为，让他自己陈述有罪的情节或者无罪的辩解，然后再根据其先前陈述进一步提出具体问题。在讯问过程中，犯罪嫌疑人负有如实陈述义务，享有拒绝回答的权利。

本条第二款在 2018 年《刑事诉讼法》修改时，增加了认罪认罚的内容。本款是对侦查人员告知义务的规定。根据本款规定，侦查人员在讯问的时候应当告知犯罪嫌疑人如实供述自己的罪行可以从宽处理以及认罪认罚的法律规定，一方面鼓励犯罪嫌疑人与侦查机关积极配合，另一方面也帮助犯罪嫌疑人对如实陈述和认罪认罚作出更加理性的选择。宽严相济一直是我国的刑事政策。2016 年 9 月根据《全国人民代表大会常务委员会关于授权最高人民法院、最高人民检察院在部分地区开展刑事案件认罪认罚从宽制度试点工作的决定》，认罪认罚从宽制度开始在全国十八个地区试点。该项试点的成果已经在 2018 年 10 月《刑事诉讼法》修改时予以吸收。现行《刑事诉讼法》已经将认罪认罚从宽作为一项基本原则规定下来。《最高人民法院关于常见犯罪的量刑指导意见》明确规定：对于坦白情节，综合考虑如实供述罪行的阶段、程度、罪行轻重以及悔罪程度等情况，确定从宽的幅度。如实供述自己罪行的，可以减少基准刑的 20%以下；如实供述司法机关尚未掌握的同种较重罪行的，可以减少基准刑的 10% ~30%；因如实供述自己罪行，避免特别严重后果发生的，可以减少基准刑的 30% ~50%。对于当庭自愿认罪的，根据犯罪的性质、罪行的轻重、认罪程度以及悔罪表现等情况，可以减少基准刑的 10%以下。依法认定自首、坦白的除外。因此，帮助犯罪嫌疑人了解相关规定既是侦查机关的义务，也是犯罪嫌疑人的一项诉讼权利。但是侦查人员对犯罪嫌疑人的告知一定要全面和准确。犯罪嫌疑人如有疑问，侦查人员也可以向其进行解释。切忌大包大揽，胡乱承诺。

第一百二十三条 侦查人员在讯问犯罪嫌疑人的时候，可以对讯问过程进行录音或者录像；对于可能判处无期徒刑、死刑的案件或者其他重大犯罪案件，应当对讯问过程进行录音或者录像。

录音或者录像应当全程进行，保持完整性。

※法规解读：本条共有两款，是关于讯问时录音、录像的规定。

对讯问过程进行录音或者录像，从职务犯罪侦查程序开始，2012 年《刑事诉讼法》修改时正式写入法律，如今已经成为规范侦查讯问行为的重要手段。讯问时的录音录像一方面能更加真切地对讯问过程及内容进行有效记录，另一方面也能通过物化手段有效地识别或防止讯问中的违法行为。根据本条第一款的规定，对于讯问过程的录音或录像有两种方式：一为任意式；二为强制式。对于可能判处较重刑罚的案件，如无期徒刑、死刑的案件，以及其他的重大犯罪案件，采用强制模式要求必须对讯问过程进行录音或者录像。除了强制录音、录像的情形之外，侦查人员可以自主决定是否对讯问过程进行录音或录像。本条第二款是关于讯问录音录像资料要求的规定。录音录像作为固定讯问过程的一种方式，只有其具有全程性、全面性和完整性的特征时才有意义。所以本条第二款首先强调了录音或者录像应当全程进行，即自始至终。任何讯问时间和空间上的“真空”，都会影响对讯问过程的记录，同时也容易导致对讯问记载事项的断章取义；更为重要的是，会引起人们对讯问过程正当性的怀疑。只有确保讯问过程记录的完整性，才能真正发挥录音录像方式的重要作用。记录讯问过程的录音录像资料应当完整保存。

全国检察系统从2006年年底开始在全国的职务犯罪中推行全程录音录像制度。为了确保录音录像记载过程的全程性、记载内容的全面性以及保存的完整性，最高人民检察院在《人民检察院讯问职务犯罪嫌疑人实行全程同步录音录像技术工作流程(试行)》中对于讯问录音录像开始的时间、画面显示内容、场景安排、设备运行、故障处理、封存要求、复制和技术处理、存档以及使用等方面均作了细致的规定。对本条款的具体适用具有较大的参考价值。

第一百二十四条　侦查人员询问证人，可以在现场进行，也可以到证人所在单位、住处或者证人提出的地点进行，在必要的时候，可以通知证人到人民检察院或者公安机关提供证言。在现场询问证人，应当出示工作证件，到证人所在单位、住处或者证人提出的地点询问证人，应当出示人民检察院或者公安机关的证明文件。

询问证人应当个别进行。

※法规解读：本条是关于询问证人地点及方式的规定。

询问证人是侦查人员收集案件信息和证据的重要方式之一。侦查人员收集证人证言主要通过询问的方式进行。

本条第一款主要是关于询问证人地点的规定。侦查人员对证人进行询问可以在现场进行，也可以到证人所在单位、住处或者证人提出的地点进行。上述询问地点中，在案件现场进行询问以及到证人提出的地点进行询问系2012年《刑事诉讼法》修改时增加的内容。有些刑事案件发现比较及时，故而证人还在案件现场，在现场对证人进行询问，符合侦查及时原则的要求，在证人记忆新鲜的情况下记录证言能够获得更多的信息。即便不是在案发后立即就找到证人进行询问，必要的时候对证人到现场进行询问，也有助于唤起证人的记忆，更多地收集对案件侦破有用的信息。在实践中，证人往往忌惮于暴露自己的身份，因此到证人提出的地点进行询问，更有助于满足保护证人作证的私密性需求，消除证人作证的疑虑。询问证人地点的选择以就近、就便为原则，同时兼顾证人的其他相关需要，尽量照顾证人的需求。在必要的时候，也可以通知证人到人民检察院或者公安机关提供证言。询问时应当出示相关证明文件是2012年《刑事诉讼法》修改时新增加的内容。询问是法定主体的职权。但是作为被询问对象的证人有权利了解询问人员的身份等信息，以便更好地保护其合法权益，履行法定义务。为了保障证人的知悉权，现场询问证人时，由于事件可能具有突发性，因此只要出示工作证件，表明其合法身份即可；到证人所在单位、住处或者证人提出的地点询问时应当出示侦查机关的证明文件。

为了确保证人提供证言的真实性，避免不必要的干扰和影响，因此本条第二款明确规定询问证人应当个别进行。

第一百二十八条 侦查人员对于与犯罪有关的场所、物品、人身、尸体应当进行勘验或者检查。在必要的时候,可以指派或者聘请具有专门知识的人,在侦查人员的主持下进行勘验、检查。

※法规解读:本条是关于勘验、检查的一般规定。

勘验、检查是侦查机关的专门调查活动之一,因此,侦查人员有权使用这些方法。勘验、检查的对象为与犯罪有关的场所、物品、人身和尸体。勘验的对象为无生命客体,如场所、物品、尸体等;检查的对象为有生命客体,如人身。有些勘验、检查工作,侦查人员即可进行,但是有些勘验、检查活动比较复杂,或者需要更强的专业知识。因此,在必要的时候,侦查机关可以指派或者聘请有专门知识的人进行勘验或者检查。但是为了确保勘验、检查工作的有序性,以及能够适应整体侦查工作的需要,勘验、检查工作仍需要在侦查人员的主持和组织之下进行。

第一百三十六条 为了收集犯罪证据、查获犯罪人,侦查人员可以对犯罪嫌疑人以及可能隐藏罪犯或者犯罪证据的人的身体、物品、住处和其他有关的地方进行搜查。

※法规解读:本条是关于搜查的一般性规定。

搜查,是指侦查人员对犯罪嫌疑人以及可能隐藏罪犯、犯罪证据的人的身体、物品、住处、其他有关地方进行搜索、查验的侦查活动。根据本条规定,搜查的直接目的在于收集犯罪证据,查获犯罪人。有权实施搜查的主体为侦查人员。搜查的对象为一切与犯罪嫌疑人有关,以及可能隐藏罪犯或者犯罪证据的人的身体、物品、住处和其他有关的地方,但是依法免受搜查的地方除外,如《外交特权与豁免条例》第四条第二款就明确规定:使馆的馆舍、设备及馆舍内其他财产和使馆交通工具免受搜查。

第一百四十一条 在侦查活动中发现的可用以证明犯罪嫌疑人有罪或者无罪的各种财物、文件,应当查封、扣押;与案件无关的财物、文件,不得查封、扣押。

对查封、扣押的财物、文件,要妥善保管或者封存,不得使用、调换或者损毁。

※法规解读:本条共有两款,是关于查封、扣押财物、文件的一般性规定。

查封、扣押财物和文件是刑事诉讼的侦查措施。其并不必然附属于勘验和搜查行为,因而本条在表述的时候,将该种侦查行为的适用时间进一步扩展为"在侦查活动中"。查封、扣押财物和文件是侦查机关依法强制封存、扣留与案件有关的财物、文件的侦查行为。只要是在侦查活动中发现的,对案件有证明作用的财物和文件,都属于该种侦查行为的适用对象。因此,本条款在表述查封、扣押对象时将2012年《刑事诉讼法》原来的"物品和文件"改为"财物和文件",即在原来的基础上将财产纳入该种侦查行为的适用范围中来。

侦查机关查封、扣押财物和文件的基本原则是"与案件有关",并不局限于有罪证据,凡是能够证明犯罪嫌疑人无罪、罪轻、从轻、减轻或者免除处罚的财物和文件也属于“与案件有关”的范围。对于不能立即查明是否与案件有关的可疑的文件、资料和其他物品也可以查封、扣押,但是应当及时审查。经查明确实与案件无关的,应当及时退还。另外,对于在侦查活动中发现的违禁品,无论是否与案件有关,侦查机关均有权查封、扣押。《公安机关办理刑事案件适用查封、冻结措施有关规定》对查封、扣押的范围予以进一步明确:公安机关查封、冻结的涉案财物,是指公安机关在办理刑事案件过程中,依法以查封、冻结等方式固定的可用以证明犯罪嫌疑人有罪或者无罪的各种财产和物品,包括:犯罪所得及其孳息;用于实施犯罪行为的工具;其他可以证明犯罪行为是否发生以及犯罪情节轻重的财物。同时,应当为犯罪嫌疑人及其所扶养的家属保留必要的生活费用和物品。公安机关为了侦查犯罪的需要,可以依法查封涉案的土地、房屋等不动产,以及涉案的车辆、船舶、航空器和大型机器、设备等特定动产。必要时,可以一并扣押证明其财产所有权或者相关权益的法律文件和文书。置于不动产上的设施、家具和其他相关物品,需要作为证据使用的,应当扣押;不宜移动的,可以一并查封。查封、扣押财物和文件作为一种侦查行为,其必然是以国家强制力为后盾的。因此当遇到财物和文件持有人拒绝交出时,侦查机关有权强制查封和扣押。侦查机关查封、扣押的财物和文件是重要的案件证据材料,往往需要随案移送或者备查。对于属于其他合法持有人的财物和文件,还涉及返还等问题。由于查封、扣押的财物和文件从法理的角度上而言属于特定物,而非种类物,因此一旦灭失或者损毁将无法弥补。另外,侦查机关查封、扣押措施对于特定财物和文件而言只是一种暂时性的保全和固定方式,因此,使用、调换或者毁损都将是对法定物权的侵害。妥善保管或者封存,严禁使用、调换或者毁损查封、扣押的财物和文件是侦查机关的法定义务。

第一百四十六条　为了查明案情,需要解决案件中某些专门性问题的时候,应当指派、聘请有专门知识的人进行鉴定。

※法规解读:本条是关于鉴定的一般规定。

《全国人民代表大会常务委员会关于司法鉴定管理问题的决定》第一条规定,司法鉴定是指在诉讼活动中鉴定人运用科学技术或者专门知识对诉讼涉及的专门性问题进行鉴别和判断并提供鉴定意见的活动。刑事诉讼中,鉴定主要用于解决跟案件有关的专门性问题,以便帮助侦查人员对某些证据材料进行更加科学和客观的认识。

鉴定需要由专业人员进行。根据《全国人民代表大会常务委员会关于司法鉴定管理问题的决定》第四条规定,具备下列条件之一的人员,可以申请登记:具有与所申请从事的司法鉴定业务相关的高级专业技术职称;具有与所申请从事的司法鉴定业务相关的专业执业资格或者高等院校相关专业本科以上学历,从事相关工作五年以上;具有与所申请从事的司法鉴定业务相关工作十年以上经历,具有较强的专业技能。因故意犯罪或者职务过失犯罪受过刑事处罚的,受过开除公职处分的,以及被撤销鉴定人登记的人员,不得从事司法鉴定业务。

侦查程序中的专门性问题需要鉴定的主要有:法医类鉴定,包括法医病理鉴定、法医临床鉴定、法医精神病鉴定、法医物证鉴定和法医毒物鉴定;物证类鉴定,包括文书鉴定、痕迹鉴定和微量鉴定;声像资料鉴定,包括对录音带、录像带、磁盘、光盘、图片等载体上记录的声音、图像信息的真实性、完整性及其所反映的情况过程进行的鉴定和对记录的声音、图像中的语言、人体、物体作出种类或者同一认定等。鉴定人由侦查机关指派或者聘请。在公安机关,刑事技术鉴定由县级以上公安机关刑事技术部门或者其他专职人员负责进行。需要聘请有专门知识的人进行鉴定时,应当经县级以上公安机关负责人批准后,制作聘请书。侦查机关应当为鉴定人进行鉴定提供必要的条件,及时向鉴定人送交有关检材和对比样本等原始材料,介绍与鉴定有关的情况,并且明确提出要求鉴定解决的问题,但是不得暗示或者强迫鉴定人作出某种鉴定意见。

关联法规索引

《全国人民代表大会常务委员会关于在北京市、山西省、浙江省开展国家监察体制改革试点工作的决定》;《全国人民代表大会常务委员会关于在全国各地推开国家监察体制改革试点工作的决定》;《刑事诉讼法》第118~149条;《中国共产党纪律检查机关案件检查工作条例》第28条;《中国共产党纪律检查机关案件检查工作条例实施细则》第28~32条;《中国共产党纪律检查机关监督执纪工作规则》第48条

第四十二条　【严格执行调查方案原则】　调查人员应当严格执行调查方案,不得随意扩大调查范围、变更调查对象和事项。

对调查过程中的重要事项,应当集体研究后按程序请示报告。

条文解读

本条共有两款,是对严格执行调查方案原则的规定。

监察机关对公职人员的监督和调查严格依法进行。从宏观方面而言,监察机关的监察权限、监察范围、监察方式都需要有明确的法律授权。从微观层面而言,监察机关对具体公职人员监察从启动到推进,从调查方案的设定到调查方案的执行,从调查措施的选择到调查措施的实施均应当严格依法依规进行。《中国共产党纪律检查机关案件检查工作条例实施细则》第二十二条规定,调查方案的内容应包括:需查清的主要问

题,调查步骤、方法,预计完成任务的时间,办案人员的组成和领导关系以及应注意的事项等。《监察法》本条即是对依法依规进行开展监察的一个具体表现。根据本条第一款的规定,调查方案一旦拟定,调查人员都应当严格执行调查方案,不得随意扩大或者变更,具体包括调查的范围、调查对象和调查事项。

本条第二款是对调查方案的变更程序规定。虽然第一款已经能明确确立了不得随意变更的规则,但是在具体案件调查过程中,情势总是千变万化的,因此当涉及调查过程中的重要事项需要变更的时候,需要严格履行集体研究决定后再请示报告的程序制度,这是变更后的执行调查方案具有正当性的依据。

配套法规及解读

《中国共产党纪律检查机关监督执纪工作规则》(2018 年 12 月 28 日)

第三十九条　对涉嫌严重违纪或者职务违法、职务犯罪人员立案审查调查,纪检监察机关主要负责人应当主持召开由纪检监察机关相关负责人参加的专题会议,研究批准审查调查方案。

纪检监察机关相关负责人批准成立审查调查组,确定审查调查谈话方案、外查方案,审批重要信息查询、涉案财物查扣等事项。

监督检查、审查调查部门主要负责人组织研究提出审查调查谈话方案、外查方案和处置意见建议,审批一般信息查询,对调查取证审核把关。

审查调查组组长应当严格执行审查调查方案,不得擅自更改;以书面形式报告审查调查进展情况,遇有重要事项及时请示。

※法规解读:本条共有四款,是对调查方案的规定。

本条第一款是对调查方案审定的规定。根据本条规定,对涉嫌严重违纪或者职务违法、职务犯罪人员决定立案审查调查后,调查方案采用专题会议的方式进行审定。专题会议由纪检监察机关主要负责人主持,纪检监察机关相关负责人参加,研究批准审查调查方案。

本条第二款是对审查调查组的规定。审查调查组是负责对案件具体开展调查活动的组织形式。审查调查组由纪检监察机关相关负责人批准成立,负责具体调查事项,包括谈话方案、外查方案,审批重要信息查询、涉案财物查扣等的实施。这些审查调查的具体事项也需要由纪检监察机关相关负责人批准。

本条第三款是对具体调查审查方案的规定。具体案件中,具体调查措施的实施方案,包括谈话方案、外查方案和处置意见建议,审批一般信息查询等,由监督检查、审查调查部门主要负责人组织、研究并提出,通过周详计划对调查取证审核把关。

本条第四款是对严格执行审查调查方案的规定。该款几乎与《监察法》第四十二条规定相同。这主要分为四个层次:第一,从正面明确严格执行审查调查方案原则。第二,从反面禁止擅自变更。第三,报告调查进展情况采用书面形式。第四,重要事项及时请示制度。

关联法规索引

《中国共产党纪律检查机关案件检查工作条例》第24条;《中国共产党纪律检查机关案件检查工作条例实施细则》第22条

第四十三条 【留置决定】 监察机关采取留置措施,应当由监察机关领导人员集体研究决定。设区的市级以下监察机关采取留置措施,应当报上一级监察机关批准。省级监察机关采取留置措施,应当报国家监察委员会备案。

留置时间不得超过三个月。在特殊情况下,可以延长一次,延长时间不得超过三个月。省级以下监察机关采取留置措施的,延长留置时间应当报上一级监察机关批准。监察机关发现采取留置措施不当的,应当及时解除。

监察机关采取留置措施,可以根据工作需要提请公安机关配合。公安机关应当依法予以协助。

条文解读

本条共有三款,是对监察机关采取留置措施具体程序的规定。

贯彻党的十九大报告精神,留置取代"两规"措施,是推进国家治理体系和治理能力现代化的重要举措。赋予监察机关留置权,同时也要确保该项权力在法治的轨迹中运行。

本条第一款是对留置决定权的规定。留置措施具有限制人身自由的属性,因此需要通过更加严格的程序对决定权进行约束和限制。根据本条款的规定,监察留置的决定权由监察机关领导人员集体行使,需他们共同决策。同时采用批准制或者备案制度对下级监察机关采用留置措施的情况进行监督。设区的市级以下监察机关采取留置措施,应当报上一级监察机关批准。省级监察机关采取留置措施,应当报国家监察委员会备案。

本条第二款是对留置适用期限的规定。一般情况下,留置的期限为三个月。特殊情况下,留置的期限可以延长一次。也就意味着留置措施最长可以适用六个月。至于特殊情况的具体情形,尚需进一步的解释予以明确。省级以下监察机关采取的留置措施,需要延长时间的,应当报请上一级监察机关的批准。通过严格程序设置,尽量限制留置期限的延长。虽然采用了留置措施,但是在适用过程中发现属于不当适用情况的,监察机关应当及时了解,从而最大限度地保障被调查人的人身权益。

本条第三款是对留置措施协助执行的规定。根据本条款规定,公安机关负有协助配合的义务,是否需要公安机关配合由监察机关决定。

关联法规索引

《中国共产党纪律处分条例》第 40 条;《中国共产党纪律检查机关监督执纪工作规则》第 40、57、69 条

第四十四条 【留置执行】 对被调查人采取留置措施后,应当在二十四小时以内,通知被留置人员所在单位和家属,但有可能毁灭、伪造证据,干扰证人作证或者串供等有碍调查情形的除外。有碍调查的情形消失后,应当立即通知被留置人员所在单位和家属。

监察机关应当保障被留置人员的饮食、休息和安全,提供医疗服务。讯问被留置人员应当合理安排讯问时间和时长,讯问笔录由被讯问人阅看后签名。

被留置人员涉嫌犯罪移送司法机关后,被依法判处管制、拘役和有期徒刑的,留置一日折抵管制二日,折抵拘役、有期徒刑一日。

条文解读

本条共有三款,是对留置措施执行的规定。

本条第一款是对采取留置措施通知单位和家属的规定。留置是一种较长时间限制人身自由的调查手段,因此,根据该条规定,一般情况下应当自采取留置措施的二十四小时之内通知被留置人员的所在单位和家属,以免耽误工作以及让家人担心。但是当通知单位或者家属可能对监察机关的调查工作造成妨害时,如可能发生毁灭、伪造证据的,干扰证人作证或者串供等情况的,均可以不通知。

本条第二款是对留置期间被留置人员待遇的规定。被留置人员只是涉嫌职务违法或者犯罪,其在理论上仍享有基本的人权并受国家法律的保护。因此,即便是在被留置期间,监察机关仍有义务保障被留置人员的饮食、休息和安全,并在需要的情况下提供医疗服务,这些体现了法律的人道主义精神。对被留置人员在留置期间内进行讯问的,讯问人员应当合理安排讯问的开始和结束的时间,并控制好讯问持续的时长,避

免疲劳审讯。讯问除了要进行录音录像之外，还应当做好讯问笔录，被讯问人要对讯问笔录进行确认并签名。

本条第三款是对留置期限折抵刑期的规定。监察机关调查的案件，若符合《刑事诉讼法》的规定，达到犯罪条件，依法被人民法院判处管制、拘役和有期徒刑刑罚的，留置的期限可以折抵刑期。具体折抵的方法：留置一日折抵管制二日，折抵拘役、有期徒刑一日。

配套法规及解读

《中国共产党纪律检查机关监督执纪工作规则》(2018 年 12 月 28 日)

第四十一条 需要对被审查调查人采取留置措施的，应当依据监察法进行，在 24 小时内通知其所在单位和家属，并及时向社会公开发布。因可能毁灭、伪造证据，干扰证人作证或者串供等有碍调查情形而不宜通知或者公开的，应当按程序报批并记录在案。有碍调查的情形消失后，应当立即通知被留置人员所在单位和家属。

※法规解读：本条是对留置措施通知单位和家属的规定。

根据本条规定，监察机关对被审查调查人采取留置措施后，负有向特定主体进行通知和通报的义务，时限为采取措施的 24 小时内。有权利知晓相关信息的主体包括被审查调查人所在单位、其家属和社会公众。监察机关采取留置措施的通知义务是一般原则。特殊情况下，包括可能毁灭、伪造证据，干扰证人作证或者串供等有碍调查情形，可以暂时不通知或者公开，但是应当履行程序报批并进行记录。一旦有碍调查的情况消失后，采取留置措施的监察机关仍有义务通知被审查调查人的单位和其家属。

第四十五条 【调查结果】 监察机关根据监督、调查结果，依法作出如下处置：

（一）对有职务违法行为但情节较轻的公职人员，按照管理权限，直接或者委托有关机关、人员，进行谈话提醒、批评教育、责令检查，或者予以诫勉；

（二）对违法的公职人员依照法定程序作出警告、记过、记大过、降级、撤职、开除等政务处分决定；

（三）对不履行或者不正确履行职责负有责任的领导人员，按照管理权限对其直接作出问责决定，或者向有权作出问责决定的机关提出问责建议；

（四）对涉嫌职务犯罪的，监察机关经调查认为犯罪事实清楚，证据确实、充分的，制作起诉意见书，连同案卷材料、证据一并移送人民检察院依法审查、提起公诉；

（五）对监察对象所在单位廉政建设和履行职责存在的问题等提出监察建议。

监察机关经调查，对没有证据证明被调查人存在违法犯罪行为的，应当撤销案件，并通知被调查人所在单位。

条文解读

本条共有两款，是对监察机关调查案件结果的规定。

本条第一款是关于监察机关对案件处置方式的规定。监察机关负有监督和调查案件的职权，立案后，经过法定调查程序，根据案件具体情况，有权作出以下五种处置：

第一，直接或者委托有关机关、人员，进行谈话提醒、批评教育、责令检查或者予以诫勉，此种处置方式适用于公职人员有职务违法行为，但情节较轻的情况。此处的谈话是调查之后的处理结果，而非调查行为。

第二，对违法公职人员直接依法作出政务处分决定，行政处分包括警告、记过、记大过、降级、降职、开除等。监察机关根据《公务员法》《公职人员政务处分暂行规定》《行政机关公务员处分条例》《事业单位工作人员处分暂行规定》等，坚持实事求是、惩前毖后、治病救人的原则依法依规对公职人员进行政务处分，确保处分与行为违法违纪程度相当。

第三，作出问责决定或者向有权作出问责决定的机关提出问责建议，该处置方式适用于不履行或者不正确履行职责负有责任的领导人员。"有权必有责、有责要担当、失责必追究"，是党风廉政建设的重要内容。领导干部要履职尽责。因此，问责制主要适用于负有责任的领导人员，而并非是一般的工作人员。问责的主体是监察机关或者有权作出问责决定的机关。问责的方式是，监察机关按照管理权限直接作出通报、诫勉、组织吊证或者组织处理、处分等问责决定，或者向有权作出问责决定的机关提出问责建议。

第四，构成犯罪的，移送人民检察院审查起诉。监察机关在调查案件过程中，认为案件事实清楚、证据确实充分，依法应当追究刑事责任的，应当依照《刑事诉讼法》的规定，制作起诉意见书，连同案卷材料以及证据材料一并移送人民检察院，由人民检察院按照法定方式和程序进行审查，决定是否提起公诉。需要采取强制措施的，由人民检察院依照《刑事诉讼法》的规定进行。本项规定是监察机关办理案件与刑事诉讼的衔接程序规定。

第五，提出监察建议。监察建议主要是向监察对象所在单位提出的，旨在解决该单位在廉政建设和履行职责工作中存在的问题。所谓监察建议，是指监察机关依法根据监督、调查结果，针对监察对象所在单位廉政建设和履行职责存在的问题等，向相关单位和人员就其职责范围内的事项提出的具有一定法律效力的建议。《监察法》第六十二条明确规定：有关单位拒不执行监察机关作出的处理决定，或者无正当理由拒不采纳监察建议的，由其主管部门、上级机关责令改正，对单位给予通报批评；对负有责任的领导人员和直接责任人员依法给予处理。

本条第二款是对撤销案件的规定。监察机关经过法定程序立案后，通过调查措施调查终结后，没有证据证明被调查对象有违法犯罪行为的，就应当依法撤销案件。

配套法规及解读

《刑事诉讼法》(2018年10月26日修正)

第一百七十条 人民检察院对于监察机关移送起诉的案件，依照本法和监察法的有关规定进行审查。人民检察院经审查，认为需要补充核实的，应当退回监察机关补充调查，必要时可以自行补充侦查。

对于监察机关移送起诉的已采取留置措施的案件，人民检察院应当对犯罪嫌疑人先行拘留，留置措施自动解除。人民检察院应当在拘留后的十日以内作出是否逮捕、取保候审或者监视居住的决定。在特殊情况下，决定的时间可以延长一日至四日。人民检察院决定采取强制措施的期间不计入审查起诉期限。

※法规解读：本条共有两款，是2018年《刑事诉讼法》修改时新增条文，是关于人民检察院对于监察机关移送起诉案件的处理的规定。

本条第一款明确了人民检察院对监察机关移送案件审查起诉应当依据《刑事诉讼法》和《监察法》。人民检察院经审查，认为案件事实不清、证据不足需要调查核实的，原则上退回监察机关补充调查。依据《监察法》的规定，补充调查应当在一个月内调查完毕，以两次为限。检察机关也可以自行补充侦查。

本条第二款是关于留置措施与强制措施衔接的规定。第一，对于监察机关已经采取了留置措施的案件，人民检察院应当对犯罪嫌疑人先行拘留，留置措施自动解除。这里的先行拘留是一种临时、过渡性质的强制措施，目的是将犯罪嫌疑人从监察调查程序转入刑事诉讼程序。第二，先行拘留的期限一般为十日，重大、复杂案件可延长一至四日。第三，人民检察院依法独立作出对犯罪嫌疑人是否采取强制措施以及何种强制措施的决定，不受监察机关干涉。第四，检察机关决定采取强制措施的期间不计入审查起诉期限。这一做法同侦查程序与审查起诉环节的衔接处理方法不同。一般而言，公安机关移送人民检察院审查起诉的案件，检察机关决定采取或者变更强制措施的时间要计入审查起诉期限。

关联法规索引

《公务员法》;《监察法》第13、62条;《行政机关公务员处分条例》;《事业单位工作人员处分暂行规定》;《公职人员政务处分暂行规定》;《国家监察委员会特约监察员工作办法》第9条;《中国共产党纪律检查机关监督执纪工作规则》第19条

典型案例

浙江高考英语加权赋分案[1]

※案情简介:2018年11月24日,浙江省高考英语科目成绩公布后,考试成绩和加权赋分方式受到一些学生和家长质疑,引发社会广泛关注。浙江省委、省政府高度重视,省委书记车俊多次召开会议专题研究。12月1日,省委决定成立由省长袁家军为组长,省委常委、省纪委书记、省监委代主任任振鹤为副组长,有关权威专家参与的省政府调查组。12月4日,省委召开常委会听取调查组汇报并专题研究。经调查,此次高考英语科目加权赋分是一起因决策严重错误造成的重大责任事故。

11月高考英语科目考试结束后,省教育厅、省教育考试院收到部分考生及家长关于本次考试难度偏大的反映,遂参照上年同期试题难度,对部分试题进行了加权赋分。

调查组认为,此次高考英语科目加权赋分决策依据不充分、决策严重错误,导致结果不公正、不合理。根据教育部门有关规定,评分细则应在正式评卷前制定。本次加权赋分是在正式评卷完成后进行的,不属于评分细则的范畴,省教育厅主要负责人和省教育考试院混淆了加权赋分与评分细则的概念。在具体操作中,省教育考试院又没有进行充分的技术论证,仅作模拟推演,导致不同考生同题加权赋分值存在差别。

省教育厅主要负责人未能正确履行职责,违反民主集中制原则,不经过集体研究,个人决定了事关全局和稳定的重大问题。省教育考试院有关负责同志在院长办公会议多数人持不同意见的情况下,不坚持原则,违规通过和执行了加权赋分的错误决定。

同时,调查组组织评卷专家对这次英语科目试卷评卷过程和结果进行了严格核查,认为这次英语考试评卷的组织符合高考相关规定,阅卷评分是严格公正的,考生的原始得分合法有效。按照实事求是、有错必纠、有什么错纠什么错的原则,省政府决定取消这次考试的加权赋分,恢复原始得分。

在听取调查组汇报并专题研究后,省委、省政府决定,依据有关规定,对相关职能

---

[1] 本案根据网络报道《浙江公布高考英语加权赋分情况调查结果 省教育厅长被责令辞职》整理,具体参见 http://www.ccdi.gov.cn/yaowen/201812/t20181206_184599.html,查询时间:2019年5月30日。

单位和有关责任人分别追究责任。

省教育厅在高考英语科目加权赋分过程中，履行职责不力，未落实重大事项决策程序，出现严重错误，造成严重社会后果，承担领导责任。责令省教育厅党委向省委作出深刻检查，省教育厅向省政府作出深刻检查，并切实整改，省教育厅党委召开专题民主生活会，严肃开展批评和自我批评；责令省教育厅向社会发布整改措施并正式道歉；对省教育厅履行职责不力问题进行通报。

省教育考试院盲目执行上级领导的错误意见，造成严重社会后果，承担直接责任。责令省教育考试院向省教育厅作出深刻检查；对省教育考试院履行职责不力问题进行通报。省教育考试院党委召开专题民主生活会，严肃开展批评和自我批评。

对相关责任人责任追究如下：免去郭某某省教育厅党委书记、委员职务，责令其辞去省教育厅厅长职务。免去王某某省教育考试院党委书记、委员职务，由省纪委对其涉嫌违纪问题立案审查。对省教育厅党委委员，省教育考试院党委委员、院长孙某某以诫勉。由省纪委监委派驻省教育厅纪检监察组，对省教育考试院党委委员、纪委书记陈某某涉嫌违纪问题立案审查。对其他相关责任人，按照干部管理权限，由有关部门作出相应处理。

※案件要旨：浙江高考英语加权赋分涉及众多考生和家长，社会影响极大。当社会对该问题质疑的声音不断出现后，监察机关对该事件进行了调查，并给出了调查结果。明确认定，省教育考试院盲目执行上级领导的错误意见，造成严重社会后果，承担直接责任。责令省教育考试院向省教育厅作出深刻检查；对省教育考试院履行职责不力问题进行通报。省教育考试院党委召开专题民主生活会，严肃开展批评和自我批评，对相关责任人责任进行追究。对具体行为人的处置包括免职，立案审查，诫勉和按照干部管理权限，由有关部门作出相应处理等。可以看到，监察机关根据监督、调查结果对相关人员的处理均依据了《监察法》第四十五条的规定，综合运用了该条赋予的处置权限。

第四十六条　【涉案财物处置】　监察机关经调查，对违法取得的财物，依法予以没收、追缴或者责令退赔；对涉嫌犯罪取得的财物，应当随案移送人民检察院。

条文解读

本条是对涉案财物的处置规定。

根据本条对应，监察机关经过调查后，对于涉案财物的处理主要分为两类：第一，认定属于违法取得的财物的，依法予以没收、追缴或者责令退赔。没收是指将违法取得的财物强制收归国有。根据法律规定，没收的财物一律上缴国库。追缴是指将违法取得的财物予以追回的行为，追缴的财物退回原所有人或者原持有人，依法不应退回或者退回不能的，上缴国库。责令退赔是指要求责任人将违法取得的财物予以归还，或者违法取得的财物已经被消耗、损毁的，用价值相当的财产或者物品予以赔偿的行为。责令退赔的财物退赔给原所有人或者原持有人，无法退赔的，上缴国库。第二，对于涉嫌犯罪取得的财物，依法随案移送至检察机关，通过司法程序予以处理。

2018 年 6 月，中央纪委国家监委机关涉案财物信息管理系统已全面推开使用。旨在彻底解决涉案财物管理底数不清、账物不符、监管乏力、重复劳动等问题。该系统依托纪检监察内网运行，分别设置了委领导、监督检查（审查调查）部门、机关事务管理局、案件审理室和案件监督管理室五类用户，具有涉案财物登记、移交、保管、审理、处置、监督、查询等功能。通过该系统，将所有涉案财物信息纳入集中统一管理，确保每件涉案财物来源清晰，去向明了，轨迹可查，全程监控，实现了“情况明、数字准”，有效提高了涉案财物管理工作信息化水平。在制度设计方面，该系统采用一案一授权的方式，工作人员只有经授权才能在规定时限内具有操作权限。监督检查（审查调查）部门、机关事务管理局、案件审理室、案件监督管理室相互监督，全程留痕。这是促进依规依纪依法审查调查的重要一环，也是纪检监察机关严格内部管理、防止“灯下黑”的又一重要举措。〔1〕

关联法规索引

《人民检察院刑事诉讼涉案财物管理规定》；《公安机关涉案财物管理若干规定》；《中共中央办公厅、国务院办公厅关于进一步规范刑事诉讼涉案财物处置工作的意见》；《纪检监察机关查办案件涉案财物价格认定工作暂行办法》

第四十七条　【审查起诉】　对监察机关移送的案件，人民检察院依照《中华人民共和国刑事诉讼法》对被调查人采取强制措施。

人民检察院经审查，认为犯罪事实已经查清，证据确实、充分，依法应当追究刑事责任的，应当作出起诉决定。

人民检察院经审查，认为需要补充核实的，应当退回监察机关补充调查，必要

〔1〕 周根山：《中央纪委国家监委机关全面使用涉案财物信息信息管理系统》，http://www.ccdi.gov.cn/yaowen/201806/t20180626_174474.html，查询时间：2019 年 5 月 30 日。

时可以自行补充侦查。对于补充调查的案件，应当在一个月内补充调查完毕。补充调查以二次为限。

人民检察院对于有《中华人民共和国刑事诉讼法》规定的不起诉的情形的，经上一级人民检察院批准，依法作出不起诉的决定。监察机关认为不起诉的决定有错误的，可以向上一级人民检察院提请复议。

条文解读

本条共有四款，是关于检察机关与监察机关办案起诉衔接的规定。

本条第一款是对于审查起诉阶段强制措施的规定。监察机关将案件移送至人民检察院后，依照《刑事诉讼法》的规定，案件进入审查起诉程序。此时被调查人的身份已经转为犯罪嫌疑人。按照《刑事诉讼法》的规定，检察机关有权依法采取强制措施。

本条第二款是对提起公诉条件的规定。本款规定与《刑事诉讼法》的规定保持一致，人民检察院决定提起公诉的条件有二：第一，犯罪事实清楚，证据确实充分；第二，依法应当追究刑事责任。对于监察机关移送审查起诉的案件，检察机关经审查认为符合提起公诉条件的，应当作出起诉决定。

本条第三款是对补充调查或者补充侦查的规定。补充调查或者补充侦查时检察机关在审查起诉过程中发现问题的一种阶段性处理决定。审查起诉的阶段发现有需要补充核实事项的，检察机关有权自行补充侦查，或者决定退回监察机关补充调查。为了确保诉讼效率，补充调查或者补充侦查的次数上限为两次，一次以一个月为限。

本条第四款是关于监察机关对不起诉决定的监督权的规定。根据《刑事诉讼法》的规定，人民检察院审查起诉后，有权作出起诉或者不起诉的决定。不起诉决定意味着从程序上终结了追诉的可能性。为此，若监察机关对于检察机关作出的不起诉决定不服的，有权向上一级人民检察院申请复议。

配套法规及解读

《刑事诉讼法》（2018 年 10 月 26 日修正）

第一百七十条 人民检察院对于监察机关移送起诉的案件，依照本法和监察法的有关规定进行审查。人民检察院经审查，认为需要补充核实的，应当退回监察机关补充调查，必要时可以自行补充侦查。

对于监察机关移送起诉的已采取留置措施的案件，人民检察院应当对犯罪嫌疑人先行拘留，留置措施自动解除。人民检察院应当在拘留后的十日以内作出是否逮捕、取保候审或者监视居住的决定。在特殊情况下,决定的时间可以延长一日至四日。人民检察院决定采取强制措施的期间不计入审查起诉期限。

※法规解读:本条共有两款,是2018年《刑事诉讼法》修改时新增条文,是关于人民检察院对于监察机关移送起诉案件的处理的规定。

本条第一款明确了人民检察院对监察机关移送案件审查起诉应当依据《刑事诉讼法》和《监察法》。依据《监察法》的规定,补充调查应当在一个月内调查完毕,以两次为限。检察机关也可以自行补充侦查。

本条第二款是关于留置措施与强制措施衔接的规定。第一,对于监察机关已经采取了留置措施的案件,人民检察院应当对犯罪嫌疑人先行拘留,留置措施自动解除。这里的先行拘留是一种临时、过渡性质的强制措施,目的是将犯罪嫌疑人从监察调查程序转入刑事诉讼程序。第二,先行拘留的期限一般为十日,重大、复杂案件可延长一至四日。第三,人民检察院依法独立作出对犯罪嫌疑人是否采取强制措施以及何种强制措施的决定,不受监察机关干涉。第四,检察机关决定采取强制措施的期间不计入审查起诉期限。这一做法同侦查程序与审查起诉环节的衔接处理方法不同。一般而言,公安机关移送人民检察院审查起诉的案件,检察机关决定采取或者变更强制措施的时间要计入审查起诉期限。

第一百七十七条 犯罪嫌疑人没有犯罪事实,或者有本法第十六条规定的情形之一的,人民检察院应当作出不起诉决定。

对于犯罪情节轻微,依照刑法规定不需要判处刑罚或者免除刑罚的,人民检察院可以作出不起诉决定。

人民检察院决定不起诉的案件,应当同时对侦查中查封、扣押、冻结的财物解除查封、扣押、冻结。对被不起诉人需要给予行政处罚、处分或者需要没收其违法所得的,人民检察院应当提出检察意见,移送有关主管机关处理。有关主管机关应当将处理结果及时通知人民检察院。

※法规解读:本条共有三款,是关于适用不起诉的条件和处理方式的规定。

本条第一款是关于绝对不起诉的规定。其包括两种情况:(1)犯罪嫌疑人没有犯罪事实的。没有犯罪事实,是指犯罪事实非犯罪嫌疑人所为,或犯罪嫌疑人的行为依法不构成犯罪。犯罪嫌疑人没有犯罪事实的,就不应该再对其进行追诉,在程序上应由人民检察院作出不起诉决定。(2)犯罪嫌疑人具有本法第十六条规定的情形之一的。这属于法定的不追究刑事责任的情况,因而人民检察院应当作出不起诉的决定。

本条第二款是关于酌定不起诉的规定。酌定不起诉适用于犯罪情节轻微,依照《刑法》规定不需要判处刑罚或者免除刑罚的情况。其中"不需要判处刑罚"是指《刑法》第三十七条规定的情形,即对于犯罪情节轻微不需要判处刑罚的,可以免予刑事处罚；“免除刑罚”则是指《刑法》中关于在国外受过刑事处罚、聋哑或盲人犯罪、自首或重大立功、从犯、胁从犯、犯罪预备、犯罪中止、防卫过当、紧急避险超过必要限度等规定中免除处罚的规定。在该种情形下，人民检察院享有不起诉裁量权，是否起诉由人民检察院根据案件具体情况而定。故而本条规定，人民检察院“可以”作出不起诉决定。

本条第三款是关于被不起诉人的处理的规定。在人民检察院作出不起诉决定后，被不起诉人在法律上处于无罪的地位，但这并不意味着被不起诉人不需要承担任何法律责任。人民检察院决定不起诉的案件，可以根据案件的不同情况，对被不起诉人予以训诫或责令具结悔过、赔礼道歉、赔偿损失。对被不起诉人需要给予行政处罚、行政处分或需要没收其违法所得的，人民检察院应当提出检察意见，移送有关主管机关处理。有关主管机关应当将处理结果及时通知人民检察院。同样，由于刑事追诉程序的终结，查封、扣押、冻结的财物也就没有了法律依据，故而应当解除。

关联法规索引

《刑事诉讼法》第168～182条

第四十八条 【被调查人逃匿或者死亡情况的处理】 监察机关在调查贪污贿赂、失职渎职等职务犯罪案件过程中，被调查人逃匿或者死亡，有必要继续调查的，经省级以上监察机关批准，应当继续调查并作出结论。被调查人逃匿，在通缉一年后不能到案，或者死亡的，由监察机关提请人民检察院依照法定程序，向人民法院提出没收违法所得的申请。

条文解读

本条是对被调查人逃匿或者死亡情况处理的规定。

本条分别对于监察机关在调查职务犯罪案件过程中，出现被调查人逃匿或者死亡的情况时，案件及财产问题的处理进行了规定。本条的适用有两个基本条件：第一，涉案类型为贪污贿赂案件、失职渎职等职务犯罪案件。需要注意的是，本条适用的一定是涉嫌犯罪的案件。第二，发生被调查人逃匿或者死亡的情况。

首先，在案件调查过程中，出现被调查人逃匿或者死亡的情况时，监察机关认为有继续调查的必要的，从程序上要报请省级以上监察机关批准，有权继续调查，并根据调查情况作出相应结论。即当发生被调查人逃匿或者死亡情况时，若监察机关认为没有继续调查的必要，以及虽然认为有必要，但是省级以上监察机关并不批准的，则不能继续调查。至于有必要继续调查的具体情形需要有进一步的解释予以明确。2018 年《刑事诉讼法》修改时，增加了缺席审判程序。《刑事诉讼法》第二百九十一条规定：对于贪污贿赂犯罪案件，以及需要及时进行审判，经最高人民检察院核准的严重危害国家安全犯罪、恐怖活动犯罪案件，犯罪嫌疑人、被告人在境外，监察机关、公安机关移送起诉，人民检察院认为犯罪事实已经查清，证据确实、充分，依法应当追究刑事责任的，可以向人民法院提起公诉。人民法院进行审查后，对于起诉书中有明确的指控犯罪事实，符合缺席审判程序适用条件的，应当决定开庭审判。显然，对于监察机关调查的案件，若被调查人在境外的，可以适用缺席审判程序进行审判。

其次，对于涉案财产，可以通过没收违法所得程序予以追缴。对于涉案财产的追缴需要适用《刑事诉讼法》规定的犯罪嫌疑人、被告人逃匿、死亡案件违法所得没收程序。因此，若被调查人逃匿，需要符合在通缉一年后不能到案的条件，或者被调查人死亡的，才可启动该程序。关于“逃匿”和“通缉”，在《最高人民法院、最高人民检察院关于适用犯罪嫌疑人、被告人逃匿、死亡案件违法所得没收程序若干问题的规定》中都有明确的解释。犯罪嫌疑人、被告人为逃避侦查和刑事追究潜逃、隐匿，或者在刑事诉讼过程中脱逃的，犯罪嫌疑人、被告人因意外事故下落不明满二年，或者因意外事故下落不明，经有关机关证明其不可能生存的，应当认定为“逃匿”。公安机关发布通缉令或者公安部通过国际刑警组织发布红色国际通报，应当认定为“通缉”。在具体适用过程中，目前《刑事诉讼法》以及《最高人民法院、最高人民检察院关于适用犯罪嫌疑人、被告人逃匿、死亡案件违法所得没收程序若干问题的规定》和相关的司法解释中，违法所得没收程序的适用对象还都明确指向犯罪嫌疑人、被告人，将被调查人这种主体纳入违法所得没收程序的适用范围还需要相关法律规范作出整体调整。至于违法所得没收程序的适用，本条规定与已有的违法所得没收程序规定保持一致，有权提起该程序的主体依然是人民检察院，因此若监察机关认为需要提起时，应当依照《刑事诉讼法》的规定，写出没收违法所得意见书，移送人民检察院。违法所得没收案件的审理由人民法院负责。

配套法规及解读

《刑事诉讼法》(2018 年 10 月 26 日修正)

第二百九十八条 对于贪污贿赂犯罪、恐怖活动犯罪等重大犯罪案件，犯罪嫌疑人、被告人逃匿在通缉一年后不能到案，或者犯罪嫌疑人、被告人死亡，依照刑法规定应当追缴其违法所得及其他涉案财产的，人民检察院可以向人民法院提出没收违法所得的申请。

公安机关认为有前款规定情形的，应当写出没收违法所得意见书，移送人民检察院。

没收违法所得的申请应当提供与犯罪事实、违法所得相关的证据材料,并列明财产的种类、数量、所在地及查封、扣押、冻结的情况。

人民法院在必要的时候,可以查封、扣押、冻结申请没收的财产。

※法规解读:本条共有四款,是关于犯罪嫌疑人、被告人逃匿、死亡案件违法所得没收程序适用的一般性规定。本程序是一种追缴特殊类型案件违法所得的特别程序,并非缺席判决制度。本特别程序只处理与犯罪有关的财产问题,并不涉及对被追诉人的定罪和量刑。

本条第一款规定了犯罪嫌疑人、被告人逃匿、死亡案件违法所得的没收程序的适用主要包括实体和程序两个部分。

适用违法所得没收程序的实体条件包括三个方面:

第一,案件类型条件。没收违法所得程序主要适用于贪污贿赂犯罪、恐怖活动犯罪等重大犯罪案件,一般的刑事案件并不适用,并且不得随意扩大程序适用范围。根据《最高人民法院、最高人民检察院关于适用犯罪嫌疑人、被告人逃匿、死亡案件违法所得没收程序若干问题的规定》,适用该程序的案件具体包括:贪污、挪用公款、巨额财产来源不明、隐瞒境外存款、私分国有资产、私分罚没财物犯罪案件;受贿、单位受贿、利用影响力受贿、行贿、对有影响力的人行贿、对单位行贿、介绍贿赂、单位行贿犯罪案件;组织、领导、参加恐怖组织,帮助恐怖活动,准备实施恐怖活动,宣扬恐怖主义、极端主义、煽动实施恐怖活动,利用极端主义破坏法律实施,强制穿戴宣扬恐怖主义、极端主义服饰、标志,非法持有宣扬恐怖主义、极端主义物品犯罪案件;危害国家安全、走私、洗钱、金融诈骗、黑社会性质的组织、毒品犯罪案件,以及电信诈骗、网络诈骗犯罪案件。所谓"重大",是指在省、自治区、直辖市或者全国范围内具有较大影响,或者犯罪嫌疑人、被告人逃匿境外的情形。

第二,犯罪嫌疑人、被告人在逃或者死亡。由于我国刑事诉讼程序中对缺席审判的适用有严格的限制,因此,如果出现被追诉人在逃或者死亡的情况,诉讼程序的推进就有阻碍。根据无罪推定原则,审判无法正常进行,就不能在法律上认定被追诉人有罪。在原有的法律制度框架下,追缴这部分人员的涉案财产于法无据,严重影响了国家、集体和相关受害者的合法财产权益的保障。这也是《刑事诉讼法》在修改过程中特别增加犯罪嫌疑人、被告人逃匿、死亡案件违法所得没收程序的初衷。启动本特别程序的前提条件是涉案被追诉人不能到庭参与正常的审判活动,并且依照《刑法》规定应当追缴其违法所得及其他涉案财产的。其具体包括:被追诉人死亡;被追诉人不能到案,不能到案特指被追诉人潜逃,并且在有关专门机关通缉一年后仍不能到案的情况。所谓"逃匿"是指犯罪嫌疑人、被告人为逃避侦查和刑事追究潜逃、隐匿,或者在刑事诉讼过程中脱逃的情形。犯罪嫌疑人、被告人因意外事故下落不明满二年,或者因意外事故下落不明,经有关机关证明其不可能生存的,也按照“逃匿”处理。公安机关发布通缉令或者公安部通过国际刑警组织发布红色国际通报,应当认定为本条款规定的“通缉”。

第三,依照《刑法》规定应当追缴其违法所得及其他涉案财产的。所谓“违法所得”系指通过实施犯罪直接或者间接产生、获得的任何财产。违法所得已经部分或者全部转变、转化为其他财产的,转变、转化后的财产以及来自违法所得转变、转化后的财产收益,或者来自已经与违法所得相混合财产中违法所得相应部分的收益,也应当视为“违法所得”。根据《刑法》的规定,“贪污贿赂罪”一章中,一处提及追缴财产,六处提及没收财产;资助恐怖活动罪和实施恐怖活动的个人并处罚金或者没收财产。《最高人民法院关于适用〈中华人民共和国刑事诉讼法〉的解释》规定,实施犯罪行为所取得的财物及其孳息,以及被告人非法持有的违禁品、供犯罪所用的本人财物,应当认定为本条第一款规定的“违法所得及其他涉案财产”。

适用违法所得没收程序的程序条件为:由人民检察院向人民法院提出没收违法所得的申请。根据本条第二款的规定,公安机关在办理刑事案件的过程中,如果认为符合申请人民法院没收违法所得条件的,应当写出没收财产意见书,移送人民检察院,由人民检察院审查后,向人民法院提出申请。根据本条第三款的规定,人民检察院向人民法院提出的没收违法所得的申请中应当提供与犯罪事实、违法所得相关的证据材料,并列明财产的种类、数量、所在地及查封、扣押、冻结的情况,以便人民法院对案件进行审理。

人民法院在审理犯罪嫌疑人、被告人逃匿、死亡案件违法所得没收案件的过程中,享有查封、扣押、冻结申请没收的财产的权力,根据实际需要决定采用适当的措施,以便案件审理工作的顺利进行。

第二百九十九条 没收违法所得的申请,由犯罪地或者犯罪嫌疑人、被告人居住地的中级人民法院组成合议庭进行审理。

人民法院受理没收违法所得的申请后,应当发出公告。公告期间为六个月。犯罪嫌疑人、被告人的近亲属和其他利害关系人有权申请参加诉讼,也可以委托诉讼代理人参加诉讼。

人民法院在公告期满后对没收违法所得的申请进行审理。利害关系人参加诉讼的,人民法院应当开庭审理。

※法规解读:本条共有三款,是关于犯罪嫌疑人、被告人逃匿、死亡案件没收违法所得案件管辖及审理的规定。

本条第一款规定了犯罪嫌疑人、被告人逃匿、死亡没收违法所得案件的管辖。根据本款规定,该类案件由犯罪地或者犯罪嫌疑人、被告人居住地的中级人民法院管辖。一方面,为了便于违法所得没收案件的证据收集、财产保全以及案件的审理;另一方面,也考虑到这类案件由于被追诉人不能到案,故而在事实认定上更加困难,法律适用上更加复杂。同时,根据本款规定,没收违法所得及其他涉案财产案件的审判组织形式只能为合议庭。

本条第二款是关于人民法院对没收违法所得案件进行公告的规定。人民法院审理没收违法所得案件,案件受理后,应当发出公告,旨在通知犯罪嫌疑人、被告人及其近亲属和其他利害关系人参加诉讼。公告的时间为六个月。根据《刑事诉讼法》第一百零八条的规定,本款中的"近亲属"指犯罪嫌疑人、被告人的夫、妻、父、母、子、女、同胞兄弟姐妹。利害关系人一般认为是指其合法权益与人民法院的审理行为及案件标的之间存在因果关系的公民、法人或其他组织。由于人民法院审理没收违法所得及其他涉案财产的案件可能会对犯罪嫌疑人、被告人的近亲属和其他利害关系人造成影响,故而依法可以亲自参加诉讼,也可以委托诉讼代理人参与诉讼。

本条第三款是关于人民法院审理没收违法所得案件方式的规定。根据《最高人民法院、最高人民检察院关于适用犯罪嫌疑人、被告人逃匿、死亡案件违法所得没收程序若干问题的规定》,本款的"利害关系人"包括犯罪嫌疑人、被告人的近亲属和其他对申请没收的财产主张权利的自然人和单位。公告期满后,人民法院依法对没收违法所得的申请进行审理。有利害关系人参加诉讼的,人民法院则应当通过开庭的方式进行审理。

第三百条 人民法院经审理,对经查证属于违法所得及其他涉案财产,除依法返还被害人的以外,应当裁定予以没收;对不属于应当追缴的财产的,应当裁定驳回申请,解除查封、扣押、冻结措施。

对于人民法院依照前款规定作出的裁定,犯罪嫌疑人、被告人的近亲属和其他利害关系人或者人民检察院可以提出上诉、抗诉。

※法规解读:本条是关于人民法院审理没收违法所得案件的裁决种类及救济手段的规定。

本条第一款是关于人民法院审理没收违法所得案件裁决种类的规定。经过人民法院的审理,对于相关财产而言有两种结果:一是认定相关财产为违法所得;二是不能认定相关财产为违法所得。若是认定为违法所得,需要首先将属于被害人的财产依法返还,其余部分人民法院应当作出裁定予以没收。若是人民法院不能认定财产系违法所得,应当依法裁定驳回申请,同时解除查封、扣押、冻结措施。

本条第二款规定了对人民法院裁决的救济。作为处分财产权的一种裁决,相关权利主体若是对人民法院的裁决有异议,可以依法进行救济。犯罪嫌疑人、被告人的近亲属和其他利害关系人对人民法院的裁决有异议的,依法享有上诉权。人民检察院认为人民法院裁定有错误的,有权进行抗诉。上诉、抗诉的期限为5日内。

第三百零一条 在审理过程中,在逃的犯罪嫌疑人、被告人自动投案或者被抓获的，人民法院应当终止审理。

没收犯罪嫌疑人、被告人财产确有错误的，应当予以返还、赔偿。

※法规解读：本条有两款，是关于终止审理犯罪嫌疑人、被告人逃匿、死亡案件违法所得没收程序及终止审理后对所涉财产的处理的规定。

本条第一款规定了终止审理犯罪嫌疑人、被告人逃匿、死亡案件违法所得没收程序的适用条件。终止审理是诉讼程序的非正常结束，一般在案件没有继续审理的必要或者可能性的情况下适用。犯罪嫌疑人、被告人逃匿、死亡案件违法所得的没收程序是用来处理被追诉人长期逃匿或者死亡的情况下违法所得归属问题的特别程序。在案件审理的过程中，当在逃的犯罪嫌疑人自动投案或者被抓获的，被追诉人可以亲自出席法庭，参与案件审理活动，因而完全可以适用普通程序来解决被追诉人的刑事责任及违法所得的归属问题，特别程序的适用既没有必要，也没有意义。故而，应当终止已经开始的特别程序。

本条第二款是关于错误没收犯罪嫌疑人、被告人财产的法律救济的规定。人民法院错误裁定没收犯罪嫌疑人、被告人财产的，若财产能够返还的，依法返还；不能返还的，以及由于错误没收而给当事人造成损失的，依法给予赔偿。

《最高人民法院、最高人民检察院关于适用犯罪嫌疑人、被告人逃匿、死亡案件违法所得没收程序若干问题的规定》（2017 年 1 月 4 日）

为依法适用犯罪嫌疑人、被告人逃匿、死亡案件违法所得没收程序，根据《刑事诉讼法》《中华人民共和国刑法》《中华人民共和国民事诉讼法》等法律规定，现就办理相关案件具体适用法律若干问题规定如下：

第一条　下列犯罪案件，应当认定为刑事诉讼法第二百八十条[1]第一款规定的“犯罪案件”：

（一）贪污、挪用公款、巨额财产来源不明、隐瞒境外存款、私分国有资产、私分罚没财物犯罪案件；

（二）受贿、单位受贿、利用影响力受贿、行贿、对有影响力的人行贿、对单位行贿、介绍贿赂、单位行贿犯罪案件；

（三）组织、领导、参加恐怖组织，帮助恐怖活动，准备实施恐怖活动，宣扬恐怖主义、极端主义、煽动实施恐怖活动，利用极端主义破坏法律实施，强制穿戴宣扬恐怖主义、极端主义服饰、标志，非法持有宣扬恐怖主义、极端主义物品犯罪案件；

（四）危害国家安全、走私、洗钱、金融诈骗、黑社会性质的组织、毒品犯罪案件。

电信诈骗、网络诈骗犯罪案件，依照前款规定的犯罪案件处理。

---

〔1〕 现行《刑事诉讼法》第二百九十八条。

第二条 在省、自治区、直辖市或者全国范围内具有较大影响，或者犯罪嫌疑人、被告人逃匿境外的，应当认定为刑事诉讼法第二百八十条[1]第一款规定的“重大”。

第三条 犯罪嫌疑人、被告人为逃避侦查和刑事追究潜逃、隐匿，或者在刑事诉讼过程中脱逃的，应当认定为刑事诉讼法第二百八十条[2]第一款规定的“逃匿”。

犯罪嫌疑人、被告人因意外事故下落不明满二年，或者因意外事故下落不明，经有关机关证明其不可能生存的，依照前款规定处理。

第四条 犯罪嫌疑人、被告人死亡，依照刑法规定应当追缴其违法所得及其他涉案财产的，人民检察院可以向人民法院提出没收违法所得的申请。

第五条 公安机关发布通缉令或者公安部通过国际刑警组织发布红色国际通报，应当认定为刑事诉讼法第二百八十条[3]第一款规定的“通缉”。

第六条 通过实施犯罪直接或者间接产生、获得的任何财产，应当认定为刑事诉讼法第二百八十条[4]第一款规定的“违法所得”。

违法所得已经部分或者全部转变、转化为其他财产的，转变、转化后的财产应当视为前款规定的“违法所得”。

来自违法所得转变、转化后的财产收益，或者来自已经与违法所得相混合财产中违法所得相应部分的收益，应当视为第一款规定的“违法所得”。

第七条 刑事诉讼法第二百八十一条[5]第三款规定的“利害关系人”包括犯罪嫌疑人、被告人的近亲属和其他对申请没收的财产主张权利的自然人和单位。

刑事诉讼法第二百八十一条[6]第二款、第二百八十二条[7]第二款规定的“其他利害关系人”是指前款规定的“其他对申请没收的财产主张权利的自然人和单位”。

第八条 人民检察院向人民法院提出没收违法所得的申请，应当制作没收违法所得申请书。

没收违法所得申请书应当载明以下内容：

（一）犯罪嫌疑人、被告人的基本情况；

（二）案由及案件来源；

（三）犯罪嫌疑人、被告人涉嫌犯罪的事实及相关证据材料；

（四）犯罪嫌疑人、被告人逃匿、被通缉、脱逃、下落不明、死亡的情况；

---

[1] 现行《刑事诉讼法》第二百九十八条。
[2] 现行《刑事诉讼法》第二百九十八条。
[3] 现行《刑事诉讼法》第二百九十八条。
[4] 现行《刑事诉讼法》第二百九十八条。
[5] 现行《刑事诉讼法》第二百九十九条。
[6] 现行《刑事诉讼法》第二百九十九条。
[7] 现行《刑事诉讼法》第三百条。

（五）申请没收的财产的种类、数量、价值、所在地以及已查封、扣押、冻结财产清单和相关法律手续；

（六）申请没收的财产属于违法所得及其他涉案财产的相关事实及证据材料；

（七）提出没收违法所得申请的理由和法律依据；

（八）有无利害关系人以及利害关系人的姓名、身份、住址、联系方式；

（九）其他应当载明的内容。

上述材料需要翻译件的，人民检察院应当将翻译件随没收违法所得申请书一并移送人民法院。

第九条　对于没收违法所得的申请，人民法院应当在三十日内审查完毕，并根据以下情形分别处理：

（一）属于没收违法所得申请受案范围和本院管辖，且材料齐全、有证据证明有犯罪事实的，应当受理；

（二）不属于没收违法所得申请受案范围或者本院管辖的，应当退回人民检察院；

（三）对于没收违法所得申请不符合“有证据证明有犯罪事实”标准要求的，应当通知人民检察院撤回申请，人民检察院应当撤回；

（四）材料不全的，应当通知人民检察院在七日内补送，七日内不能补送的，应当退回人民检察院。

第十条　同时具备以下情形的，应当认定为本规定第九条规定的“有证据证明有犯罪事实”：

（一）有证据证明发生了犯罪事实；

（二）有证据证明该犯罪事实是犯罪嫌疑人、被告人实施的；

（三）证明犯罪嫌疑人、被告人实施犯罪行为的证据真实、合法。

第十一条　人民法院受理没收违法所得的申请后，应当在十五日内发布公告，公告期为六个月。公告期间不适用中止、中断、延长的规定。

公告应当载明以下内容：

（一）案由、案件来源以及属于本院管辖；

（二）犯罪嫌疑人、被告人的基本情况；

（三）犯罪嫌疑人、被告人涉嫌犯罪的事实；

（四）犯罪嫌疑人、被告人逃匿、被通缉、脱逃、下落不明、死亡的情况；

（五）申请没收的财产的种类、数量、价值、所在地以及已查封、扣押、冻结财产的清单和相关法律手续；

（六）申请没收的财产属于违法所得及其他涉案财产的相关事实；

（七）申请没收的理由和法律依据；

（八）利害关系人申请参加诉讼的期限、方式以及未按照该期限、方式申请参加诉讼可能承担的不利法律后果；

（九）其他应当公告的情况。

第十二条 公告应当在全国公开发行的报纸、信息网络等媒体和最高人民法院的官方网站刊登、发布，并在人民法院公告栏张贴。必要时，公告可以在犯罪地、犯罪嫌疑人、被告人居住地或者被申请没收财产所在地张贴。公告最后被刊登、发布、张贴日期为公告日期。人民法院张贴公告的，应当采取拍照、录像等方式记录张贴过程。

人民法院已经掌握境内利害关系人联系方式的，应当直接送达含有公告内容的通知；直接送达有困难的，可以委托代为送达、邮寄送达。经受送达人同意的，可以采用传真、电子邮件等能够确认其收悉的方式告知其公告内容，并记录在案；人民法院已经掌握境外犯罪嫌疑人、被告人、利害关系人联系方式，经受送达人同意的，可以采用传真、电子邮件等能够确认其收悉的方式告知其公告内容，并记录在案；受送达人未作出同意意思表示，或者人民法院未掌握境外犯罪嫌疑人、被告人、利害关系人联系方式，其所在地国（区）主管机关明确提出应当向受送达人送达含有公告内容的通知的，受理没收违法所得申请案件的人民法院可以决定是否送达。决定送达的，应当将公告内容层报最高人民法院，由最高人民法院依照刑事司法协助条约、多边公约，或者按照对等互惠原则，请求受送达人所在地国（区）的主管机关协助送达。

第十三条 利害关系人申请参加诉讼的，应当在公告期间内提出，并提供与犯罪嫌疑人、被告人关系的证明材料或者证明其可以对违法所得及其他涉案财产主张权利的证据材料。

利害关系人可以委托诉讼代理人参加诉讼。利害关系人在境外委托的，应当委托具有中华人民共和国律师资格并依法取得执业证书的律师，依照《最高人民法院关于适用〈中华人民共和国刑事诉讼法〉的解释》第四百零三条的规定对授权委托进行公证、认证。

利害关系人在公告期满后申请参加诉讼，能够合理说明理由的，人民法院应当准许。

第十四条 人民法院在公告期满后由合议庭对没收违法所得申请案件进行审理。

利害关系人申请参加及委托诉讼代理人参加诉讼的，人民法院应当开庭审理。利害关系人及其诉讼代理人无正当理由拒不到庭，且无其他利害关系人和其他诉讼代理人参加诉讼的，人民法院可以不开庭审理。

人民法院对没收违法所得申请案件开庭审理的，人民检察院应当派员出席。

人民法院确定开庭日期后，应当将开庭的时间、地点通知人民检察院、利害关系人及其诉讼代理人、证人、鉴定人员、翻译人员。通知书应当依照本规定第十二条第二款规定的方式至迟在开庭审理三日前送达；受送达人在境外的，至迟在开庭审理三十日前送达。

第十五条 出庭的检察人员应当宣读没收违法所得申请书，并在法庭调查阶段就申请没收的财产属于违法所得及其他涉案财产等相关事实出示、宣读证据。

对于确有必要出示但可能妨碍正在或者即将进行的刑事侦查的证据，针对该证据的法庭调查不公开进行。

利害关系人及其诉讼代理人对申请没收的财产属于违法所得及其他涉案财产等相关事实及证据有异议的，可以提出意见；对申请没收的财产主张权利的，应当出示相关证据。

第十六条 人民法院经审理认为，申请没收的财产属于违法所得及其他涉案财产的，除依法应当返还被害人的以外，应当予以没收；申请没收的财产不属于违法所得或者其他涉案财产的，应当裁定驳回申请，解除查封、扣押、冻结措施。

第十七条 申请没收的财产具有高度可能属于违法所得及其他涉案财产的，应当认定为本规定第十六条规定的"申请没收的财产属于违法所得及其他涉案财产"。

巨额财产来源不明犯罪案件中，没有利害关系人对违法所得及其他涉案财产主张权利，或者利害关系人对违法所得及其他涉案财产虽然主张权利但提供的相关证据没有达到相应证明标准的，应当视为本规定第十六条规定的"申请没收的财产属于违法所得及其他涉案财产"。

第十八条 利害关系人非因故意或者重大过失在第一审期间未参加诉讼，在第二审期间申请参加诉讼的，人民法院应当准许，并发回原审人民法院重新审判。

第十九条 犯罪嫌疑人、被告人逃匿境外，委托诉讼代理人申请参加诉讼，且违法所得或者其他涉案财产所在地国（区）主管机关明确提出意见予以支持的，人民法院可以准许。

人民法院准许参加诉讼的，犯罪嫌疑人、被告人的诉讼代理人依照本规定关于利害关系人的诉讼代理人的规定行使诉讼权利。

第二十条 人民检察院、利害关系人对第一审裁定认定的事实、证据没有争议的，第二审人民法院可以不开庭审理。

第二审人民法院决定开庭审理的，应当将开庭的时间、地点书面通知同级人民检察院和利害关系人。

第二审人民法院应当就上诉、抗诉请求的有关事实和适用法律进行审查。

第二十一条 第二审人民法院对不服第一审裁定的上诉、抗诉案件，经审理，应当按照下列情形分别处理：

（一）第一审裁定认定事实清楚和适用法律正确的，应当驳回上诉或者抗诉，维持原裁定；

（二）第一审裁定认定事实清楚，但适用法律有错误的，应当改变原裁定；

（三）第一审裁定认定事实不清的，可以在查清事实后改变原裁定，也可以撤销原裁定，发回原审人民法院重新审判；

（四）第一审裁定违反法定诉讼程序，可能影响公正审判的，应当撤销原裁定，发回原审人民法院重新审判。

第一审人民法院对于依照前款第三项规定发回重新审判的案件作出裁定后，第二审人民法院对不服第一审人民法院裁定的上诉、抗诉，应当依法作出裁定，不得再发回原审人民法院重新审判。

第二十二条 违法所得或者其他涉案财产在境外的，负责立案侦查的公安机关、人民检察院等侦查机关应当制作查封、扣押、冻结的法律文书以及协助执行查封、扣押、冻结的请求函，层报公安、检察院等各系统最高上级机关后，由公安、检察院等各系统最高上级机关依照刑事司法协助条约、多边公约，或者按照对等互惠原则，向违法所得或者其他涉案财产所在地国（区）的主管机关请求协助执行。

被请求国（区）的主管机关提出，查封、扣押、冻结法律文书的制发主体必须是法院的，负责立案侦查的公安机关、人民检察院等侦查机关可以向同级人民法院提出查封、扣押、冻结的申请，人民法院经审查同意后制作查封、扣押、冻结令以及协助执行查封、扣押、冻结令的请求函，层报最高人民法院后，由最高人民法院依照刑事司法协助条约、多边公约，或者按照对等互惠原则，向违法所得或者其他涉案财产所在地国（区）的主管机关请求协助执行。

请求函应当载明以下内容：

（一）案由以及查封、扣押、冻结法律文书的发布主体是否具有管辖权；

（二）犯罪嫌疑人、被告人涉嫌犯罪的事实及相关证据，但可能妨碍正在或者即将进行的刑事侦查的证据除外；

（三）已发布公告的，发布公告情况、通知利害关系人参加诉讼以及保障诉讼参与人依法行使诉讼权利等情况；

（四）请求查封、扣押、冻结的财产的种类、数量、价值、所在地等情况以及相关法律手续；

（五）请求查封、扣押、冻结的财产属于违法所得及其他涉案财产的相关事实及证据材料；

（六）请求查封、扣押、冻结财产的理由和法律依据；

（七）被请求国（区）要求载明的其他内容。

第二十三条 违法所得或者其他涉案财产在境外，受理没收违法所得申请案件的人民法院经审理裁定没收的，应当制作没收令以及协助执行没收令的请求函，层报最高人民法院后，由最高人民法院依照刑事司法协助条约、多边公约，或者按照对等互惠原则，向违法所得或者其他涉案财产所在地国（区）的主管机关请求协助执行。

请求函应当载明以下内容：

（一）案由以及没收令发布主体具有管辖权；

（二）属于生效裁定；

（三）犯罪嫌疑人、被告人涉嫌犯罪的事实及相关证据，但可能妨碍正在或者即将进行的刑事侦查的证据除外；

（四）犯罪嫌疑人、被告人逃匿、被通缉、脱逃、死亡的基本情况；

（五）发布公告情况、通知利害关系人参加诉讼以及保障诉讼参与人依法行使诉讼权利等情况；

（六）请求没收违法所得及其他涉案财产的种类、数量、价值、所在地等情况以及查封、扣押、冻结相关法律手续；

（七）请求没收的财产属于违法所得及其他涉案财产的相关事实及证据材料；

（八）请求没收财产的理由和法律依据；

（九）被请求国（区）要求载明的其他内容。

第二十四条　单位实施本规定第一条规定的犯罪后被撤销、注销，单位直接负责的主管人员和其他直接责任人员逃匿、死亡，导致案件无法适用刑事诉讼普通程序进行审理的，依照本规定第四条的规定处理。

第二十五条　本规定自2017年1月5日起施行。之前发布的司法解释与本规定不一致的，以本规定为准。

※法规解读：本法规文本是在《刑事诉讼法》规定了犯罪嫌疑人、被告人逃匿、死亡案件违法所得没收程序之后，对该程序的适用进行的系统解释。不仅对所涉及的名词如“重大”“犯罪案件”“通缉”“违法所得”等根据实践进行了明确，而且也对相关程序进行了更加具有操作性的规定。

关联法规索引

《刑事诉讼法》第291～297条；《最高人民法院、最高人民检察院、公安部、国家安全部、司法部、全国人大常委会法制工作委员会关于实施刑事诉讼法若干问题的规定》第38、39条；《最高人民法院关于适用〈中华人民共和国刑事诉讼法〉的解释》第507～523条；《人民检察院刑事诉讼规则（试行）》第523～538条；《最高人民检察院关于审查起诉期间犯罪嫌疑人脱逃或者患有严重疾病的应当如何处理的批复》第5条；《人民检察院刑事诉讼涉案财物管理规定》第25条；《公安机关办理刑事案件程序规定》第328～330条；《联合国反腐败公约》第54条第1款第3项

第四十九条 【处理决定的救济】 监察对象对监察机关作出的涉及本人的处理决定不服的，可以在收到处理决定之日起一个月内，向作出决定的监察机关申请复审，复审机关应当在一个月内作出复审决定；监察对象对复审决定仍不服的，可以在收到复审决定之日起一个月内，向上一级监察机关申请复核，复核机关应当在二个月内作出复核决定。复审、复核期间，不停止原处理决定的执行。复核机关经审查，认定处理决定有错误的，原处理机关应当及时予以纠正。

条文解读

本条是对监察对象救济权的规定。具体而言，主要规定了以下内容：

第一，权利救济方式：申请复审、申请复核。“复审”，是指监察对象对监察机关作出的涉及本人的处理决定不服，向作出决定的监察机关提出的请求。“复核”，是指监察对象对复审决定不服，向作出复审决定的监察机关的上一级监察机关提出的请求。申请复审和申请复核具有程序上的先后关系，复审是复核的前置程序，未经复审的，不能提出复核申请。

第二，复审权和复核权的归属。复审权由作出处理决定的监察机关行使；复核权由作出处理决定的监察机关的上一级机关行使。

第三，权利救济期限。监察对象对处理意见不服的，申请复审的期限为收到处理决定之日起一个月内。监察对象不服复审意见，申请复议的期限为收到复审决定之日起一个月内。

第四，案件审查期限。原作出处理决定的监察机关进行案件复审的，应当在一个月内作出复审决定。上一级监察机关对案件进行复核的，应当在两个月内作出复核决定。

第五，救济程序启动对处理决定的影响。根据本条规定，复审、复核期间，不停止原处理决定的执行。这意味着救济程序的启动和进行对原处理决定没有影响。

第六，及时纠正义务。监察机关对公职人员的监督应当依法依规进行，以事实为依据，以法律为准绳，因此如果发现认定处理决定有错误的，原处理机关有义务及时予以纠正，并采用适当措施为相关人员澄清事实，挽回影响。

关联法规索引

《公职人员政务处分暂行规定》第15、16条；《事业单位工作人员申诉案件办理规则》第32条；《中国共产党纪律检查机关监督执纪工作规则》第54条

第六章　反腐败国际合作

本章介绍

本章从第五十条至第五十二条，共三个条文。开展国际范围的反腐败合作，不仅是我国预防、打击和惩治腐败犯罪的必然需求，同时也是积极履行国际义务、承担国际责任的表现。本章规定了国家监察委员会在反腐败国际交流合作、国际司法协助以及追赃、追逃和防逃方面的组织协调职权，既充分肯定了我国反腐败犯罪的有效举措，同时也吸收了我国已经加入的相关反腐败犯罪国际公约、国际条约的精神和内容。

第五十条　【国际合作统筹协调】　国家监察委员会统筹协调与其他国家、地区、国际组织开展的反腐败国际交流、合作，组织反腐败国际条约实施工作。

条文解读

本条是对国家监察委员会统筹协调反腐败国际交流合作职权的规定。

根据本条规定，国家监察委员会代表我国统筹协调与反腐败相关的国际交流、合作以及相关国际条约的实施工作。《联合国反腐败公约》第三十六条规定：各缔约国均应当根据本国法律制度的基本原则采取必要的措施，确保设有一个或多个机构或者安排人员专职负责通过执法打击腐败。国家监察委员会的组建，将我国承担反腐败任务的相关职能部门整合在一起，不仅改变了“九龙治水”的局面，也改变了反腐败国际交流合作的分散型状态，职权明确，职责清晰，便于反腐败的国际交流、合作以及反腐败国际公约的实施工作的统一开展，有效推进。反腐败的国际交流与合作的对象是非常广泛的，包括国家、地区，以及相关的国际组织。

在社会联系日益紧密，世界融通日益便捷的今天，反腐败行动越来越需要国际化视角、国际化策略、国际化参与和国际化合作。2005 年 12 月 14 日正式生效的《联合国反腐败公约》是联合国历史上第一个通过的用于指导国际反腐败斗争的法律文件，对各国强化国内反腐力度，提高反腐成效，促进反腐国际合作具有重要意义。中国是《联合国反腐败公约》重要的缔约国之一，也是最早批准公约的国家之一。我国政府正式签署公约后不久，就成立了一个部际协调机构，统筹研究实施公约的相关事务，原监察部是该协调机构的主要牵头部门。按照公约规定，我国采取了一系列举措强力反腐。2014 年 APEC 部长级会议上通过了《北京反腐败宣言》，并同时成立了 APEC 反腐执法合作网络，旨在加强与亚太各国在追逃追赃等方面的合作，携手打击跨境腐败行为。在 2017 年 11 月 6 日召开的《联合国反腐败公约》第七届缔约国大会上，中国代表特别强调了深化国际合作，惠及国计民生，共享反腐成果的观点，希望强化共识，践行承诺，相互协作，打造共商共建共享的国际反腐败治理体系。[1]

关联文件索引

《司法部机关贯彻落实 2007 年党风廉政建设和反腐败工作部署的分工意见》第 66 条；《中共中央纪律检查委员会向党的第十八次全国代表大会的工作报告》；《中国共产党第十八届中央纪律检查委员会第六次全体会议公报》；《联合国反腐败公约》第四章；《北京反腐败宣言》；《金砖国家领导人厦门宣言》第 20 条；《中国—东盟关于全面加强有效反腐败合作联合声明》

第五十一条 【国际合作领域】 国家监察委员会组织协调有关方面加强与有关国家、地区、国际组织在反腐败执法、引渡、司法协助、被判刑人的移管、资产追回和信息交流等领域的合作。

条文解读

本条是对国家监察委员会反腐败国际合作职权的规定。

根据本条规定，国家监察委员会负责组织、协调相关的反腐败国际合作事宜。本条列举了反腐败执法、引渡、司法协助、被判刑人的移管、资产追回和信息交流六个领域，但是在列举的事项之后还有一个“等”字，因此国家监察委员会与有关国家、地区和国际组织的反腐败合作并不限于前述六个方面。在《联合国反腐败公约》中，国际合作、资产追回、技术援助和信息交流分别规定在第四章、第五章和第六章中。本条中提及的反腐败执法、引渡、司法协助、被判刑人的移管规定在《联合国反腐败公约》的“国际合作”一章中。在该章中除了前述四项外还包括刑事诉讼的移交、联合侦查和特殊侦查手段。在此，我们可以初步理解本条中的“等”字可能涉及的领域范围。

根据《联合国反腐败公约》的规定，反腐败中的执法合作主要是指：第一，加强并在

---

〔1〕 吴海波：《中国代表团出席〈联合国反腐败公约〉第七届缔约国大会》，http://news.cnr.cn/native/gd/20171108/t20171108_524016189.shtml，查询时间：2018 年 3 月 3 日。

必要时建立各国主管机关、机构和部门之间的联系渠道,以促进安全、迅速地交换有关本公约所涵盖的犯罪的各个方面的情报,在有关缔约国认为适当时还可以包括与其他犯罪活动的联系的有关情报;第二,同其他缔约国合作,就与公约所涵盖的犯罪有关的事项进行调查,包括犯罪嫌疑人的身份、行踪和活动,或者其他有关人员的所在地点;来自这类犯罪的犯罪所得或者财产的去向;用于或者企图用于实施这类犯罪的财产、设备或者其他工具的去向;第三,在适当情况下提供必要数目或者数量的物品以供分析或者侦查之用;第四,与其他缔约国酌情交换关于为实施本公约所涵盖的犯罪而采用的具体手段和方法的资料,包括利用虚假身份、经变造、伪造或者假冒的证件和其他旨在掩饰活动的手段的资料;第五,促进各缔约国主管机关、机构和部门之间的有效协调,并加强人员和其他专家的交流,包括根据有关缔约国之间的双边协定和安排派出联络官员;第六,交换情报并协调为尽早查明公约所涵盖的犯罪而酌情采取的行政和其他措施。

所谓引渡,是指一国把在该国境内而被他国指控为犯罪或已被他国判刑的人,根据有关国家请求移交给请求国审判或者处罚的制度。我国的引渡行为主要遵循《引渡法》进行。

司法协助,是指一国法院或其他主管机关,根据另一国法院或其他主管机关或有关当事人的请求,代为实施或协助实施一定的司法行为。司法协助包括刑事司法协助、民事司法协助和行政司法协助。基于国家监察委员会的职权,本条中的司法协助主要是指刑事司法协助。开展刑事司法协助的法律依据主要有四种:国家间共同参加的国际公约;国家之间签订的刑事司法协助条约;国家间临时达成的关于刑事司法协助的互惠协议以及国内法的规定。2018 年 10 月 26 日我国制定了《国际刑事司法协助法》,对我国的国际刑事司法协助行为和程序进行了系统规定。该法第二条明确规定,国际刑事司法协助,是指中华人民共和国和外国在刑事案件调查、侦查、起诉、审判和执行等活动中相互提供协助,包括送达文书,调查取证,安排证人作证或者协助调查,查封、扣押、冻结涉案财物,没收、返还违法所得及其他涉案财物,移管被判刑人以及其他协助。根据《联合国反腐败公约》第四十六条规定,缔约国应当在对该公约所涵盖的犯罪进行的侦查、起诉和审判程序中相互提供最广泛的司法协助。对于请求缔约国中依照该公约第二十六条可能追究法人责任的犯罪所进行的侦查、起诉和审判程序,应当根据被请求缔约国有关的法律、条约、协定和安排,尽可能充分地提供司法协助。缔约国请求司法协助的范围包括:向个人获取证据或者陈述;送达司法文书;执行搜查和扣押并实行冻结;检查物品和场所;提供资料、物证以及鉴定意见;提供有关文件和记录的原件或者经核证的副本,其中包括政府、银行、财务、公司或者商业记录;为取证目的而辨认或者追查犯罪所得、财产、工具或者其他物品;为有关人员自愿地在请求缔约国出庭提供方便;不违反被请求缔约国本国法律的任何其他形式的协助;根据该公约第五章的规定辨认、冻结和追查犯罪所得;根据该公约第五章规定追回资产。

被判刑人的移管,是指一国将触犯本国法律而被判处自由刑的外国公民移交给其国籍国或者惯常住所地国服刑的制度。被判刑人的移管,一方面减轻了刑罚判处国的看管负担,另一方面也让被判刑人能够在自己更为熟悉的环境中服刑,从而有利于对被判刑人的改造和重新回归社会。我国现已经与俄罗斯、葡萄牙等多国签订了移管被判刑人的双边条约。

返还资产是《联合国反腐败公约》中确定的一项基本原则,约定缔约国应在此方面相互提供最广泛的合作和协助。因此,在《联合国反腐败公约》第五章"资产的追回"中,对预防和监测犯罪所得的转移、直接追回财产的措施、通过没收事宜的国际和追回资产的机制、没收事宜的国际合作、特别合作、资产的返回和处分、金融情报机构以及双边和多边协定和安排进行了规定。我国作为缔约国,有实现公约内容的权利和义务。就本质而言,资产的追回也属于刑事司法协助的一部分,只是由于其重要性,因此在《联合国反腐败公约》中加以专章规定。

信息交流主要包括培训和技术援助,有关腐败资料的收集、交流和分析以及相关的其他措施。

党的十八大以来,党中央高度重视国际反腐败合作,并且在国际追逃方面采取了多项行动,取得了显著成效。仅2014年至2016年的三年时间,我国就与八十九个国家和地区建立了反腐败合作关系,对外缔结了四十四项引渡条约和五十七项刑事司法协助条约。更在G20框架下,着力构建原则、机制、行动"三位一体"的反腐败新格局[1]。《北京反腐败宣言》中郑重承诺:通过引渡、司法协助、追回腐败所得等手段,消除腐败避风港;考虑在本经济体法律允许范围内,通过更加灵活的手段追回腐败所得;全力推动意在预防、调查、起诉和惩治腐败犯罪的国际合作。反腐败的国际合作需要在共识基础上的深度合作和共同行动。

配套法规及解读

《刑事诉讼法》(2018年10月26日修正)

第十八条 根据中华人民共和国缔结或者参加的国际条约,或者按照互惠原则,我国司法机关和外国司法机关可以相互请求刑事司法协助。

※法规解读:本条是关于刑事司法协助制度的规定。在刑事司法中,根据两国之

〔1〕 焦翔、周�、张志文、曲颂、徐伟、任彦、高石:《跨国反腐,国际合作跃上新高度》,http://fanfu.people.com.cn/n1/2016/0826/c64371-28667181.html,查询时间:2018年3月3日。

间是否有相关的刑事司法协助依据分为两种情形：两个在事前已经缔结或者参加了相关的国际条约的，按照条约必须信守原则，我国和外国司法机关据此开展刑事司法协助；但是当两个国家事前并未有就相关事项有可供遵循的文本公约时，我国和外国司法机关也可以秉承互惠原则，相互请求和开展刑事司法协助。

《引渡法》(2000 年 12 月 28 日)

第一章　总　　则

第一条　为了保障引渡的正常进行，加强惩罚犯罪方面的国际合作，保护个人和组织的合法权益，维护国家利益和社会秩序，制定本法。

第二条　中华人民共和国和外国之间的引渡，依照本法进行。

第三条　中华人民共和国和外国在平等互惠的基础上进行引渡合作。

引渡合作，不得损害中华人民共和国的主权、安全和社会公共利益。

第四条　中华人民共和国和外国之间的引渡，通过外交途径联系。中华人民共和国外交部为指定的进行引渡的联系机关。

引渡条约对联系机关有特别规定的，依照条约规定。

第五条　办理引渡案件，可以根据情况，对被请求引渡人采取引渡拘留、引渡逮捕或者引渡监视居住的强制措施。

第六条　本法下列用语的含义是：

（一）“被请求引渡人”是指请求国向被请求国请求准予引渡的人；

（二）“被引渡人”是指从被请求国引渡到请求国的人；

（三）“引渡条约”是指中华人民共和国与外国缔结或者共同参加的引渡条约或者载有引渡条款的其他条约。

第二章　向中华人民共和国请求引渡

第一节　引渡的条件

第七条　外国向中华人民共和国提出的引渡请求必须同时符合下列条件，才能准予引渡：

（一）引渡请求所指的行为，依照中华人民共和国法律和请求国法律均构成犯罪；

（二）为了提起刑事诉讼而请求引渡的，根据中华人民共和国法律和请求国法律，对于引渡请求所指的犯罪均可判处一年以上有期徒刑或者其他更重的刑罚；为了执行刑罚而请求引渡的，在提出引渡请求时，被请求引渡人尚未服完的刑期至少为六个月。

对于引渡请求中符合前款第一项规定的多种犯罪，只要其中有一种犯罪符合前款第二项的规定，就可以对上述各种犯罪准予引渡。

第八条 外国向中华人民共和国提出的引渡请求，有下列情形之一的，应当拒绝引渡：

（一）根据中华人民共和国法律，被请求引渡人具有中华人民共和国国籍的；

（二）在收到引渡请求时，中华人民共和国的司法机关对于引渡请求所指的犯罪已经作出生效判决，或者已经终止刑事诉讼程序的；

（三）因政治犯罪而请求引渡的，或者中华人民共和国已经给予被请求引渡人受庇护权利的；

（四）被请求引渡人可能因其种族、宗教、国籍、性别、政治见解或者身份等方面的原因而被提起刑事诉讼或者执行刑罚，或者被请求引渡人在司法程序中可能由于上述原因受到不公正待遇的；

（五）根据中华人民共和国或者请求国法律，引渡请求所指的犯罪纯属军事犯罪的；

（六）根据中华人民共和国或者请求国法律，在收到引渡请求时，由于犯罪已过追诉时效期限或者被请求引渡人已被赦免等原因，不应当追究被请求引渡人的刑事责任的；

（七）被请求引渡人在请求国曾经遭受或者可能遭受酷刑或者其他残忍、不人道或者有辱人格的待遇或者处罚的；

（八）请求国根据缺席判决提出引渡请求的。但请求国承诺在引渡后对被请求引渡人给予在其出庭的情况下进行重新审判机会的除外。

第九条 外国向中华人民共和国提出的引渡请求，有下列情形之一的，可以拒绝引渡：

（一）中华人民共和国对于引渡请求所指的犯罪具有刑事管辖权，并且对被请求引渡人正在进行刑事诉讼或者准备提起刑事诉讼的；

（二）由于被请求引渡人的年龄、健康等原因，根据人道主义原则不宜引渡的。

第二节 引渡请求的提出

第十条 请求国的引渡请求应当向中华人民共和国外交部提出。

第十一条 请求国请求引渡应当出具请求书，请求书应当载明：

（一）请求机关的名称；

（二）被请求引渡人的姓名、性别、年龄、国籍、身份证件的种类及号码、职业、外表特征、住所地和居住地以及其他有助于辨别其身份和查找该人的情况；

（三）犯罪事实，包括犯罪的时间、地点、行为、结果等；

（四）对犯罪的定罪量刑以及追诉时效方面的法律规定。

第十二条　请求国请求引渡,应当在出具请求书的同时,提供以下材料:

(一)为了提起刑事诉讼而请求引渡的,应当附有逮捕证或者其他具有同等效力的文件的副本;为了执行刑罚而请求引渡的,应当附有发生法律效力的判决书或者裁定书的副本,对于已经执行部分刑罚的,还应当附有已经执行刑期的证明;

(二)必要的犯罪证据或者证据材料。

请求国掌握被请求引渡人照片、指纹以及其他可供确认被请求引渡人的材料的,应当提供。

第十三条　请求国根据本节提交的引渡请求书或者其他有关文件,应当由请求国的主管机关正式签署或者盖章,并应当附有中文译本或者经中华人民共和国外交部同意使用的其他文字的译本。

第十四条　请求国请求引渡,应当作出如下保证:

(一)请求国不对被引渡人在引渡前实施的其他未准予引渡的犯罪追究刑事责任,也不将该人再引渡给第三国。但经中华人民共和国同意,或者被引渡人在其引渡罪行诉讼终结、服刑期满或者提前释放之日起三十日内没有离开请求国,或者离开后又自愿返回的除外;

(二)请求国提出请求后撤销、放弃引渡请求,或者提出引渡请求错误的,由请求国承担因请求引渡对被请求引渡人造成损害的责任。

第十五条　在没有引渡条约的情况下,请求国应当作出互惠的承诺。

第三节　对引渡请求的审查

第十六条　外交部收到请求国提出的引渡请求后,应当对引渡请求书及其所附文件、材料是否符合本法第二章第二节和引渡条约的规定进行审查。

最高人民法院指定的高级人民法院对请求国提出的引渡请求是否符合本法和引渡条约关于引渡条件等规定进行审查并作出裁定。最高人民法院对高级人民法院作出的裁定进行复核。

第十七条　对于两个以上国家就同一行为或者不同行为请求引渡同一人的,应当综合考虑中华人民共和国收到引渡请求的先后、中华人民共和国与请求国是否存在引渡条约关系等因素,确定接受引渡请求的优先顺序。

第十八条　外交部对请求国提出的引渡请求进行审查,认为不符合本法第二章第二节和引渡条约的规定的,可以要求请求国在三十日内提供补充材料。经请求国请求,上述期限可以延长十五日。

请求国未在上述期限内提供补充材料的,外交部应当终止该引渡案件。请求国可以对同一犯罪再次提出引渡该人的请求。

第十九条 外交部对请求国提出的引渡请求进行审查,认为符合本法第二章第二节和引渡条约的规定的,应当将引渡请求书及其所附文件和材料转交最高人民法院、最高人民检察院。

第二十条 外国提出正式引渡请求前被请求引渡人已经被引渡拘留的,最高人民法院接到引渡请求书及其所附文件和材料后,应当将引渡请求书及其所附文件和材料及时转交有关高级人民法院进行审查。

外国提出正式引渡请求前被请求引渡人未被引渡拘留的,最高人民法院接到引渡请求书及其所附文件和材料后,通知公安部查找被请求引渡人。公安机关查找到被请求引渡人后,应当根据情况对被请求引渡人予以引渡拘留或者引渡监视居住,由公安部通知最高人民法院。最高人民法院接到公安部的通知后,应当及时将引渡请求书及其所附文件和材料转交有关高级人民法院进行审查。

公安机关经查找后,确认被请求引渡人不在中华人民共和国境内或者查找不到被请求引渡人的,公安部应当及时通知最高人民法院。最高人民法院接到公安部的通知后,应当及时将查找情况通知外交部,由外交部通知请求国。

第二十一条 最高人民检察院经审查,认为对引渡请求所指的犯罪或者被请求引渡人的其他犯罪,应当由我国司法机关追诉,但尚未提起刑事诉讼的,应当自收到引渡请求书及其所附文件和材料之日起一个月内,将准备提起刑事诉讼的意见分别告知最高人民法院和外交部。

第二十二条 高级人民法院根据本法和引渡条约关于引渡条件等有关规定,对请求国的引渡请求进行审查,由审判员三人组成合议庭进行。

第二十三条 高级人民法院审查引渡案件,应当听取被请求引渡人的陈述及其委托的中国律师的意见。高级人民法院应当在收到最高人民法院转来的引渡请求书之日起十日内将引渡请求书副本发送被请求引渡人。被请求引渡人应当在收到之日起三十日内提出意见。

第二十四条 高级人民法院经审查后,应当分别作出以下裁定:

(一)认为请求国的引渡请求符合本法和引渡条约规定的,应当作出符合引渡条件的裁定。如果被请求引渡人具有本法第四十二条规定的暂缓引渡情形的,裁定中应当予以说明;

(二)认为请求国的引渡请求不符合本法和引渡条约规定的,应当作出不引渡的裁定。

根据请求国的请求,在不影响中华人民共和国领域内正在进行的其他诉讼,不侵害中华人民共和国领域内任何第三人的合法权益的情况下,可以在作出符合引渡条件的裁定的同时,作出移交与案件有关财物的裁定。

第二十五条 高级人民法院作出符合引渡条件或者不引渡的裁定后,应当向被请求引渡人宣读,并在作出裁定之日起七日内将裁定书连同有关材料报请最高人民法院复核。

被请求引渡人对高级人民法院作出符合引渡条件的裁定不服的,被请求引渡人及其委托的中国律师可以在人民法院向被请求引渡人宣读裁定之日起十日内,向最高人民法院提出意见。

第二十六条 最高人民法院复核高级人民法院的裁定,应当根据下列情形分别处理:

(一)认为高级人民法院作出的裁定符合本法和引渡条约规定的,应当对高级人民法院的裁定予以核准;

(二)认为高级人民法院作出的裁定不符合本法和引渡条约规定的,可以裁定撤销,发回原审人民法院重新审查,也可以直接作出变更的裁定。

第二十七条 人民法院在审查过程中,在必要时,可以通过外交部要求请求国在三十日内提供补充材料。

第二十八条 最高人民法院作出核准或者变更的裁定后,应当在作出裁定之日起七日内将裁定书送交外交部,并同时送达被请求引渡人。

最高人民法院核准或者作出不引渡裁定的,应当立即通知公安机关解除对被请求引渡人采取的强制措施。

第二十九条 外交部接到最高人民法院不引渡的裁定后,应当及时通知请求国。

外交部接到最高人民法院符合引渡条件的裁定后,应当报送国务院决定是否引渡。

国务院决定不引渡的,外交部应当及时通知请求国。人民法院应当立即通知公安机关解除对被请求引渡人采取的强制措施。

第四节 为引渡而采取的强制措施

第三十条 对于外国正式提出引渡请求前,因紧急情况申请对将被请求引渡的人采取羁押措施的,公安机关可以根据外国的申请采取引渡拘留措施。

前款所指的申请应当通过外交途径或者向公安部书面提出,并应当载明:

(一)本法第十一条、第十四条规定的内容;

(二)已经具有本法第十二条第一项所指材料的说明;

(三)即将正式提出引渡请求的说明。

对于通过外交途径提出申请的,外交部应当及时将该申请转送公安部。对于向公安部提出申请的,公安部应当将申请的有关情况通知外交部。

第三十一条 公安机关根据本法第三十条的规定对被请求人采取引渡拘留措施，对于向公安部提出申请的，公安部应当将执行情况及时通知对方，对于通过外交途径提出申请的，公安部将执行情况通知外交部，外交部应当及时通知请求国。通过上述途径通知时，对于被请求人已被引渡拘留的，应当同时告知提出正式引渡请求的期限。

公安机关采取引渡拘留措施后三十日内外交部没有收到外国正式引渡请求的，应当撤销引渡拘留，经该外国请求，上述期限可以延长十五日。

对根据本条第二款撤销引渡拘留的，请求国可以在事后对同一犯罪正式提出引渡该人的请求。

第三十二条 高级人民法院收到引渡请求书及其所附文件和材料后，对于不采取引渡逮捕措施可能影响引渡正常进行的，应当及时作出引渡逮捕的决定。对被请求引渡人不采取引渡逮捕措施的，应当及时作出引渡监视居住的决定。

第三十三条 引渡拘留、引渡逮捕、引渡监视居住由公安机关执行。

第三十四条 采取引渡强制措施的机关应当在采取引渡强制措施后二十四小时内对被采取引渡强制措施的人进行讯问。

被采取引渡强制措施的人自被采取引渡强制措施之日起，可以聘请中国律师为其提供法律帮助。公安机关在执行引渡强制措施时，应当告知被采取引渡强制措施的人享有上述权利。

第三十五条 对于应当引渡逮捕的被请求引渡人，如果患有严重疾病，或者是正在怀孕、哺乳自己婴儿的妇女，可以采取引渡监视居住措施。

第三十六条 国务院作出准予引渡决定后，应当及时通知最高人民法院。如果被请求引渡人尚未被引渡逮捕的，人民法院应当立即决定引渡逮捕。

第三十七条 外国撤销、放弃引渡请求的，应当立即解除对被请求引渡人采取的引渡强制措施。

第五节　引渡的执行

第三十八条 引渡由公安机关执行。对于国务院决定准予引渡的，外交部应当及时通知公安部，并通知请求国与公安部约定移交被请求引渡人的时间、地点、方式以及执行引渡有关的其他事宜。

第三十九条 对于根据本法第三十八条的规定执行引渡的，公安机关应当根据人民法院的裁定，向请求国移交与案件有关的财物。

因被请求引渡人死亡、逃脱或者其他原因而无法执行引渡时，也可以向请求国移交上述财物。

第四十条 请求国自约定的移交之日起十五日内不接收被请求引渡人的，应当视为自动放弃引渡请求。公安机关应当立即释放被请求引渡人,外交部可以不再受理该国对同一犯罪再次提出的引渡该人的请求。

请求国在上述期限内因无法控制的原因不能接收被请求引渡人的,可以申请延长期限,但最长不得超过三十日,也可以根据本法第三十八条的规定重新约定移交事宜。

第四十一条 被引渡人在请求国的刑事诉讼终结或者服刑完毕之前逃回中华人民共和国的,可以根据请求国再次提出的相同的引渡请求准予重新引渡,无需请求国提交本章第二节规定的文件和材料。

第六节 暂缓引渡和临时引渡

第四十二条 国务院决定准予引渡时,对于中华人民共和国司法机关正在对被请求引渡人由于其他犯罪进行刑事诉讼或者执行刑罚的,可以同时决定暂缓引渡。

第四十三条 如果暂缓引渡可能给请求国的刑事诉讼造成严重障碍,在不妨碍中华人民共和国领域内正在进行的刑事诉讼,并且请求国保证在完成有关诉讼程序后立即无条件送回被请求引渡人的情况下,可以根据请求国的请求,临时引渡该人。

临时引渡的决定,由国务院征得最高人民法院或者最高人民检察院的同意后作出。

第七节 引渡的过境

第四十四条 外国之间进行引渡需要经过中华人民共和国领域的,应当按照本法第四条和本章第二节的有关规定提出过境请求。

过境采用航空运输并且在中华人民共和国领域内没有着陆计划的,不适用前款规定;但发生计划外着陆的,应当依照前款规定提出过境请求。

第四十五条 对于外国提出的过境请求,由外交部根据本法的有关规定进行审查,作出准予过境或者拒绝过境的决定。

准予过境或者拒绝过境的决定应当由外交部通过与收到请求相同的途径通知请求国。

外交部作出准予过境的决定后,应当将该决定及时通知公安部。过境的时间、地点和方式等事宜由公安部决定。

第四十六条 引渡的过境由过境地的公安机关监督或者协助执行。

公安机关可以根据过境请求国的请求,提供临时羁押场所。

第三章 向外国请求引渡

第四十七条 请求外国准予引渡或者引渡过境的,应当由负责办理有关案件的省、自治区或者直辖市的审判、检察、公安、国家安全或者监狱管理机关分别向最高人民法院、最高人民检察院、公安部、国家安全部、司法部提出意见书，并附有关文件和材料及其经证明无误的译文。最高人民法院、最高人民检察院、公安部、国家安全部、司法部分别会同外交部审核同意后，通过外交部向外国提出请求。

第四十八条 在紧急情况下，可以在向外国正式提出引渡请求前，通过外交途径或者被请求国同意的其他途径，请求外国对有关人员先行采取强制措施。

第四十九条 引渡、引渡过境或者采取强制措施的请求所需的文书、文件和材料，应当依照引渡条约的规定提出；没有引渡条约或者引渡条约没有规定的，可以参照本法第二章第二节、第四节和第七节的规定提出；被请求国有特殊要求的，在不违反中华人民共和国法律的基本原则的情况下，可以按照被请求国的特殊要求提出。

第五十条 被请求国就准予引渡附加条件的，对于不损害中华人民共和国主权、国家利益、公共利益的，可以由外交部代表中华人民共和国政府向被请求国作出承诺。对于限制追诉的承诺，由最高人民检察院决定；对于量刑的承诺，由最高人民法院决定。

在对被引渡人追究刑事责任时，司法机关应当受所作出的承诺的约束。

第五十一条 公安机关负责接收外国准予引渡的人以及与案件有关的财物。

对于其他部门提出引渡请求的，公安机关在接收被引渡人以及与案件有关的财物后，应当及时转交提出引渡请求的部门；也可以会同有关部门共同接收被引渡人以及与案件有关的财物。

第四章 附　　则

第五十二条 根据本法规定是否引渡由国务院决定的，国务院在必要时，得授权国务院有关部门决定。

第五十三条 请求国提出请求后撤销、放弃引渡请求，或者提出引渡请求错误，给被请求引渡人造成损害，被请求引渡人提出赔偿的，应当向请求国提出。

第五十四条 办理引渡案件产生的费用，依照请求国和被请求国共同参加、签订的引渡条约或者协议办理。

第五十五条 本法自公布之日起施行。

※法规解读：《引渡法》共五十五个条文，自2000年颁行以来，是我国引渡方面最重要的法律规范。该法对引渡的一般原则，以及向我国请求引渡和我国向外国请求引渡等问题进行了详细的规定。

《国际刑事司法协助法》（2018年10月26日）

第一章 总　　则

第一条 为了保障国际刑事司法协助的正常进行，加强刑事司法领域的国际合作，有效惩治犯罪，保护个人和组织的合法权益，维护国家利益和社会秩序，制定本法。

第二条 本法所称国际刑事司法协助，是指中华人民共和国和外国在刑事案件调查、侦查、起诉、审判和执行等活动中相互提供协助，包括送达文书，调查取证，安排证人作证或者协助调查，查封、扣押、冻结涉案财物，没收、返还违法所得及其他涉案财物，移管被判刑人以及其他协助。

第三条 中华人民共和国和外国之间开展刑事司法协助，依照本法进行。

执行外国提出的刑事司法协助请求，适用本法、刑事诉讼法及其他相关法律的规定。

对于请求书的签署机关、请求书及所附材料的语言文字、有关办理期限和具体程序等事项，在不违反中华人民共和国法律的基本原则的情况下，可以按照刑事司法协助条约规定或者双方协商办理。

第四条 中华人民共和国和外国按照平等互惠原则开展国际刑事司法协助。

国际刑事司法协助不得损害中华人民共和国的主权、安全和社会公共利益，不得违反中华人民共和国法律的基本原则。

非经中华人民共和国主管机关同意，外国机构、组织和个人不得在中华人民共和国境内进行本法规定的刑事诉讼活动，中华人民共和国境内的机构、组织和个人不得向外国提供证据材料和本法规定的协助。

第五条 中华人民共和国和外国之间开展刑事司法协助，通过对外联系机关联系。

中华人民共和国司法部等对外联系机关负责提出、接收和转递刑事司法协助请求，处理其他与国际刑事司法协助相关的事务。

中华人民共和国和外国之间没有刑事司法协助条约的，通过外交途径联系。

第六条 国家监察委员会、最高人民法院、最高人民检察院、公安部、国家安全部等部门是开展国际刑事司法协助的主管机关，按照职责分工，审核向外国提出的刑事司法协助请求，审查处理对外联系机关转递的外国提出的刑事司法协助请求，承担其他与国际刑事司法协助相关的工作。在移管被判刑人案件中，司法部按照职责分工，承担相应的主管机关职责。

办理刑事司法协助相关案件的机关是国际刑事司法协助的办案机关，负责向所属主管机关提交需要向外国提出的刑事司法协助请求、执行所属主管机关交办的外国提出的刑事司法协助请求。

第七条 国家保障开展国际刑事司法协助所需经费。

第八条 中华人民共和国和外国相互执行刑事司法协助请求产生的费用，有条约规定的，按照条约承担；没有条约或者条约没有规定的，按照平等互惠原则通过协商解决。

第二章　刑事司法协助请求的提出、接收和处理

第一节　向外国请求刑事司法协助

第九条　办案机关需要向外国请求刑事司法协助的，应当制作刑事司法协助请求书并附相关材料，经所属主管机关审核同意后，由对外联系机关及时向外国提出请求。

第十条　向外国的刑事司法协助请求书，应当依照刑事司法协助条约的规定提出；没有条约或者条约没有规定的，可以参照本法第十三条的规定提出；被请求国有特殊要求的，在不违反中华人民共和国法律的基本原则的情况下，可以按照被请求国的特殊要求提出。

请求书及所附材料应当以中文制作，并附有被请求国官方文字的译文。

第十一条　被请求国就执行刑事司法协助请求提出附加条件，不损害中华人民共和国的主权、安全和社会公共利益的，可以由外交部作出承诺。被请求国明确表示对外联系机关作出的承诺充分有效的，也可以由对外联系机关作出承诺。对于限制追诉的承诺，由最高人民检察院决定；对于量刑的承诺，由最高人民法院决定。

在对涉案人员追究刑事责任时，有关机关应当受所作出的承诺的约束。

第十二条　对外联系机关收到外国的有关通知或者执行结果后，应当及时转交或者转告有关主管机关。

外国就其提供刑事司法协助的案件要求通报诉讼结果的，对外联系机关转交有关主管机关办理。

第二节　向中华人民共和国请求刑事司法协助

第十三条　外国向中华人民共和国提出刑事司法协助请求的，应当依照刑事司法协助条约的规定提出请求书。没有条约或者条约没有规定的，应当在请求书中载明下列事项并附相关材料：

（一）请求机关的名称；

（二）案件性质、涉案人员基本信息及犯罪事实；

（三）本案适用的法律规定；

（四）请求的事项和目的；

（五）请求的事项与案件之间的关联性；

（六）希望请求得以执行的期限；

（七）其他必要的信息或者附加的要求。

在没有刑事司法协助条约的情况下，请求国应当作出互惠的承诺。

请求书及所附材料应当附有中文译文。

第十四条　外国向中华人民共和国提出的刑事司法协助请求，有下列情形之一的，可以拒绝提供协助：

（一）根据中华人民共和国法律，请求针对的行为不构成犯罪；

（二）在收到请求时，在中华人民共和国境内对于请求针对的犯罪正在进行调查、侦查、起诉、审判，已经作出生效判决，终止刑事诉讼程序，或者犯罪已过追诉时效期限；

（三）请求针对的犯罪属于政治犯罪；

（四）请求针对的犯罪纯属军事犯罪；

（五）请求的目的是基于种族、民族、宗教、国籍、性别、政治见解或者身份等方面的原因而进行调查、侦查、起诉、审判、执行刑罚，或者当事人可能由于上述原因受到不公正待遇；

（六）请求的事项与请求协助的案件之间缺乏实质性联系；

（七）其他可以拒绝的情形。

第十五条　对外联系机关收到外国提出的刑事司法协助请求，应当对请求书及所附材料进行审查。对于请求书形式和内容符合要求的，应当按照职责分工，将请求书及所附材料转交有关主管机关处理；对于请求书形式和内容不符合要求的，可以要求请求国补充材料或者重新提出请求。

对于刑事司法协助请求明显损害中华人民共和国的主权、安全和社会公共利益的，对外联系机关可以直接拒绝协助。

第十六条　主管机关收到对外联系机关转交的刑事司法协助请求书及所附材料后，应当进行审查，并分别作出以下处理：

（一）根据本法和刑事司法协助条约的规定认为可以协助执行的，作出决定并安排有关办案机关执行；

（二）根据本法第四条、第十四条或者刑事司法协助条约的规定，认为应当全部或者部分拒绝协助的，将请求书及所附材料退回对外联系机关并说明理由；

（三）对执行请求有保密要求或者有其他附加条件的，通过对外联系机关向外国提出，在外国接受条件并且作出书面保证后，决定附条件执行；

（四）需要补充材料的，书面通知对外联系机关要求请求国在合理期限内提供。

执行请求可能妨碍中华人民共和国有关机关正在进行的调查、侦查、起诉、审判或者执行的，主管机关可以决定推迟协助，并将推迟协助的决定和理由书面通知对外联系机关。

外国对执行其请求有保密要求或者特殊程序要求的，在不违反中华人民共和国法律的基本原则的情况下，主管机关可以按照其要求安排执行。

第十七条 办案机关收到主管机关交办的外国刑事司法协助请求后，应当依法执行，并将执行结果或者妨碍执行的情形及时报告主管机关。

办案机关在执行请求过程中，应当维护当事人和其他相关人员的合法权益，保护个人信息。

第十八条 外国请求将通过刑事司法协助取得的证据材料用于请求针对的案件以外的其他目的的，对外联系机关应当转交主管机关，由主管机关作出是否同意的决定。

第十九条 对外联系机关收到主管机关的有关通知或者执行结果后，应当及时转交或者转告请求国。

对于中华人民共和国提供刑事司法协助的案件，主管机关可以通过对外联系机关要求外国通报诉讼结果。

外国通报诉讼结果的，对外联系机关收到相关材料后，应当及时转交或者转告主管机关，涉及对中华人民共和国公民提起刑事诉讼的，还应当通知外交部。

第三章　送达文书

第一节　向外国请求送达文书

第二十条 办案机关需要外国协助送达传票、通知书、起诉书、判决书和其他司法文书的，应当制作刑事司法协助请求书并附相关材料，经所属主管机关审核同意后，由对外联系机关及时向外国提出请求。

第二十一条 向外国请求送达文书的，请求书应当载明受送达人的姓名或者名称、送达的地址以及需要告知受送达人的相关权利和义务。

第二节　向中华人民共和国请求送达文书

第二十二条 外国可以请求中华人民共和国协助送达传票、通知书、起诉书、判决书和其他司法文书。中华人民共和国协助送达司法文书，不代表对外国司法文书法律效力的承认。

请求协助送达出庭传票的，应当按照有关条约规定的期限提出。没有条约或者条约没有规定的，应当至迟在开庭前三个月提出。

对于要求中华人民共和国公民接受讯问或者作为被告人出庭的传票，中华人民共和国不负有协助送达的义务。

第二十三条 外国向中华人民共和国请求送达文书的，请求书应当载明受送达人的姓名或者名称、送达的地址以及需要告知受送达人的相关权利和义务。

第二十四条 负责执行协助送达文书的人民法院或者其他办案机关，应当及时将执行结果通过所属主管机关告知对外联系机关,由对外联系机关告知请求国。除无法送达的情形外,应当附有受送达人签收的送达回执或者其他证明文件。

第四章　调查取证

第一节　向外国请求调查取证

第二十五条　办案机关需要外国就下列事项协助调查取证的,应当制作刑事司法协助请求书并附相关材料,经所属主管机关审核同意后,由对外联系机关及时向外国提出请求:

(一)查找、辨认有关人员;

(二)查询、核实涉案财物、金融账户信息;

(三)获取并提供有关人员的证言或者陈述;

(四)获取并提供有关文件、记录、电子数据和物品;

(五)获取并提供鉴定意见;

(六)勘验或者检查场所、物品、人身、尸体;

(七)搜查人身、物品、住所和其他有关场所;

(八)其他事项。

请求外国协助调查取证时,办案机关可以同时请求在执行请求时派员到场。

第二十六条　向外国请求调查取证的,请求书及所附材料应当根据需要载明下列事项:

(一)被调查人的姓名、性别、住址、身份信息、联系方式和有助于确认被调查人的其他资料;

(二)需要向被调查人提问的问题;

(三)需要查找、辨认人员的姓名、性别、住址、身份信息、联系方式、外表和行为特征以及有助于查找、辨认的其他资料;

(四)需要查询、核实的涉案财物的权属、地点、特性、外形和数量等具体信息,需要查询、核实的金融账户相关信息;

(五)需要获取的有关文件、记录、电子数据和物品的持有人、地点、特性、外形和数量等具体信息;

(六)需要鉴定的对象的具体信息;

(七)需要勘验或者检查的场所、物品等的具体信息;

(八)需要搜查的对象的具体信息;

(九)有助于执行请求的其他材料。

第二十七条　被请求国要求归还其提供的证据材料或者物品的,办案机关应当尽快通过对外联系机关归还。

第二节 向中华人民共和国请求调查取证

第二十八条 外国可以请求中华人民共和国就本法第二十五条第一款规定的事项协助调查取证。

外国向中华人民共和国请求调查取证的,请求书及所附材料应当根据需要载明本法第二十六条规定的事项。

第二十九条 外国向中华人民共和国请求调查取证时,可以同时请求在执行请求时派员到场。经同意到场的人员应当遵守中华人民共和国法律,服从主管机关和办案机关的安排。

第三十条 办案机关要求请求国保证归还其提供的证据材料或者物品,请求国作出保证的,可以提供。

第五章 安排证人作证或者协助调查

第一节 向外国请求安排证人作证或者协助调查

第三十一条 办案机关需要外国协助安排证人、鉴定人来中华人民共和国作证或者通过视频、音频作证,或者协助调查的,应当制作刑事司法协助请求书并附相关材料,经所属主管机关审核同意后,由对外联系机关及时向外国提出请求。

第三十二条 向外国请求安排证人、鉴定人作证或者协助调查的,请求书及所附材料应当根据需要载明下列事项:

(一)证人、鉴定人的姓名、性别、住址、身份信息、联系方式和有助于确认证人、鉴定人的其他资料;

(二)作证或者协助调查的目的、必要性、时间和地点等;

(三)证人、鉴定人的权利和义务;

(四)对证人、鉴定人的保护措施;

(五)对证人、鉴定人的补助;

(六)有助于执行请求的其他材料。

第三十三条 来中华人民共和国作证或者协助调查的证人、鉴定人在离境前,其入境前实施的犯罪不受追诉;除因入境后实施违法犯罪而被采取强制措施的以外,其人身自由不受限制。

证人、鉴定人在条约规定的期限内或者被通知无需继续停留后十五日内没有离境的,前款规定不再适用,但是由于不可抗力或者其他特殊原因未能离境的除外。

第三十四条 对来中华人民共和国作证或者协助调查的证人、鉴定人,办案机关应当依法给予补助。

第三十五条 来中华人民共和国作证或者协助调查的人员系在押人员的，由对外联系机关会同主管机关与被请求国就移交在押人员的相关事项事先达成协议。

主管机关和办案机关应当遵守协议内容，依法对被移交的人员予以羁押，并在作证或者协助调查结束后及时将其送回被请求国。

第二节 向中华人民共和国请求安排证人作证或者协助调查

第三十六条 外国可以请求中华人民共和国协助安排证人、鉴定人赴外国作证或者通过视频、音频作证，或者协助调查。

外国向中华人民共和国请求安排证人、鉴定人作证或者协助调查的，请求书及所附材料应当根据需要载明本法第三十二条规定的事项。

请求国应当就本法第三十三条第一款规定的内容作出书面保证。

第三十七条 证人、鉴定人书面同意作证或者协助调查的，办案机关应当及时将证人、鉴定人的意愿、要求和条件通过所属主管机关通知对外联系机关，由对外联系机关通知请求国。

安排证人、鉴定人通过视频、音频作证的，主管机关或者办案机关应当派员到场，发现有损害中华人民共和国的主权、安全和社会公共利益以及违反中华人民共和国法律的基本原则的情形的，应当及时制止。

第三十八条 外国请求移交在押人员出国作证或者协助调查，并保证在作证或者协助调查结束后及时将在押人员送回的，对外联系机关应当征求主管机关和在押人员的意见。主管机关和在押人员均同意出国作证或者协助调查的，由对外联系机关会同主管机关与请求国就移交在押人员的相关事项事先达成协议。

在押人员在外国被羁押的期限，应当折抵其在中华人民共和国被判处的刑期。

第六章 查封、扣押、冻结涉案财物

第一节 向外国请求查封、扣押、冻结涉案财物

第三十九条 办案机关需要外国协助查封、扣押、冻结涉案财物的，应当制作刑事司法协助请求书并附相关材料，经所属主管机关审核同意后，由对外联系机关及时向外国提出请求。

外国对于协助执行中华人民共和国查封、扣押、冻结涉案财物的请求有特殊要求的，在不违反中华人民共和国法律的基本原则的情况下，可以同意。需要由司法机关作出决定的，由人民法院作出。

第四十条 向外国请求查封、扣押、冻结涉案财物的，请求书及所附材料应当根据

需要载明下列事项：

（一）需要查封、扣押、冻结的涉案财物的权属证明、名称、特性、外形和数量等；

（二）需要查封、扣押、冻结的涉案财物的地点。资金或者其他金融资产存放在金融机构中的，应当载明金融机构的名称、地址和账户信息；

（三）相关法律文书的副本；

（四）有关查封、扣押、冻结以及利害关系人权利保障的法律规定；

（五）有助于执行请求的其他材料。

第四十一条 外国确定的查封、扣押、冻结的期限届满，办案机关需要外国继续查封、扣押、冻结相关涉案财物的，应当再次向外国提出请求。

办案机关决定解除查封、扣押、冻结的，应当及时通知被请求国。

第二节 向中华人民共和国请求查封、扣押、冻结涉案财物

第四十二条 外国可以请求中华人民共和国协助查封、扣押、冻结在中华人民共和国境内的涉案财物。

外国向中华人民共和国请求查封、扣押、冻结涉案财物的，请求书及所附材料应当根据需要载明本法第四十条规定的事项。

第四十三条 主管机关经审查认为符合下列条件的，可以同意查封、扣押、冻结涉案财物，并安排有关办案机关执行：

（一）查封、扣押、冻结符合中华人民共和国法律规定的条件；

（二）查封、扣押、冻结涉案财物与请求国正在进行的刑事案件的调查、侦查、起诉和审判活动相关；

（三）涉案财物可以被查封、扣押、冻结；

（四）执行请求不影响利害关系人的合法权益；

（五）执行请求不影响中华人民共和国有关机关正在进行的调查、侦查、起诉、审判和执行活动。

办案机关应当及时通过主管机关通知对外联系机关，由对外联系机关将查封、扣押、冻结的结果告知请求国。必要时，办案机关可以对被查封、扣押、冻结的涉案财物依法采取措施进行处理。

第四十四条 查封、扣押、冻结的期限届满，外国需要继续查封、扣押、冻结相关涉案财物的，应当再次向对外联系机关提出请求。

外国决定解除查封、扣押、冻结的，对外联系机关应当通过主管机关通知办案机关及时解除。

第四十五条 利害关系人对查封、扣押、冻结有异议，办案机关经审查认为查封、

扣押、冻结不符合本法第四十三条第一款规定的条件的，应当报请主管机关决定解除查封、扣押、冻结并通知对外联系机关，由对外联系机关告知请求国；对案件处理提出异议的，办案机关可以通过所属主管机关转送对外联系机关，由对外联系机关向请求国提出。

第四十六条　由于请求国的原因导致查封、扣押、冻结不当，对利害关系人的合法权益造成损害的，办案机关可以通过对外联系机关要求请求国承担赔偿责任。

第七章　没收、返还违法所得及其他涉案财物

第一节　向外国请求没收、返还违法所得及其他涉案财物

第四十七条　办案机关需要外国协助没收违法所得及其他涉案财物的，应当制作刑事司法协助请求书并附相关材料，经所属主管机关审核同意后，由对外联系机关及时向外国提出请求。

请求外国将违法所得及其他涉案财物返还中华人民共和国或者返还被害人的，可以在向外国提出没收请求时一并提出，也可以单独提出。

外国对于返还被查封、扣押、冻结的违法所得及其他涉案财物有特殊要求的，在不违反中华人民共和国法律的基本原则的情况下，可以同意。需要由司法机关作出决定的，由人民法院作出决定。

第四十八条　向外国请求没收、返还违法所得及其他涉案财物的，请求书及所附材料应当根据需要载明下列事项：

（一）需要没收、返还的违法所得及其他涉案财物的名称、特性、外形和数量等；

（二）需要没收、返还的违法所得及其他涉案财物的地点。资金或者其他金融资产存放在金融机构中的，应当载明金融机构的名称、地址和账户信息；

（三）没收、返还的理由和相关权属证明；

（四）相关法律文书的副本；

（五）有关没收、返还以及利害关系人权利保障的法律规定；

（六）有助于执行请求的其他材料。

第四十九条　外国协助没收、返还违法所得及其他涉案财物的，由对外联系机关会同主管机关就有关财物的移交问题与外国进行协商。

对于请求外国协助没收、返还违法所得及其他涉案财物，外国提出分享请求的，分享的数额或者比例，由对外联系机关会同主管机关与外国协商确定。

第二节　向中华人民共和国请求没收、返还违法所得及其他涉案财物

第五十条　外国可以请求中华人民共和国协助没收、返还违法所得及其他涉案

财物。

外国向中华人民共和国请求协助没收、返还违法所得及其他涉案财物的，请求书及所附材料应当根据需要载明本法第四十八条规定的事项。

第五十一条 主管机关经审查认为符合下列条件的，可以同意协助没收违法所得及其他涉案财物，并安排有关办案机关执行：

（一）没收违法所得及其他涉案财物符合中华人民共和国法律规定的条件；

（二）外国充分保障了利害关系人的相关权利；

（三）在中华人民共和国有可供执行的财物；

（四）请求书及所附材料详细描述了请求针对的财物的权属、名称、特性、外形和数量等信息；

（五）没收在请求国不能执行或者不能完全执行；

（六）主管机关认为应当满足的其他条件。

第五十二条 外国请求协助没收违法所得及其他涉案财物，有下列情形之一的，可以拒绝提供协助，并说明理由：

（一）中华人民共和国或者第三国司法机关已经对请求针对的财物作出生效裁判，并且已经执行完毕或者正在执行；

（二）请求针对的财物不存在，已经毁损、灭失、变卖或者已经转移导致无法执行，但请求没收变卖物或者转移后的财物的除外；

（三）请求针对的人员在中华人民共和国境内有尚未清偿的债务或者尚未了结的诉讼；

（四）其他可以拒绝的情形。

第五十三条 外国请求返还违法所得及其他涉案财物，能够提供确实、充分的证据证明，主管机关经审查认为符合中华人民共和国法律规定的条件的，可以同意并安排有关办案机关执行。返还前，办案机关可以扣除执行请求产生的合理费用。

第五十四条 对于外国请求协助没收、返还违法所得及其他涉案财物的，可以由对外联系机关会同主管机关提出分享的请求。分享的数额或者比例，由对外联系机关会同主管机关与外国协商确定。

第八章 移管被判刑人

第一节 向外国移管被判刑人

第五十五条 外国可以向中华人民共和国请求移管外国籍被判刑人，中华人民共和国可以向外国请求移管外国籍被判刑人。

第五十六条 向外国移管被判刑人应当符合下列条件：

（一）被判刑人是该国国民；

（二）对被判刑人判处刑罚所针对的行为根据该国法律也构成犯罪；

（三）对被判刑人判处刑罚的判决已经发生法律效力；

（四）被判刑人书面同意移管，或者因被判刑人年龄、身体、精神等状况确有必要，经其代理人书面同意移管；

（五）中华人民共和国和该国均同意移管。

有下列情形之一的，可以拒绝移管：

（一）被判刑人被判处死刑缓期执行或者无期徒刑，但请求移管时已经减为有期徒刑的除外；

（二）在请求移管时，被判刑人剩余刑期不足一年；

（三）被判刑人在中华人民共和国境内存在尚未了结的诉讼；

（四）其他不宜移管的情形。

第五十七条　请求向外国移管被判刑人的，请求书及所附材料应当根据需要载明下列事项：

（一）请求机关的名称；

（二）被请求移管的被判刑人的姓名、性别、国籍、身份信息和其他资料；

（三）被判刑人的服刑场所；

（四）请求移管的依据和理由；

（五）被判刑人或者其代理人同意移管的书面声明；

（六）其他事项。

第五十八条　主管机关应当对被判刑人的移管意愿进行核实。外国请求派员对被判刑人的移管意愿进行核实的，主管机关可以作出安排。

第五十九条　外国向中华人民共和国提出移管被判刑人的请求的，或者主管机关认为需要向外国提出移管被判刑人的请求的，主管机关应当会同相关主管部门，作出是否同意外国请求或者向外国提出请求的决定。作出同意外国移管请求的决定后，对外联系机关应当书面通知请求国和被判刑人。

第六十条　移管被判刑人由主管机关指定刑罚执行机关执行。移交被判刑人的时间、地点、方式等执行事项，由主管机关与外国协商确定。

第六十一条　被判刑人移管后对原生效判决提出申诉的，应当向中华人民共和国有管辖权的人民法院提出。

人民法院变更或者撤销原生效判决的，应当及时通知外国。

第二节　向中华人民共和国移管被判刑人

第六十二条　中华人民共和国可以向外国请求移管中国籍被判刑人，外国可以请求中华人民共和国移管中国籍被判刑人。移管的具体条件和办理程序,参照本章第一节的有关规定执行。

第六十三条 被判刑人移管回国后,由主管机关指定刑罚执行机关先行关押。

第六十四条 人民检察院应当制作刑罚转换申请书并附相关材料,提请刑罚执行机关所在地的中级人民法院作出刑罚转换裁定。

人民法院应当依据外国法院判决认定的事实,根据刑法规定,作出刑罚转换裁定。对于外国法院判处的刑罚性质和期限符合中华人民共和国法律规定的,按照其判处的刑罚和期限予以转换;对于外国法院判处的刑罚性质和期限不符合中华人民共和国法律规定的,按照下列原则确定刑种、刑期:

(一)转换后的刑罚应当尽可能与外国法院判处的刑罚相一致;

(二)转换后的刑罚在性质上或者刑期上不得重于外国法院判处的刑罚,也不得超过中华人民共和国刑法对同类犯罪所规定的最高刑期;

(三)不得将剥夺自由的刑罚转换为财产刑;

(四)转换后的刑罚不受中华人民共和国刑法对同类犯罪所规定的最低刑期的约束。

被判刑人回国服刑前被羁押的,羁押一日折抵转换后的刑期一日。

人民法院作出的刑罚转换裁定,是终审裁定。

第六十五条 刑罚执行机关根据刑罚转换裁定将移管回国的被判刑人收监执行刑罚。刑罚执行以及减刑、假释、暂予监外执行等,依照中华人民共和国法律办理。

第六十六条 被判刑人移管回国后对外国法院判决的申诉,应当向外国有管辖权的法院提出。

第九章 附 则

第六十七条 中华人民共和国与有关国际组织开展刑事司法协助,参照本法规定。

第六十八条 向中华人民共和国提出的刑事司法协助请求或者应中华人民共和国请求提供的文件和证据材料,按照条约的规定办理公证和认证事宜。没有条约或者条约没有规定的,按照互惠原则办理。

第六十九条 本法所称刑事司法协助条约,是指中华人民共和国与外国缔结或者共同参加的刑事司法协助条约、移管被判刑人条约或者载有刑事司法协助、移管被判刑人条款的其他条约。

第七十条 本法自公布之日起施行。

※法规解读:上述条文是《国际刑事司法协助法》的内容。在制定《国际刑事司法协助法》的同时也对《刑事诉讼法》进行了修改。《国际刑事司法协助法》对我国国际

刑事司法协助的内涵、外延以及具体程序都进行了详细的规定，除了国际刑事司法协助的概念、原则的规定外，还对刑事司法协助请求的提出、接收和处理，送达文书，调查取证，安排证人作证或者协助调查、查封、扣押、冻结涉案财物，没收、返还违法所得及其他涉案财物，移管被判刑人等具体的刑事司法协助程序等进行了规定。《国际刑事司法协助法》的出台，再次释放出中央政府“有逃必追、一追到底”的强烈信号，彰显出中国政府追讨追赃态度绝不动摇、力度绝不减弱的一贯立场和鲜明态度。

关联法规索引

《刑事诉讼法》第 292 条；《最高人民检察院关于检察机关办理司法协助案件有关问题的通知》；《人民检察院刑事诉讼规则（试行）》第十六章；《通过外交途径办理刑事司法协助案件的若干程序》；《公安机关办理刑事案件程序规定》第十三章；《联合国打击跨国有组织犯罪公约》第 15 ~ 22 条；《联合国反腐败公约》；《北京反腐败宣言》

第五十二条 【国际追逃追赃防逃组织协调】 国家监察委员会加强对反腐败国际追逃追赃和防逃工作的组织协调，督促有关单位做好相关工作：

（一）对于重大贪污贿赂、失职渎职等职务犯罪案件，被调查人逃匿到国（境）外，掌握证据比较确凿的，通过开展境外追逃合作，追捕归案；

（二）向赃款赃物所在国请求查询、冻结、扣押、没收、追缴、返还涉案资产；

（三）查询、监控涉嫌职务犯罪的公职人员及其相关人员进出国（境）和跨境资金流动情况，在调查案件过程中设置防逃程序。

条文解读

本条是对国家监察委员会履行国际追逃追赃和防逃的组织协调、督促职责的规定。

根据本条规定，国家监察委员会负责对腐败犯罪的国际追逃、追赃、防逃进行组织协调。实践中主要协调发案单位、追查单位、外事机构、金融机构以及相关司法机关在此方面的通力合作。追逃、追赃、防逃是国际反腐败工作中三个紧密联系的方面，立足对腐败违法犯罪行为进行打击的同时，也要防逃、追逃和追赃三管齐下。数年的反腐实践表明：全国联动、内外协作、上下贯通，通过曝光部分外逃人员藏匿线索，公布已归案人员后续处理情况，采取多种措施防止违法犯罪人员出逃等系列创新组合行动，是打击腐败犯罪的有效举措。

为了有效实现国际追逃、追赃、防逃的目标，国家监察委员会有权督促有关单位做

好以下三个方面的工作:

第一,调查及追逃、追捕工作。此项工作是针对涉嫌重大贪污贿赂、失职渎职等职务犯罪的案件,已经有比较确凿的证据证明犯罪成立,当被调查人已经逃匿到国(境)外时,国家监察委员会应当会同相关职能部门,积极通过国际刑事司法协助方式,对被调查人员进行缉拿,推进追诉程序进行。

第二,摸清赃款赃物去向,积极追缴并返还资产。对于腐败资产的情况,可以通过与赃款赃物所在国开展司法协助,进行调查、保全以及追缴和返还。对赃款赃物的调查以及保全可以采取查封、冻结和扣押方式,至于没收、追缴和返还则需要按照相关的司法程序进行。

第三,积极设置防逃程序。顾名思义,防逃程序的重点在于"防",因此,"防"需要有一定的提前量。防逃又包括人和物两种情况,防止人员逃跑,防止财物流失。根据情况既可以单独对人或者物采取防逃措施,也可以同时对两个方面均采用防控措施。当确定某公职人员涉嫌职务犯罪后,可以采用查询方法了解其本人以及相关人员出国(境)和信息,也可以通过对银行、证券等金融机构的查询了解跨国(境)资金的流动情况。必要情况下,采取积极主动措施,通过限制人员和资金出境的方法防止可能出现的妨碍案件调查和财产损失。

2015 年 1 月,中纪委十八届五次全会召开,首次将海外追逃追赃作为反腐败斗争重要任务之一。2015 年 3 月,中央反腐败协调小组正式启动了针对外逃腐败分子的"天网"行动。4 月 22 日,国际刑警组织中国国家中心局集中公布 100 名外逃国家工作人员和重要腐败案件涉案人,即"百名红通人员"名单。2015 年 4 月,中央追逃办针对外逃腐败分子部署开展"天网"行动,综合运用警务、检务、外交、金融等手段,集中时间、集中力量"抓捕一批腐败分子,清理一批违规证照,打击一批地下钱庄,追缴一批涉案资产,劝返一批外逃人员"。此后,每年部署开展"天网"行动渐成追逃追赃的"规定动作"。

随后,中央和省级反腐败协调小组设立国际追赃工作办公室,建立外逃人员数据库,制定责任追究制度。同时,设置防逃程序,通过定期开展裸官"清理",核查个人有关事项报告情况,严格执行出入境证件管理和审批报备制度,开展打击利用地下钱庄和离岸公司转移赃款专项行动,有力遏制了人员外逃和赃款外流。2017 年,在"天网 2015""天网 2016"的基础上,继续开展"天网 2017"行动,同时增加了适用犯罪嫌疑人、被告人逃匿案件违法所得没收程序追赃的专项行动,由最高人民法院会同最高人民检察院和公安部开展,旨在集中时间和力量追缴一批腐败涉案资产。以追赃促追逃是开展追赃专项行动的一个重要考虑。追赃既能挽回国家和人民经济损失,也是促进追逃的有效方式。"天网 2018"适应监察体制改革新变化,将职务犯罪国际追逃追赃专项行动的牵头单位由最高检变更为国家监委,同时更加注重追赃工作。截至 2018 年年底,通过开展“天网”行动，我国从120多个国家和地区追回外逃人员4833人，其中国家工作人员995人，追赃103亿余元。“猎狐”行动由公安部牵头，缉捕在逃境外经济犯罪嫌疑人是其重要指向。比如，“猎狐2015”专项行动，重点缉捕外逃职务犯罪嫌疑人和腐败案件重要涉案人。本条是对之前反腐败“两追一防”工作机制的肯定。[1]

配套法规及解读

《最高人民法院、最高人民检察院关于适用犯罪嫌疑人、被告人逃匿、死亡案件违法所得没收程序若干问题的规定》(2017年1月4日)

第十九条　犯罪嫌疑人、被告人逃匿境外，委托诉讼代理人申请参加诉讼，且违法所得或者其他涉案财产所在地国(区)主管机关明确提出意见予以支持的，人民法院可以准许。

人民法院准许参加诉讼的，犯罪嫌疑人、被告人的诉讼代理人依照本规定关于利害关系人的诉讼代理人的规定行使诉讼权利。

第二十二条　违法所得或者其他涉案财产在境外的，负责立案侦查的公安机关、人民检察院等侦查机关应当制作查封、扣押、冻结的法律文书以及协助执行查封、扣押、冻结的请求函，层报公安、检察院等各系统最高上级机关后，由公安、检察院等各系统最高上级机关依照刑事司法协助条约、多边公约，或者按照对等互惠原则，向违法所得或者其他涉案财产所在地国(区)的主管机关请求协助执行。

被请求国(区)的主管机关提出，查封、扣押、冻结法律文书的制发主体必须是法院的，负责立案侦查的公安机关、人民检察院等侦查机关可以向同级人民法院提出查封、扣押、冻结的申请，人民法院经审查同意后制作查封、扣押、冻结令以及协助执行查封、扣押、冻结令的请求函，层报最高人民法院后，由最高人民法院依照刑事司法协助条约、多边公约，或者按照对等互惠原则，向违法所得或者其他涉案财产所在地国(区)的主管机关请求协助执行。

请求函应当载明以下内容：

(一)案由以及查封、扣押、冻结法律文书的发布主体是否具有管辖权；

(二)犯罪嫌疑人、被告人涉嫌犯罪的事实及相关证据，但可能妨碍正在或者即将进行的刑事侦查的证据除外；

(三)已发布公告的，发布公告情况、通知利害关系人参加诉讼以及保障诉讼参与人依法行使诉讼权利等情况；

---

[1] 参见沈寅飞：《揭秘“红色通缉令”！外逃17年的“红通人员”黎健雄回国投案了》，http://m.sohu.com/a/298932127_99923255，查询时间：2019年5月10日。

（四）请求查封、扣押、冻结的财产的种类、数量、价值、所在地等情况以及相关法律手续；

（五）请求查封、扣押、冻结的财产属于违法所得及其他涉案财产的相关事实及证据材料；

（六）请求查封、扣押、冻结财产的理由和法律依据；

（七）被请求国（区）要求载明的其他内容。

第二十三条 违法所得或者其他涉案财产在境外，受理没收违法所得申请案件的人民法院经审理裁定没收的，应当制作没收令以及协助执行没收令的请求函，层报最高人民法院后，由最高人民法院依照刑事司法协助条约、多边公约，或者按照对等互惠原则，向违法所得或者其他涉案财产所在地国（区）的主管机关请求协助执行。

请求函应当载明以下内容：

（一）案由以及没收令发布主体具有管辖权；

（二）属于生效裁定；

（三）犯罪嫌疑人、被告人涉嫌犯罪的事实及相关证据，但可能妨碍正在或者即将进行的刑事侦查的证据除外；

（四）犯罪嫌疑人、被告人逃匿、被通缉、脱逃、死亡的基本情况；

（五）发布公告情况、通知利害关系人参加诉讼以及保障诉讼参与人依法行使诉讼权利等情况；

（六）请求没收违法所得及其他涉案财产的种类、数量、价值、所在地等情况以及查封、扣押、冻结相关法律手续；

（七）请求没收的财产属于违法所得及其他涉案财产的相关事实及证据材料；

（八）请求没收财产的理由和法律依据；

（九）被请求国（区）要求载明的其他内容。

※法规解读：上述条文是犯罪嫌疑人、被告人逃匿、死亡案件没收违法所得程序中有关刑事司法协助问题的规定。

关联法规索引

《最高人民检察院通报7起职务犯罪国际追逃追赃专项行动典型案例》；《最高人民检察院关于贯彻落实〈中共中央关于全面推进依法治国若干重大问题的决定〉的意见》第16条；《最高人民法院、最高人民检察院关于适用犯罪嫌疑人、被告人逃匿、死亡案件违法所得没收程序若干问题的规定》；《中国人民银行办公厅关于加强外逃人员名单监测和可疑交易报告工作的通知》；《中共中央办公厅、国务院办公厅关于进一步规范刑事诉讼涉案财物处置工作的意见》第11条

第七章　对监察机关和监察人员的监督

本章介绍

本章从第五十三条至第六十一条，共九个条文，对监察机关和监察人员的监督作了明确规定。其具体内容包括：对监察机关和监察人员进行监督的种类；监察人员的法定义务；登记备案制度、回避制度；监察人员的离任后义务；被调查人及其近亲属的申诉权；监察人员的失职追责。

第五十三条　【立法监督】　各级监察委员会应当接受本级人民代表大会及其常务委员会的监督。

各级人民代表大会常务委员会听取和审议本级监察委员会的专项工作报告，组织执法检查。

县级以上各级人民代表大会及其常务委员会举行会议时，人民代表大会代表或者常务委员会组成人员可以依照法律规定的程序，就监察工作中的有关问题提出询问或者质询。

条文解读

本条共三款，是关于立法监督的规定。

第一款是关于各级监察委员会应当接受立法监督的规定。《宪法》第三条第三款规定，监察机关"由人民代表大会产生，对它负责，受它监督"。《宪法》第六十七条第六项规定，全国人民代表大会常务委员会监督国务院、中央军事委员会、国家监察委员会、最高人民法院和最高人民检察院的工作。《宪法》第一百零四条规定，县级以上的地方各级人民代表大会常务委员会监督本级人民政府、监察委员会、人民法院和人民检察院的工作。依据上述有关规定，《监察法》明确了各级人民代表大会及其常务委员会对本级监察委员会的立法监督。《宪法》第一百二十七条规定，监察委员会依照法律规定独立行使监察权，不受行政机关、社会团体和个人的干涉。监察机关办理职务违法和职务犯罪案件，应当与审判机关、检察机关、执法部门互相配合，互相制约。在《宪法》中对人大、审判机关、检察机关、执法部门的配合、制约、监督等关系作出了明确规定,将客观存在的工作关系制度化、法律化,确保监察权依法正确行使并受到严格监督,保证党和人民赋予的权力不被滥用。

第二、三款是关于立法监督形式的规定。依据这两款规定,各级人大及常委会对监察机关的监督,主要有以下三个方面:

一是各级人大常委会听取和审议本级监察机关的专项工作报告。由于监察委员会所承担的反腐败重任,调查过程中会涉及大量党和国家秘密,关乎国家安全和国家利益,保密要求高,所以监察机关不宜在人大会议上作公开报告,而是由各级人大常委会听取和审议本级监察机关的专项工作报告。

二是各级人大常委会组织执法检查。各级人大常委会可以根据工作需要,有计划地对涉及监察工作的有关法律、法规实施情况组织执法检查。执法检查结束后应当及时形成检查报告,提请人大常委会审议。执法检查报告主要包括两个方面:对所检查的法律、法规实施情况进行评价,分析存在的问题及提出工作改进的建议;对有关法律、法规提出修改完善的建议。

三是县级以上人大代表或者常务委员会组成人员就监察工作中的有关问题提出询问或者质询。根据《各级人民代表大会常务委员会监督法》和《地方各级人民代表大会和地方各级人民政府组织法》的相关规定,询问和质询有下列不同:

第一,性质不同。询问是县级以上人大代表和人大常委会组成人员为弄清议案、报告中的某些问题而提出的,由有关部门派人答复,带有答疑解惑的性质,以便更好地审议议案和报告。质询是县级以上人大代表和人大常委会组成人员对被质询机关的工作不满意的方面提出质问,要求被质询机关作出澄清、解释的一种活动。

第二,目的不同。询问的目的在于帮助人大代表或常委会组成人员弄清楚有关报告或议案的情况,以便审议和表决。质询的目的在于获知被质询机关的工作情况或者对被质询机关的工作提出批评,以监督被质询机关改正工作中的缺点和错误,带有批评性和强制性。

第三,提出的法定条件不同。询问不需要特定的联名人数,单个人就可以提出。质询在举行人民代表大会会议期间必须有代表十人以上联名才能提出;或在常委会会议期间,省、自治区、直辖市、自治州、设区的市的人大常委会组成人员五人以上联名,县级人大常委会组成人员三人以上联名,可以提出。

第四,提出的权限不同。询问的范围限于正在审议的议案、报告。质询的范围更广一些,凡属于被质询机关的职权范围,都可以提出质询。

第五,提出的方式不同。询问可以口头提出,也可以书面提出;质询必须书面提出,需要写明质询对象、质询的问题、质询的内容,三者缺一不可,否则质询案就不能成立。

第六，处理程序不同。询问是随问随答，没有严格的提出人、程序和答复人员规定。质询案的处理程序比较复杂。它要由有关机构决定，是由受质询机关书面答复，还是在有关的会议上口头答复。提出质询案的代表半数以上对答复不满意的，可以要求受质询机关再作答复。同时，受质询机关的口头答复人须是受质询机关的领导人。以书面形式答复的，应由受质询机关的负责人签署。

配套法规及解读

《地方各级人民代表大会和地方各级人民政府组织法》(2015年8月29日修正)

第八条　县级以上的地方各级人民代表大会行使下列职权：

（一）在本行政区域内，保证宪法、法律、行政法规和上级人民代表大会及其常务委员会决议的遵守和执行，保证国家计划和国家预算的执行；

（二）审查和批准本行政区域内的国民经济和社会发展计划、预算以及它们执行情况的报告；

（三）讨论、决定本行政区域内的政治、经济、教育、科学、文化、卫生、环境和资源保护、民政、民族等工作的重大事项；

（四）选举本级人民代表大会常务委员会的组成人员；

（五）选举省长、副省长，自治区主席、副主席，市长、副市长，州长、副州长，县长、副县长，区长、副区长；

（六）选举本级人民法院院长和人民检察院检察长；选出的人民检察院检察长，须报经上一级人民检察院检察长提请该级人民代表大会常务委员会批准；

（七）选举上一级人民代表大会代表；

（八）听取和审查本级人民代表大会常务委员会的工作报告；

（九）听取和审查本级人民政府和人民法院、人民检察院的工作报告；

（十）改变或者撤销本级人民代表大会常务委员会的不适当的决议；

（十一）撤销本级人民政府的不适当的决定和命令；

（十二）保护社会主义的全民所有的财产和劳动群众集体所有的财产，保护公民私人所有的合法财产，维护社会秩序，保障公民的人身权利、民主权利和其他权利；

（十三）保护各种经济组织的合法权益；

（十四）保障少数民族的权利；

（十五）保障宪法和法律赋予妇女的男女平等、同工同酬和婚姻自由等各项权利。

※法规解读：本条是关于县级以上的地方各级人民代表大会职权范围的规定。这主要包括五个方面的内容：保证国家意志的执行方面的职权；决定本地区重大事项方面的职权；选举方面的职权；听取和审查方面的职权；撤销方面的职权。

第四十四条 县级以上的地方各级人民代表大会常务委员会行使下列职权：

（一）在本行政区域内，保证宪法、法律、行政法规和上级人民代表大会及其常务委员会决议的遵守和执行；

（二）领导或者主持本级人民代表大会代表的选举；

（三）召集本级人民代表大会会议；

（四）讨论、决定本行政区域内的政治、经济、教育、科学、文化、卫生、环境和资源保护、民政、民族等工作的重大事项；

（五）根据本级人民政府的建议，决定对本行政区域内的国民经济和社会发展计划、预算的部分变更；

（六）监督本级人民政府、人民法院和人民检察院的工作，联系本级人民代表大会代表，受理人民群众对上述机关和国家工作人员的申诉和意见；

（七）撤销下一级人民代表大会及其常务委员会的不适当的决议；

（八）撤销本级人民政府的不适当的决定和命令；

（九）在本级人民代表大会闭会期间，决定副省长、自治区副主席、副市长、副州长、副县长、副区长的个别任免；在省长、自治区主席、市长、州长、县长、区长和人民法院院长、人民检察院检察长因故不能担任职务的时候，从本级人民政府、人民法院、人民检察院副职领导人员中决定代理的人选；决定代理检察长，须报上一级人民检察院和人民代表大会常务委员会备案；

（十）根据省长、自治区主席、市长、州长、县长、区长的提名，决定本级人民政府秘书长、厅长、局长、委员会主任、科长的任免，报上一级人民政府备案；

（十一）按照人民法院组织法和人民检察院组织法的规定，任免人民法院副院长、庭长、副庭长、审判委员会委员、审判员，任免人民检察院副检察长、检察委员会委员、检察员，批准任免下一级人民检察院检察长；省、自治区、直辖市的人民代表大会常务委员会根据主任会议的提名，决定在省、自治区内按地区设立的和在直辖市内设立的中级人民法院院长的任免，根据省、自治区、直辖市的人民检察院检察长的提名，决定人民检察院分院检察长的任免；

（十二）在本级人民代表大会闭会期间，决定撤销个别副省长、自治区副主席、副市长、副州长、副县长、副区长的职务；决定撤销由它任命的本级人民政府其他组成人员和人民法院副院长、庭长、副庭长、审判委员会委员、审判员，人民检察院副检察长、检察委员会委员、检察员，中级人民法院院长，人民检察院分院检察长的职务；

（十三）在本级人民代表大会闭会期间，补选上一级人民代表大会出缺的代表和罢免个别代表；

（十四）决定授予地方的荣誉称号。

※法规解读:本条是关于县级以上的地方各级人民代表大会常务委员会职权范围的规定。这主要包括五个方面的内容:保证国家意志实现的职权;决定重大的地方国家事务的职权;组织会议方面的职权;监督方面的职权;人事任免方面的职权。

第二十九条 在地方各级人民代表大会审议议案的时候,代表可以向有关地方国家机关提出询问,由有关机关派人说明。

※法规解读:本条是关于询问的规定。本条所称"询问"是指地方各级人民代表大会的代表在地方各级人民代表大会审议议案的时候,对不知道或者不明白的事请有关地方国家机关给予解答的行为。提出询问的主体是地方各级人民代表大会的代表,可以是代表一个人,也可以是几个人。提出询问的时间是在地方各级人民代表大会审议议案的时候。提出询问的范围限于正在"审议议案",不涉及正在"审议议案"的,不宜提出询问。提出询问的形式没有具体的要求。可以是口头的,也可以是书面的。被询问的对象是"有关地方国家机关",即被询问的对象应是与正在"审议议案"相关的"有关地方国家机关"。与审议的议案无关的地方国家机关是没有办法答复的。在地方各级人民代表大会审议议案的时候,代表可以向有关地方国家机关提出询问,有关国家机关应当派负责人或者相关人员回答询问。

第二十八条 地方各级人民代表大会举行会议的时候,代表十人以上联名可以书面提出对本级人民政府和它所属各工作部门以及人民法院、人民检察院的质询案。质询案必须写明质询对象、质询的问题和内容。

质询案由主席团决定交由受质询机关在主席团会议、大会全体会议或者有关的专门委员会会议上口头答复,或者由受质询机关书面答复。在主席团会议或者专门委员会会议上答复的,提质询案的代表有权列席会议,发表意见;主席团认为必要的时候,可以将答复质询案的情况报告印发会议。

质询案以口头答复的,应当由受质询机关的负责人到会答复;质询案以书面答复的,应当由受质询机关的负责人签署,由主席团印发会议或者印发提质询案的代表。

※法规解读:本条是关于地方各级人民代表大会代表向有关机关提出质询案的规定。本条所称的质询案,是指地方各级人民代表大会法定数量的代表在本级人民代表大会举行会议的时候向其他国家机关即本级人民政府和它所属各工作部门以及人民法院、人民检察院提出质疑或者询问并要求答复的一种书面文件。

质询要遵守的法律规定和程序是:提出质询案的法定时间为地方各级人民代表大会举行会议的时候,在各级人民代表大会闭会期间不能够提出。提出质询案的法定主体是代表十人以上联名,代表个人不能够单独提出。提出质询案的法定形式是书面形式,须写明质询对象、质询的问题和内容。质询案质询的法定对象是本级人民政府和它所属各工作部门以及人民法院、人民检察院。县级以上地方各级法定数额的人大代表质询的对象是本级人民政府及其所属各部门、人民法院、人民检察院。乡、民族乡、镇法定数额的人大代表质询的对象是本级人民政府。质询针对的是有关机关而非个人。

质询案的处理与答复形式是:质询案由主席团决定交由受质询机关在主席团会议、大会全体会议或者有关的专门委员会会议上答复。答复形式可以是口头的,也可以是书面的。在主席团会议或者专门委员会会议上答复的,提质询案的代表有权列席会议,发表意见;主席团认为必要的时候,可以将答复质询案的情况报告印发会议。

第四十七条 在常务委员会会议期间,省、自治区、直辖市、自治州、设区的市的人民代表大会常务委员会组成人员五人以上联名,县级的人民代表大会常务委员会组成人员三人以上联名,可以向常务委员会书面提出对本级人民政府、人民法院、人民检察院的质询案。质询案必须写明质询对象、质询的问题和内容。

质询案由主任会议决定交由受质询机关在常务委员会全体会议上或者有关的专门委员会会议上口头答复,或者由受质询机关书面答复。在专门委员会会议上答复的,提质询案的常务委员会组成人员有权列席会议,发表意见;主任会议认为必要的时候,可以将答复质询案的情况报告印发会议。

质询案以口头答复的,应当由受质询机关的负责人到会答复;质询案以书面答复的,应当由受质询机关的负责人签署,由主任会议印发会议或者印发提质询案的常务委员会组成人员。

※法规解读:本条是关于地方各级人大常委会向有关机关提出质询案的相关规定。

质询案。本条所称的质询案是指地方各级人大常委会法定数量的组成人员在本级人民代表大会举行会议的时候向其他国家机关即本级人民政府、人民法院、人民检察院提出质疑或者询问并要求答复的一种书面文件。

质询要遵守的法律规定和程序。提出质询案的法定时间为地方各级人大常委会举行会议的时候,在闭会期间不能够提出。提出质询案的法定主体是省、自治区、直辖市、自治州、设区的市的人民代表大会常务委员会组成人员五人以上联名,县级的人民代表大会常务委员会组成人员三人以上联名,代表个人不能够单独提出。提出质询案的法定形式是书面,须写明质询对象、质询的问题和内容。质询案质询的法定对象是本级人民政府、人民法院、人民检察院。质询针对的是有关机关而非个人。

质询案的处理与答复形式。质询案由主任会议决定交由受质询机关在常务委员会全体会议上或者有关的专门委员会会议上口头答复,或者由受质询机关书面答复。也就是说,答复形式可以是口头的,也可以是书面的。质询案以口头答复的,受质询机关的负责人应当到会答复;质询案以书面答复的,受质询机关的负责人应当签署,由主任会议印发会议或者印发提质询案的常务委员会组成人员。在专门委员会会议上答复的，提质询案的常务委员会组成人员有权列席会议，发表意见；主任会议认为必要的时候，可以将答复质询案的情况报告印发会议。

《各级人民代表大会常务委员会监督法》(2006年8月27日)

第三条　各级人民代表大会常务委员会行使监督职权，应当围绕国家工作大局，以经济建设为中心，坚持中国共产党的领导，坚持马克思列宁主义、毛泽东思想、邓小平理论和“三个代表”重要思想，坚持人民民主专政，坚持社会主义道路，坚持改革开放。

第五条　各级人民代表大会常务委员会对本级人民政府、人民法院和人民检察院的工作实施监督，促进依法行政、公正司法。

第八条　各级人民代表大会常务委员会每年选择若干关系改革发展稳定大局和群众切身利益、社会普遍关注的重大问题，有计划地安排听取和审议本级人民政府、人民法院和人民检察院的专项工作报告。

常务委员会听取和审议专项工作报告的年度计划，经委员长会议或者主任会议通过，印发常务委员会组成人员并向社会公布。

第九条　常务委员会听取和审议本级人民政府、人民法院和人民检察院的专项工作报告的议题，根据下列途径反映的问题确定：

（一）本级人民代表大会常务委员会在执法检查中发现的突出问题；

（二）本级人民代表大会代表对人民政府、人民法院和人民检察院工作提出的建议、批评和意见集中反映的问题；

（三）本级人民代表大会常务委员会组成人员提出的比较集中的问题；

（四）本级人民代表大会专门委员会、常务委员会工作机构在调查研究中发现的突出问题；

（五）人民来信来访集中反映的问题；

（六）社会普遍关注的其他问题。

人民政府、人民法院和人民检察院可以向本级人民代表大会常务委员会要求报告专项工作。

第十条　常务委员会听取和审议专项工作报告前，委员长会议或者主任会议可以组织本级人民代表大会常务委员会组成人员和本级人民代表大会代表，对有关工作进行视察或者专题调查研究。

常务委员会可以安排参加视察或者专题调查研究的代表列席常务委员会会议，听取专项工作报告，提出意见。

第十一条　常务委员会听取和审议专项工作报告前，常务委员会办事机构应当将各方面对该项工作的意见汇总，交由本级人民政府、人民法院或者人民检察院研究并在专项工作报告中作出回应。

第十二条 人民政府、人民法院或者人民检察院应当在常务委员会举行会议的二十日前，由其办事机构将专项工作报告送交本级人民代表大会有关专门委员会或者常务委员会有关工作机构征求意见；人民政府、人民法院或者人民检察院对报告修改后，在常务委员会举行会议的十日前送交常务委员会。

常务委员会办事机构应当在常务委员会举行会议的七日前，将专项工作报告发给常务委员会组成人员。

第十三条 专项工作报告由人民政府、人民法院或者人民检察院的负责人向本级人民代表大会常务委员会报告，人民政府也可以委托有关部门负责人向本级人民代表大会常务委员会报告。

第十四条 常务委员会组成人员对专项工作报告的审议意见交由本级人民政府、人民法院或者人民检察院研究处理。人民政府、人民法院或者人民检察院应当将研究处理情况由其办事机构送交本级人民代表大会有关专门委员会或者常务委员会有关工作机构征求意见后，向常务委员会提出书面报告。常务委员会认为必要时，可以对专项工作报告作出决议；本级人民政府、人民法院或者人民检察院应当在决议规定的期限内，将执行决议的情况向常务委员会报告。

常务委员会听取的专项工作报告及审议意见，人民政府、人民法院或者人民检察院对审议意见研究处理情况或者执行决议情况的报告，向本级人民代表大会代表通报并向社会公布。

第三十四条 各级人民代表大会常务委员会会议审议议案和有关报告时，本级人民政府或者有关部门、人民法院或者人民检察院应当派有关负责人员到会，听取意见，回答询问。

第三十五条 全国人民代表大会常务委员会组成人员十人以上联名，省、自治区、直辖市、自治州、设区的市人民代表大会常务委员会组成人员五人以上联名，县级人民代表大会常务委员会组成人员三人以上联名，可以向常务委员会书面提出对本级人民政府及其部门和人民法院、人民检察院的质询案。

质询案应当写明质询对象、质询的问题和内容。

第三十六条 质询案由委员长会议或者主任会议决定交由受质询的机关答复。

委员长会议或者主任会议可以决定由受质询机关在常务委员会会议上或者有关专门委员会会议上口头答复，或者由受质询机关书面答复。在专门委员会会议上答复的，提质询案的常务委员会组成人员有权列席会议，发表意见。委员长会议或者主任会议认为必要时，可以将答复质询案的情况报告印发常务委员会会议。

第三十七条 提质询案的常务委员会组成人员的过半数对受质询机关的答复不满意的,可以提出要求,经委员长会议或者主任会议决定,由受质询机关再作答复。

第三十八条 质询案以口头答复的,由受质询机关的负责人到会答复。质询案以书面答复的,由受质询机关的负责人签署。

※法规解读:以上十四个条文是《各级人民代表大会常务委员会监督法》的部分内容,主要包括明确各级人民代表大会常务委员会行使监督的职权。监督权的行使主要有以下三个方面:一是听取和审议本级人民政府、人民法院和人民检察院的专项工作报告;二是组织执法检查;三是审议议案和有关报告时向本级人民政府、人民法院和人民检察院提出询问或者书面质询案。

关联法规索引

《宪法》第3、127条;《中国共产党党内监督条例》第37条

第五十四条 【外部监督】 监察机关应当依法公开监察工作信息,接受民主监督、社会监督、舆论监督。

条文解读

本条是关于监察机关接受外部监督的规定。

监察机关在监察工作中,应当坚持监察信息公开原则。坚持这一原则的意义主要有以下三个方面:第一,国家监察体制改革是事关全局的重大政治体制改革。随着改革的深入,党风廉政建设和反腐败工作进入攻坚克难阶段,监察范围更加广泛,各级监察机关要审时度势、厘清思路、科学决策,就需要大量的信息作参考。监察信息是领导决策的重要依据,同时也是社会公众了解监察机关履职尽责情况的窗口。第二,各级监察机关可以通过监察信息这一渠道,了解和掌握各项监察事项的进展情况,全方位监测各地、各部门对依法行使公权力的情况,通过分析、归纳、总结,找出带有普遍性的规律,以指导监察工作的有效展开。第三,监察机关代表国家行使监察权,公开监察信息,保障人民知情权、参与权、表达权、监督权,才能使监察工作全面接受民主监督、社会监督、舆论监督,让人民监督权力,让权力在阳光下运行,真正做到"打铁必须自身硬"的要求,保障监察工作高效、权威。

监察机关应自觉接受民主监督、社会监督和舆论监督。民主监督作为"自下而上"的非权力性监督,主要是指人民政协或各民主党派等主体通过提出建议和批评协助党

和国家机关改进工作，它不具有法律的约束力和纪律的强制性。社会监督是指由国家机关以外的公法人和其他组织对国家机关和公职人员进行的不具有直接法律效力的监督。舆论监督是指社会公众通过报纸杂志、新闻媒体、网络等舆论机关或运用舆论工具，除对社会不良现象批评外，重点是对国家机关与公职人员的监督。舆论监督一般不具有严格的法定程序，也不具有强制性的法律后果，而只是通过这些方式引起有关部门的重视，从而间接地导致有关法律程序或行政措施的启动和运用。舆论监督是依法行政、从严执政的重要保障。在构建社会主义和谐社会中，舆论监督的作用也日益彰显。

配套法规及解读

《政府信息公开条例》(2019 年 4 月 3 日修订)

第一章 总 则

第一条 为了保障公民、法人和其他组织依法获取政府信息，提高政府工作的透明度，建设法治政府，充分发挥政府信息对人民群众生产、生活和经济社会活动的服务作用，制定本条例。

第二条 本条例所称政府信息，是指行政机关在履行行政管理职能过程中制作或者获取的，以一定形式记录、保存的信息。

第三条 各级人民政府应当加强对政府信息公开工作的组织领导。

国务院办公厅是全国政府信息公开工作的主管部门，负责推进、指导、协调、监督全国的政府信息公开工作。

县级以上地方人民政府办公厅(室)是本行政区域的政府信息公开工作主管部门，负责推进、指导、协调、监督本行政区域的政府信息公开工作。

实行垂直领导的部门的办公厅(室)主管本系统的政府信息公开工作。

第四条 各级人民政府及县级以上人民政府部门应当建立健全本行政机关的政府信息公开工作制度，并指定机构(以下统称政府信息公开工作机构)负责本行政机关政府信息公开的日常工作。

政府信息公开工作机构的具体职能是：

(一)办理本行政机关的政府信息公开事宜；

(二)维护和更新本行政机关公开的政府信息；

(三)组织编制本行政机关的政府信息公开指南、政府信息公开目录和政府信息公开工作年度报告；

(四)组织开展对拟公开政府信息的审查；

（五）本行政机关规定的与政府信息公开有关的其他职能。

第五条　行政机关公开政府信息，应当坚持以公开为常态、不公开为例外，遵循公正、公平、合法、便民的原则。

第六条　行政机关应当及时、准确地公开政府信息。

行政机关发现影响或者可能影响社会稳定、扰乱社会和经济管理秩序的虚假或者不完整信息的，应当发布准确的政府信息予以澄清。

第七条　各级人民政府应当积极推进政府信息公开工作，逐步增加政府信息公开的内容。

第八条　各级人民政府应当加强政府信息资源的规范化、标准化、信息化管理，加强互联网政府信息公开平台建设，推进政府信息公开平台与政务服务平台融合，提高政府信息公开在线办理水平。

第九条　公民、法人和其他组织有权对行政机关的政府信息公开工作进行监督，并提出批评和建议。

第二章　公开的主体和范围

第十条　行政机关制作的政府信息，由制作该政府信息的行政机关负责公开。行政机关从公民、法人和其他组织获取的政府信息，由保存该政府信息的行政机关负责公开；行政机关获取的其他行政机关的政府信息，由制作或者最初获取该政府信息的行政机关负责公开。法律、法规对政府信息公开的权限另有规定的，从其规定。

行政机关设立的派出机构、内设机构依照法律、法规对外以自己名义履行行政管理职能的，可以由该派出机构、内设机构负责与所履行行政管理职能有关的政府信息公开工作。

两个以上行政机关共同制作的政府信息，由牵头制作的行政机关负责公开。

第十一条　行政机关应当建立健全政府信息公开协调机制。行政机关公开政府信息涉及其他机关的，应当与有关机关协商、确认，保证行政机关公开的政府信息准确一致。

行政机关公开政府信息依照法律、行政法规和国家有关规定需要批准的，经批准予以公开。

第十二条　行政机关编制、公布的政府信息公开指南和政府信息公开目录应当及时更新。

政府信息公开指南包括政府信息的分类、编排体系、获取方式和政府信息公开工作机构的名称、办公地址、办公时间、联系电话、传真号码、互联网联系方式等内容。

政府信息公开目录包括政府信息的索引、名称、内容概述、生成日期等内容。

第十三条 除本条例第十四条、第十五条、第十六条规定的政府信息外,政府信息应当公开。

行政机关公开政府信息,采取主动公开和依申请公开的方式。

第十四条 依法确定为国家秘密的政府信息,法律、行政法规禁止公开的政府信息,以及公开后可能危及国家安全、公共安全、经济安全、社会稳定的政府信息,不予公开。

第十五条 涉及商业秘密、个人隐私等公开会对第三方合法权益造成损害的政府信息,行政机关不得公开。但是,第三方同意公开或者行政机关认为不公开会对公共利益造成重大影响的,予以公开。

第十六条 行政机关的内部事务信息,包括人事管理、后勤管理、内部工作流程等方面的信息,可以不予公开。

行政机关在履行行政管理职能过程中形成的讨论记录、过程稿、磋商信函、请示报告等过程性信息以及行政执法案卷信息,可以不予公开。法律、法规、规章规定上述信息应当公开的,从其规定。

第十七条 行政机关应当建立健全政府信息公开审查机制,明确审查的程序和责任。

行政机关应当依照《中华人民共和国保守国家秘密法》以及其他法律、法规和国家有关规定对拟公开的政府信息进行审查。

行政机关不能确定政府信息是否可以公开的,应当依照法律、法规和国家有关规定报有关主管部门或者保密行政管理部门确定。

第十八条 行政机关应当建立健全政府信息管理动态调整机制,对本行政机关不予公开的政府信息进行定期评估审查,对因情势变化可以公开的政府信息应当公开。

第三章 主动公开

第十九条 对涉及公众利益调整、需要公众广泛知晓或者需要公众参与决策的政府信息,行政机关应当主动公开。

第二十条 行政机关应当依照本条例第十九条的规定,主动公开本行政机关的下列政府信息:

(一)行政法规、规章和规范性文件;

(二)机关职能、机构设置、办公地址、办公时间、联系方式、负责人姓名;

(三)国民经济和社会发展规划、专项规划、区域规划及相关政策;

(四)国民经济和社会发展统计信息;

(五)办理行政许可和其他对外管理服务事项的依据、条件、程序以及办理结果;

（六）实施行政处罚、行政强制的依据、条件、程序以及本行政机关认为具有一定社会影响的行政处罚决定；

（七）财政预算、决算信息；

（八）行政事业性收费项目及其依据、标准；

（九）政府集中采购项目的目录、标准及实施情况；

（十）重大建设项目的批准和实施情况；

（十一）扶贫、教育、医疗、社会保障、促进就业等方面的政策、措施及其实施情况；

（十二）突发公共事件的应急预案、预警信息及应对情况；

（十三）环境保护、公共卫生、安全生产、食品药品、产品质量的监督检查情况；

（十四）公务员招考的职位、名额、报考条件等事项以及录用结果；

（十五）法律、法规、规章和国家有关规定规定应当主动公开的其他政府信息。

第二十一条　除本条例第二十条规定的政府信息外，设区的市级、县级人民政府及其部门还应当根据本地方的具体情况，主动公开涉及市政建设、公共服务、公益事业、土地征收、房屋征收、治安管理、社会救助等方面的政府信息；乡（镇）人民政府还应当根据本地方的具体情况，主动公开贯彻落实农业农村政策、农田水利工程建设运营、农村土地承包经营权流转、宅基地使用情况审核、土地征收、房屋征收、筹资筹劳、社会救助等方面的政府信息。

第二十二条　行政机关应当依照本条例第二十条、第二十一条的规定，确定主动公开政府信息的具体内容，并按照上级行政机关的部署，不断增加主动公开的内容。

第二十三条　行政机关应当建立健全政府信息发布机制，将主动公开的政府信息通过政府公报、政府网站或者其他互联网政务媒体、新闻发布会以及报刊、广播、电视等途径予以公开。

第二十四条　各级人民政府应当加强依托政府门户网站公开政府信息的工作，利用统一的政府信息公开平台集中发布主动公开的政府信息。政府信息公开平台应当具备信息检索、查阅、下载等功能。

第二十五条　各级人民政府应当在国家档案馆、公共图书馆、政务服务场所设置政府信息查阅场所，并配备相应的设施、设备，为公民、法人和其他组织获取政府信息提供便利。

行政机关可以根据需要设立公共查阅室、资料索取点、信息公告栏、电子信息屏等场所、设施，公开政府信息。

行政机关应当及时向国家档案馆、公共图书馆提供主动公开的政府信息。

第二十六条　属于主动公开范围的政府信息，应当自该政府信息形成或者变更之日起20个工作日内及时公开。法律、法规对政府信息公开的期限另有规定的，从其规定。

第四章　依申请公开

第二十七条　除行政机关主动公开的政府信息外，公民、法人或者其他组织可以向地方各级人民政府、对外以自己名义履行行政管理职能的县级以上人民政府部门（含本条例第十条第二款规定的派出机构、内设机构）申请获取相关政府信息。

第二十八条　本条例第二十七条规定的行政机关应当建立完善政府信息公开申请渠道，为申请人依法申请获取政府信息提供便利。

第二十九条　公民、法人或者其他组织申请获取政府信息的，应当向行政机关的政府信息公开工作机构提出，并采用包括信件、数据电文在内的书面形式；采用书面形式确有困难的，申请人可以口头提出，由受理该申请的政府信息公开工作机构代为填写政府信息公开申请。

政府信息公开申请应当包括下列内容：

（一）申请人的姓名或者名称、身份证明、联系方式；

（二）申请公开的政府信息的名称、文号或者便于行政机关查询的其他特征性描述；

（三）申请公开的政府信息的形式要求，包括获取信息的方式、途径。

第三十条　政府信息公开申请内容不明确的，行政机关应当给予指导和释明，并自收到申请之日起 7 个工作日内一次性告知申请人作出补正，说明需要补正的事项和合理的补正期限。答复期限自行政机关收到补正的申请之日起计算。申请人无正当理由逾期不补正的，视为放弃申请，行政机关不再处理该政府信息公开申请。

第三十一条　行政机关收到政府信息公开申请的时间，按照下列规定确定：

（一）申请人当面提交政府信息公开申请的，以提交之日为收到申请之日；

（二）申请人以邮寄方式提交政府信息公开申请的，以行政机关签收之日为收到申请之日；以平常信函等无需签收的邮寄方式提交政府信息公开申请的，政府信息公开工作机构应当于收到申请的当日与申请人确认，确认之日为收到申请之日；

（三）申请人通过互联网渠道或者政府信息公开工作机构的传真提交政府信息公开申请的，以双方确认之日为收到申请之日。

第三十二条　依申请公开的政府信息公开会损害第三方合法权益的，行政机关应当书面征求第三方的意见。第三方应当自收到征求意见书之日起 15 个工作日内提出意见。第三方逾期未提出意见的，由行政机关依照本条例的规定决定是否公开。第三方不同意公开且有合理理由的，行政机关不予公开。行政机关认为不公开可能对公共利益造成重大影响的，可以决定予以公开，并将决定公开的政府信息内容和理由书面告知第三方。

第三十三条 行政机关收到政府信息公开申请,能够当场答复的,应当当场予以答复。

行政机关不能当场答复的,应当自收到申请之日起20个工作日内予以答复;需要延长答复期限的,应当经政府信息公开工作机构负责人同意并告知申请人,延长的期限最长不得超过20个工作日。

行政机关征求第三方和其他机关意见所需时间不计算在前款规定的期限内。

第三十四条 申请公开的政府信息由两个以上行政机关共同制作的,牵头制作的行政机关收到政府信息公开申请后可以征求相关行政机关的意见,被征求意见机关应当自收到征求意见书之日起15个工作日内提出意见,逾期未提出意见的视为同意公开。

第三十五条 申请人申请公开政府信息的数量、频次明显超过合理范围,行政机关可以要求申请人说明理由。行政机关认为申请理由不合理的,告知申请人不予处理;行政机关认为申请理由合理,但是无法在本条例第三十三条规定的期限内答复申请人的,可以确定延迟答复的合理期限并告知申请人。

第三十六条 对政府信息公开申请,行政机关根据下列情况分别作出答复:

(一)所申请公开信息已经主动公开的,告知申请人获取该政府信息的方式、途径;

(二)所申请公开信息可以公开的,向申请人提供该政府信息,或者告知申请人获取该政府信息的方式、途径和时间;

(三)行政机关依据本条例的规定决定不予公开的,告知申请人不予公开并说明理由;

(四)经检索没有所申请公开信息的,告知申请人该政府信息不存在;

(五)所申请公开信息不属于本行政机关负责公开的,告知申请人并说明理由;能够确定负责公开该政府信息的行政机关的,告知申请人该行政机关的名称、联系方式;

(六)行政机关已就申请人提出的政府信息公开申请作出答复、申请人重复申请公开相同政府信息的,告知申请人不予重复处理;

(七)所申请公开信息属于工商、不动产登记资料等信息,有关法律、行政法规对信息的获取有特别规定的,告知申请人依照有关法律、行政法规的规定办理。

第三十七条 申请公开的信息中含有不应当公开或者不属于政府信息的内容,但是能够作区分处理的,行政机关应当向申请人提供可以公开的政府信息内容,并对不予公开的内容说明理由。

第三十八条 行政机关向申请人提供的信息,应当是已制作或者获取的政府信息。除依照本条例第三十七条的规定能够作区分处理的外,需要行政机关对现有政府信息进行加工、分析的,行政机关可以不予提供。

第三十九条 申请人以政府信息公开申请的形式进行信访、投诉、举报等活动,行政机关应当告知申请人不作为政府信息公开申请处理并可以告知通过相应渠道提出。

申请人提出的申请内容为要求行政机关提供政府公报、报刊、书籍等公开出版物的,行政机关可以告知获取的途径。

第四十条 行政机关依申请公开政府信息,应当根据申请人的要求及行政机关保存政府信息的实际情况,确定提供政府信息的具体形式;按照申请人要求的形式提供政府信息,可能危及政府信息载体安全或者公开成本过高的,可以通过电子数据以及其他适当形式提供,或者安排申请人查阅、抄录相关政府信息。

第四十一条 公民、法人或者其他组织有证据证明行政机关提供的与其自身相关的政府信息记录不准确的,可以要求行政机关更正。有权更正的行政机关审核属实的,应当予以更正并告知申请人;不属于本行政机关职能范围的,行政机关可以转送有权更正的行政机关处理并告知申请人,或者告知申请人向有权更正的行政机关提出。

第四十二条 行政机关依申请提供政府信息,不收取费用。但是,申请人申请公开政府信息的数量、频次明显超过合理范围的,行政机关可以收取信息处理费。

行政机关收取信息处理费的具体办法由国务院价格主管部门会同国务院财政部门、全国政府信息公开工作主管部门制定。

第四十三条 申请公开政府信息的公民存在阅读困难或者视听障碍的,行政机关应当为其提供必要的帮助。

第四十四条 多个申请人就相同政府信息向同一行政机关提出公开申请,且该政府信息属于可以公开的,行政机关可以纳入主动公开的范围。

对行政机关依申请公开的政府信息,申请人认为涉及公众利益调整、需要公众广泛知晓或者需要公众参与决策的,可以建议行政机关将该信息纳入主动公开的范围。行政机关经审核认为属于主动公开范围的,应当及时主动公开。

第四十五条 行政机关应当建立健全政府信息公开申请登记、审核、办理、答复、归档的工作制度,加强工作规范。

第五章 监督和保障

第四十六条 各级人民政府应当建立健全政府信息公开工作考核制度、社会评议制度和责任追究制度,定期对政府信息公开工作进行考核、评议。

第四十七条 政府信息公开工作主管部门应当加强对政府信息公开工作的日常指导和监督检查,对行政机关未按照要求开展政府信息公开工作的,予以督促整改或者通报批评;需要对负有责任的领导人员和直接责任人员追究责任的,依法向有权机关提出处理建议。

公民、法人或者其他组织认为行政机关未按照要求主动公开政府信息或者对政府信息公开申请不依法答复处理的，可以向政府信息公开工作主管部门提出。政府信息公开工作主管部门查证属实的，应当予以督促整改或者通报批评。

第四十八条　政府信息公开工作主管部门应当对行政机关的政府信息公开工作人员定期进行培训。

第四十九条　县级以上人民政府部门应当在每年 1 月 31 日前向本级政府信息公开工作主管部门提交本行政机关上一年度政府信息公开工作年度报告并向社会公布。

县级以上地方人民政府的政府信息公开工作主管部门应当在每年 3 月 31 日前向社会公布本级政府上一年度政府信息公开工作年度报告。

第五十条　政府信息公开工作年度报告应当包括下列内容：

（一）行政机关主动公开政府信息的情况；

（二）行政机关收到和处理政府信息公开申请的情况；

（三）因政府信息公开工作被申请行政复议、提起行政诉讼的情况；

（四）政府信息公开工作存在的主要问题及改进情况，各级人民政府的政府信息公开工作年度报告还应当包括工作考核、社会评议和责任追究结果情况；

（五）其他需要报告的事项。

全国政府信息公开工作主管部门应当公布政府信息公开工作年度报告统一格式，并适时更新。

第五十一条　公民、法人或者其他组织认为行政机关在政府信息公开工作中侵犯其合法权益的，可以向上一级行政机关或者政府信息公开工作主管部门投诉、举报，也可以依法申请行政复议或者提起行政诉讼。

第五十二条　行政机关违反本条例的规定，未建立健全政府信息公开有关制度、机制的，由上一级行政机关责令改正；情节严重的，对负有责任的领导人员和直接责任人员依法给予处分。

第五十三条　行政机关违反本条例的规定，有下列情形之一的，由上一级行政机关责令改正；情节严重的，对负有责任的领导人员和直接责任人员依法给予处分；构成犯罪的，依法追究刑事责任：

（一）不依法履行政府信息公开职能；

（二）不及时更新公开的政府信息内容、政府信息公开指南和政府信息公开目录；

（三）违反本条例规定的其他情形。

第六章　附　　则

第五十四条　法律、法规授权的具有管理公共事务职能的组织公开政府信息的活动，适用本条例。

第五十五条 教育、卫生健康、供水、供电、供气、供热、环境保护、公共交通等与人民群众利益密切相关的公共企事业单位，公开在提供社会公共服务过程中制作、获取的信息，依照相关法律、法规和国务院有关主管部门或者机构的规定执行。全国政府信息公开工作主管部门根据实际需要可以制定专门的规定。

前款规定的公共企事业单位未依照相关法律、法规和国务院有关主管部门或者机构的规定公开在提供社会公共服务过程中制作、获取的信息，公民、法人或者其他组织可以向有关主管部门或者机构申诉，接受申诉的部门或者机构应当及时调查处理并将处理结果告知申诉人。

第五十六条 本条例自2019年5月15日起施行。

※法规解读：《政府信息公开条例》自2008年5月1日起施行，于2019年4月进行了修订。该条例是为了保障公民、法人和其他组织的知情权，提高政府工作的透明度，建设法治政府，充分发挥政府信息对人民群众生产、生活和经济社会活动的服务作用而制定的。此次修订坚持"公开为常态、不公开为例外"的原则，凡是能主动公开的一律主动公开；扩大了主动公开的范围和深度，明确各级行政机关应当主动公开机关职能、行政许可办理结果、行政处罚决定、公务员招考录用结果等十五类信息；进一步丰富了不予公开的政府信息的种类，明确将内部事务信息、过程性信息、行政执法案卷信息纳入具体列举的范围。此外，对于政府信息公开申请权的权利不合理利用的问题也进行了规范。同一申请人反复、大量提出政府信息公开申请的，修订后的条例规定了不予重复处理、要求说明理由、延迟答复并收取信息处理费等措施。此次修订有助于更好推进政府信息公开，切实保障人民群众依法获取政府信息。

关联法规索引

《中国共产党章程》第8条；《中国共产党党内监督条例》第34、39条；《中国共产党纪律检查机关监督执纪工作规则》第60条

第五十五条 【内部监督】 监察机关通过设立内部专门的监督机构等方式，加强对监察人员执行职务和遵守法律情况的监督，建设忠诚、干净、担当的监察队伍。

条文解读

本条是关于监察机关内部监督的规定。

外部监督是他律，内部监督是自律。他律是自律的保障，自律是他律的前提。没有自律的他律会失灵。《监察法》规定了通过设立内部专门监督机构等方式，加强监察机关的自我监督。《监察法》同时规定了一些具体制度保障内部监督的有效施行，如对打听案情、过问案件、说情干预的报告和登记备案，监察人员的回避，脱密期管理和对监察人员辞职、退休后从业限制等制度，并且规定了对监察机关及其工作人员不当行为的申诉和失职责任追究制度。监察机关主要对监察人员执行职务和遵守法律情况进行监督。本条所称“执行职务”是指监察机关工作人员依法行使监察权的职务行为；“遵守法律”是对监察机关工作人员的一般要求，无论是在监察工作中还是日常生活中，监察机关工作人员都应模范遵守国家相关法律法规。监察机关内部监督的目的是通过强化内部监督，防止“灯下黑”，建设对党忠诚、身心干净、勇于担当的监察队伍。

关联法规索引

《中国共产党章程》；《中国共产党党内监督条例》；《中国共产党纪律处分条例》；《中国共产党纪律检查机关监督执纪工作规则》

第五十六条　【义务和能力】　监察人员必须模范遵守宪法和法律，忠于职守、秉公执法，清正廉洁、保守秘密；必须具有良好的政治素质，熟悉监察业务，具备运用法律、法规、政策和调查取证等能力，自觉接受监督。

条文解读

本条是关于监察人员法定义务和业务能力的规定。这包括对监察人员的纪律要求及政治、业务素质要求。

监察人员必须模范遵守宪法和法律，忠于职守、秉公执法，清正廉洁、保守秘密，这是对监察人员的基本纪律要求。“模范遵守宪法和法律”是指监察人员依法行使监察权，肩负国家监督职能，责任重大，应牢固树立法治观念，依法履职，自觉模范遵守宪法和法律。“忠于职守”是指监察人员要忠诚地对待自己的监察岗位，恪尽职守，任劳任怨，优质高效地履行好各项工作职责。“秉公执法”是指监察人员在履职过程中要公正地执行法律，以事实为根据，以法律为准绳。“清正廉洁”是指监察人员要品行端正，廉洁无私。在履职过程中不贪赃枉法、不以权谋私。“保守秘密”是指监察人员在监察工作中知晓的国家秘密，应该严格遵守相关保密法律，严守有关保密工作的规定。

监察人员必须具有良好的政治素质，熟悉监察业务，具备运用法律、法规、政策和调查取证等能力，自觉接受监督，这是对监察人员政治、业务素质和履职能力的要求，着力建设政治过硬、本领高强、履职有力的监察队伍。“具有良好的政治素质”是指监察人员必须具有远大的共产主义理想、坚定正确的政治方向，努力提高政治觉悟，严守政治纪律，坚决维护党中央的权威。“熟悉监察业务”是指监察人员在履职过程中，应当努力钻研业务，熟练掌握监察专业知识及相关业务知识，提高工作效率。“具备运用法律、法规、政策和调查取证等能力”是指监察人员对所有公职人员进行监察，调查职务违法、犯罪行为，必须熟练掌握相关法律、法规、政策，增强调查取证的工作能力。“自觉接受监督”是指监察人员要认真落实全面从严治党要求，牢固树立用权受监督的思想意识，坦然面对来自上级与下级的监督、党内与党外的监督、组织与群众的监督、社会与媒体的监督，把自觉接受监督养成习惯，绝不凌驾于组织和群众之上，绝不游离于党组织和群众的监督之外，防止发生腐败现象。

配套法规及解读

《公务员法》(2018 年 12 月 29 日修订)

第十三条 公务员应当具备下列条件：

(一)具有中华人民共和国国籍；

(二)年满十八周岁；

(三)拥护中华人民共和国宪法，拥护中国共产党领导和社会主义制度；

(四)具有良好的政治素质和道德品行；

(五)具有正常履行职责的身体条件和心理素质；

(六)具有符合职位要求的文化程度和工作能力；

(七)法律规定的其他条件。

※法规解读：本条是关于公务员条件的规定。公务员承担着依法履行公职、服务公众的职责，对于整个国家社会的正常运转、良好秩序的维持、公民权益的维护都具有十分重要的作用。因此，必须严格规定公务员的条件。公务员应当具备下列条件：一是具有中华人民共和国国籍。我国国籍法采取血统主义为主并辅之以出生地主义的混合方式取得：父母双方一方为中国公民，本人出生在中国的，具有中国国籍；父母双方或者一方为中国公民，本人出生在外国的，具有中国国籍，但父母双方或者一方为中国公民并定居在外国，本人出生时即具有外国国籍的，不具有中国国籍；父母无国籍或者国籍不明，定居在中国，本人出生在中国具有中国籍；外国人或者无国籍人愿意遵守中国宪法和法律，并符合一定条件的，可以加入中国国籍。二是年满十八周岁。我国民事法律规定，年满十八周岁且精神健康的公民是完全民事行为能力人。公民能够通过自己的独立行为进行任何民事活动。我国宪法规定年满十八周岁的公民有选举权

和被选举权。我国有一部分领导职务的公务员,需要通过选举才能担任。所以,成为公务员应该年满十八周岁。三是拥护中华人民共和国宪法,拥护中国共产党领导和社会主义制度。宪法是国家根本法,是治国安邦的总章程,是党和人民意志的集中体现。宪法具有最高的法律地位、法律权威、法律效力,是国家政治和社会生活的最高行为规范。公务员作为依法行使公权力的公民,更应当遵守宪法,拥护宪法,忠于宪法。四是具有良好的政治素质和道德品行。公务员作为公权力的行使者,良好的品行对于公务员来说极为重要。只有具备良好的道德与品行,才能更好地维护国家秩序、国家利益与公共利益。五是具有正常履行职责的身体条件和心理素质。公务员只有拥有健康的身体、良好的心理素质才能够正常履行职责。六是具有符合职位要求的文化程度和工作能力。公务员所应具备的文化程度和工作能力应当与职位相匹配,即级别较高、处理复杂事务的公务员职位需要具备比较高的文化程度,而一些简单的职位只需要一般的文化程度与工作能力即可。七是法律规定的其他条件。

第十四条 公务员应当履行下列义务:

(一)忠于宪法,模范遵守、自觉维护宪法和法律,自觉接受中国共产党领导;

(二)忠于国家,维护国家的安全、荣誉和利益;

(三)忠于人民,全心全意为人民服务,接受人民监督;

(四)忠于职守,勤勉尽责,服从和执行上级依法作出的决定和命令,按照规定的权限和程序履行职责,努力提高工作质量和效率;

(五)保守国家秘密和工作秘密;

(六)带头践行社会主义核心价值观,坚守法治,遵守纪律,恪守职业道德,模范遵守社会公德、家庭美德;

(七)清正廉洁,公道正派;

(八)法律规定的其他义务。

※法规解读:本条是关于公务员义务的规定。公务员的义务是指依据相关法律,公务员必须作出一定行为或不得作出一定行为,具有一定的强制性和约束力。公务员的义务包括下列内容:一是忠于宪法,模范遵守、自觉维护宪法和法律,自觉接受中国共产党领导。作为行使公权力的公务员,应当树立宪法至上的思想,维护宪法与法律的权威,自觉在宪法和法律的范围内活动,成为守法的模范和楷模。中国共产党是我国执政党,公务员制度要坚持党的领导,这是我国公务员制度的政治特色。公务员要切实履职、勤政廉政,最重要的就是自觉接受党的领导,把党的方针政策落实到具体工作环节中去,与工作职责相结合,从而把党的领导和执政效能转化为工作效率。二是忠于国家,维护国家的安全、荣誉和利益。《宪法》第五十四条规定:“中华人民共和国公民有维护祖国的安全、荣誉和利益的义务,不得有危害祖国的安全、荣誉和利益的行

为。”可见，忠于国家，维护国家的安全、荣誉和利益是我国每个公民的义务。三是忠于人民，全心全意为人民服务，接受人民监督。《宪法》第二十七条第二款规定：“一切国家机关和国家工作人员必须依靠人民的支持，经常保持同人民的密切联系，倾听人民的意见和建议，接受人民的监督，努力为人民服务。”根据宪法规定，所有的公务员都必须忠于人民，认真贯彻党的群众路线，自觉接受人民群众的监督，全心全意为人民服务。四是忠于职守，勤勉尽责，服从和执行上级依法作出的决定和命令，按照规定的权限和程序履行职责，努力提高工作质量和效率。公务员要努力提高工作效率，保证国家机关的正常运行，就必须忠于职守，勤勉尽责，服从和执行上级依法作出的决定和命令。公务员只能在法律明文规定的范围内行使权力，不得超出法律的规定行动，否则就是滥用职权。公务员应按照规定的程序履行职责，因为公正、公开的程序能够使得实体的权利义务得到公平的实现，有利于更好地保护公众、公民的合法权益。五是保守国家秘密和工作秘密。公务员对在任职期间知悉的国家秘密和工作秘密负有保密的义务，因为关系到国家的安全和利益，公务员作为国家工作人员，必须严格遵守国家法律规定，增强保密观念，严格保密纪律。六是带头践行社会主义核心价值观，坚守法治，遵守纪律，恪守职业道德，模范遵守社会公德、家庭美德。社会主义核心价值观是党的十八大报告提出的，要倡导公民践行的“富强、民主、文明、和谐，自由、平等、公正、法治，爱国、敬业、诚信、友善”的十六字内容。核心价值观在一个社会中起着决定社会文化性质和方向的最深层次要素，是一个国家的重要稳定器。把社会主义核心价值观融入国家的体系中，融入社会生活中，使之成为全社会普遍遵循的行为准则，公务员要率先垂范，用社会主义核心价值观来指导思想和行动，严格要求自己，坚守法治，遵守纪律，恪守职业道德。社会公德是要求一般人共同遵守的公共道德准则。家庭美德是指家庭成员间处理家庭问题时所应遵循的道德规范。家庭美德的内容包括尊老爱幼、男女平等、夫妻和睦、勤俭持家、邻里团结等内容。公务员遵守家庭美德写入公务员法是时代发展的必然要求。2016 年 12 月 12 日，习近平总书记在会见第一届全国文明家庭代表时指出：“中华民族历来重视家庭。中华民族传统家庭美德铭记在中国人的心灵中，融入中国人的血脉中，是支撑中华民族生生不息、薪火相传的重要精神力量，是家庭文明建设的宝贵精神财富。”家庭美德承载着国家发展、社会和谐、民族进步。广大公务员是社会主义事业的中坚力量，是人民的公仆，更要大力弘扬、模范遵守社会公德和家庭美德。七是清正廉洁，公道正派。这是指公务员办事要公正无私，廉洁自律，以个人利益服从国家利益，努力为人民服务。八是法律规定的其他义务。

关联法规索引

《中国共产党章程》第 3 条

典型案例

某省纪委原副书记、省监委副主任杨某某严重违纪违法案[1]

※案情简介:2018 年 12 月,经中共中央批准,中央纪委国家监委对某省纪委原副书记、省监委副主任杨某某严重违纪违法问题进行了立案审查调查。经查,杨某某同志违反政治纪律和政治规矩、工作纪律,在监督执纪工作中不正确履行职责,接受请托对被审查人给予关照,泄露工作秘密;违反中央八项规定精神和廉洁纪律,接受可能影响公正执行公务的宴请和礼品;干预和插手司法活动。杨某某同志身为省纪委副书记、省监委副主任,丧失党性原则,将监督执纪权变为送人情、谋私利的工具,其行为已违反党的纪律并构成职务违法,且在党的十八大后不收敛、不收手,应予严肃处理。鉴于杨某某同志能够如实交代违纪违法问题且大部分问题组织尚不掌握,主动上交违纪违法所得,认错悔错态度较好,可予从轻处理。依据《中国共产党纪律处分条例》《中华人民共和国监察法》等有关规定,经中央纪委常委会会议研究并报中共中央批准,决定给予杨某某同志撤销党内职务处分;由国家监委给予其政务撤职处分,降为副厅级非领导职务;终止其某省第十二次党代会代表资格;收缴其违纪违法所得。

※案件要旨:《监察法》第五十六条规定了监察人员的法定义务。监察机关依法独立行使监察权,其权力是党和人民赋予的,有权必受监督,用权不可任性。随着全面从严治党向纵深发展,纪检监察队伍担负着更加光荣重大的历史使命,也将经受更大考验,纪检监察干部腐败危害比一般干部更加严重,迫切需要加强对纪检监察机关行使权力的监督。本案中,杨某某作为省纪委副书记、省监委副主任,丧失党性原则,将监督执纪权变为送人情、谋私利的工具,其行为给整个纪检监察队伍蒙羞。打铁必须自身硬,纪检监察机关必须扎紧制度笼子,强化自我约束,对违纪违法者"零容忍"。《监察法》第五十三条、五十四条、五十五条分别规定了对监察机关及监察人员进行立法监督、社会监督和内部监督的内容。各级监察机关要自觉接受监督,习惯在受制约和监督的环境下依法履行职责。

---

〔1〕 本案根据网络资料整理,具体参见《某省纪委原副书记、省监委副主任杨某某因严重违纪违法受到撤销党内职务、政务撤职处分》,http://www.ccdi.gov.cn/scdc/zggb/djcf/201812/t20181218_185317.html,查询时间:2019 年 5 月 17 日。

第五十七条 【报告备案制度】 对于监察人员打听案情、过问案件、说情干预的，办理监察事项的监察人员应当及时报告。有关情况应当登记备案。

发现办理监察事项的监察人员未经批准接触被调查人、涉案人员及其特定关系人，或者存在交往情形的，知情人应当及时报告。有关情况应当登记备案。

条文解读

本条共有两款，是关于办理监察事项登记备案制度的规定。

为了贯彻落实《中共中央关于全面推进依法治国若干重大问题的决定》有关要求，防止领导干部干预司法活动、插手具体案件处理，确保司法机关依法独立公正行使职权，根据宪法法律规定，结合司法工作实际制定，由中共中央办公厅、国务院办公厅于2015年3月18日印发并实施了《领导干部干预司法活动、插手具体案件处理的记录、通报和责任追究规定》。2015年3月26日中央政法委又结合司法工作实际下发了《司法机关内部人员过问案件的记录和责任追究规定》，其中明确：司法机关内部人员应当依法履行职责，严格遵守纪律，不得违反规定过问和干预其他人员正在办理的案件，不得违反规定为案件当事人转递涉案材料或者打探案情，不得以任何方式为案件当事人说情打招呼。司法机关办案人员应当恪守法律，公正司法，不徇私情。对于司法机关内部人员的干预、说情或者打探案情，应当予以拒绝；对于不依正当程序转递涉案材料或者提出其他要求的，应当告知其依照程序办理。对司法机关内部人员过问案件的情况，办案人员应当全面、如实记录，做到全程留痕，有据可查。依据本条第一款，对于监察人员打听案情、过问案件、说情干预的，办理监察事项的监察人员应当及时报告。有关情况应当登记备案。虽然监察机关并非司法机关，相关规定的原则精神是可以在监察机关办理案件的过程中体现和适用的。

非办理监察事项的监察人员向正在办理监察事项的监察人员打听案情、过问案件、说情干预的，主要包括以下几种情形：打听案情或为被调查人说情送礼、许诺好处；打听案件的初核方案、调查手段、证据掌握情况以及举报人、举报内容等相关情况；打听证人的姓名及被调查人到案情况、拟对被调查人采取的措施及办案地点等情况；打听案件事实、证据的认定及案件讨论情况；打听其他尚未公开的案件情况和拟办意见；打听办案人员的组成及其家庭等情况；向办案人员施加压力，过问案件，影响案件公正办理；监察干部之间相互为案件请托、说情等。对上述情形，监察机关应当全面、如实记录，做到全程留痕，有据可查。依据本条第二款，发现办理监察事项的监察人员未经批准接触被调查人、涉案人员及其特定关系人，或者存在交往情形的，知情人应当及时报告。有关情况应当登记备案。监察人员违反规定接触有关人员的情况，主要是指监察人员私下会见、交往案件被调查人、涉案人员及特定关系人的情况。本法第十九条规定,对可能发生职务违法的监察对象,监察机关按照管理权限,可以直接或者委托有关机关、人员进行谈话或者要求说明情况。本法第二十条规定,在调查过程中,对涉嫌职务违法的被调查人,监察机关可以要求其就涉嫌违法行为作出陈述,必要时向被调查人出具书面通知。对涉嫌贪污贿赂、失职渎职等职务犯罪的被调查人,监察机关可以进行讯问,要求其如实供述涉嫌犯罪的情况。本法第二十一条规定,在调查过程中,监察机关可以询问证人等人员。本法第二十二条规定,被调查人涉嫌贪污贿赂、失职渎职等严重职务违法或者职务犯罪,监察机关已经掌握其部分违法犯罪事实及证据,仍有重要问题需要进一步调查,并有下列情形之一的,经监察机关依法审批,可以将其留置在特定场所:(1)涉及案情重大、复杂的;(2)可能逃跑、自杀的;(3)可能串供或者伪造、隐匿、毁灭证据的;(4)可能有其他妨碍调查行为的。对涉嫌行贿犯罪或者共同职务犯罪的涉案人员,监察机关可以依照规定采取留置措施。留置场所的设置、管理和监督依照国家有关规定执行。依据上述规定,监察人员在调查过程中行使监察权时,应当依据法定权限、法定程序,才能接触被调查人、涉案人员及其特定关系人。监察人员私自会见、交往被调查人、涉案人员及特定关系人,会影响监察事项的公正处理,形成权钱交易、权色交易或权权交易等情况。知情人对有关情况应当及时报告,监察机关应当做好登记备案。登记备案制度有利于完善监察过程管控,加强内部监督,防止监察人员腐败行为的发生。

关联法规索引

《领导干部干预司法活动、插手具体案件处理的记录、通报和责任追究规定》;《司法机关内部人员过问案件的记录和责任追究规定》;《中国共产党纪律检查机关监督执纪工作规则》第64条

第五十八条 【回避制度】 办理监察事项的监察人员有下列情形之一的,应当自行回避,监察对象、检举人及其他有关人员也有权要求其回避:

(一)是监察对象或者检举人的近亲属的;

(二)担任过本案的证人的;

(三)本人或者其近亲属与办理的监察事项有利害关系的;

(四)有可能影响监察事项公正处理的其他情形的。

条文解读

本条是关于回避制度的规定。

在监察工作中实行回避制度旨在保障监察工作进行的客观性和公正性。一方面，可以有效防止监察人员因与监察事项、监察对象有关而影响监察事项的公正办理，以保护监察对象、检举人及有关人员的合法权益，确保监察事项的处理的中立立场。另一方面，实行监察回避制度，既保护了监察人员，又树立了监察机关公正执法的良好形象，维护和强化了监察公信力。

本条对于回避方式和事由作了具体规定。《监察法》中的回避是指监察人员具有特定原因或者理由时，不得参与监察事项办理的一项制度。回避的种类有三种：自行回避、申请回避和指令回避。本条中规定了自行回避和申请回避。依照法律规定，监察人员具有法定回避情形之一的应当自行主动要求回避，这是自行回避。监察对象、检举人及其他有关人员认为监察人员具有法定回避情形的，有权向监察机关提出申请，要求他们回避，这是申请回避。

我国实行有因回避制度。无论是自行回避还是申请回避，都必须有回避的理由，即本条所规定的四种情形，只要存在其中任一种情形，监察人员就应当自行回避，监察对象、检举人及其他有关人员也可以申请其回避。

《监察法》中规定的回避理由是：

第一，是监察对象或者检举人的近亲属的。这里所指的近亲属是指与监察对象或检举人有夫、妻、父、母、子、女或同胞兄弟姊妹关系的人。监察人员与监察对象是近亲属关系或与检举人有近亲属关系的，应当自行回避，因为他们都可以影响监察事项的公正处理。监察对象、检举人及其他有关人员也有权要求其回避。

第二，担任过本案的证人的。监察人员担任过该监察事项的证人的，应当自行申请回避，监察对象、检举人及其他有关人员也有权要求其回避，主要是为了防止监察人员先入为主，主观臆断，以利于客观全面地收集和判断其他证据，公正处理案件。

第三，本人或者其近亲属与办理的监察事项有利害关系的。“利害关系”，是指监察事项的处理过程，特别是处理结果会对本人或者其近亲属的利益产生某种影响，可能影响监察事项的公正处理的，监察人员就应当自行回避，监察对象、检举人及其他有关人员也可以申请其回避。

第四，有可能影响监察事项公正处理的其他情形的。法律没有作具体规定，防止挂一漏万，是一项弹性所指，意即本条第一、二、三项所规定的以外的情形，所有可能影响监察事项公正处理的情形，如是监察对象、检举人及其他有关人员的朋友、亲戚；与监察对象有纠葛、恩怨或利益关系等。

配套法规及解读

《公务员法》(2018年12月29日修订)

第七十四条　公务员之间有夫妻关系、直系血亲关系、三代以内旁系血亲关系以及近姻亲关系的,不得在同一机关双方直接隶属于同一领导人员的职位或者有直接上下级领导关系的职位工作,也不得在其中一方担任领导职务的机关从事组织、人事、纪检、监察、审计和财务工作。

公务员不得在其配偶、子女及其配偶经营的企业、营利性组织的行业监管或者主管部门担任领导成员。

因地域或者工作性质特殊,需要变通执行任职回避的,由省级以上公务员主管部门规定。

※法规解读:本条是关于公务员任职回避的规定。任职回避是指对有法定亲属关系的公务员,在担任某些关系比较密切的职务方面作出的限制。公务员之间没有任何亲属关系,能够最大限度地保证公务员在执行公务时排除亲情干扰,秉公执法,不偏不倚。其中第二款为2018年修订后新增条款,充分体现对"关键少数"的从严管理,将公私严格分开,可以为公务员廉洁奉公、依法行事创造有利条件。

第七十五条　公务员担任乡级机关、县级机关、设区的市级机关及其有关部门主要领导职务的,应当按照有关规定实行地域回避。

※法规解读:本条是关于公务员地域回避的规定。地域回避是指担任一定领导职务的公务员不得在自己的原籍及其他不宜任职的地区,担任一定级别的公职。规定地域回避制度,主要目的在于避免亲属、宗族关系、友情对工作的干扰。

第七十六条　公务员执行公务时,有下列情形之一的,应当回避:

(一)涉及本人利害关系的;

(二)涉及与本人有本法第七十四条第一款所列亲属关系人员的利害关系的;

(三)其他可能影响公正执行公务的。

※法规解读:本条是关于公务员公务回避的规定。公务回避是指公务员在执行公务的过程中,因其与所处理的公务有利害关系的,依法终止职务行为而由其他公务员来行使相应的职权。公务回避表明工作人员在执行公务时,凡处理涉及本人或本人亲属利益的问题时,应该回避。公务员实行公务回避的目的在于消除可能影响公正执行公务的行为。

第七十七条　公务员有应当回避情形的,本人应当申请回避;利害关系人有权申请公务员回避。其他人员可以向机关提供公务员需要回避的情况。

机关根据公务员本人或者利害关系人的申请,经审查后作出是否回避的决定,也可以不经申请直接作出回避决定。

※法规解读：本条是关于公务员回避方式的规定。根据公务员回避制度的启动主体不同，公务员回避的方式有三类：自行回避、申请回避及指令回避。对公务员的回避方式加以类型化，使得回避制度更具有可操作性，有利于回避制度的贯彻落实。

第七十八条 法律对公务员回避另有规定的，从其规定。

※法规解读：本条是关于公务员回避的法律适用的规定。根据《公务员法》第二条的规定，除了行政机关中的公务员外，监察官、法官和检察官也都属于公务员，也应该受到《公务员法》的调整。但由于监察官行使的是国家监察权，法官和检察官行使的是司法权，具体的管理内容也有不同，相应的体制并不一致。因此，监察官、法官和检察官的权利、义务、资格、条件、职务、等级等与行政机关中公务员的职务、职级等都有不一致的规定。对此，《公务员法》第三条第二款规定："法律对公务员中领导成员的产生、任免、监督以及监察官、法官、检察官等的义务、权利和管理另有规定的，从其规定。"根据本条规定，对《监察官法》《法官法》《检察官法》等法律中有关回避的规定与《公务员法》中的规定不一致的，优先适用《监察官法》（其作为《监察法》的配套法规，2018 年 9 月已被列入十三届全国人大立法规划中，属于第二类立法项目之一，即需要抓紧工作、条件成熟时提请审议的法律草案）、《法官法》、《检察官法》等其他法律的规定。其他法律中没有规定的，当然适用《公务员法》的规定。

《刑事诉讼法》（2018 年 10 月 26 日修正）

第二十九条 审判人员、检察人员、侦查人员有下列情形之一的，应当自行回避，当事人及其法定代理人也有权要求他们回避：

（一）是本案的当事人或者是当事人的近亲属的；

（二）本人或者他的近亲属和本案有利害关系的；

（三）担任过本案的证人、鉴定人、辩护人、诉讼代理人的；

（四）与本案当事人有其他关系，可能影响公正处理案件的。

※法规解读：本条是关于回避事由和方式的规定。

刑事诉讼中的回避是指根据《刑事诉讼法》和有关法律规定，同案件有利害关系或者同案件当事人有其他特殊关系可能影响案件公正处理的侦查、检察、审判人员等，不得参与该案诉讼活动的一项诉讼制度。规定回避制度的目的在于保证公正、客观地处理案件，防止先入为主和徇私舞弊。对于当事人及其法定代理人来说，提出回避申请是法律赋予他们保护自己合法权益的一项诉讼权利。

回避的适用人员是指在法定回避情形下应当回避的办案人员，根据本条和相关法律法规，具体包括侦查人员、检察人员（含检察委员会委员）、审判人员（含审判委员会委员）以及参与侦查、起诉、审判活动的人民陪审员、书记员、翻译人员和鉴定人。回避的种类有三种：自行回避、申请回避和指令回避。依照法律规定，侦查、检察、审判人员具有法定回避情形之一的应当自行主动要求回避，这是自行回避。案件的当事人和法定代理人认为侦查、检察、审判人员中具有法定回避情形的，有权向公安司法机关提出申请，要求他们回避，这是申请回避。此外，根据司法解释，应当回避的人员，本人没有自行回避，当事人和法定代理人也没有申请其回避的，本部门的负责人可以决定其回避，即指令回避。

我国实行有因回避制度。无论是自行回避还是申请回避，都必须有回避的理由，即本条所规定的四种情形，只要存在其中一种情形，有关的侦查、检察、审判人员就应当自行回避，当事人及其法定代理人也可以申请其回避。以上回避的适用人员在遇到法律规定的四种情形以及《刑事诉讼法》第二十九条规定的情形时，应当主动向所在机关或聘请、指派机关提出回避申请。已经参加过本案侦查、起诉的侦查、检察人员不能再担任本案的审判人员；参加过本案侦查的侦查人员，不能担任本案的检察人员；在一个审判程序中参与过本案审判工作的合议庭组成人员、书记员不能再参与本案其他程序的审判。

本条规定的第一项情形中所指的"本案的当事人"，具体指本案的被害人、自诉人、犯罪嫌疑人、被告人、附带民事诉讼的原告人和被告人；"当事人的近亲属"是指上述同案当事人有夫、妻、父、母、子、女或同胞兄弟姊妹关系的人。第二项情形中所指的"利害关系"，是指案件的处理过程，特别是处理结果会对本人或者其近亲属的利益产生某种影响。第三项情形对"担任过本案的证人、鉴定人、辩护人、诉讼代理人的"要求回避，主要是为了防止这些人员先入为主，主观臆断，以利于客观、全面地收集和判断其他证据，公正处理案件。第四项情形中所谓"与本案当事人有其他关系"，法律没有作具体规定，它是一项弹性所指，意即本条第一款第一、二、三项所规定的以外的情形，所有可能影响案件公正处理的关系。

关联法规索引

《检察官法》第 24、25 条；《法官法》第 23、24 条；《中国共产党纪律检查机关监督执纪工作规则》第 65 条

第五十九条　【离任后义务】　监察机关涉密人员离岗离职后，应当遵守脱密期管理规定，严格履行保密义务，不得泄露相关秘密。

监察人员辞职、退休三年内，不得从事与监察和司法工作相关联且可能发生利益冲突的职业。

条文解读

本条共有两款,是关于监察人员离任后的义务的规定。本条规定了监察人员离岗离职后的脱密期管理和辞职、退休后的从业限制两项制度。

本条第一款是关于监察人员脱密期管理的规定。我国《保守国家秘密法》第三十八条规定,涉密人员离岗离职实行脱密期管理。涉密人员在脱密期内,应当按照规定履行保密义务,不得违反规定就业,不得以任何方式泄露国家秘密。国家秘密关系到国家的安全、利益,在一定时间内只限一定范围的人员知悉,并依照法定程序保守相关秘密。《保守国家秘密法》第三条规定:"国家秘密受法律保护。一切国家机关、武装力量、政党、社会团体、企业事业单位和公民都有保守国家秘密的义务。任何危害国家秘密安全的行为,都必须受到法律追究。"监察机关作为国家机关,负有保守国家秘密的义务。监察机关涉密人员指的是在监察机关涉密岗位工作的人员,简称涉密人员。监察机关涉密人员在监督、调查、处置监察事项过程中知悉的国家秘密在离岗离职后,应当遵守脱密期管理,继续严格履行保密义务,不得泄露相关秘密。有关单位也要切实负起责任,加强对离岗离职后涉密人员的教育、管理和监督。

本条第二款是关于监察人员辞职、退休后的从业限制的规定。限制的期限是三年,不得从事与监察和司法工作相关联且可能发生利益冲突的职业。这在一定程度上防止离任监察人员利用在监察工作中所形成的影响力及便利条件为个人谋取不当利益。

监察人员如果是被辞退、被开除而离职的,原则上仍要遵守本条第一款的规定,对于第二款从业限制的规定,因为考虑到被辞退、被开除人员已失去良好个人信誉及影响力,即使从事与监察和司法工作相关联且可能发生利益冲突的职业,也不能影响监察工作的公正处理,被辞退、被开除而离职的人员不适用此款规定。且根据相关法律规定,被开除或者除名的,也无法担任法官、检察官或者从事律师职业。

配套法规及解读

《公务员法》(2018 年 12 月 29 日修订)

第八十六条 公务员有下列情形之一的,不得辞去公职:

……

(二)在涉及国家秘密等特殊职位任职或者离开上述职位不满国家规定的脱密期限的;

……

※法规解读:本条是关于公务员辞去公职限制性条件的规定。其中第二项规定涉

及国家秘密等特殊职位辞去公职的限制性条件。在涉及国家秘密等特殊职位任职是指公务员本职工作直接涉及国家安全和利益的秘密事项。这些在特殊职位任职的公务员，掌握着国家重要的秘密事项，辞去公职有可能会使国家利益遭受损失，因此，在这些特殊职位上任职的公务员要辞去公职，必须离开这些特殊职位后一定时期，也就是过了国家规定的脱密期限，才可以辞去公职。

关联法规索引

《刑法》第37条之一；《合同法》第60、92、347～352条；《劳动法》第102条；《劳动合同法》第23～25条；《律师法》第7条；《检察官法》第13、37条；《法官法》第13、36条；《中国共产党纪律检查机关监督执纪工作规则》第68条

第六十条　【申诉权】　监察机关及其工作人员有下列行为之一的，被调查人及其近亲属有权向该机关申诉：

（一）留置法定期限届满，不予以解除的；

（二）查封、扣押、冻结与案件无关的财物的；

（三）应当解除查封、扣押、冻结措施而不解除的；

（四）贪污、挪用、私分、调换以及违反规定使用查封、扣押、冻结的财物的；

（五）其他违反法律法规、侵害被调查人合法权益的行为。

受理申诉的监察机关应当在受理申诉之日起一个月内作出处理决定。申诉人对处理决定不服的，可以在收到处理决定之日起一个月内向上一级监察机关申请复查，上一级监察机关应当在收到复查申请之日起二个月内作出处理决定，情况属实的，及时予以纠正。

条文解读

本条有两款，是关于被调查人及其近亲属的申诉权的规定。

根据我国《宪法》第四十一条的规定，中华人民共和国公民对于任何国家机关和国家工作人员的违法失职行为，有向有关国家机关提出申诉、控告或者检举的权利，对于公民的申诉、控告或者检举，有关国家机关必须查清事实，负责处理。被调查人及其近亲属的申诉权是宪法权利在监察调查中的具体体现。本条中的被调查人的“近亲属”，是指与被调查人有夫、妻、父、母、子、女或同胞兄弟姊妹关系的人。

本条第一款规定了被调查人及其近亲属行使申诉权的范围。具体包括：第一，留

置法定期限届满，不予以解除的。根据本法第四十三条第二款的规定，“留置时间不得超过三个月。在特殊情况下，可以延长一次，延长时间不得超过三个月。省级以下监察机关采取留置措施的，延长留置时间应当报上一级监察机关批准”。留置措施具有限制人身自由的属性，因此要严格依法依规执行。超过法定期限，被调查人及其近亲属有权向有关监察机关申诉。第二，查封、扣押、冻结与案件无关的财物的。本法第二十五条规定，“监察机关在调查过程中，可以调取、查封、扣押用以证明被调查人涉嫌违法犯罪的财物、文件和电子数据等信息”。第二十三条规定，“监察机关调查涉嫌贪污贿赂、失职渎职等严重职务违法或者职务犯罪，根据工作需要，可以依照规定查询、冻结涉案单位和个人的存款、汇款、债券、股票、基金份额等财产”。监察机关超出法律规定的范围，任意查封、扣押、冻结与案件无关的财物，被调查人及其近亲属有权向有关监察机关申诉。第三，应当解除查封、扣押、冻结措施而不解除的。本法第二十五条规定，“查封、扣押的财物、文件经查明与案件无关的，应当在查明后三日内解除查封、扣押，予以退还”。本法第二十三条规定，“冻结的财产经查明与案件无关的，应当在查明后三日内解除冻结，予以退还”。监察机关采取查封、扣押、冻结措施后，依据法律规定，经查明是与案件无关的财物、文件、财产，包括案件处置完毕或者司法程序完结后不需要追缴的，应当及时解除查封、扣押、冻结措施。监察机关应当解除而不解除，被调查人及其近亲属有权向有关监察机关申诉。第四，贪污、挪用、私分、调换以及违反规定使用查封、扣押、冻结的财物的。监察机关及其工作人员将查封、扣押、冻结的财物据为己有、挪作他用、私下瓜分、以旧换新或以次充好及任意使用的，被调查人及其近亲属有权向有关监察机关申诉。第五，其他违反法律法规、侵害被调查人合法权益的行为。本项没有明确列举的其他违反法律法规、侵害被调查人合法权益的行为，被调查人及其近亲属亦有权提起申诉，这是一个兜底性规定。

本条第二款是关于申诉处理程序的规定。被调查人或者其近亲属的申诉，应当首先向原处理机关提出。申诉人对原处理机关的处理不服的，可以再向上一级监察机关申请复查，这是一个两级处理程序。需要注意的是，如果被调查人及其近亲属对于上一级监察机关的复查结果不服的，不能提起行政复议或者行政诉讼。

本款中有三个期限的规定：受理申诉的监察机关应当在受理申诉之日起一个月内作出处理决定；申诉人对处理决定不服的，可以在收到处理决定之日起一个月内向上一级监察机关申请复查；上一级监察机关应当在收到复查申请之日起二个月内作出处理决定。对于期限的规定，一方面，督促申诉人及时维护自身合法权益，同时也是为了防止和避免申诉人滥用申诉权，妨碍监察机关的正常活动。另一方面，可以使监察机关及时、有效地处理申诉事项，使错误或不当的处理决定得到及时纠正，保护被调查人的合法权益。

配套法规及解读

《公务员法》(2018年12月29日修订)

第十五章　申诉与控告

第九十五条　公务员对涉及本人的下列人事处理不服的,可以自知道该人事处理之日起三十日内向原处理机关申请复核;对复核结果不服的,可以自接到复核决定之日起十五日内,按照规定向同级公务员主管部门或者作出该人事处理的机关的上一级机关提出申诉;也可以不经复核,自知道该人事处理之日起三十日内直接提出申诉:

(一)处分;

(二)辞退或者取消录用;

(三)降职;

(四)定期考核定为不称职;

(五)免职;

(六)申请辞职、提前退休未予批准;

(七)不按照规定确定或者扣减工资、福利、保险待遇;

(八)法律、法规规定可以申诉的其他情形。

对省级以下机关作出的申诉处理决定不服的,可以向作出处理决定的上一级机关提出再申诉。

受理公务员申诉的机关应当组成公务员申诉公正委员会,负责受理和审理公务员的申诉案件。

公务员对监察机关作出的涉及本人的处理决定不服向监察机关申请复审、复核的,按照有关规定办理。

第九十六条　原处理机关应当自接到复核申请书后的三十日内作出复核决定,并以书面形式告知申请人。受理公务员申诉的机关应当自受理之日起六十日内作出处理决定;案情复杂的,可以适当延长,但是延长时间不得超过三十日。

复核、申诉期间不停止人事处理的执行。

公务员不因申请复核、提出申诉而被加重处理。

第九十七条　公务员申诉的受理机关审查认定人事处理有错误的,原处理机关应当及时予以纠正。

第九十八条　公务员认为机关及其领导人员侵犯其合法权益的,可以依法向上级机关或者监察机关提出控告。受理控告的机关应当按照规定及时处理。

第九十九条　公务员提出申诉、控告,应当尊重事实,不得捏造事实,诬告、陷害他人。对捏造事实,诬告、陷害他人的,依法追究法律责任。

※法规解读：上述条文是《公务员法》中关于公务员申诉控告制度方面的规定。

公务员的申诉控告制度，不仅是公务员制度的有机组成部分，而且也是整个中国特色社会主义民主政治和法治建设的重要内容。建立和完善公务员申诉控告制度，对维护公务员合法权益，促使公务员依法办事，具有重要意义。本章主要内容包括公务员不服机关人事处理决定而申请救济的规定；作出复核、申诉决定的期限的规定；申诉受理机关处理原则的规定；公务员享有控告权的规定；公务员不得利用申诉、控告进行诬告、陷害他人的规定。2018 年新修订的《公务员法》增加了受理申诉机关要成立专门部门即申诉公正委员会来处理公务员的申诉案件；公务员对监察机关作出的处理决定不服的，按《监察法》及相关规定处理；公务员申请复核、提出申诉不加重处罚原则等内容。

《行政复议法》(2017 年 9 月 1 日修正)

第九条 公民、法人或者其他组织认为具体行政行为侵犯其合法权益的，可以自知道该具体行政行为之日起六十日内提出行政复议申请；但是法律规定的申请期限超过六十日的除外。

因不可抗力或者其他正当理由耽误法定申请期限的，申请期限自障碍消除之日起继续计算。

※法规解读：本条共有两款，是关于复议申请期限的规定。

行政复议申请是指复议申请人认为行政主体的具体行政行为违法，在法定期限内要求行政复议机关撤销或者变更该具体行政行为，以保护自己的合法权益的行为。行政复议申请是行政复议程序的启动，没有复议申请人的申请，行政复议机关不能主动进行复议。本条第一款规定，公民、法人或者其他组织认为具体行政行为侵犯其合法权益的，可以自知道该具体行政行为之日起六十日内提出行政复议申请。也就是说，复议申请期限为六十日，从知道该具体行政行为之日起算。“但是法律规定的申请期限超过六十日的除外”，这为个别特殊的行政管理领域需要延长复议申请期限提供了法律依据。本条第二款规定，因不可抗力或者其他正当理由耽误法定申请期限的，申请期限自障碍消除之日起继续计算。这是关于复议申请期限可以延期的规定。根据本款的规定，可以适当延期的情况有两类：不可抗力和其他正当理由。不可抗力是指不能预见、不能避免且不能克服的客观情况。其他正当理由如复议申请人病重等情况。

《行政处罚法》(2017 年 9 月 1 日修正)

第五十四条 行政机关应当建立健全对行政处罚的监督制度。县级以上人民政府应当加强对行政处罚的监督检查。

公民、法人或者其他组织对行政机关作出的行政处罚，有权申诉或者检举；行政机关应当认真审查，发现行政处罚有错误的，应当主动改正。

※法规解读：本条共有两款，是关于行政处罚监督制度的规定。

对行政处罚的监督包括外部监督和内部监督两种。本条第一款是对行政处罚内部监督制度的规定。所谓内部监督，是指行政机关系统内，上级人民政府对下级人民政府，上级政府部门对下级政府部门，以及各级人民政府对其所属行政部门进行行政处罚的执法情况进行监督。首先，具有行政处罚权的机关的内部应当建立健全对行政处罚的监督制度。其次，各级人民政府对于其所统辖的各种行政机关所实施的行政处罚也应当加强监督和检查。

监督行政处罚的另一种方式是外部监督。行政管理相对人的监督是一种非常重要的监督方式。公民、法人和其他组织对行政机关作出的行政处罚有异议的，可以通过申诉或者检举的方式进行权利救济。与此同时，行政机关负有认真审查的义务，经过审查发现行政处罚有错误的，应当依法纠正。

关联法规索引

《宪法》第41条

第六十一条 【失职追责】 对调查工作结束后发现立案依据不充分或者失实，案件处置出现重大失误，监察人员严重违法的，应当追究负有责任的领导人员和直接责任人员的责任。

条文解读

本条是关于监察人员失职追责的规定。

调查工作结束后，发现监察人员以下三种情形失职行为的，需要追责。第一，立案依据不充分或者失实；第二，案件处置出现重大失误；第三，监察人员严重违法的。《监察法》中对于案件调查的权限、程序及证据均作了明确的规定，监察人员依法负有严格依法履职尽责开展监察工作的义务。立案依据不充分或者失实，会影响立案的准确性；案件处置出现重大失误，则危及案件办理程序推进或者影响处理结果的公正性；监察人员严重违法，一方面严重影响监察机关形象，另一方面也影响案件的公正处理，进而损害监察机关的公信力。

对上述失职行为的追责采用“一案双查”，既要追究直接责任人员的责任，又要追究负有领导责任的人员的责任。如果没有责任追究，对调查工作的监督管理便形同虚设。强化对调查工作的监督管理,可以督促监察人员在立案审查前做好初步审核工作,提高初核质量;在立案审查后,按照案件调查处置的程序和权限,严格依法处置,严格自律。这里的"直接责任人员",是指直接负责某项具体工作的监察人员。"负有责任的领导人员",是指对该事项负有领导职责的人员。监察机关各级领导既要以身作则,遵纪守法;也要勇于担当,敢抓敢管。各级领导管理严格,从严要求。如果疏于管理,失职失责,就要受到严肃问责。

配套法规及解读

《公务员法》(2018 年 12 月 29 日修订)

第八十七条 担任领导职务的公务员,因工作变动依照法律规定需要辞去现任职务的,应当履行辞职手续。

担任领导职务的公务员,因个人或者其他原因,可以自愿提出辞去领导职务。

领导成员因工作严重失误、失职造成重大损失或者恶劣社会影响的,或者对重大事故负有领导责任的,应当引咎辞去领导职务。

领导成员因其他原因不再适合担任现任领导职务的,或者应当引咎辞职本人不提出辞职的,应当责令其辞去领导职务。

※法规解读:本条是关于担任领导职务公务员辞职的规定。公务员职务分为领导职务和非领导职务。领导职务是在各级各类机关中,具有组织、管理、决策、指挥职能的职务。担任领导职务的公务员也是公务员中的一分子,享有普通公务员的权利,也可以辞去公职。本条第三、四款与《监察法》第六十一条有关,因此就此两款内容做解读。第三款是关于引咎辞职的内容。引咎辞职是指公务员中的领导成员因工作严重失误、失职造成重大损失或者恶劣影响,或者对重大事故负有重要领导责任,不宜再担任现职,由本人主动提出辞去现任领导职务。第四款是关于责令辞职的内容。责令辞职是指公务员中的领导成员因其他原因不再适合担任现任领导职务或者应当引咎辞职而本人不提出辞职的,由任免机关责令其辞去领导职务。

关联法规索引

《中国共产党纪律处分条例》第 37 条、第四章、第十章 ;《中国共产党问责条例》第 4、5 条;《中国共产党纪律检查机关监督执纪工作规则》第 73 条;《公职人员政务处分暂行规定》第 17 条;《干部选拔任用工作监督检查和责任追究办法》第 34 ~ 40 条

第八章　法律责任

本章介绍

本章共六条，是有关单位和人员、监察对象，以及监察机关及其工作人员违反本法所应承担的法律责任的规定。通过本章对法律责任的设定和追究来保障《监察法》的各项规定得到严格的实施，并与前面各章共同构成完整的法律规范。

第六十二条　【拒不执行监察决定、拒不采纳监察建议的法律责任】　有关单位拒不执行监察机关作出的处理决定，或者无正当理由拒不采纳监察建议的，由其主管部门、上级机关责令改正，对单位给予通报批评；对负有责任的领导人员和直接责任人员依法给予处理。

条文解读

本条是关于有关单位拒不执行监察决定或者无正当理由拒不采纳监察建议的行为所应承担的法律责任的规定。

监察决定是监察机关根据检查、监督、调查结果，就一定事项向被监察的有关单位和人员作出的具有法律效力的决定。监察决定一经作出，即产生法律效力，具有强制性，被监察的单位和人员必须执行。本法第四十九条规定：监察对象对监察机关作出的涉及本人的处理决定不服的，可以在收到处理决定之日起一个月内，向作出决定的监察机关申请复审，复审机关应当在一个月内作出复审决定；监察对象对复审决定仍不服的，可以在收到复审决定之日起一个月内，向上一级监察机关申请复核，复核机关应当在二个月内作出复核决定。复审、复核期间，不停止原处理决定的执行。复核机关经审查，认定处理决定有错误的，原处理机关应当及时予以纠正。据此条规定，监察对象即使对监察机关涉及本人的处理决定不服并进行申诉的，在申请复审、复核期间，有关单位仍不能拒绝执行监察决定。只有当经审查认定处理决定有错误时，该监察决定才能由原处理机关及时予以纠正。

监察建议是监察机关根据检查、监督、调查结果，向有关单位提出的具有一定法律效力的建议。有关单位如无正当理由，应当采纳。如果无正当理由拒不采纳监察建议的，由其主管部门、上级机关责令改正，对单位给予通报批评；对负有责任的领导人员和直接责任人员依法给予处理。

当有关单位公开表示不执行或者借故拖延执行业已生效的监察决定，以及无正当理由拒绝采纳或者拖延采纳已经送达的监察建议时，要承担阻碍监察机关依法行使权力的法律责任，由其主管部门、上级机关责令改正，对单位给予通报批评；对负有责任的领导人员和直接责任人员依法给予处理。规定有关单位违反本法所应承担的法律责任，其目的在于有效制止妨害监察机关依法行使职权的行为，保障监察机关作为行使国家监察职能的专责机关的权威性。

本法第十一条第三项规定，对违法的公职人员依法作出政务处分决定；对履行职责不力、失职失责的领导人员进行问责；对涉嫌职务犯罪的，将调查结果移送人民检察院，依法审查、提起公诉；向监察对象所在单位提出监察建议。第十三条规定，派驻或者派出的监察机构、监察专员根据授权，按照管理权限依法对公职人员进行监督，提出监察建议，依法对公职人员进行调查、处置。第四十五条规定，监察机关根据监督、调查结果，依法作出以下处置：(1)对有职务违法行为但情节较轻的公职人员，按照管理权限，直接或者委托有关机关、人员，进行谈话提醒、批评教育、责令检查，或者予以诫勉；(2)对违法的公职人员依照法定程序作出警告、记过、记大过、降级、撤职、开除等政务处分决定；(3)对不履行或者不正确履行职责负有责任的领导人员，按照管理权限对其直接作出问责决定，或者向有权作出问责决定的机关提出问责建议；(4)对涉嫌职务犯罪的，监察机关经调查认为犯罪事实清楚，证据确实、充分的，制作起诉意见书，连同案卷材料、证据一并移送人民检察院依法审查、提起公诉；(5)对监察对象所在单位廉政建设和履行职责存在的问题等提出监察建议。监察机关经过调查，对没有证据证明被调查人存在违法犯罪行为的，应当撤销案件。以上是本法对拒不执行监察决定、拒不采纳监察建议的有关单位及其负有责任的领导人员和直接责任人员依法所给予的处理方式。

关联法规索引

《中国共产党问责条例》第7条；《公职人员政务处分暂行规定》第17条

第六十三条 【妨害监察行为的法律责任】 有关人员违反本法规定，有下列行为之一的，由其所在单位、主管部门、上级机关或者监察机关责令改正，依法给予处理：

（一）不按要求提供有关材料，拒绝、阻碍调查措施实施等拒不配合监察机关调查的；

（二）提供虚假情况，掩盖事实真相的；

（三）串供或者伪造、隐匿、毁灭证据的；

（四）阻止他人揭发检举、提供证据的；

（五）其他违反本法规定的行为，情节严重的。

条文解读

本条是对妨碍监察行为法律责任的规定。根据本条规定，妨碍监察的行为主要包括：

第一，不按要求提供有关材料，拒绝、阻碍调查措施实施等拒不配合监察机关调查的。本法第十八条第一款规定，监察机关行使监督、调查职权，有权依法向有关单位和个人了解情况，收集、调取证据。有关单位和个人应当如实提供。本法第二十三条第一款规定，监察机关调查涉嫌贪污贿赂、失职渎职等严重职务违法或者职务犯罪，根据工作需要，可以依照规定查询、冻结涉案单位和个人的存款、汇款、债券、股票、基金份额等财产。有关单位和个人应当配合。本法第二十五条第一款规定，监察机关在调查过程中，可以调取、查封、扣押用以证明被调查人涉嫌违法犯罪的财物、文件和电子数据等信息。采取调取、查封、扣押措施，应当收集原物原件，会同持有人或者保管人、见证人，当面逐一拍照、登记、编号，开列清单，由在场人员当场核对、签名，并将清单副本交财物、文件的持有人或者保管人。这三条规定既是监察机关的职权，同时也是为有关单位和人员设定了按要求提供材料的义务。被监察的单位和人员不履行法定义务，就应承担相应的法律责任。监察人员依法执行公务的行为，受国家法律保护，任何单位和个人拒绝、阻碍调查措施实施，妨害监察人员执行职务的行为，必须承担相应的法律后果。

第二，提供虚假情况，掩盖事实真相的。这是指监察机关在调查处理案件过程中，有关人员有如实提供与案件相关信息的义务。监察机关正确处理案件的前提和基础是在调查过程中，能够全面地收集反映案件真实情况的相关信息，这同时也是有关人员的法定义务。有关人员如果为了逃避监察机关的制裁，或者为了包庇违法违纪者，或者为了陷害他人而故意隐瞒、掩盖真实情况，对与案件有重要关系的情节提供虚假情况的就应当承担相应的法律责任。

第三，串供或者伪造、隐匿、毁灭证据的。“串供”是指监察对象与他人相互串通，为了达到逃避处理或法律责任追究的目的，而统一口径，订立攻守同盟的行为。“伪造证据”是指制造虚假的与案件有关的书证、物证、视听资料等证据材料，既包括对原有的证据材料的真实内容进行改变而改变证据证明效力的行为，也包括无中生有，制造出事实并不存在的证据材料的行为。“隐匿证据”是指将案件的证据材料隐藏起来，使他人难以发现的行为。“毁灭证据”是指故意销毁与案件有关的证据材料，使之完全或者部分消失、丧失证据效力的行为。监察机关履行监察职责的过程中，有关人员如有串供或提供伪证，甚至隐匿、毁灭证据的行为，就违反了监察法律法规的规定，应当承担相应的法律责任。

第四，阻止他人揭发检举、提供证据的。我国《宪法》第四十一条规定：中华人民共和国公民对于任何国家机关和国家工作人员，有提出批评和建议的权利；对于任何国家机关和国家工作人员的违法失职行为，有向有关国家机关提出申诉、控告或者检举的权利，但是不得捏造或者歪曲事实进行诬告陷害。对于公民的申诉、控告或者检举，有关国家机关必须查清事实，负责处理。任何人不得压制和打击报复。检举权是指公民对于违法失职的国家机关和国家工作人员，有向有关机关揭发事实，请求依法处理的权利。这里的“有关机关”包括司法机关、主管单位、上级单位或监察机关、同级或上级党的纪律检查委员会。公民依法行使检举权、提供相关证据，任何人不得压制和阻止，否则就要承担相应的法律责任。

第五，其他违反本法规定的行为，情节严重的。这是一个兜底性条款。除上述列举的四种应当承担法律责任的行为之外，有关人员具有其他各种违反《监察法》规定且情节严重的行为，都应当承担相应的法律责任。由于监察工作所涉及的事项林林总总、纷繁复杂，上述列举的四种违法行为不可能穷尽所有应当承担法律责任的行为。因此，在立法上要留有余地，对有其他违反本法规定，情节严重的行为，也要依法给予处理。依据本条第一款的规定，由其所在单位、主管部门、上级机关或者监察机关责令改正，依法给予处理。

根据监察工作的具体情况，确认实施以上五种妨害监察行为，应当由有关人员承担法律责任，由其所在单位、主管部门、上级机关或者监察机关责令改正，依法给予处理。本条规定的目的在于有效制止妨害监察机关依法行使职权的行为，保障监察工作得以顺利进行。

配套法规及解读

《治安管理处罚法》(2012 年 10 月 26 日修正)

第五十条 有下列行为之一的，处警告或者二百元以下罚款；情节严重的，处五日以上十日以下拘留，可以并处五百元以下罚款：

(一)拒不执行人民政府在紧急状态情况下依法发布的决定、命令的；

（二）阻碍国家机关工作人员依法执行职务的；

（三）阻碍执行紧急任务的消防车、救护车、工程抢险车、警车等车辆通行的；

（四）强行冲闯公安机关设置的警戒带、警戒区的。

阻碍人民警察依法执行职务的，从重处罚。

※法规解读：本条是关于拒不执行紧急状态下的决定、命令，阻碍执行职务，阻碍特种车辆通行，冲闯警戒带、警戒区四种妨害社会管理行为及其处罚的规定。本条共有两款，第一款是关于前述四种行为及其处罚裁量标准的规定；第二款是关于从重处罚的规定。本条第一款第二项与《监察法》第六十三条有关，因此就此项内容做解读。第二项是阻碍执行职务的有关规定。

阻碍执行职务，是指阻碍国家机关工作人员依法执行职务，尚不够刑事处罚的行为。本行为在客观方面主要表现为三个特征：一是实施了阻碍行为。这里的“阻碍”，是指行为人以主动的、非暴力的方式实施的阻挠、妨碍行为，通常表现为吵闹、谩骂、无理纠缠等。阻碍行为可以对人身实施，也可以对财物实施，如围堵、纠缠依法执行职务的警察车辆。二是行为对象，必须是国家机关工作人员。三是所阻碍的必须是依法执行职务的行为。“依法执行职务”是指国家机关工作人员依照法律、法规规定所进行的职务行为，既包括国家机关工作人员在工作时间、工作单位内执行职务的行为，也包括国家机关工作人员根据有关规定以及命令在其他时间和场所内执行职务的行为。

根据本条的规定，阻碍国家机关工作人员依法执行职务的，法律规定单处警告或者罚款，罚款的法定数额为二百元以下，公安机关可以根据行为人的经济状况以及违法行为的具体情况作出自由裁量；有下列情形之一的，构成情节严重：(1)有吵闹、谩骂、无理纠缠行为的；(2)经教育仍阻碍国家机关工作人员依法执行职务的；(3)阻碍人民警察依法执行职务的；(4)给国家、集体、个人财产造成损失，或者造成恶劣影响的；(5)因阻碍国家机关工作人员依法执行职务，导致国家机关工作人员未能依法履行职务的；(6)带头阻碍国家机关工作人员依法执行职务的；(7)其他情节严重的情形。对于情节严重的，《治安管理处罚法》规定了单处五日以上十日以下拘留的处罚，并且可以并处五百元以下罚款，是否并处罚款，以及裁决罚款的数额，公安机关可以根据行为人的经济状况以及违法行为的实际情况作出自由裁量。

根据本条规定，“阻碍人民警察依法执行职务的，从重处罚”。从重处罚是指在法定的处罚幅度内从重处罚，即对于符合一般情节的阻碍执行职务的行为只能在警告或者二百元以下罚款的幅度内从重处罚，而不能对行为人在“五日以上十日以下拘留，可以并处五百元以下罚款”一格内裁处；对于符合情节严重的，从重处罚是指在“五日以上十日以下拘留，可以并处五百元以下罚款”一格内从重裁定处罚。

第六十条　有下列行为之一的，处五日以上十日以下拘留，并处二百元以上五百元以下罚款：

（一）隐藏、转移、变卖或者损毁行政执法机关依法扣押、查封、冻结的财物的；

（二）伪造、隐匿、毁灭证据或者提供虚假证言、谎报案情，影响行政执法机关依法办案的；

（三）明知是赃物而窝藏、转移或者代为销售的；

（四）被依法执行管制、剥夺政治权利或者在缓刑、暂予监外执行中的罪犯或者被依法采取刑事强制措施的人，有违反法律、行政法规或者国务院有关部门的监督管理规定的行为。

※法规解读：本条是关于妨害执法秩序的处罚的规定。本条共有四项，其中第一项是关于隐藏、转移、变卖、损毁依法扣押、查封、冻结的财物行为的规定；第二项是关于伪造、隐匿、毁灭证据，提供虚假证言，谎报案情等行为的规定；第三项是关于窝藏、转移、代销赃物行为的规定；第四项是关于违反监督管理规定行为的规定。本条第二项与《监察法》第六十三条有关，因此就此项内容做解读。伪造、隐匿、毁灭证据或者提供虚假证言、谎报案情，影响行政执法机关依法办案的，处五日以上十日以下拘留，并处二百元以上五百元以下罚款。

第一，伪造、隐匿、毁灭证据。这是指行为人伪造、隐匿、毁灭证据，影响行政机关依法办理行政案件，尚不够刑事处罚的行为。

本行为侵犯的客体是行政执法机关依法进行的执法活动。行为的客观方面表现为伪造、隐匿、毁灭证据，影响行政机关依法办理行政案件，尚不够刑事处罚的行为。根据《行政诉讼法》第三十三条的规定，行政诉讼证据包括：(1)书证；(2)物证；(3)视听资料；(4)证人证言；(5)当事人的陈述；(6)鉴定意见；(7)勘验笔录、现场笔录。以上证据经法庭审查属实，才能作为定案的根据。"伪造"证据是指制造虚假的与案件有关的书证、物证等证据材料，既包括对原有的证据材料的真实内容进行改变而改变证据证明效力的行为，也包括无中生有，制造出事实并不存在的证据材料。"隐匿"证据是指将案件的证据材料隐藏起来，使他人难以发现的行为。"毁灭"证据是指故意销毁与案件有关的证据，使之完全或者部分消失、丧失证据效力的行为。这些行为的行为人的主观方面只能是故意。

第二，提供虚假证言。这是指行为人故意提供虚假证言，影响行政执法机关依法办理案件的行为。本行为侵犯的客体是行政执法机关的行政执法活动。这里的"虚假证言"，包括两种情况：一是捏造或者夸大事实以陷人入罪；二是掩盖或者缩小事实以开脱罪责，并且是对与行政案件有重要关系的情节所作虚假证言的行为。这里的行为主体应当不仅限于证人，还应当包括当事人、鉴定人、记录人、翻译人员、被害人等。行为人的主观方面为故意。

第三，谎报案情。这是指行为人故意谎报案情，影响行政执法机关依法办案的行为。本行为侵犯的客体是行政机关依法进行的行政执法活动。所谓"谎报案情"，是指捏造或者歪曲事实，故意向行政执法机关举报、投诉并不存在的或者没有发生的违法事实。如果行为人在报案过程中有意夸大案情、危害后果，以期引起公安机关的注意或重视的，不应视为谎报警情并予处罚。

关联法规索引

《宪法》第41条；《刑事诉讼法》第54条；《行政机关公务员处分条例》第12条；《公职人员政务处分暂行规定》第2、17条；《中国共产党章程》第3条；《中国共产党纪律处分条例》第56条

第六十四条　【陷害行为的法律责任】　监察对象对控告人、检举人、证人或者监察人员进行报复陷害的；控告人、检举人、证人捏造事实诬告陷害监察对象的，依法给予处理。

条文解读

本条是对陷害行为法律责任的规定。

本条规定包括两层含义：一是关于监察对象报复陷害控告人、检举人、证人或者监察人员的行为及其应当承担的法律责任的规定；二是关于控告人、检举人、证人诬告陷害监察对象的行为及其应当承担的法律责任的规定。

本条中的"报复陷害"是指监察对象滥用职权，假公济私，对控告、检举、证明与自己有关联的违法违纪事实的人，进行打击，或者编造事实、谎言设计陷害的行为。这一行为侵害的对象是控告人、检举人、证人和监察人员，侵害的客体是法律所保护的公民、法人以及其他组织向有关国家机关提出控告或者检举的权利和监察人员行使职权不受非法侵害的权利。需要注意的是，本条违纪行为的主体是国家机关工作人员，而不是国家工作人员。其立法原意源自1997年《刑法》的修正，限制本条责任主体的范围，目的是不至于把主体的范围搞得太宽泛。只有国家机关的工作人员，才可能利用国家权力实施报复陷害。公民的控告、检举、作证是人民群众监督监察对象正确履行职责，直接参与和支持监察工作的重要形式，也是监察机关发现监察事项和案件线索的重要信息渠道。因此，对于控告人、检举人、证人必须给予切实保护。监察机关的职责是通过监察人员的行为来实现的。监察人员依法承担对监察对象行使职权、履行职

责的情况进行监察，并对其中违法违纪行为进行纠举惩戒的重要职能。监察人员在查办监察事项过程中，不可避免地会触动一些人的既得利益，遇到不同程度的抗拒，其中包括为了逃避制裁和出于受到制裁后的怨恨，而对监察人员进行报复陷害的情况。如果对报复陷害监察人员等侵犯监察人员权益的行为不加以有效遏制，坚持原则、不徇私情、秉公执法的监察正气就树立不起来，监察工作的开展和监察职能的实现就会受到影响。因此，对于监察人员必须给予切实保护。综上，监察对象对控告人、检举人、证人或者监察人员进行报复陷害的行为，应当依法给予政务处分。构成犯罪的，依法追究刑事责任。

本条中的"诬告陷害"是指控告人、检举人、证人捏造事实、作虚假告发，陷害监察对象，企图使监察对象受到政务处分、治安管理处罚或刑事追究的行为。"捏造"是无中生有，凭空编造，借题发挥的意思。"事实"指的是违法违纪事实。"告发"是指向有关机关或单位报告捏造的事实的行为。告发的方式是多种多样的，可以是书面的，也可以是口头的；可以是署名的，也可以是匿名的。这一行为侵害的对象是本法第十五条所列公职人员和有关人员。侵害的客体是监察对象的人身权利和监察机关、司法机关的正常活动。《宪法》第三十八条规定，中华人民共和国公民的人格尊严不受侵犯。禁止用任何方法对公民进行侮辱、诽谤和诬告陷害。《宪法》第四十一条第一款规定：中华人民共和国公民对于任何国家机关和国家工作人员，有提出批评和建议的权利；对于任何国家机关和国家工作人员的违法失职行为，有向有关国家机关提出申诉、控告或者检举的权利，但是不得捏造或者歪曲事实进行诬告陷害。任何公民，包括监察对象的人身权利不受侵犯。尤其本法中的监察对象主要指的是行使公权力的公职人员和有关人员，诬告陷害行为会严重干扰国家机关正常的活动秩序，影响监察工作的顺利展开和监察职能的有效实现。因此，控告人、检举人、证人捏造事实诬告陷害监察对象的，应当依法给予政务处分；构成犯罪的，依法追究刑事责任。

配套法规及解读

《治安管理处罚法》（2012年10月26日修正）

第四十二条 有下列行为之一的，处五日以下拘留或者五百元以下罚款；情节较重的，处五日以上十日以下拘留，可以并处五百元以下罚款：

（一）写恐吓信或者以其他方法威胁他人人身安全的；

（二）公然侮辱他人或者捏造事实诽谤他人的；

（三）捏造事实诬告陷害他人，企图使他人受到刑事追究或者受到治安管理处罚的；

（四）对证人及其近亲属进行威胁、侮辱、殴打或者打击报复的；

（五）多次发送淫秽、侮辱、恐吓或者其他信息，干扰他人正常生活的；

（六）偷窥、偷拍、窃听、散布他人隐私的。

※法规解读：本条是关于侵犯公民人身权利的处罚的规定。本条共分六项。其中第二、三、四项与《监察法》第六十四条有关，因此就此三项内容做解读。

本条第二项是关于公然侮辱他人或者捏造事实诽谤他人的处罚的规定。本项规定了两种违反治安管理行为的情形：第一，侮辱他人的行为是指：(1)行为人实施了侮辱他人的行为。这里所说的“侮辱”是指公然诋毁他人人格，破坏他人名誉。侮辱的方法可以是暴力，也可以是暴力以外的其他方法。(2)侮辱他人的行为必须是公然进行的。所谓“公然”，是指当众或者利用能够使多人听到或看到的方式，对他人进行侮辱。(3)侮辱他人的行为必须是明确地针对某特定的人实施。第二，诽谤他人的行为是指：(1)行为人实施了诽谤他人的行为。这里所说的“诽谤”是指故意捏造事实，并且进行散布，损害他人人格和名誉。(2)行为人必须捏造事实，如果不是捏造事实，而是客观存在的事实，则不是诽谤的行为。所谓“捏造事实”，就是无中生有，凭空制造虚假的事实。(3)行为人必须将捏造的事实进行散布，足以贬损他人人格和名誉。(4)行为人主观上是故意的，目的是损害他人的人格和名誉。诽谤行为必须是针对特定的人进行的，只要从诽谤的内容上知道是谁或者可以推断出是谁，或者明显地影射特定的人，就可以构成诽谤行为。

本条第三项是关于诬告陷害他人的处罚的规定。诬告陷害他人是指捏造事实诬告陷害他人，企图使他人受到刑事追究或者受到治安管理处罚的行为。这具体是指：(1)行为人必须是捏造事实。如果不是捏造事实，而是客观存在的事实，则不属于诬告陷害他人的行为。(2)行为人必须是以企图使他人受到刑事追究或者受到治安管理处罚为目的，且足以使他人受到刑事追究或者受到治安管理处罚。(3)行为必须要有明确的对象，如果行为人只是捏造了某种违法犯罪事实，向有关机关告发，并没有具体的告发对象，这种行为不属于诬告陷害他人的行为。(4)行为人对诬告陷害的行为必须具有主观故意。如果是错告，或者检举失实的，则不属于诬告陷害他人的行为。

本条第四项是关于对证人及其近亲属进行威胁、侮辱、殴打或者打击报复的处罚的规定。这具体是指：(1)行为侵害的对象必须是证人及其近亲属。“证人”不仅包括刑事诉讼中的证人，也包括民事诉讼、行政诉讼中的证人以及行政执法活动中涉及的证人。(2)行为人对证人及其近亲属实施威胁、侮辱、殴打或者打击报复的行为。“威胁”是指实行恐吓、要挟等精神强制手段，使人产生恐惧；“侮辱”是指公然诋毁证人及其近亲属人格，破坏其名誉；“殴打”是指采用拳打脚踢等方式打人；“打击报复”包括多种方式，如利用职权降薪、降职、辞退。

《民法总则》(2017年3月15日)

第一百一十条第一款 自然人享有生命权、身体权、健康权、姓名权、肖像权、名誉权、荣誉权、隐私权、婚姻自主权等权利。

※法规解读:本条款是关于自然人人格权具体权利的规定。自然人的人格权包括生命权、身体权、健康权、肖像权、名誉权、荣誉权、隐私权、婚姻自主权等权利。其中的名誉权和荣誉权与《监察法》第六十四条有关,因此就对此两项权利做解读。名誉是对自然人道德品质方面好的社会评价,名誉权是自然人对其道德品质方面评价享有的权利,对这种社会评价的贬损才导致对自然人名誉权的侵犯。荣誉权是对自然人个人积极的社会评价,只是这种评价是由特定机构或组织做出的。荣誉权具有一定的特殊性,对这种权利的侵犯主要表现为对其获得的荣誉的公开的否定性评价。

关联法规索引

《宪法》第38、127条;《中国共产党纪律处分条例》第52、79条;《监察机关举报工作办法》;《中共中央纪律检查委员会、中华人民共和国监察部关于保护检举、控告人的规定》

典型案例

李某某、解某某恶意诬告案〔1〕

※案情简介:2018年7月底,某市某村原村委会主任李某站高票当选该村党总支书记。8月上旬,一段关于他贿选的视频流传开来。视频中,李某站的表兄——该村党员解某某告诉举报人李某某:“李某站送了我一条烟,让我投他票。”视频还被刻录成光盘,随着实名举报信分别被寄至某镇党委、某市委组织部和某省委组织部。当时正处于村级换届关键时期,李某站9月初还将参加村委换届选举,如选举成功,将实现书记、主任“一肩挑”。收到举报后,某市市委组织部、市纪委监委组成联合调查组开展调查。然而,调查结果却与举报内容大相径庭。原来,今年该村党组织换届时,举报人李某某因曾经盗采矿石被国土部门处罚过,在资格审查环节被取消了委员候选人资格。看到李某站当选村党总支书记,怀疑自己的候选人资格被取消是李某站从中作梗。心

〔1〕 本案相关网络资料,具体参见张晓玉:《滁州:关于两起诬告陷害、反映不实典型案件的通报》,http://www.ahjjjc.gov.cn/ywbb/p/71754.html,查询时间:2019年5月15日,以及《全市通报!为被诬告的基层干部澄清正名》,http://wemedia.ifeng.com/88739440/wemedia.shtml,查询时间:2019年5月29日。

生不满的李某某便找到与李某站有矛盾的解某某。两人一拍即合，由解某某口述编造李某站为了选票送了自己一条香烟的事，李某某将其拍摄成视频。9月3日，某市纪委、市委组织部联合发文，在全市通报这起诬告典型案例，为李某站澄清正名。9月4日，李某站高票当选村委会主任。李某某和解某某则分别受到开除党籍和党内严重警告处分。李某某还因涉嫌违法犯罪，被公安机关刑事拘留。

※案件要旨：《监察法》第六十四条规定，"控告人、检举人、证人捏造事实诬告陷害监察对象的，依法给予处理"。监察对象是行使公权力的公职人员和有关人员，诬告陷害行为既会严重干扰国家机关正常的活动秩序，影响监察工作的顺利展开和监察职能的有效实现，也会败坏监察对象的名誉，阻止监察对象得到某种奖励或提升机会。对于捏造事实诬告的控告人、检举人、证人应当依法给予政务处分；构成犯罪的，依法追究刑事责任。本案中，李某某、解某某仅凭毫无根据的怀疑，为泄愤恶意编造李某站贿选视频，以阻止李某站在村委换届中选举成功。经上级纪检监察部门调查，确认李某某和解某某的举报行为是诬告，在为李某站澄清正名的同时，给予了李某某、解某某相应的处分。

第六十五条 【违反法定职责的法律责任】 监察机关及其工作人员有下列行为之一的，对负有责任的领导人员和直接责任人员依法给予处理：

（一）未经批准、授权处置问题线索，发现重大案情隐瞒不报，或者私自留存、处理涉案材料的；

（二）利用职权或者职务上的影响干预调查工作、以案谋私的；

（三）违法窃取、泄露调查工作信息，或者泄露举报事项、举报受理情况以及举报人信息的；

（四）对被调查人或者涉案人员逼供、诱供，或者侮辱、打骂、虐待、体罚或者变相体罚的；

（五）违反规定处置查封、扣押、冻结的财物的；

（六）违反规定发生办案安全事故，或者发生安全事故后隐瞒不报、报告失实、处置不当的；

（七）违反规定采取留置措施的；

（八）违反规定限制他人出境，或者不按规定解除出境限制的；

（九）其他滥用职权、玩忽职守、徇私舞弊的行为。

条文解读

本条是关于监察机关及其工作人员违反法定职责所应承担的法律责任的规定。

本法第三条规定，各级监察委员会是行使国家监察职能的专责机关，依照本法对所有行使公权力的公职人员（以下称公职人员）进行监察，调查职务违法和职务犯罪，开展廉政建设和反腐败工作，维护宪法和法律的尊严。监察机关作为国家机构中专司监察职能的机关，是实现党和国家自我监督的政治机关，其依法行使的监察权，是在党的直接领导下，代表党和国家对所有行使公权力的公职人员进行监督的，其职能权限与司法机关、执法部门不同。本法第十一条规定了监察委员会的法定职责：(1)对公职人员开展廉政教育，对其依法履职、秉公用权、廉洁从政从业以及道德操守情况进行监督检查；(2)对涉嫌贪污贿赂、滥用职权、玩忽职守、权力寻租、利益输送、徇私舞弊以及浪费国家资财等职务违法和职务犯罪进行调查；(3)对违法的公职人员依法作出政务处分决定；对履行职责不力、失职失责的领导人员进行问责；对涉嫌职务犯罪的，将调查结果移送人民检察院，依法审查、提起公诉；向监察对象所在单位提出监察建议。据此规定，监察委员会在履行职责过程中，既要调查职务违法行为，又要调查职务犯罪行为；既要加强日常监督，查清职务违法犯罪事实，分别进行相应处置，还要开展严肃的思想政治工作，进行理想信念宗旨教育，做到惩前毖后、治病救人，努力取得良好的政治效果、法律效果和社会效果。这一切的取得也有赖于监察机关内部每一名监察人员的恪尽职守、依法执纪、不谋私利。也就是说，监察人员执行公务中的行为，直接关系到监察机关的威信和声望，关系到监察机关职责的履行和实现。因此，监察机关及其工作人员职务行为，同样受到《监察法》的监督，监察机关及其工作人员的违法违纪行为同样要受到《监察法》的追究，对负有责任的领导人员和直接责任人员必须依法给予处理。

本条规定，监察机关及其工作人员有下列行为之一的，对负有责任的领导人员和直接责任人员依法给予处理：

第一，未经批准、授权处置问题线索，发现重大案情隐瞒不报，或者私自留存、处理涉案材料的。本法第三十七条规定：监察机关对监察对象的问题线索，应当按照有关规定提出处置意见，履行审批手续，进行分类办理。线索处置情况应当定期汇总、通报，定期检查、抽查。依据本条规定，监察人员有未经批准、授权处置问题线索，发现重大案情隐瞒不报，或者私自留存、处理涉案材料的行为，对负有责任的领导人员和直接责任人员要依法给予处理。

第二，利用职权或者职务上的影响干预调查工作、以案谋私的。本法第五十七条规定：对于监察人员打听案情、过问案件、说情干预的，办理监察事项的监察人员应当及时报告。有关情况应当登记备案。发现办理监察事项的监察人员未经批准接触被调查人、涉案人员及其特定关系人，或者存在交往情形的，知情人应当及时报告。有关情况应当登记备案。通过登记备案制度加强对监察人员的监督，对于以案谋私，办关系案、人情案、金钱案的，对负有责任的领导人员和直接责任人员依法给予处理。

第三，违法窃取、泄露调查工作信息，或者泄露举报事项、举报受理情况以及举报人信息的。本法第五十六条规定：监察人员必须模范遵守宪法和法律，忠于职守、秉公执法，清正廉洁、保守秘密；必须具有良好的政治素质，熟悉监察业务，具备运用法律、法规、政策和调查取证等能力，自觉接受监督。根据此条规定，保守秘密是监察人员的法定义务。有违法窃取、泄露调查工作信息的行为，对负有责任的领导人员和直接责任人员依法给予处理。

泄露举报事项、举报受理情况以及与举报人信息的行为，是指监察机关及其工作人员向被举报人员或单位泄露举报事项、举报受理情况以及与举报人相关的信息，应当追究有关责任的行为。举报是人民群众同违法犯罪行为作斗争的有力武器和重要手段，是监察机关发现和查处违纪违法行为的主要线索来源和渠道。依法保护举报人，是各级监察机关及其工作人员的重要使命。泄露举报事项、举报受理情况以及与举报人信息的行为，不仅包括将举报人检举、揭发违纪违法行为信息的物质载体转交给被检举、揭发人或单位，而且包括将上述信息以任何形式披露给被举报对象；不仅包括监察机关及其工作人员直接将上述信息披露给被检举、揭发对象，也包括通过第三人或公开渠道泄露给被检举、揭发对象。各级监察机关必须建立一整套保密、保护制度，严禁泄露举报内容、举报受理情况以及与举报人相关的信息，堵塞泄密漏洞，消除群众举报的后顾之忧，切实保障举报人的人身安全和合法权益，追究违反保密义务的有关机关和人员相应的法律责任。

第四，对被调查人或者涉案人员逼供、诱供，或者侮辱、打骂、虐待、体罚或者变相体罚的。本法第四十条规定：监察机关对职务违法和职务犯罪案件，应当进行调查，收集被调查人有无违法犯罪以及情节轻重的证据，查明违法犯罪事实，形成相互印证、完整稳定的证据链。严禁以威胁、引诱、欺骗及其他非法方式收集证据，严禁侮辱、打骂、虐待、体罚或者变相体罚被调查人或者涉案人员。根据第四十条的规定，对于监察人员在调查、收集证据过程中的禁止性行为作了明确规定。对被调查人或者涉案人员逼供、诱供，或者侮辱、打骂、虐待、体罚或者变相体罚的，对负有责任的领导人员和直接责任人员应当依法给予处理。对被调查人或者涉案人员逼供、诱供就是以威胁、引诱、欺骗及其他方式收集证据。威胁是指监察人员为了收集证据，以将要对被调查人或者涉案人员实施暴力、揭发隐私、加害亲属等方式使被调查人或者涉案人员做出供述的行为。引诱是指监察人员诱导，劝导，或使用施诈手段，使被调查人或者涉案人员认识模糊而做出供述的行为。欺骗是指监察人员以虚假的言行掩盖事实真相，并故意使被调查人或者涉案人员上当而做出供述的行为。侮辱、打骂、虐待、体罚或者变相体罚是指监察人员在调查过程中有使用暴力或其他方法,公然贬低被调查人或者涉案人员人格、破坏被调查人或者涉案人员名誉的行为;有用手、脚等人体肢体,或者木棒等器具殴打被调查人或者涉案人员的行为;有用粗野或者恶意的语言责骂被调查人或者涉案人员的行为;有冻饿、罚跪、捆绑、强迫超体力劳动、禁闭等对被调查人或者涉案人员实施肉体折磨和精神摧残的行为。综上,对被调查人或者涉案人员逼供、诱供,或者侮辱、打骂、虐待、体罚或者变相体罚的,对负有责任的领导人员和直接责任人员应当依法给予处理。

第五,违反规定处置查封、扣押、冻结的财物的。本法第二十三、二十五条对监察机关在调查过程中采取查封、扣押、冻结措施作了具体规定。监察机关采取的查封、扣押、冻结措施都是一种临时性措施,是为了保证调查案件的顺利进行,在于保全证据,以使监察对象的违法违纪行为得到追究。如果查明查封、扣押、冻结的财物与案件无关的,应当在查明后三日内解除查封、扣押、冻结,并予以退还。在查封、扣押、冻结财物期间,任何单位和个人不得隐藏、转移、变卖、故意毁损查封、扣押、冻结的财物。所谓隐藏是指将已查封、扣押、冻结的财物隐蔽、藏匿起来,使其不被发现的行为。所谓转移是指将已被查封、扣押、冻结的财物改换位置,从一处移至另一处,使其不被查找到或者失去应具有的证明效力的行为。所谓变卖是指将已被查封、扣押、冻结的财物出卖以换取现金或其他等价物的行为。所谓故意毁损是指将已被查封、扣押、冻结的财物故意进行损伤、损毁,使之失去财物或者证据价值的行为。监察机关及其工作人员如违反规定处置查封、扣押、冻结财物的,对负有责任的领导人员和直接责任人员应当依法给予处理。

第六,违反规定发生办案安全事故,或者发生安全事故后隐瞒不报、报告失实、处置不当的。办案安全事故是指在案件调查过程中,被调查人发生伤亡的安全事故。主要有以下几种表现形式:(1)因监察机关及其工作人员刑讯逼供造成被调查人伤亡的安全事故。(2)因监察人员违反有关管理制度,发生被调查人以割腕、上吊、撞墙、跳楼等形式自残、自伤、自杀的安全事故。(3)因留置地点软、硬件设施不健全,如发生失火、停电、淹水等情况所造成被调查人烧伤、触电、溺水、脱逃等安全事故。(4)因被调查人本身就有的疾病隐患,如体检不到位、用药不规律或者送医不及时所造成的安全事故。(5)因被调查人伤害监察人员或其他人员而造成的安全事故。发生安全事故后,监察机关及其工作人员应及时、有效地处置并如实上报有关机关。本法第四十条规定,监察机关对严重职务违法、犯罪行为的调查取证过程中,严禁以威胁、引诱、欺骗及其他非法方式收集证据,严禁侮辱、打骂、虐待、体罚或者变相体罚被调查人和涉案人员。本法第四十三、四十四条是有关留置措施的相关规定,其中第四十四条第二款规定:监察机关应当保障被留置人员的饮食、休息和安全,提供医疗服务。讯问被留置人员应当合理安排讯问时间和时长,讯问笔录由被讯问人阅看后签名。监察机关及其工作人员如违反上述规定发生办案安全事故,或者发生安全事故后隐瞒不报、报告失实、处置不当的,对负有责任的领导人员和直接责任人员应当依法给予处理。

第七,违反规定采取留置措施的。本法第二十二条规定,被调查人涉嫌贪污贿赂、失职渎职等严重职务违法或者职务犯罪,监察机关已经掌握其部分违法犯罪事实及证据,仍有重要问题需要进一步调查,并有下列情形之一的,经监察机关依法审批,可以将其留置在特定场所:(1)涉及案情重大、复杂的;(2)可能逃跑、自杀的;(3)可能串供或者伪造、隐匿、毁灭证据的;(4)可能有其他妨碍调查行为的。对涉嫌行贿犯罪或者共同职务犯罪的涉案人员,监察机关可以依照前款规定采取留置措施。留置场所的设置、管理和监督依照国家有关规定执行。根据此条规定,只有上述四种情形可采取留置措施。监察机关及其工作人员扩大采取留置措施的范围,对负有责任的领导人员和直接责任人员应当依法给予处理。本法第四十三条规定:监察机关采取留置措施,应当由监察机关领导人员集体研究决定。设区的市级以下监察机关采取留置措施,应当报上一级监察机关批准。省级监察机关采取留置措施,应当报国家监察委员会备案。留置时间不得超过三个月。在特殊情况下,可以延长一次,延长时间不得超过三个月。省级以下监察机关采取留置措施的,延长留置时间应当报上一级监察机关批准。监察机关发现采取留置措施不当的,应当及时解除。监察机关采取留置措施,可以根据工作需要提请公安机关配合。公安机关应当依法予以协助。此条规定对留置决定的作出、留置期限、留置措施的配合机关、留置措施的解除都作了具体的规定。监察机关及其工作人员违反此条规定的,对负有责任的领导人员和直接责任人员应当依法给予处理。本法第四十四条第一、二款规定:对被调查人采取留置措施后,应当在二十四小时以内,通知被留置人员所在单位和家属,但有可能毁灭、伪造证据,干扰证人作证或者串供等有碍调查情形的除外。有碍调查的情形消失后,应当立即通知被留置人员所在单位和家属。监察机关应当保障被留置人员的饮食、休息和安全,提供医疗服务。讯问被留置人员应当合理安排讯问时间和时长,讯问笔录由被讯问人阅看后签名。这两款是有关留置执行的具体规定,包括监察机关采取留置措施后对被调查人所在单位和家属的通知义务及留置期间对留置人员人身安全的保障义务。监察机关及其工作人员违反此条规定的,对负有责任的领导人员和直接责任人员应当依法给予处理。

第八,违反规定限制他人出境,或者不按规定解除出境限制的。本法第三十条规定:监察机关为防止被调查人及相关人员逃匿境外,经省级以上监察机关批准,可以对被调查人及相关人员采取限制出境措施,由公安机关依法执行。对于不需要继续采取限制出境措施的,应当及时解除。监察机关及其工作人员违反此条规定的,对负有责任的领导人员和直接责任人员应当依法给予处理。

第九，其他滥用职权、玩忽职守、徇私舞弊行为的。这是一个兜底性条款。除上述列举的八种应当承担法律责任的行为之外，监察机关及其工作人员有其他滥用职权、玩忽职守、徇私舞弊行为的，对负有责任的领导人员和直接责任人员依法都应当给予处理。滥用职权是指监察人员违反法律规定或者超越法定职权范围行使职权。其主要指以下几种情形：监察人员擅自处理其无权决定、处理的事项；监察人员以权谋私、假公济私，不正确履行职责；监察人员作出处理决定随意性大，对不同问题作相同处理，或对相同问题作不同处理。监察职权具有较强的强制性，监察人员滥用职权，势必侵犯他人的合法权益。玩忽职守是指监察人员对工作不负责任、不履行或者不正确履行法定职责，致使国家、集体和公民的利益遭受损失的行为。监察人员玩忽职守有多种表现形式，如不履行监察职责，不实施岗位职务所要求实施的行为；对职责范围内管辖的事务不尽职责，敷衍塞责；在履行职责过程中擅离职守；对于监察对象可能对国家、集体和公民的利益造成损失的行为不采取有效措施予以制止，等等。滥用职权和玩忽职守在客观方面的区别就是滥用职权表现的是积极的作为，而玩忽职守表现的是消极的不作为。徇私舞弊是指监察人员为了私情和一己私利，包括贪图财物，讨好上级，照顾、袒护、包庇亲友或其他违法违纪人员等，在监察工作中利用手中权限或者本人职务、地位所形成的便利条件，故意违背事实和法律，弄虚作假，以帮助违法违纪人员逃避制裁等行为。

配套法规及解读

《治安管理处罚法》(2012 年 10 月 26 日修正)

第四十二条 有下列行为之一的，处五日以下拘留或者五百元以下罚款；情节较重的，处五日以上十日以下拘留，可以并处五百元以下罚款：

(一)写恐吓信或者以其他方法威胁他人人身安全的；

(二)公然侮辱他人或者捏造事实诽谤他人的；

(三)捏造事实诬告陷害他人，企图使他人受到刑事追究或者受到治安管理处罚的；

(四)对证人及其近亲属进行威胁、侮辱、殴打或者打击报复的；

(五)多次发送淫秽、侮辱、恐吓或者其他信息，干扰他人正常生活的；

(六)偷窥、偷拍、窃听、散布他人隐私的。

※法规解读：本条是关于侵犯公民人身权利的处罚的规定。

本条共分六项。其中第二、四项与《监察法》第六十五条有关，因此就此两项内容做解读。

第二项是关于公然侮辱他人或者捏造事实诽谤他人的处罚规定。本项规定了两种违反治安管理行为的情形:第一,侮辱他人的行为具体是指:(1)行为人实施了侮辱他人的行为。这里所说的“侮辱”是指公然诋毁他人人格,破坏他人名誉。侮辱的方法可以是暴力,也可以是暴力以外的其他方法。(2)侮辱他人的行为必须是公然进行的。所谓“公然”,是指当众或者利用能够使多人听到或看到的方式,对他人进行侮辱。(3)侮辱他人的行为必须是明确地针对某特定的人实施。如果是针对不特定人的一般的谩骂等,不属于本项规定的违反治安管理行为。第二,诽谤他人的行为具体是指:(1)行为人实施了诽谤他人的行为。这里的“诽谤”是指故意捏造事实,并且进行散布,损害他人人格和名誉。(2)行为人必须捏造事实,如果不是捏造事实,而是客观存在的事实,则不是诽谤的行为。所谓“捏造事实”,就是无中生有,凭空制造虚假的事实。(3)行为人必须将捏造的事实进行散布,足以贬损他人人格和名誉。(4)行为人主观上是故意的,目的是损害他人的人格和名誉。诽谤行为必须是针对特定的人进行的,只要从诽谤的内容上知道是谁,或者可以推断出或者明显地影射特定的人,就可以构成诽谤行为。

第四项是关于对证人及其近亲属进行威胁、侮辱、殴打或者打击报复的处罚的规定。这具体是指:(1)行为侵害的对象必须是证人及其近亲属。“证人”不仅包括刑事诉讼中的证人,也包括民事诉讼、行政诉讼中的证人以及行政执法活动中涉及的证人。(2)行为人对证人及其近亲属实施威胁、侮辱、殴打或者打击报复的行为。“威胁”是指实行恐吓、要挟等精神强制手段,使人产生恐惧;“侮辱”是指公然诋毁证人及其近亲属人格,破坏其名誉;“殴打”是指采用拳打脚踢等方式打人;“打击报复”包括多种方式,如利用职权降薪、降职、辞退。

第六十条 有下列行为之一的,处五日以上十日以下拘留,并处二百元以上五百元以下罚款:

(一)隐藏、转移、变卖或者损毁行政执法机关依法扣押、查封、冻结的财物的;

(二)伪造、隐匿、毁灭证据或者提供虚假证言、谎报案情,影响行政执法机关依法办案的;

(三)明知是赃物而窝藏、转移或者代为销售的;

(四)被依法执行管制、剥夺政治权利或者在缓刑、暂予监外执行中的罪犯或者被依法采取刑事强制措施的人,有违反法律、行政法规或者国务院有关部门的监督管理规定的行为。

※法规解读:本条是关于对妨害执法秩序的处罚的规定。本条共有四项,其中第一项与《监察法》第六十五条有关,因此就此项内容做解读。

隐藏、转移、变卖、损毁依法扣押、查封、冻结的财物,是指行为人隐藏、转移、变卖、损毁行政执法机关依法扣押、查封、冻结的财物,尚不够刑事处罚的行为。本行为侵犯的直接客体是行政执法机关依法进行的扣押、查封、冻结强制制度。行为的对象是行政机关依法扣押、查封、冻结的财物。行为客观方面的表现为，行为人隐藏、转移、变卖、损毁行政执法机关依法扣押、查封、冻结的财物，尚不够刑事处罚的行为。“隐藏”是指将已经被依法扣押、查封、冻结的财物进行隐蔽、藏匿的行为。“转移”是指将已被扣押、查封、冻结的财物移往他处，脱离了行政执法机关的实际控制和掌握的行为，或者将已被冻结的资金私自取出或者转移到其他账户的行为。“变卖”是指将已被依法扣押、查封的财物出卖给他人的行为。“损毁”是指采用破坏性手段使已被查封、扣押的财物毁灭、损坏，被依法查封、扣押的财物因此失去原貌或者失去原有的价值和使用价值的行为。“查封”是指行政机关对某些动产或者不动产实行就地封存，不允许财产所有人使用或处分的强制措施，查封也可以是与行政案件有关的场所。“扣押”是指行政机关将有关财产置于自己的控制之下，以防止当事人毁损或转移的强制措施。“冻结”是指行政机关依法采取的对有关涉案人员在银行或者其他金融机构的存款、资金等，向有关银行、信用社等金融机构发出执行通知书，不准提取或者转移相关存款的强制措施。本项的行为属于行为与行为对象双向选择性违法行为类型，只要行为人对三种对象之一实施其中四种行为之一的，即可构成本违法行为。

《民法总则》(2017 年 3 月 15 日)

第一百一十条第一款 自然人享有生命权、身体权、健康权、姓名权、肖像权、名誉权、荣誉权、隐私权、婚姻自主权等权利。

※法规解读：本条第一款是关于自然人人格权具体权利的规定。自然人的人格权包括生命权、身体权、健康权、肖像权、名誉权、荣誉权、隐私权、婚姻自主权等权利。其中的生命权和身体权、健康权与《监察法》第六十五条有关，因此就对此三项权利做解读。生命权是指自然人享有的生命安全不受非法剥夺、危害的权利。身体权是指自然人保持其身体组织完整并支配其肢体、器官和其他身体组织的权利。健康权是指自然人享有的身体组织和生理机能不受非法侵害的权利。

第一百一十一条 自然人的个人信息受法律保护。任何组织和个人需要获取他人个人信息的，应当依法取得并确保信息安全，不得非法收集、使用、加工、传输他人个人信息，不得非法买卖、提供或者公开他人个人信息。

※法规解读：本条是关于自然人信息权的规定。自然人的个人信息是指据以识别特定自然人身份的任何生物性、物理性的数据、文件等资料，范围不仅包括自然人的身份证信息、户籍信息、家庭构成、职业状况、社会交往、网络交易数据等物理性数据，还包括自然人机体基因组成、生物学、遗传学密码等信息。任何与特定自然人相关的，可以据此将该自然人特定化的信息均属于个人信息。任何对该类信息的侵犯，均侵犯了自然人的信息权。

关联法规索引

《公务员法》第59、61～65条;《出境入境管理法》第85条;《刑事诉讼法》第169、171～173条;《公职人员政务处分暂行规定》;《行政机关公务员处分条例》;《中国共产党章程》第七、八章;《中国共产党问责条例》;《中国共产党纪律处分条例》;《中国共产党纪律检查机关监督执纪工作规则》

典型案例

吴某某故意泄露群众举报信息案[1]

※案情简介:2018年9月,某镇纪委书记吴某某接到一封中央扫黑除恶督导组以秘密级别转办的群众实名举报信,主要反映某镇副镇长宁某某涉黑涉恶问题线索。吴某某随后把宁某某喊来,要求他对涉及问题提供说明材料,但却直接把举报信复印给了他。之后,宁某某在吃饭时故意将举报信拿出给同席者阅看、拍照,导致该实名举报信在社会上流传。举报人身份被曝光后,遭到具有黑社会背景的举报对象家属等人的警告质问,造成恶劣的社会影响。

※案件要旨:我国宪法赋予了公民享有提出申诉、控告或者检举的权利。《刑事诉讼法》第六十三条、第六十四条、《刑法》第三百零八条,都针对举报人、证人作了原则性保护规定。《监察法》第六十五条第三项规定,监察机关及其工作人员违法窃取、泄露调查工作信息,或者泄露举报事项、举报受理情况以及举报人信息的,对负有责任的领导人员和直接责任人员依法给予处理。在执纪执法工作中,如果需要被举报人说明情况的,必须隐去实名举报人身份信息,然后摘录有关内容交被举报人说明情况。由此可见,本案中吴某某、宁某某等人泄露党组织关于纪律审查工作中应当保密的内容,违反了党的工作纪律和国家有关法律,理应受到惩处。最后,该案的22名涉案责任人员均受到相应党纪政务处分,其中宁某某被开除党籍,给予开除公职的政务处分。吴某某被开除党籍,给予撤职的政务处分。

第六十六条 【刑事法律责任】 违反本法规定,构成犯罪的,依法追究刑事责任。

---

[1] 本案根据《纪法小课丨故意泄露群众举报信息,后果很严重!》整理,参见 http://www.ccdi.gov.cn/yaowen/201904/t20190412_192194.html,查询时间:2019年5月6日。

条文解读

本条是关于构成犯罪追究刑事责任的规定。本条规定对于惩罚犯罪,保障《监察法》各项制度的顺利实施,维护《监察法》的权威性起到重要的作用。

构成犯罪是承担刑事责任的前提。刑事责任是指因违反刑事法律而应当承担的法定的不利后果。刑事责任是最严厉的一种法律责任。有关单位、人员、监察对象和监察机关及其工作人员违反本法规定,构成犯罪的,应当承担相应的刑事责任。具体来说包括以下三种情形:(1)监察对象及有关人员违反本法第六十三条的规定构成犯罪的,依法应当追究刑事责任;(2)监察对象及控告人、检举人和证人违反本法第六十四条的规定构成犯罪的,依法应当追究刑事责任;(3)监察机关及其工作人员违反本法第六十五条的规定构成犯罪的,依法应当追究刑事责任。

关联法规索引

《刑法》第234、243、245、247、248、254、277、305、307、308条;《最高人民法院、最高人民检察院关于办理贪污贿赂刑事案件适用法律若干问题的解释》;《最高人民检察院关于渎职侵权犯罪案件立案标准的规定》;《最高人民法院、最高人民检察院关于办理渎职刑事案件适用法律若干问题的解释(一)》;《全国人民代表大会常务委员会关于批准〈联合国反腐败公约〉的决定》

典型案例

朱某某暴力干扰监委执法案[1]

※案情简介:2018年6月10日,某省纪委官方微信公众号"三湘风纪"发布消息称:某省某市公安局原党委委员、市纪委驻市公安局纪检组原组长朱某某被开除党籍和公职。该消息之所以引发全国多地公安系统高度关注的原因在于,2018年3月4日,配合某省监察委执法的湘潭市警方到某市某县抓捕一涉案老板时,恰巧在现场的朱某某居然号召在场人员抗拒抓捕并欲抢夺被控制的老板。后经上级紧急调集警力,才成功将涉案老板等人带走。3月6日中午,某市委常委会决定对朱某某免职并立案

---

〔1〕 本案根据网络资料整理,具体参见欧阳超:《某市公安局原党委委员、纪检组长朱某某一审获刑四年六个月》,https://www.chinacourt.org/article/detail/2019/01/id/3646436.shtml,查询时间:2019年5月29日;桑怡然:《腐败内鬼"狗急跳墙"难逃覆灭》,http://pinglun.eastday.com/p/20180611/u1ai11515221.html,查询时间:2019年5月20日。

调查。7日,经省纪委研究,决定对朱某某进行全面调查,朱某某已因阻挠执法并涉嫌其他严重问题,被某省监察委带走留置审查。经查,朱某某违反政治纪律,对抗组织审查;违反中央八项规定精神,收受红包礼金和接受私营企业主宴请,违规操办丧事和升学宴;违反组织纪律,不如实报告个人有关事项;违反廉洁纪律,以投资入股和放贷收息的方式违规从事营利性活动;违反工作纪律,利用职务之便,违规干预和插手工程项目;违反生活纪律和廉洁纪律,与他人发生不正当性关系,搞权色交易;违反国家法律法规规定,长期打牌赌博,赌资巨大,情节严重,妨碍公安机关依法执行公务涉嫌妨害公务犯罪,利用职务之便为他人谋取利益并收受他人财物涉嫌受贿犯罪,家庭财产巨大涉嫌巨额财产来源不明犯罪。朱某某身为党员领导干部,理想信念丧失,党员意识淡薄,且在党的十八大后仍不收敛、不收手,其行为影响恶劣、情节严重,给党的事业和形象造成了严重损害。依据《中国共产党纪律处分条例》《中华人民共和国监察法》等有关规定,经市纪委常委会议、市监察委员会议审议并报市委批准,决定给予朱某某开除党籍、开除公职处分,将其涉嫌犯罪问题移送司法机关依法处理。2019年1月,某县人民法院一审公开宣判了朱某某妨害公务、受贿、巨额财产来源不明一案,对朱某某以犯妨害公务罪,判处有期徒刑一年;犯受贿罪,判处有期徒刑一年六个月,并处罚金人民币10万元;犯巨额财产来源不明罪,判处有期徒刑三年六个月;决定执行有期徒刑四年六个月,并处罚金人民币10万元;追缴被告人朱某某受贿犯罪所得以及不能说明来源的非法所得共计人民币932.924339万元,由扣押机关上缴国库。宣判后,朱某某当庭表示服判,不再上诉。

※案件要旨:《监察法》第六十三条规定了有关人员妨害监察的五种行为及其应当承担的法律责任。其中第五项是一个兜底性条款。由于监察工作所涉及的事项林林总总、纷繁复杂,第六十三条所列举的四种违法行为不可能穷尽所有应当承担法律责任的行为。因此,在立法上要留有余地,对有其他违反本法规定,情节严重的行为,也要依法给予处理。就本案中,身为公安局长、纪检组长,朱某某不仅不配合省监委执法,还以公安局领导身份号召在场人员抗拒抓捕,并欲抢夺被控制的嫌疑人,后经上级紧急调集警力才将涉案人员顺利抓捕归案。其行为严重干扰、妨害了监委的执法,属于违反第六十三条第五项兜底条款的违法行为。由于其行为的严重违法性已构成妨害公务罪,依法应追究刑事责任。朱某某经依法判决,以犯妨害公务罪,被判处有期徒刑一年。数罪并罚决定执行有期徒刑四年六个月。

第六十七条 【国家赔偿责任】 监察机关及其工作人员行使职权,侵犯公民、法人和其他组织的合法权益造成损害的,依法给予国家赔偿。

条文解读

本条是关于国家赔偿责任的规定。

监察机关是行使国家监察职能的专责机关，监察机关及其工作人员如果违法行使职权，侵犯了公民、法人或者其他组织的合法权益，造成损害的，应当依法承担相应的赔偿责任。公民对于任何国家机关和国家工作人员的违法失职行为，有向有关国家机关提出申诉、控告或者检举的权利。由于国家机关和国家工作人员侵犯公民权利而受到损失的，公民有依照法律规定取得赔偿的权利，这是《宪法》第四十一条的有关规定。《国家赔偿法》第二条也规定，国家机关和国家机关工作人员违法行使职权侵犯公民、法人和其他组织的合法权益造成损害的，受害人有取得国家赔偿的权利。国家赔偿制度的建立是衡量一个国家民主政治制度和法制是否健全的重要标志，也是促进监察机关及其工作人员依法行使监察权，深化廉政建设和反腐败工作，化解社会矛盾的重要措施。监察机关及其工作人员违法行使职权，侵犯公民、法人和其他组织合法权益造成损害的，应当依法承担国家赔偿责任。发生国家赔偿的原因必须是监察机关及其工作人员实施了违法行使职权的侵权行为并造成了损害后果，且损害后果与侵权行为之间具有因果关系，只有这样国家才承担赔偿责任，否则不发生国家赔偿问题。关于损害，必须是现实的、直接的损害，将来可能受到的损害不包括在国家赔偿内。根据《国家赔偿法》第三十二条和第三十五条的规定，国家赔偿的方式有四种：支付赔偿金；返还财产；恢复原状；消除影响，恢复名誉，赔礼道歉。

配套法规及解读

《国家赔偿法》（2012 年 10 月 26 日修正）

第一章　总　　则

第一条　为保障公民、法人和其他组织享有依法取得国家赔偿的权利，促进国家机关依法行使职权，根据宪法，制定本法。

第二条　国家机关和国家机关工作人员行使职权，有本法规定的侵犯公民、法人和其他组织合法权益的情形，造成损害的，受害人有依照本法取得国家赔偿的权利。

本法规定的赔偿义务机关，应当依照本法及时履行赔偿义务。

第二章　行政赔偿

第一节　赔偿范围

第三条　行政机关及其工作人员在行使行政职权时有下列侵犯人身权情形之一的，受害人有取得赔偿的权利：

（一）违法拘留或者违法采取限制公民人身自由的行政强制措施的；

（二）非法拘禁或者以其他方法非法剥夺公民人身自由的；

（三）以殴打、虐待等行为或者唆使、放纵他人以殴打、虐待等行为造成公民身体伤害或者死亡的；

（四）违法使用武器、警械造成公民身体伤害或者死亡的；

（五）造成公民身体伤害或者死亡的其他违法行为。

第四条　行政机关及其工作人员在行使行政职权时有下列侵犯财产权情形之一的，受害人有取得赔偿的权利：

（一）违法实施罚款、吊销许可证和执照、责令停产停业、没收财物等行政处罚的；

（二）违法对财产采取查封、扣押、冻结等行政强制措施的；

（三）违法征收、征用财产的；

（四）造成财产损害的其他违法行为。

第五条　属于下列情形之一的，国家不承担赔偿责任：

（一）行政机关工作人员与行使职权无关的个人行为；

（二）因公民、法人和其他组织自己的行为致使损害发生的；

（三）法律规定的其他情形。

第二节　赔偿请求人和赔偿义务机关

第六条　受害的公民、法人和其他组织有权要求赔偿。

受害的公民死亡，其继承人和其他有扶养关系的亲属有权要求赔偿。

受害的法人或者其他组织终止的，其权利承受人有权要求赔偿。

第七条　行政机关及其工作人员行使行政职权侵犯公民、法人和其他组织的合法权益造成损害的，该行政机关为赔偿义务机关。

两个以上行政机关共同行使行政职权时侵犯公民、法人和其他组织的合法权益造成损害的，共同行使行政职权的行政机关为共同赔偿义务机关。

法律、法规授权的组织在行使授予的行政权力时侵犯公民、法人和其他组织的合法权益造成损害的，被授权的组织为赔偿义务机关。

受行政机关委托的组织或者个人在行使受委托的行政权力时侵犯公民、法人和其他组织的合法权益造成损害的,委托的行政机关为赔偿义务机关。

赔偿义务机关被撤销的,继续行使其职权的行政机关为赔偿义务机关;没有继续行使其职权的行政机关的,撤销该赔偿义务机关的行政机关为赔偿义务机关。

第八条 经复议机关复议的,最初造成侵权行为的行政机关为赔偿义务机关,但复议机关的复议决定加重损害的,复议机关对加重的部分履行赔偿义务。

第三节 赔 偿 程 序

第九条 赔偿义务机关有本法第三条、第四条规定情形之一的,应当给予赔偿。

赔偿请求人要求赔偿,应当先向赔偿义务机关提出,也可以在申请行政复议或者提起行政诉讼时一并提出。

第十条 赔偿请求人可以向共同赔偿义务机关中的任何一个赔偿义务机关要求赔偿,该赔偿义务机关应当先予赔偿。

第十一条 赔偿请求人根据受到的不同损害,可以同时提出数项赔偿要求。

第十二条 要求赔偿应当递交申请书,申请书应当载明下列事项:

(一)受害人的姓名、性别、年龄、工作单位和住所,法人或者其他组织的名称、住所和法定代表人或者主要负责人的姓名、职务;

(二)具体的要求、事实根据和理由;

(三)申请的年、月、日。

赔偿请求人书写申请书确有困难的,可以委托他人代书;也可以口头申请,由赔偿义务机关记入笔录。

赔偿请求人不是受害人本人的,应当说明与受害人的关系,并提供相应证明。

赔偿请求人当面递交申请书的,赔偿义务机关应当当场出具加盖本行政机关专用印章并注明收讫日期的书面凭证。申请材料不齐全的,赔偿义务机关应当当场或者在五日内一次性告知赔偿请求人需要补正的全部内容。

第十三条 赔偿义务机关应当自收到申请之日起两个月内,作出是否赔偿的决定。赔偿义务机关作出赔偿决定,应当充分听取赔偿请求人的意见,并可以与赔偿请求人就赔偿方式、赔偿项目和赔偿数额依照本法第四章的规定进行协商。

赔偿义务机关决定赔偿的,应当制作赔偿决定书,并自作出决定之日起十日内送达赔偿请求人。

赔偿义务机关决定不予赔偿的,应当自作出决定之日起十日内书面通知赔偿请求人,并说明不予赔偿的理由。

第十四条 赔偿义务机关在规定期限内未作出是否赔偿的决定,赔偿请求人可以自期限届满之日起三个月内,向人民法院提起诉讼。

赔偿请求人对赔偿的方式、项目、数额有异议的，或者赔偿义务机关作出不予赔偿决定的，赔偿请求人可以自赔偿义务机关作出赔偿或者不予赔偿决定之日起三个月内，向人民法院提起诉讼。

第十五条　人民法院审理行政赔偿案件，赔偿请求人和赔偿义务机关对自己提出的主张，应当提供证据。

赔偿义务机关采取行政拘留或者限制人身自由的强制措施期间，被限制人身自由的人死亡或者丧失行为能力的，赔偿义务机关的行为与被限制人身自由的人的死亡或者丧失行为能力是否存在因果关系，赔偿义务机关应当提供证据。

第十六条　赔偿义务机关赔偿损失后，应当责令有故意或者重大过失的工作人员或者受委托的组织或者个人承担部分或者全部赔偿费用。

对有故意或者重大过失的责任人员，有关机关应当依法给予处分；构成犯罪的，应当依法追究刑事责任。

第三章　刑事赔偿

第一节　赔偿范围

第十七条　行使侦查、检察、审判职权的机关以及看守所、监狱管理机关及其工作人员在行使职权时有下列侵犯人身权情形之一的，受害人有取得赔偿的权利：

（一）违反刑事诉讼法的规定对公民采取拘留措施的，或者依照刑事诉讼法规定的条件和程序对公民采取拘留措施，但是拘留时间超过刑事诉讼法规定的时限，其后决定撤销案件、不起诉或者判决宣告无罪终止追究刑事责任的；

（二）对公民采取逮捕措施后，决定撤销案件、不起诉或者判决宣告无罪终止追究刑事责任的；

（三）依照审判监督程序再审改判无罪，原判刑罚已经执行的；

（四）刑讯逼供或者以殴打、虐待等行为或者唆使、放纵他人以殴打、虐待等行为造成公民身体伤害或者死亡的；

（五）违法使用武器、警械造成公民身体伤害或者死亡的。

第十八条　行使侦查、检察、审判职权的机关以及看守所、监狱管理机关及其工作人员在行使职权时有下列侵犯财产权情形之一的，受害人有取得赔偿的权利：

（一）违法对财产采取查封、扣押、冻结、追缴等措施的；

（二）依照审判监督程序再审改判无罪，原判罚金、没收财产已经执行的。

第十九条　属于下列情形之一的，国家不承担赔偿责任：

（一）因公民自己故意作虚伪供述，或者伪造其他有罪证据被羁押或者被判处刑罚的；

（二）依照刑法第十七条、第十八条规定不负刑事责任的人被羁押的；

（三）依照刑事诉讼法第十五条、第一百七十三条第二款、第二百七十三条第二款、第二百七十九条[1]规定不追究刑事责任的人被羁押的；

（四）行使侦查、检察、审判职权的机关以及看守所、监狱管理机关的工作人员与行使职权无关的个人行为；

（五）因公民自伤、自残等故意行为致使损害发生的；

（六）法律规定的其他情形。

第二节　赔偿请求人和赔偿义务机关

第二十条　赔偿请求人的确定依照本法第六条的规定。

第二十一条　行使侦查、检察、审判职权的机关以及看守所、监狱管理机关及其工作人员在行使职权时侵犯公民、法人和其他组织的合法权益造成损害的，该机关为赔偿义务机关。

对公民采取拘留措施，依照本法的规定应当给予国家赔偿的，作出拘留决定的机关为赔偿义务机关。

对公民采取逮捕措施后决定撤销案件、不起诉或者判决宣告无罪的，作出逮捕决定的机关为赔偿义务机关。

再审改判无罪的，作出原生效判决的人民法院为赔偿义务机关。二审改判无罪，以及二审发回重审后作无罪处理的，作出一审有罪判决的人民法院为赔偿义务机关。

第三节　赔偿程序

第二十二条　赔偿义务机关有本法第十七条、第十八条规定情形之一的，应当给予赔偿。

赔偿请求人要求赔偿，应当先向赔偿义务机关提出。

赔偿请求人提出赔偿请求，适用本法第十一条、第十二条的规定。

第二十三条　赔偿义务机关应当自收到申请之日起两个月内，作出是否赔偿的决定。赔偿义务机关作出赔偿决定，应当充分听取赔偿请求人的意见，并可以与赔偿请求人就赔偿方式、赔偿项目和赔偿数额依照本法第四章的规定进行协商。

赔偿义务机关决定赔偿的，应当制作赔偿决定书，并自作出决定之日起十日内送达赔偿请求人。

赔偿义务机关决定不予赔偿的，应当自作出决定之日起十日内书面通知赔偿请求

---

〔1〕 现行《刑事诉讼法》第十六条、第一百七十七条第二款、第二百八十四条第二款、第二百九十条。

人,并说明不予赔偿的理由。

第二十四条　赔偿义务机关在规定期限内未作出是否赔偿的决定,赔偿请求人可以自期限届满之日起三十日内向赔偿义务机关的上一级机关申请复议。

赔偿请求人对赔偿的方式、项目、数额有异议的,或者赔偿义务机关作出不予赔偿决定的,赔偿请求人可以自赔偿义务机关作出赔偿或者不予赔偿决定之日起三十日内,向赔偿义务机关的上一级机关申请复议。

赔偿义务机关是人民法院的,赔偿请求人可以依照本条规定向其上一级人民法院赔偿委员会申请作出赔偿决定。

第二十五条　复议机关应当自收到申请之日起两个月内作出决定。

赔偿请求人不服复议决定的,可以在收到复议决定之日起三十日内向复议机关所在地的同级人民法院赔偿委员会申请作出赔偿决定;复议机关逾期不作决定的,赔偿请求人可以自期限届满之日起三十日内向复议机关所在地的同级人民法院赔偿委员会申请作出赔偿决定。

第二十六条　人民法院赔偿委员会处理赔偿请求,赔偿请求人和赔偿义务机关对自己提出的主张,应当提供证据。

被羁押人在羁押期间死亡或者丧失行为能力的,赔偿义务机关的行为与被羁押人的死亡或者丧失行为能力是否存在因果关系,赔偿义务机关应当提供证据。

第二十七条　人民法院赔偿委员会处理赔偿请求,采取书面审查的办法。必要时,可以向有关单位和人员调查情况、收集证据。赔偿请求人与赔偿义务机关对损害事实及因果关系有争议的,赔偿委员会可以听取赔偿请求人和赔偿义务机关的陈述和申辩,并可以进行质证。

第二十八条　人民法院赔偿委员会应当自收到赔偿申请之日起三个月内作出决定;属于疑难、复杂、重大案件的,经本院院长批准,可以延长三个月。

第二十九条　中级以上的人民法院设立赔偿委员会,由人民法院三名以上审判员组成,组成人员的人数应当为单数。

赔偿委员会作赔偿决定,实行少数服从多数的原则。

赔偿委员会作出的赔偿决定,是发生法律效力的决定,必须执行。

第三十条　赔偿请求人或者赔偿义务机关对赔偿委员会作出的决定,认为确有错误的,可以向上一级人民法院赔偿委员会提出申诉。

赔偿委员会作出的赔偿决定生效后,如发现赔偿决定违反本法规定的,经本院院长决定或者上级人民法院指令,赔偿委员会应当在两个月内重新审查并依法作出决定,上一级人民法院赔偿委员会也可以直接审查并作出决定。

最高人民检察院对各级人民法院赔偿委员会作出的决定,上级人民检察院对下级人民法院赔偿委员会作出的决定,发现违反本法规定的,应当向同级人民法院赔偿委员会提出意见,同级人民法院赔偿委员会应当在两个月内重新审查并依法作出决定。

第三十一条 赔偿义务机关赔偿后,应当向有下列情形之一的工作人员追偿部分或者全部赔偿费用:

(一)有本法第十七条第四项、第五项规定情形的;

(二)在处理案件中有贪污受贿,徇私舞弊,枉法裁判行为的。

对有前款规定情形的责任人员,有关机关应当依法给予处分;构成犯罪的,应当依法追究刑事责任。

第四章 赔偿方式和计算标准

第三十二条 国家赔偿以支付赔偿金为主要方式。

能够返还财产或者恢复原状的,予以返还财产或者恢复原状。

第三十三条 侵犯公民人身自由的,每日赔偿金按照国家上年度职工日平均工资计算。

第三十四条 侵犯公民生命健康权的,赔偿金按照下列规定计算:

(一)造成身体伤害的,应当支付医疗费、护理费,以及赔偿因误工减少的收入。减少的收入每日的赔偿金按照国家上年度职工日平均工资计算,最高额为国家上年度职工年平均工资的五倍;

(二)造成部分或者全部丧失劳动能力的,应当支付医疗费、护理费、残疾生活辅助具费、康复费等因残疾而增加的必要支出和继续治疗所必需的费用,以及残疾赔偿金。残疾赔偿金根据丧失劳动能力的程度,按照国家规定的伤残等级确定,最高不超过国家上年度职工年平均工资的二十倍。造成全部丧失劳动能力的,对其扶养的无劳动能力的人,还应当支付生活费;

(三)造成死亡的,应当支付死亡赔偿金、丧葬费,总额为国家上年度职工年平均工资的二十倍。对死者生前扶养的无劳动能力的人,还应当支付生活费。

前款第二项、第三项规定的生活费的发放标准,参照当地最低生活保障标准执行。被扶养的人是未成年人的,生活费给付至十八周岁止;其他无劳动能力的人,生活费给付至死亡时止。

第三十五条 有本法第三条或者第十七条规定情形之一,致人精神损害的,应当在侵权行为影响的范围内,为受害人消除影响,恢复名誉,赔礼道歉;造成严重后果的,应当支付相应的精神损害抚慰金。

第三十六条 侵犯公民、法人和其他组织的财产权造成损害的,按照下列规定处理:

（一）处罚款、罚金、追缴、没收财产或者违法征收、征用财产的，返还财产；

（二）查封、扣押、冻结财产的，解除对财产的查封、扣押、冻结，造成财产损坏或者灭失的，依照本条第三项、第四项的规定赔偿；

（三）应当返还的财产损坏的，能够恢复原状的恢复原状，不能恢复原状的，按照损害程度给付相应的赔偿金；

（四）应当返还的财产灭失的，给付相应的赔偿金；

（五）财产已经拍卖或者变卖的，给付拍卖或者变卖所得的价款；变卖的价款明显低于财产价值的，应当支付相应的赔偿金；

（六）吊销许可证和执照、责令停产停业的，赔偿停产停业期间必要的经常性费用开支；

（七）返还执行的罚款或者罚金、追缴或者没收的金钱，解除冻结的存款或者汇款的，应当支付银行同期存款利息；

（八）对财产权造成其他损害的，按照直接损失给予赔偿。

第三十七条 赔偿费用列入各级财政预算。

赔偿请求人凭生效的判决书、复议决定书、赔偿决定书或者调解书，向赔偿义务机关申请支付赔偿金。

赔偿义务机关应当自收到支付赔偿金申请之日起七日内，依照预算管理权限向有关的财政部门提出支付申请。财政部门应当自收到支付申请之日起十五日内支付赔偿金。

赔偿费用预算与支付管理的具体办法由国务院规定。

第五章 其他规定

第三十八条 人民法院在民事诉讼、行政诉讼过程中，违法采取对妨害诉讼的强制措施、保全措施或者对判决、裁定及其他生效法律文书执行错误，造成损害的，赔偿请求人要求赔偿的程序，适用本法刑事赔偿程序的规定。

第三十九条 赔偿请求人请求国家赔偿的时效为两年，自其知道或者应当知道国家机关及其工作人员行使职权时的行为侵犯其人身权、财产权之日起计算，但被羁押等限制人身自由期间不计算在内。在申请行政复议或者提起行政诉讼时一并提出赔偿请求的，适用行政复议法、行政诉讼法有关时效的规定。

赔偿请求人在赔偿请求时效的最后六个月内，因不可抗力或者其他障碍不能行使请求权的，时效中止。从中止时效的原因消除之日起，赔偿请求时效期间继续计算。

第四十条 外国人、外国企业和组织在中华人民共和国领域内要求中华人民共和国国家赔偿的，适用本法。

外国人、外国企业和组织的所属国对中华人民共和国公民、法人和其他组织要求该国国家赔偿的权利不予保护或者限制的，中华人民共和国与该外国人、外国企业和组织的所属国实行对等原则。

第六章 附 则

第四十一条 赔偿请求人要求国家赔偿的，赔偿义务机关、复议机关和人民法院不得向赔偿请求人收取任何费用。

对赔偿请求人取得的赔偿金不予征税。

第四十二条 本法自2013年1月1日起施行。

※法规解读：《国家赔偿法》是为保障公民、法人和其他组织享有依法取得国家赔偿的权利，促进国家机关依法行使职权而制定的。《国家赔偿法》共六章四十二条，主要包括国家赔偿范围、国家赔偿义务机关、国家赔偿方式和标准、国家赔偿程序四个方面的内容。

(1)国家赔偿范围。国家赔偿范围是《国家赔偿法》的核心问题，它是指国家对国家机关及其工作人员在行使职权中的侵权行为所应承担的赔偿责任的范围。我国国家赔偿的范围包括行政赔偿和刑事赔偿，不包括立法赔偿和军事赔偿。行政赔偿是指国家行政机关及其工作人员在行使行政职权时，违法侵犯公民、法人和其他组织的合法权益造成损害的，国家依法向受害人赔偿的制度。刑事赔偿指行使侦查、检察、审判职权的机关以及看守所、监狱管理机关及其工作人员在行使职权时，违法侵犯公民、法人和其他组织的合法权益造成损害的，国家依法向受害人予以赔偿的制度。行政赔偿在国家赔偿中占有重要的位置。在行政赔偿中，行政机关的违法致害行为包括两类：一类是具体行政行为，另一类是事实行为。行政机关的抽象行政行为不属于赔偿范围。

(2)国家赔偿义务机关。国家赔偿义务机关是指具体履行国家赔偿义务的组织，它代表国家接受国家赔偿请求，参加国家赔偿程序，支付赔偿费用。

(3)国家赔偿方式和标准。国家赔偿的方式，即国家承担赔偿责任的各种形式。我国国家赔偿是以金钱赔偿为主要方式，以返还财产、恢复原状为补充。国家赔偿的计算标准是指国家支付赔偿金赔偿受害人的损失时适用的标准。我国的国家赔偿基本采取的是抚慰性标准。

(4)国家赔偿程序。国家赔偿程序是指国家机关受理解决国家赔偿纠纷所要遵循的步骤、顺序、方式和时效的总和。《国家赔偿法》通过界定赔偿范围、明确赔偿请求人资格以及规定赔偿义务机关和赔偿程序等，使公民、法人和其他组织依法享有的取得国家赔偿的权利得以实现。《国家赔偿法》的立法权限源自宪法，国家赔偿制度的内容是宪法有关原则规定的延伸和具体化。

关联法规索引

《最高人民法院关于审理民事、行政诉讼中司法赔偿案件适用法律若干问题的解释》;《最高人民法院、最高人民检察院关于办理刑事赔偿案件适用法律若干问题的解释》;《最高人民法院关于适用〈中华人民共和国国家赔偿法〉若干问题的解释(一)》;《最高人民法院关于公安机关不履行法定行政职责是否承担行政赔偿责任问题的批复》;《最高人民法院关于审理行政赔偿案件若干问题的规定》;《最高人民法院关于人民法院执行〈中华人民共和国国家赔偿法〉几个问题的解释》

第九章　附　　则

本章介绍

本章为附则，包括第六十八条和第六十九条，共有两个条文。主要内容包括：中央军事委员会依据本法授权，制定相关监察军事法规的规定；本法生效时间的规定。

第六十八条　【具体授权】　中国人民解放军和中国人民武装警察部队开展监察工作，由中央军事委员会根据本法制定具体规定。

条文解读

本条是授权中央军事委员会依据本法制定相关监察军事法规的规定。

军事法规的制定主体是中央军事委员会。《宪法》第九十三条第一款规定："中华人民共和国中央军事委员会领导全国武装力量。"《立法法》第一百零三条第一款规定："中央军事委员会根据宪法和法律，制定军事法规。"在我国现行法律规范体系中，对于军队的一些特殊问题，通常授权中央军委另行规定。

全国武装力量包括中国人民解放军、中国人民武装警察部队、民兵。自 2018 年 1 月 1 日零时起，中国人民武装警察部队归中央军委建制，不再列国务院序列。武警部队从组建伊始，就明确定性为国家武装力量的组成部分，受中央军委统率，其后因形势任务和力量构成的变化，多次调整领导管理体制，但武警部队主体的武装力量属性始终没变。中央军委对武警部队统一领导指挥，是落实宪法关于中央军委领导全国武装力量、军委实行主席负责制的规定。所以，中央军事委员会作为国家最高军事机关，根据宪法和法律制定军事法规，是实现其领导武装力量职能的重要手段。由中央军事委员会根据本法授权制定具体监察军事法规，是全面贯彻党的十九大精神，实现依法治军、从严治军，维护军队纪律，保证军令畅通，促进勤政廉政的需要。

配套法规及解读

《立法法》(2015 年 3 月 15 日修正)

第一百零三条　中央军事委员会根据宪法和法律，制定军事法规。

中央军事委员会各总部、军兵种、军区、中国人民武装警察部队，可以根据法律和中央军事委员会的军事法规、决定、命令，在其权限范围内，制定军事规章。

军事法规、军事规章在武装力量内部实施。

军事法规、军事规章的制定、修改和废止办法，由中央军事委员会依照本法规定的原则规定。

※法规解读：本条是关于军事法规和军事规章的规定。军事法规的制定主体是中央军事委员会。制定军事规章的主体是中央军事委员会各总部、军兵种、军区、中国人民武装警察部队。军事法规和军事规章的适用范围是武装力量内部，主要是在军事禁区、军事管理区和其他军队管理的场所施行。军事法规和军事规章的调整对象包括军人、武装警察和武装力量内工作的职员。制定军事法规和军事规章的程序由中央军事委员会规定。

《中国人民解放军监察工作规定》(2005 年 8 月 22 日)

第一章　总　　则

第一条　为了规范和加强中国人民解放军监察工作，维护军队纪律，保证军令畅通，促进勤政廉政，根据《中国人民解放军政治工作条例》，制定本规定。

第二条　军队纪律检查(组织)部门依照本规定对军队单位和现役军官、文职干部，以及从事管理工作的士官、文职人员实施监察。

第三条　总政治部是全军监察工作的领导机关。团级以上单位政治机关是本级监察工作的领导机关。

总政治部纪律检查部是全军监察工作的主管部门。团级以上单位政治机关纪律检查(组织)部门是本级监察工作的主管部门。

在履行监察职能时，总政治部纪律检查部可以使用中国人民解放军监察部名称，总参谋部、总后勤部、总装备部和各军区、军兵种政治部纪律检查部以及总政治部直属工作部组织纪检局可以使用本级监察部(局)名称。

第四条　纪律检查(组织)部门依法行使监察职权，任何单位或者个人不得拒绝、阻碍，不得打击报复纪律检查干部。

第五条　纪律检查干部必须熟悉监察业务，遵纪守法，忠于职守，清正廉洁，保守秘密。依法执行职务时，应当出示表明身份的有效证件。

第六条　纪律检查干部办理的监察事项与本人或者其近亲属有利害关系的，应当回避。

第七条 纪律检查(组织)部门对所属的纪律检查干部履行职责和遵纪守法情况进行监督。

第二章 职责权限

第八条 总政治部纪律检查部经总政治部报中央军委批准,负责对军区级单位、军区级领导干部实施监察。

团级以上单位纪律检查(组织)部门经本级政治机关报本单位军政首长批准,或者根据上级纪律检查(组织)部门的要求,负责对本级机关及其工作人员、下一级单位、直(附)属单位及其领导干部实施监察。

团级单位纪律检查(组织)部门还负责对本规定第二条规定范围内的其他监察对象实施监察。

第九条 上级纪律检查(组织)部门可以办理下一级纪律检查(组织)部门管辖范围内的监察事项;必要时也可以办理所辖各级纪律检查(组织)部门管辖范围内的监察事项。

第十条 团级以上单位纪律检查(组织)部门,在本级政治机关的领导和上级纪律检查(组织)部门的指导下,履行下列监察职责:

(一)检查被监察的单位在遵守和执行法律、法规、规章以及上级决定、命令、指示中的问题;

(二)受理对被监察的单位和人员违犯军队纪律行为的检举、控告;

(三)调查被监察的单位和人员违犯军队纪律的行为;

(四)受理被监察的人员不服纪律处分或者其他行政处理的申诉;

(五)军事法规、军事规章规定的其他监察职责。

第十一条 纪律检查(组织)部门在履行本规定第十条第(一)项规定的监察职责时,可以采取下列措施:

(一)派出纪律检查干部列席被监察单位与监察事项有关的会议;

(二)要求被监察单位全面、如实地提供与监察事项有关的文件、资料、财务账目及其他有关材料,并对有关材料进行查阅或者复制;

(三)要求被监察单位就监察事项涉及的问题作出解释和说明;

(四)责令被监察单位停止违反法律、法规、规章和违犯军队纪律的行为。

第十二条 纪律检查(组织)部门履行本规定第十条第(三)项规定的职责时,可以采取下列措施:

(一)暂予扣留、封存可以证明违犯军队纪律行为的文件、资料、财务账目及其他有关材料；

（二）责令有违犯军队纪律嫌疑的单位和人员在调查期间不得毁损、变卖、转移与案件有关的财物；

（三）要求有严重违犯军队纪律嫌疑的人员在指定的时间、地点就调查事项涉及的问题作出解释和说明，但是不得对其实行拘禁或者变相拘禁；

（四）按照规定程序向有关主管机关提出暂停有严重违犯军队纪律嫌疑的人员执行职务的建议。

纪律检查（组织）部门采取前款规定的措施，应当出具监察通知书；对第（一）项、第（二）项规定涉及的材料、财物，应当开列清单，并由各方当事人核对、签字；对暂予扣留、封存的材料，应当妥善保管，不得用于其他目的。

第十三条　在调查贪污、贿赂、挪用公款等违犯军队纪律的行为时，有权使用监察部（局）名称的纪律检查部门可以按照国家有关规定查询有违犯军队纪律嫌疑的单位和人员在银行或者其他金融机构的存款、有价证券；必要时，可以提请有关法院采取保全措施，依法冻结有违犯军队纪律嫌疑的单位和人员在银行或者其他金融机构的存款和有价证券。

其他纪律检查（组织）部门需要向银行或者其他金融机构查询或者提请法院采取保全措施的，可以通过前款规定的上级纪律检查部门办理。

第十四条　纪律检查（组织）部门采取本规定第十一条、第十二条、第十三条规定的措施，采取措施的条件消失后，应当及时解除措施。

第十五条　纪律检查（组织）部门在办理违犯军队纪律案件中，可以提请军务、干部、保卫、财务、审计等部门予以协助；被提请协助的部门，应当积极配合。

第十六条　纪律检查（组织）部门经检查、调查，认定有下列情形之一的，应当提出监察建议：

（一）拒不执行或者违反法律、法规、规章以及上级决定、命令、指示，应当予以纠正的；

（二）本级机关所属部门和下级单位作出的决定、命令、指示等违反法律、法规、规章，应当予以纠正或者撤销的；

（三）给国家、军队利益和个人合法权益造成损害，需要采取消除影响、恢复名誉、赔礼道歉、给予补偿等补救措施的；

（四）违犯军队纪律，依照《中国人民解放军纪律条令》应当给予纪律处分的；

（五）违犯军队纪律取得财物，依法应当没收、追缴或者责令退赔的；

（六）其他需要提出监察建议的。

第十七条　纪律检查（组织）部门可以向监察事项涉及的单位和个人查询与监察

事项有关的情况和资料。

第三章 监 察 程 序

第十八条 纪律检查(组织)部门按照下列程序进行检查:

(一)对需要检查的事项,经本级政治机关报本单位军政首长批准后,或者根据上级纪律检查(组织)部门的要求,予以立项;对军区级单位、军区级领导干部需要检查事项的立项,须经总政治部报中央军委批准;

(二)制定检查方案并组织实施;

(三)向本级政治机关或者上级纪律检查(组织)部门提出检查情况报告;

(四)根据检查结果,提出监察建议。

对上级纪律检查(组织)部门要求检查的事项,应当经本级政治机关报告本单位军政首长后实施。

第十九条 纪律检查(组织)部门按照下列程序进行调查:

(一)对需要调查的事项进行初步核实,认为有违犯军队纪律的事实,需要追究纪律责任的,按照规定的权限和程序报批后办理立案手续;

(二)组织实施调查,收集有关证据;

(三)对有证据证明违犯军队纪律,需要给予纪律处分的,依照《中国人民解放军纪律条令》的有关规定,移送有关机关处理;

(四)根据调查结果,提出监察建议。

第二十条 纪律检查(组织)部门对调查事项的立案和根据检查、调查结果提出的监察建议,须经本级政治机关报本单位党委批准。对军区级单位、军区级领导干部调查事项的立案和根据检查、调查结果提出的监察建议,须经总政治部报中央军委批准。

第二十一条 纪律检查(组织)部门提出的监察建议经批准后,应当以书面形式送达被检查、调查的单位和人员。

第二十二条 被检查、调查的单位和人员应当自收到监察建议之日起 30 日内,将落实监察建议的情况通报纪律检查(组织)部门。

对监察建议有异议的,可以自收到监察建议之日起 30 日内,向送达监察建议的纪律检查(组织)部门提出,纪律检查(组织)部门应当在收到异议之日起 30 日内回复;对回复仍有异议的,由送达监察建议的纪律检查(组织)部门提请政治机关报本级党委或者上一级政治机关裁决。

第二十三条 纪律检查(组织)部门对于立案调查的案件,经调查认定不存在违犯军队纪律事实的,或者不需要追究纪律责任的,应当予以撤销,并告知被调查的单位及其上级部门或者被调查的人员及其所在单位。

第二十四条　纪律检查(组织)部门在检查、调查中应当听取被监察单位和人员的陈述和申辩。

第二十五条　纪律检查(组织)部门受理不服纪律处分或者其他行政处理的申诉事项,依照《中国人民解放军纪律条令》的有关规定办理。

第二十六条　纪律检查(组织)部门办理监察事项,发现不属于纪律检查(组织)部门职责范围的,应当移送有权处理的机关或者单位处理;涉嫌犯罪的,应当移送军事司法机关处理。

第四章　奖　　惩

第二十七条　对检举、控告严重违法违纪行为的有功人员,政治机关应当依照《中国人民解放军纪律条令》的有关规定,给予奖励。

第二十八条　被监察的单位和人员违反本规定,有下列行为之一的,由主管机关或者上级纪律检查(组织)部门责令改正,对单位给予通报批评;对负有直接责任的主管人员和其他直接责任人员,依照《中国人民解放军纪律条令》的有关规定,给予处分;构成犯罪的,依法追究刑事责任:

(一)隐瞒事实真相、出具伪证或者隐匿、转移、篡改、毁灭证据的;

(二)故意拖延或者拒绝提供与监察事项有关的文件、资料、财务账目及其他有关材料的;

(三)在调查期间毁损、变卖、转移涉嫌财物的;

(四)拒绝就纪律检查(组织)部门所提问题作出解释和说明的;

(五)对申诉人、控告人、检举人或者纪律检查干部进行报复陷害的;

(六)其他违反本规定、情节严重的行为。

第二十九条　纪律检查干部滥用职权、徇私舞弊、玩忽职守、泄露秘密的,依照《中国人民解放军纪律条令》的有关规定,给予处分;构成犯罪的,依法追究刑事责任。

纪律检查(组织)部门和纪律检查干部违法行使监察职权,侵犯军队单位和人员的合法权益,造成损害的,应当依法赔偿。

第五章　附　　则

第三十条　本规定所称纪律检查(组织)部门,是指军队各级纪律检查部、局、处,以及依据军队有关规定,负有监察职能的组织部门。

本规定所称军区级单位,是指各军区、海军、空军、第二炮兵和军事科学院、国防大学、国防科学技术大学。

第三十一条　中国人民武装警察部队的监察工作,参照本规定执行。

第三十二条 本规定自2005年10月1日起施行。

※法规解读:《中国人民解放军监察工作规定》是第一部规范军队监察工作的军事法规。它以法规的形式规定了开展监察工作的目的、任务、程序、领导体制,明确了监察的主体和对象;赋予了纪律检查具体的监察职能,以及调查、查询、提出监察建议等权限;规定了被监察单位、人员和纪律检查监察干部承担的纪律和法律责任。《中国人民解放军监察工作规定》作为军事立法的重要组成部分,必将有力推动军队的法治建设。

关联法规索引

《宪法》第93条

第六十九条 【生效时间】 本法自公布之日起施行。《中华人民共和国行政监察法》同时废止。

条文解读

本条是关于《监察法》生效日期及《行政监察法》废止日期的规定。

只要有法律产生,就会有关于法律生效日期的规定。正确理解法律的生效日期,是正确适用法律的客观要求。法律从何时开始生效,一般根据该项法律的具体性质和实际需要来决定。通常有以下几种方式:第一种是在法律条文中没有直接规定具体的施行日期,而是规定“本法自公布之日起施行”。第二种是法律公布后,并不立即生效施行,而是经过一定时期后才开始施行,在法律条文中明确规定“本法自×年×月×日起施行”。第三种是法律公布后先予试行或暂行,而后由立法部门加以补充修改,再通过成为正式法律公布施行,在试行期间同样也具有约束力。我国大多数的法律都采用第二种生效方式。《监察法》采用的是第一种生效时间,同时宣布《行政监察法》的失效,这样确保两部法律在时间效力上实现无缝衔接。根据本条规定,本法自公布之日起施行,也就是自2018年3月20日起发生法律效力。同时1997年5月9日公布、2010年6月25日修改的《行政监察法》废止。依据新法优于旧法的原则,其他法律法规规定与本法规定不同的,适用本法的规定。

关联法规索引

《立法法》第57条

配套法规

全国人民代表大会常务委员会关于在北京市、山西省、浙江省开展国家监察体制改革试点工作的决定

2016年12月25日第十二届全国人民代表大会常务委员会第二十五次会议通过

根据党中央确定的《关于在北京市、山西省、浙江省开展国家监察体制改革试点方案》，为在全国推进国家监察体制改革探索积累经验，第十二届全国人民代表大会常务委员会第二十五次会议决定：在北京市、山西省、浙江省开展国家监察体制改革试点工作。

一、在北京市、山西省、浙江省及所辖县、市、市辖区设立监察委员会，行使监察职权。将试点地区人民政府的监察厅（局）、预防腐败局及人民检察院查处贪污贿赂、失职渎职以及预防职务犯罪等部门的相关职能整合至监察委员会。试点地区监察委员会由本级人民代表大会产生。监察委员会主任由本级人民代表大会选举产生；监察委员会副主任、委员，由监察委员会主任提请本级人民代表大会常务委员会任免。监察委员会对本级人民代表大会及其常务委员会和上一级监察委员会负责，并接受监督。

二、试点地区监察委员会按照管理权限，对本地区所有行使公权力的公职人员依法实施监察；履行监督、调查、处置职责，监督检查公职人员依法履职、秉公用权、廉洁从政以及道德操守情况，调查涉嫌贪污贿赂、滥用职权、玩忽职守、权力寻租、利益输送、徇私舞弊以及浪费国家资财等职务违法和职务犯罪行为并作出处置决定，对涉嫌职务犯罪的，移送检察机关依法提起公诉。为履行上述职权，监察委员会可以采取谈话、讯问、询问、查询、冻结、调取、查封、扣押、搜查、勘验检查、鉴定、留置等措施。

三、在北京市、山西省、浙江省暂时调整或者暂时停止适用《中华人民共和国行政监察法》，《中华人民共和国刑事诉讼法》第三条、第十八条、第一百四十八条以及第二编第二章第十一节关于检察机关对直接受理的案件进行侦查的有关规定，《中华人民共和国人民检察院组织法》第五条第二项，《中华人民共和国检察官法》第六条第三项，《中华人民共和国地方各级人民代表大会和地方各级人民政府组织法》第五十九条第五项关于县级以上的地方各级人民政府管理本行政区域内的监察工作的规定。其他法律中规定由行政监察机关行使的监察职责，一并调整由监察委员会行使。

实行监察体制改革，设立监察委员会，建立集中统一、权威高效的监察体系，是事关全局的重大政治体制改革。试点地区要按照改革试点方案的要求，切实加强党的领导，认真组织实施，保证试点工作积极稳妥、依法有序推进。

本决定自2016年12月26日起施行。

全国人民代表大会常务委员会关于在全国各地推开国家监察体制改革试点工作的决定

2017 年 11 月 4 日第十二届全国人民代表大会常务委员会第三十次会议通过

为了贯彻落实党的十九大精神，根据党中央确定的《关于在全国各地推开国家监察体制改革试点方案》，在认真总结北京市、山西省、浙江省开展国家监察体制改革试点工作经验的基础上，第十二届全国人民代表大会常务委员会第三十次会议决定：在全国各地推开国家监察体制改革试点工作。

一、在各省、自治区、直辖市、自治州、县、自治县、市、市辖区设立监察委员会，行使监察职权。将县级以上地方各级人民政府的监察厅（局）、预防腐败局和人民检察院查处贪污贿赂、失职渎职以及预防职务犯罪等部门的相关职能整合至监察委员会。监察委员会由本级人民代表大会产生。监察委员会主任由本级人民代表大会选举产生；监察委员会副主任、委员，由监察委员会主任提请本级人民代表大会常务委员会任免。监察委员会对本级人民代表大会及其常务委员会和上一级监察委员会负责，并接受监督。

二、监察委员会按照管理权限，对本地区所有行使公权力的公职人员依法实施监察；履行监督、调查、处置职责，监督检查公职人员依法履职、秉公用权、廉洁从政以及道德操守情况，调查涉嫌贪污贿赂、滥用职权、玩忽职守、权力寻租、利益输送、徇私舞弊以及浪费国家资财等职务违法和职务犯罪行为并作出处置决定；对涉嫌职务犯罪的，移送检察机关依法提起公诉。为履行上述职权，监察委员会可以采取谈话、讯问、询问、查询、冻结、调取、查封、扣押、搜查、勘验检查、鉴定、留置等措施。

三、在试点工作中，暂时调整或者暂时停止适用《中华人民共和国行政监察法》，《中华人民共和国刑事诉讼法》第三条、第十八条、第一百四十八条以及第二编第二章第十一节关于检察机关对直接受理的案件进行侦查的有关规定，《中华人民共和国人民检察院组织法》第五条第二项，《中华人民共和国检察官法》第六条第三项，《中华人民共和国地方各级人民代表大会和地方各级人民政府组织法》第五十九条第五项关于县级以上的地方各级人民政府管理本行政区域内的监察工作的规定。其他法律中规定由行政监察机关行使的监察职责，一并调整由监察委员会行使。

各地区、各部门要按照改革试点方案的要求，切实加强党的领导，认真组织实施，保证试点工作积极稳妥、依法有序推进。

本决定自 2017 年 11 月 5 日起施行。

中华人民共和国公务员法

1. 2005 年 4 月 27 日第十届全国人民代表大会常务委员会第十五次会议通过
2. 根据 2017 年 9 月 1 日第十二届全国人民代表大会常务委员会第二十九次会议《关于修改〈中华人民共和国法官法〉等八部法律的决定》修正
3. 2018 年 12 月 29 日第十三届全国人民代表大会常务委员会第七次会议修订
4. 自 2019 年 6 月 1 日起施行

目　　录

第一章　总　　则

第一条　为了规范公务员的管理，保障公务员的合法权益，加强对公务员的监督，促进公务员正确履职尽责，建设信念坚定、为民服务、勤政务实、敢于担当、清正廉洁的高素质专业化公务员队伍，根据宪法，制定本法。

第二条　本法所称公务员，是指依法履行公职、纳入国家行政编制、由国家财政负担工资福利的工作人员。

公务员是干部队伍的重要组成部分，是社会主义事业的中坚力量，是人民的公仆。

第三条 公务员的义务、权利和管理，适用本法。

法律对公务员中领导成员的产生、任免、监督以及监察官、法官、检察官等的义务、权利和管理另有规定的，从其规定。

第四条 公务员制度坚持中国共产党领导，坚持以马克思列宁主义、毛泽东思想、邓小平理论、“三个代表”重要思想、科学发展观、习近平新时代中国特色社会主义思想为指导，贯彻社会主义初级阶段的基本路线，贯彻新时代中国共产党的组织路线，坚持党管干部原则。

第五条 公务员的管理，坚持公开、平等、竞争、择优的原则，依照法定的权限、条件、标准和程序进行。

第六条 公务员的管理，坚持监督约束与激励保障并重的原则。

第七条 公务员的任用，坚持德才兼备、以德为先，坚持五湖四海、任人唯贤，坚持事业为上、公道正派，突出政治标准，注重工作实绩。

第八条 国家对公务员实行分类管理，提高管理效能和科学化水平。

第九条 公务员就职时应当依照法律规定公开进行宪法宣誓。

第十条 公务员依法履行职责的行为，受法律保护。

第十一条 公务员工资、福利、保险以及录用、奖励、培训、辞退等所需经费，列入财政预算，予以保障。

第十二条 中央公务员主管部门负责全国公务员的综合管理工作。县级以上地方各级公务员主管部门负责本辖区内公务员的综合管理工作。上级公务员主管部门指导下级公务员主管部门的公务员管理工作。各级公务员主管部门指导同级各机关的公务员管理工作。

第二章 公务员的条件、义务与权利

第十三条 公务员应当具备下列条件：

（一）具有中华人民共和国国籍；

（二）年满十八周岁；

（三）拥护中华人民共和国宪法，拥护中国共产党领导和社会主义制度；

（四）具有良好的政治素质和道德品行；

（五）具有正常履行职责的身体条件和心理素质；

（六）具有符合职位要求的文化程度和工作能力；

（七）法律规定的其他条件。

第十四条 公务员应当履行下列义务：

（一）忠于宪法，模范遵守、自觉维护宪法和法律，自觉接受中国共产党领导；

（二）忠于国家，维护国家的安全、荣誉和利益；

（三）忠于人民，全心全意为人民服务，接受人民监督；

（四）忠于职守，勤勉尽责，服从和执行上级依法作出的决定和命令，按照规定的权限和程序履行职责，努力提高工作质量和效率；

（五）保守国家秘密和工作秘密；

（六）带头践行社会主义核心价值观，坚守法治，遵守纪律，恪守职业道德，模范遵守社会公德、家庭美德；

（七）清正廉洁，公道正派；

（八）法律规定的其他义务。

第十五条 公务员享有下列权利：

（一）获得履行职责应当具有的工作条件；

（二）非因法定事由、非经法定程序，不被免职、降职、辞退或者处分；

（三）获得工资报酬，享受福利、保险待遇；

（四）参加培训；

（五）对机关工作和领导人员提出批评和建议；

（六）提出申诉和控告；

（七）申请辞职；

（八）法律规定的其他权利。

第三章 职务、职级与级别

第十六条 国家实行公务员职位分类制度。

公务员职位类别按照公务员职位的性质、特点和管理需要，划分为综合管理类、专业技术类和行政执法类等类别。根据本法，对于具有职位特殊性，需要单独管理的，可以增设其他职位类别。各职位类别的适用范围由国家另行规定。

第十七条 国家实行公务员职务与职级并行制度，根据公务员职位类别和职责设置公务员领导职务、职级序列。

第十八条 公务员领导职务根据宪法、有关法律和机构规格设置。

领导职务层次分为：国家级正职、国家级副职、省部级正职、省部级副职、厅局级正职、厅局级副职、县处级正职、县处级副职、乡科级正职、乡科级副职。

第十九条 公务员职级在厅局级以下设置。

综合管理类公务员职级序列分为：一级巡视员、二级巡视员、一级调研员、二级调研员、三级调研员、四级调研员、一级主任科员、二级主任科员、三级主任科员、四级主任科员、一级科员、二级科员。

综合管理类以外其他职位类别公务员的职级序列，根据本法由国家另行规定。

第二十条 各机关依照确定的职能、规格、编制限额、职数以及结构比例，设置本机关公务员的具体职位，并确定各职位的工作职责和任职资格条件。

第二十一条 公务员的领导职务、职级应当对应相应的级别。公务员领导职务、职级与级别的对应关系，由国家规定。

根据工作需要和领导职务与职级的对应关系，公务员担任的领导职务和职级可以互相转任、兼任；符合规定资格条件的，可以晋升领导职务或者职级。

公务员的级别根据所任领导职务、职级及其德才表现、工作实绩和资历确定。公务员在同一领导职务、职级上，可以按照国家规定晋升级别。

公务员的领导职务、职级与级别是确定公务员工资以及其他待遇的依据。

第二十二条 国家根据人民警察、消防救援人员以及海关、驻外外交机构等公务员的工作特点，设置与其领导职务、职级相对应的衔级。

第四章 录 用

第二十三条 录用担任一级主任科员以下及其他相当职级层次的公务员，采取公开考试、严格考察、平等竞争、择优录取的办法。

民族自治地方依照前款规定录用公务员时，依照法律和有关规定对少数民族报考者予以适当照顾。

第二十四条 中央机关及其直属机构公务员的录用，由中央公务员主管部门负责组织。地方各级机关公务员的录用，由省级公务员主管部门负责组织，必要时省级公务员主管部门可以授权设区的市级公务员主管部门组织。

第二十五条 报考公务员，除应当具备本法第十三条规定的条件以外，还应当具备省级以上公务员主管部门规定的拟任职位所要求的资格条件。

国家对行政机关中初次从事行政处罚决定审核、行政复议、行政裁决、法律顾问的公务员实行统一法律职业资格考试制度，由国务院司法行政部门商有关部门组织实施。

第二十六条 下列人员不得录用为公务员：

（一）因犯罪受过刑事处罚的；

（二）被开除中国共产党党籍的；

（三）被开除公职的；

（四）被依法列为失信联合惩戒对象的；

（五）有法律规定不得录用为公务员的其他情形的。

第二十七条 录用公务员，应当在规定的编制限额内，并有相应的职位空缺。

第二十八条 录用公务员，应当发布招考公告。招考公告应当载明招考的职位、名额、报考资格条件、报考需要提交的申请材料以及其他报考须知事项。

招录机关应当采取措施，便利公民报考。

第二十九条 招录机关根据报考资格条件对报考申请进行审查。报考者提交的申请材料应当真实、准确。

第三十条 公务员录用考试采取笔试和面试等方式进行，考试内容根据公务员应当具备的基本能力和不同职位类别、不同层级机关分别设置。

第三十一条 招录机关根据考试成绩确定考察人选，并进行报考资格复审、考察和体检。

体检的项目和标准根据职位要求确定。具体办法由中央公务员主管部门会同国务院卫生健康行政部门规定。

第三十二条 招录机关根据考试成绩、考察情况和体检结果,提出拟录用人员名单,并予以公示。公示期不少于五个工作日。

公示期满,中央一级招录机关应当将拟录用人员名单报中央公务员主管部门备案;地方各级招录机关应当将拟录用人员名单报省级或者设区的市级公务员主管部门审批。

第三十三条 录用特殊职位的公务员,经省级以上公务员主管部门批准,可以简化程序或者采用其他测评办法。

第三十四条 新录用的公务员试用期为一年。试用期满合格的,予以任职;不合格的,取消录用。

第五章 考 核

第三十五条 公务员的考核应当按照管理权限,全面考核公务员的德、能、勤、绩、廉,重点考核政治素质和工作实绩。考核指标根据不同职位类别、不同层级机关分别设置。

第三十六条 公务员的考核分为平时考核、专项考核和定期考核等方式。定期考核以平时考核、专项考核为基础。

第三十七条 非领导成员公务员的定期考核采取年度考核的方式。先由个人按照职位职责和有关要求进行总结,主管领导在听取群众意见后,提出考核等次建议,由本机关负责人或者授权的考核委员会确定考核等次。

领导成员的考核由主管机关按照有关规定办理。

第三十八条 定期考核的结果分为优秀、称职、基本称职和不称职四个等次。

定期考核的结果应当以书面形式通知公务员本人。

第三十九条 定期考核的结果作为调整公务员职位、职务、职级、级别、工资以及公务员奖励、培训、辞退的依据。

第六章 职务、职级任免

第四十条 公务员领导职务实行选任制、委任制和聘任制。公务员职级实行委任制和聘任制。

领导成员职务按照国家规定实行任期制。

第四十一条 选任制公务员在选举结果生效时即任当选职务;任期届满不再连任或者任期内辞职、被罢免、被撤职的,其所任职务即终止。

第四十二条 委任制公务员试用期满考核合格,职务、职级发生变化,以及其他情形需要任免职务、职级的,应当按照管理权限和规定的程序任免。

第四十三条 公务员任职应当在规定的编制限额和职数内进行,并有相应的职位空缺。

第四十四条 公务员因工作需要在机关外兼职,应当经有关机关批准,并不得领取兼职报酬。

第七章 职务、职级升降

第四十五条 公务员晋升领导职务,应当具备拟任职务所要求的政治素质、工作能力、文化程度和任职经历等方面的条件和资格。

公务员领导职务应当逐级晋升。特别优秀的或者工作特殊需要的,可以按照规定破格或者越级晋升。

第四十六条 公务员晋升领导职务,按照下列程序办理:

(一)动议;

(二)民主推荐;

(三)确定考察对象,组织考察;

(四)按照管理权限讨论决定;

(五)履行任职手续。

第四十七条 厅局级正职以下领导职务出现空缺且本机关没有合适人选的,可以通过适当方式面向社会选拔任职人选。

第四十八条 公务员晋升领导职务的,应当按照有关规定实行任职前公示制度和任职试用期制度。

第四十九条 公务员职级应当逐级晋升,根据个人德才表现、工作实绩和任职资历,参考民主推荐或者民主测评结果确定人选,经公示后,按照管理权限审批。

第五十条 公务员的职务、职级实行能上能下。对不适宜或者不胜任现任职务、职级的,应当进行调整。

公务员在年度考核中被确定为不称职的,按照规定程序降低一个职务或者职级层次任职。

第八章 奖 励

第五十一条 对工作表现突出,有显著成绩和贡献,或者有其他突出事迹的公务员或者公务员集体,给予奖励。奖励坚持定期奖励与及时奖励相结合,精神奖励与物质奖励相结合、以精神奖励为主的原则。

公务员集体的奖励适用于按照编制序列设置的机构或者为完成专项任务组成的工作集体。

第五十二条 公务员或者公务员集体有下列情形之一的,给予奖励:

(一)忠于职守,积极工作,勇于担当,工作实绩显著的;

(二)遵纪守法,廉洁奉公,作风正派,办事公道,模范作用突出的;

(三)在工作中有发明创造或者提出合理化建议,取得显著经济效益或者社会效益的;

(四)为增进民族团结,维护社会稳定做出突出贡献的;

(五)爱护公共财产,节约国家资财有突出成绩的;

(六)防止或者消除事故有功,使国家和人民群众利益免受或者减少损失的;

(七)在抢险、救灾等特定环境中做出突出贡献的;

(八)同违纪违法行为作斗争有功绩的;

(九)在对外交往中为国家争得荣誉和利益的;

(十)有其他突出功绩的。

第五十三条 奖励分为:嘉奖、记三等功、记二等功、记一等功、授予称号。

对受奖励的公务员或者公务员集体予以表彰，并对受奖励的个人给予一次性奖金或者其他待遇。

第五十四条 给予公务员或者公务员集体奖励，按照规定的权限和程序决定或者审批。

第五十五条 按照国家规定，可以向参与特定时期、特定领域重大工作的公务员颁发纪念证书或者纪念章。

第五十六条 公务员或者公务员集体有下列情形之一的，撤销奖励：

（一）弄虚作假，骗取奖励的；

（二）申报奖励时隐瞒严重错误或者严重违反规定程序的；

（三）有严重违纪违法等行为，影响称号声誉的；

（四）有法律、法规规定应当撤销奖励的其他情形的。

第九章 监督与惩戒

第五十七条 机关应当对公务员的思想政治、履行职责、作风表现、遵纪守法等情况进行监督，开展勤政廉政教育，建立日常管理监督制度。

对公务员监督发现问题的，应当区分不同情况，予以谈话提醒、批评教育、责令检查、诫勉、组织调整、处分。

对公务员涉嫌职务违法和职务犯罪的，应当依法移送监察机关处理。

第五十八条 公务员应当自觉接受监督，按照规定请示报告工作、报告个人有关事项。

第五十九条 公务员应当遵纪守法，不得有下列行为：

（一）散布有损宪法权威、中国共产党和国家声誉的言论，组织或者参加旨在反对宪法、中国共产党领导和国家的集会、游行、示威等活动；

（二）组织或者参加非法组织，组织或者参加罢工；

（三）挑拨、破坏民族关系，参加民族分裂活动或者组织、利用宗教活动破坏民族团结和社会稳定；

（四）不担当，不作为，玩忽职守，贻误工作；

（五）拒绝执行上级依法作出的决定和命令；

（六）对批评、申诉、控告、检举进行压制或者打击报复；

（七）弄虚作假，误导、欺骗领导和公众；

（八）贪污贿赂，利用职务之便为自己或者他人谋取私利；

（九）违反财经纪律，浪费国家资财；

（十）滥用职权，侵害公民、法人或者其他组织的合法权益；

（十一）泄露国家秘密或者工作秘密；

（十二）在对外交往中损害国家荣誉和利益；

（十三）参与或者支持色情、吸毒、赌博、迷信等活动；

（十四）违反职业道德、社会公德和家庭美德；

（十五）违反有关规定参与禁止的网络传播行为或者网络活动；

（十六）违反有关规定从事或者参与营利性活动，在企业或者其他营利性组织中兼任职务；

（十七）旷工或者因公外出、请假期满无正当理由逾期不归；

（十八）违纪违法的其他行为。

第六十条 公务员执行公务时，认为上级的决定或者命令有错误的，可以向上级提出改正或者撤销该决定或者命令的意见；上级不改变该决定或者命令，或者要求立即执行的，公务员应当执行该决定或者命令，执行的后果由上级负责，公务员不承担责任；但是，公务员执行明显违法的决定或者命令的，应当依法承担相应的责任。

第六十一条 公务员因违纪违法应当承担纪律责任的，依照本法给予处分或者由监察机关依法给予政务处分；违纪违法行为情节轻微，经批评教育后改正的，可以免予处分。

对同一违纪违法行为，监察机关已经作出政务处分决定的，公务员所在机关不再给予处分。

第六十二条 处分分为：警告、记过、记大过、降级、撤职、开除。

第六十三条 对公务员的处分，应当事实清楚、证据确凿、定性准确、处理恰当、程序合法、手续完备。

公务员违纪违法的，应当由处分决定机关决定对公务员违纪违法的情况进行调查，并将调查认定的事实以及拟给予处分的依据告知公务员本人。公务员有权进行陈述和申辩；处分决定机关不得因公务员申辩而加重处分。

处分决定机关认为对公务员应当给予处分的，应当在规定的期限内，按照管理权限和规定的程序作出处分决定。处分决定应当以书面形式通知公务员本人。

第六十四条 公务员在受处分期间不得晋升职务、职级和级别，其中受记过、记大过、降级、撤职处分的，不得晋升工资档次。

受处分的期间为：警告，六个月；记过，十二个月；记大过，十八个月；降级、撤职，二十四个月。

受撤职处分的，按照规定降低级别。

第六十五条 公务员受开除以外的处分，在受处分期间有悔改表现，并且没有再发生违纪违法行为的，处分期满后自动解除。

解除处分后，晋升工资档次、级别和职务、职级不再受原处分的影响。但是，解除降级、撤职处分的，不视为恢复原级别、原职务、原职级。

第十章 培　　训

第六十六条 机关根据公务员工作职责的要求和提高公务员素质的需要，对公务员进行分类分级培训。

国家建立专门的公务员培训机构。机关根据需要也可以委托其他培训机构承担公务员培训任务。

第六十七条 机关对新录用人员应当在试用期内进行初任培训；对晋升领导职务的公务员应当在任职前或者任职后一年内进行任职培训；对从事专项工作的公务员应当进行专门业务培

训;对全体公务员应当进行提高政治素质和工作能力、更新知识的在职培训,其中对专业技术类公务员应当进行专业技术培训。

国家有计划地加强对优秀年轻公务员的培训。

第六十八条 公务员的培训实行登记管理。

公务员参加培训的时间由公务员主管部门按照本法第六十七条规定的培训要求予以确定。

公务员培训情况、学习成绩作为公务员考核的内容和任职、晋升的依据之一。

第十一章 交流与回避

第六十九条 国家实行公务员交流制度。

公务员可以在公务员和参照本法管理的工作人员队伍内部交流,也可以与国有企业和不参照本法管理的事业单位中从事公务的人员交流。

交流的方式包括调任、转任。

第七十条 国有企业、高等院校和科研院所以及其他不参照本法管理的事业单位中从事公务的人员,可以调入机关担任领导职务或者四级调研员以上及其他相当层次的职级。

调任人选应当具备本法第十三条规定的条件和拟任职位所要求的资格条件,并不得有本法第二十六条规定的情形。调任机关应当根据上述规定,对调任人选进行严格考察,并按照管理权限审批,必要时可以对调任人选进行考试。

第七十一条 公务员在不同职位之间转任应当具备拟任职位所要求的资格条件,在规定的编制限额和职数内进行。

对省部级正职以下的领导成员应当有计划、有重点地实行跨地区、跨部门转任。

对担任机关内设机构领导职务和其他工作性质特殊的公务员,应当有计划地在本机关内转任。

上级机关应当注重从基层机关公开遴选公务员。

第七十二条 根据工作需要,机关可以采取挂职方式选派公务员承担重大工程、重大项目、重点任务或者其他专项工作。

公务员在挂职期间,不改变与原机关的人事关系。

第七十三条 公务员应当服从机关的交流决定。

公务员本人申请交流的,按照管理权限审批。

第七十四条 公务员之间有夫妻关系、直系血亲关系、三代以内旁系血亲关系以及近姻亲关系的,不得在同一机关双方直接隶属于同一领导人员的职位或者有直接上下级领导关系的职位工作,也不得在其中一方担任领导职务的机关从事组织、人事、纪检、监察、审计和财务工作。

公务员不得在其配偶、子女及其配偶经营的企业、营利性组织的行业监管或者主管部门担任领导成员。

因地域或者工作性质特殊,需要变通执行任职回避的,由省级以上公务员主管部门规定。

第七十五条 公务员担任乡级机关、县级机关、设区的市级机关及其有关部门主要领导职务的,应当按照有关规定实行地域回避。

第七十六条 公务员执行公务时,有下列情形之一的,应当回避:

(一)涉及本人利害关系的;

(二)涉及与本人有本法第七十四条第一款所列亲属关系人员的利害关系的;

(三)其他可能影响公正执行公务的。

第七十七条 公务员有应当回避情形的,本人应当申请回避;利害关系人有权申请公务员回避。其他人员可以向机关提供公务员需要回避的情况。

机关根据公务员本人或者利害关系人的申请,经审查后作出是否回避的决定,也可以不经申请直接作出回避决定。

第七十八条 法律对公务员回避另有规定的,从其规定。

第十二章 工资、福利与保险

第七十九条 公务员实行国家统一规定的工资制度。

公务员工资制度贯彻按劳分配的原则,体现工作职责、工作能力、工作实绩、资历等因素,保持不同领导职务、职级、级别之间的合理工资差距。

国家建立公务员工资的正常增长机制。

第八十条 公务员工资包括基本工资、津贴、补贴和奖金。

公务员按照国家规定享受地区附加津贴、艰苦边远地区津贴、岗位津贴等津贴。

公务员按照国家规定享受住房、医疗等补贴、补助。

公务员在定期考核中被确定为优秀、称职的,按照国家规定享受年终奖金。

公务员工资应当按时足额发放。

第八十一条 公务员的工资水平应当与国民经济发展相协调、与社会进步相适应。

国家实行工资调查制度,定期进行公务员和企业相当人员工资水平的调查比较,并将工资调查比较结果作为调整公务员工资水平的依据。

第八十二条 公务员按照国家规定享受福利待遇。国家根据经济社会发展水平提高公务员的福利待遇。

公务员执行国家规定的工时制度,按照国家规定享受休假。公务员在法定工作日之外加班的,应当给予相应的补休,不能补休的按照国家规定给予补助。

第八十三条 公务员依法参加社会保险,按照国家规定享受保险待遇。

公务员因公牺牲或者病故的,其亲属享受国家规定的抚恤和优待。

第八十四条 任何机关不得违反国家规定自行更改公务员工资、福利、保险政策,擅自提高或者降低公务员的工资、福利、保险待遇。任何机关不得扣减或者拖欠公务员的工资。

第十三章 辞职与辞退

第八十五条 公务员辞去公职,应当向任免机关提出书面申请。任免机关应当自接到申请之日起三十日内予以审批,其中对领导成员辞去公职的申请,应当自接到申请之日起九十日内予以审批。

第八十六条 公务员有下列情形之一的,不得辞去公职:

(一)未满国家规定的最低服务年限的;

(二)在涉及国家秘密等特殊职位任职或者离开上述职位不满国家规定的脱密期限的;

(三)重要公务尚未处理完毕,且须由本人继续处理的;

(四)正在接受审计、纪律审查、监察调查,或者涉嫌犯罪,司法程序尚未终结的;

(五)法律、行政法规规定的其他不得辞去公职的情形。

第八十七条 担任领导职务的公务员,因工作变动依照法律规定需要辞去现任职务的,应当履行辞职手续。

担任领导职务的公务员,因个人或者其他原因,可以自愿提出辞去领导职务。

领导成员因工作严重失误、失职造成重大损失或者恶劣社会影响的,或者对重大事故负有领导责任的,应当引咎辞去领导职务。

领导成员因其他原因不再适合担任现任领导职务的,或者应当引咎辞职本人不提出辞职的,应当责令其辞去领导职务。

第八十八条 公务员有下列情形之一的,予以辞退:

(一)在年度考核中,连续两年被确定为不称职的;

(二)不胜任现职工作,又不接受其他安排的;

(三)因所在机关调整、撤销、合并或者缩减编制员额需要调整工作,本人拒绝合理安排的;

(四)不履行公务员义务,不遵守法律和公务员纪律,经教育仍无转变,不适合继续在机关工作,又不宜给予开除处分的;

(五)旷工或者因公外出、请假期满无正当理由逾期不归连续超过十五天,或者一年内累计超过三十天的。

第八十九条 对有下列情形之一的公务员,不得辞退:

(一)因公致残,被确认丧失或者部分丧失工作能力的;

(二)患病或者负伤,在规定的医疗期内的;

(三)女性公务员在孕期、产假、哺乳期内的;

(四)法律、行政法规规定的其他不得辞退的情形。

第九十条 辞退公务员,按照管理权限决定。辞退决定应当以书面形式通知被辞退的公务员,并应当告知辞退依据和理由。

被辞退的公务员,可以领取辞退费或者根据国家有关规定享受失业保险。

第九十一条 公务员辞职或者被辞退,离职前应当办理公务交接手续,必要时按照规定接受审计。

第十四章 退　　休

第九十二条 公务员达到国家规定的退休年龄或者完全丧失工作能力的,应当退休。

第九十三条 公务员符合下列条件之一的,本人自愿提出申请,经任免机关批准,可以提前退休：

（一）工作年限满三十年的；

（二）距国家规定的退休年龄不足五年，且工作年限满二十年的；

（三）符合国家规定的可以提前退休的其他情形的。

第九十四条 公务员退休后，享受国家规定的养老金和其他待遇，国家为其生活和健康提供必要的服务和帮助，鼓励发挥个人专长，参与社会发展。

第十五章 申诉与控告

第九十五条 公务员对涉及本人的下列人事处理不服的，可以自知道该人事处理之日起三十日内向原处理机关申请复核；对复核结果不服的，可以自接到复核决定之日起十五日内，按照规定向同级公务员主管部门或者作出该人事处理的机关的上一级机关提出申诉；也可以不经复核，自知道该人事处理之日起三十日内直接提出申诉：

（一）处分；

（二）辞退或者取消录用；

（三）降职；

（四）定期考核定为不称职；

（五）免职；

（六）申请辞职、提前退休未予批准；

（七）不按照规定确定或者扣减工资、福利、保险待遇；

（八）法律、法规规定可以申诉的其他情形。

对省级以下机关作出的申诉处理决定不服的，可以向作出处理决定的上一级机关提出再申诉。

受理公务员申诉的机关应当组成公务员申诉公正委员会，负责受理和审理公务员的申诉案件。

公务员对监察机关作出的涉及本人的处理决定不服向监察机关申请复审、复核的，按照有关规定办理。

第九十六条 原处理机关应当自接到复核申请书后的三十日内作出复核决定，并以书面形式告知申请人。受理公务员申诉的机关应当自受理之日起六十日内作出处理决定；案情复杂的，可以适当延长，但是延长时间不得超过三十日。

复核、申诉期间不停止人事处理的执行。

公务员不因申请复核、提出申诉而被加重处理。

第九十七条 公务员申诉的受理机关审查认定人事处理有错误的，原处理机关应当及时予以纠正。

第九十八条 公务员认为机关及其领导人员侵犯其合法权益的，可以依法向上级机关或者监察机关提出控告。受理控告的机关应当按照规定及时处理。

第九十九条 公务员提出申诉、控告，应当尊重事实，不得捏造事实，诬告、陷害他人。对捏造事实,诬告、陷害他人的,依法追究法律责任。

第十六章 职位聘任

第一百条 机关根据工作需要,经省级以上公务员主管部门批准,可以对专业性较强的职位和辅助性职位实行聘任制。

前款所列职位涉及国家秘密的,不实行聘任制。

第一百零一条 机关聘任公务员可以参照公务员考试录用的程序进行公开招聘,也可以从符合条件的人员中直接选聘。

机关聘任公务员应当在规定的编制限额和工资经费限额内进行。

第一百零二条 机关聘任公务员,应当按照平等自愿、协商一致的原则,签订书面的聘任合同,确定机关与所聘公务员双方的权利、义务。聘任合同经双方协商一致可以变更或者解除。

聘任合同的签订、变更或者解除,应当报同级公务员主管部门备案。

第一百零三条 聘任合同应当具备合同期限,职位及其职责要求,工资、福利、保险待遇,违约责任等条款。

聘任合同期限为一年至五年。聘任合同可以约定试用期,试用期为一个月至十二个月。

聘任制公务员实行协议工资制,具体办法由中央公务员主管部门规定。

第一百零四条 机关依据本法和聘任合同对所聘公务员进行管理。

第一百零五条 聘任制公务员与所在机关之间因履行聘任合同发生争议的,可以自争议发生之日起六十日内申请仲裁。

省级以上公务员主管部门根据需要设立人事争议仲裁委员会,受理仲裁申请。人事争议仲裁委员会由公务员主管部门的代表、聘用机关的代表、聘任制公务员的代表以及法律专家组成。

当事人对仲裁裁决不服的,可以自接到仲裁裁决书之日起十五日内向人民法院提起诉讼。仲裁裁决生效后,一方当事人不履行的,另一方当事人可以申请人民法院执行。

第十七章 法律责任

第一百零六条 对有下列违反本法规定情形的,由县级以上领导机关或者公务员主管部门按照管理权限,区别不同情况,分别予以责令纠正或者宣布无效;对负有责任的领导人员和直接责任人员,根据情节轻重,给予批评教育、责令检查、诫勉、组织调整、处分;构成犯罪的,依法追究刑事责任:

(一)不按照编制限额、职数或者任职资格条件进行公务员录用、调任、转任、聘任和晋升的;

(二)不按照规定条件进行公务员奖惩、回避和办理退休的;

(三)不按照规定程序进行公务员录用、调任、转任、聘任、晋升以及考核、奖惩的;

(四)违反国家规定,更改公务员工资、福利、保险待遇标准的;

(五)在录用、公开遴选等工作中发生泄露试题、违反考场纪律以及其他严重影响公开、公正

行为的;

(六)不按照规定受理和处理公务员申诉、控告的;

(七)违反本法规定的其他情形的。

第一百零七条 公务员辞去公职或者退休的,原系领导成员、县处级以上领导职务的公务员在离职三年内,其他公务员在离职两年内,不得到与原工作业务直接相关的企业或者其他营利性组织任职,不得从事与原工作业务直接相关的营利性活动。

公务员辞去公职或者退休后有违反前款规定行为的,由其原所在机关的同级公务员主管部门责令限期改正;逾期不改正的,由县级以上市场监管部门没收该人员从业期间的违法所得,责令接收单位将该人员予以清退,并根据情节轻重,对接收单位处以被处罚人员违法所得一倍以上五倍以下的罚款。

第一百零八条 公务员主管部门的工作人员,违反本法规定,滥用职权、玩忽职守、徇私舞弊,构成犯罪的,依法追究刑事责任;尚不构成犯罪的,给予处分或者由监察机关依法给予政务处分。

第一百零九条 在公务员录用、聘任等工作中,有隐瞒真实信息、弄虚作假、考试作弊、扰乱考试秩序等行为的,由公务员主管部门根据情节作出考试成绩无效、取消资格、限制报考等处理;情节严重的,依法追究法律责任。

第一百一十条 机关因错误的人事处理对公务员造成名誉损害的,应当赔礼道歉、恢复名誉、消除影响;造成经济损失的,应当依法给予赔偿。

第十八章 附 则

第一百一十一条 本法所称领导成员,是指机关的领导人员,不包括机关内设机构担任领导职务的人员。

第一百一十二条 法律、法规授权的具有公共事务管理职能的事业单位中除工勤人员以外的工作人员,经批准参照本法进行管理。

第一百一十三条 本法自2019年6月1日起施行。

公职人员政务处分暂行规定

2018年4月16日中共中央纪委、国家监察委员会发布

第一条 为了规范监察机关的政务处分工作,促进所有行使公权力的公职人员(以下简称公职人员)依法履职、秉公用权,廉洁从政从业、坚持道德操守,根据《中华人民共和国监察法》,制定本规定。

第二条 公职人员有违法违规行为应当承担法律责任的,在国家有关公职人员政务处分的

法律出台前,监察机关可以根据被调查的公职人员的具体身份,依照相关法律、法规、国务院决定和规章对违法行为及其适用处分的规定,给予政务处分。

第三条 监察机关实施政务处分的依据,主要包括《中华人民共和国监察法》《中华人民共和国公务员法》《中华人民共和国法官法》《中华人民共和国检察官法》《中华人民共和国企业国有资产法》《行政机关公务员处分条例》《事业单位人事管理条例》《事业单位工作人员处分暂行规定》《国有企业领导人员廉洁从业若干规定》以及《农村基层干部廉洁履行职责若干规定(试行)》等。

第四条 公职人员依法履行职务的行为受法律保护,非因法定事由,非经法定程序,不受政务处分。

第五条 给予公职人员政务处分,应当坚持法律面前一律平等,实事求是、公平公正,做到事实清楚、证据确凿、定性准确、处理恰当、程序合法、手续完备;坚持民主集中制,集体讨论决定;坚持惩前毖后、治病救人方针,与违法行为的性质、情节、危害程度相适应。

第六条 监察机关对违法的公职人员可以依法作出警告、记过、记大过、降级、撤职、开除等政务处分决定。

公职人员政务处分的期间、政务处分适用规则,可以根据被调查的公职人员的具体身份等情况,适用有关法律、法规、国务院决定和规章。

第七条 公职人员中的中共党员严重违犯党纪涉嫌犯罪的,应当由党组织先做出党纪处分决定,并由监察机关依法给予政务处分后,再依法追究其刑事责任。

非中共党员的公职人员涉嫌犯罪的,应当先由监察机关依法给予政务处分,再依法追究其刑事责任。

公职人员中的中共党员先依法受到行政处罚和刑事责任追究的,党组织、监察机关可以根据生效的行政处罚决定和司法机关的生效判决、裁定、决定及其认定的事实、性质和情节,依纪依法给予党纪、政务处分。

第八条 监察机关对公职人员中的中共党员给予政务处分,一般应当与党纪处分的轻重程度相匹配。其中,受到撤销党内职务、留党察看处分的,如果担任公职,应当依法给予其撤职等政务处分。严重违犯党纪、严重触犯刑律的公职人员必须依法开除公职。

第九条 对基层群众性自治组织、国有企业等单位中从事管理的人员,或者未列入国家机关人员编制的受国家机关依法委托管理公共事务的组织中从事公务的人员、其他依法履行公职的人员,监察机关可以依法采取下列处理措施:

(一)依据《中华人民共和国监察法》采取谈话提醒、批评教育、责令检查、诫勉;

(二)依据本规定第三条有关法规采取警示谈话、通报批评、停职检查、责令辞职。

对前款人员,监察机关可以依法向有关机关、单位提出下列监察建议:

(一)取消当选资格或者担任相应职务资格;

(二)调离岗位、降职、免职、罢免。

上述处理措施可以单独使用,也可以合并使用。

第十条 公职人员受到开除以外的政务处分,在受处分期间有悔改表现,并且没有再发生违法行为的,处分期满后自动解除。

事业单位工作人员在受处分期间有重大立功表现,按照有关规定给予个人记功以上奖励的,经作出处分决定的监察机关批准后,可以提前解除处分。

处分解除后,受处分的公职人员不再受原处分影响。受到降级或者撤职处分的,处分解除不视为恢复原级别、原职务。

第十一条 对公职人员给予政务处分,由监察机关按照管理权限依法作出决定。有下列情形的,应当履行有关手续:

(一)对经各级人民代表大会及其常务委员会选举或者决定任命的公职人员给予撤职、开除处分的,应当先由人民代表大会及其常务委员会依法罢免、撤销或者免去其职务,再由监察机关依法作出处分决定。

(二)对经中国人民政治协商会议各级委员会全体会议及其常务委员会选举或者决定任命的公职人员给予撤职、开除处分的,应当先由政协全体会议及其常务委员会免去其职务后,再由监察机关依法作出处分决定。

(三)对各级人大代表、政协委员给予政务处分,应当向其所在的人大常委会或者政协常委会通报。

(四)对基层群众性自治组织中从事管理的人员给予责令辞职等处理的,由县级监察机关向其所在的基层群众性自治组织及上级管理单位(机构)提出建议。

第十二条 公职人员有违法行为,已经被立案调查,不宜继续履行职责的,监察机关可以决定暂停其履行职务。

被调查的公职人员在被监察机关立案调查期间,不得交流、出境、辞去公职或者办理退休手续。监察机关应当在立案决定书中写明上述要求,并告知被调查人所在单位。

第十三条 监察机关经过调查、审理,决定给予公职人员政务处分或者免予处分的,按照下列程序办理:

(一)将调查认定的事实及拟给予政务处分的依据告知被调查的公职人员,听取其陈述和申辩,并对其陈述的事实、理由和证据进行复核,记录在案。被调查的公职人员提出的事实、理由和证据成立的,应予采信。

(二)按照处分决定权限,履行审批手续后,作出对该公职人员给予处分或者免予处分的决定;

(三)印发政务处分决定;

(四)将政务处分决定送达受处分人和所在单位,并在一定范围内宣布;

(五)对于受到降级以上政务处分的,应当在一个月内办理职务、工资及其他有关待遇等相应变更手续;

(六)将政务处分决定存入受处分公职人员的档案。

政务处分决定的内容和生效日期,参照《行政机关公务员处分条例》有关规定执行。给予开除以外政务处分的,应当在处分决定中写明处分期间。

第十四条 监察机关对本级党委管理的公职人员依法作出政务处分决定后,除依照本规定

第十三条送达受处分人所在单位执行外，还应当根据受处分人的具体身份函告相应的机关或者群团组织等单位。

受处分人系民主党派和无党派人士的，同时函告本级党委统战部以及相应的民主党派机关或者相关单位。

第十五条 公职人员受到开除处分后，其本人档案按照国家有关规定转递管理。

第十六条 对公职人员不服政务处分决定的复审、复核，按照《中华人民共和国监察法》的规定办理。变更、撤销政务处分的情形和法律后果，根据受处分的公职人员的具体身份，依照或者参照《行政机关公务员处分条例》《事业单位工作人员处分暂行规定》等规定执行。

第十七条 对公职人员不履行或者不正确履行职责负有管理责任的领导人员，监察机关可以依据或者参照《中国共产党问责条例》《关于实行党政领导干部问责的暂行规定》等规定，按照管理权限对其作出通报批评、诫勉、停职检查、责令辞职等问责决定，或者向有权作出问责决定的机关提出降职、免职等问责建议。

第十八条 有违法行为应当受到政务处分的公职人员，在监察机关作出处分决定前已经退休的，不再给予处分；监察机关可以对其立案调查，依法应当给予降级、撤职、开除处分的，应当按照规定降低或者取消其享受的待遇。

有违法行为应当受到政务处分的公职人员，在监察机关作出处分决定前已经辞去公职或者死亡的，不再给予处分，但是监察机关可以立案调查，对其违法取得的财物和用于违法的财物，依照本规定第二十一条处理。

第十九条 公职人员有违法行为的，任免机关、单位可以履行主体责任，依照《中华人民共和国公务员法》等规定，对公职人员给予处分。

对公职人员的同一违法行为，监察机关已经给予政务处分的，任免机关、单位不再给予处分；任免机关、单位已经给予处分的，监察机关不再给予政务处分。

第二十条 下级监察机关根据上级监察机关的指定管辖决定，对不属于本监察机关管辖范围内的监察对象立案调查的，应当按照管理权限交有处分权的监察机关依法作出政务处分决定，或者交由其任免机关、单位给予处分。

第二十一条 公职人员违法取得的财物和用于违法的财物，除依法应当由其他机关没收、追缴或者责令退赔的，由监察机关没收、追缴或者责令退赔。违法取得的财物应当退还原所有人或者原持有人的，予以退还；属于国家财产以及不应当退还或者无法退还原所有人或者原持有人的，上缴国库。

第二十二条 本规定由中央纪律检查委员会、国家监察委员会负责解释。

第二十三条 本规定自发布之日起施行。

行政机关公务员处分条例

1．2007 年 4 月 4 日国务院第 173 次常务会议通过
2．2007 年 4 月 22 日国务院令第 495 号公布
3．自 2007 年 6 月 1 日起施行

第一章　总　　则

第一条　为了严肃行政机关纪律,规范行政机关公务员的行为,保证行政机关及其公务员依法履行职责,根据《中华人民共和国公务员法》和《中华人民共和国行政监察法》,制定本条例。

第二条　行政机关公务员违反法律、法规、规章以及行政机关的决定和命令,应当承担纪律责任的,依照本条例给予处分。

法律、其他行政法规、国务院决定对行政机关公务员处分有规定的,依照该法律、行政法规、国务院决定的规定执行;法律、其他行政法规、国务院决定对行政机关公务员应当受到处分的违法违纪行为做了规定,但是未对处分幅度做规定的,适用本条例第三章与其最相类似的条款有关处分幅度的规定。

地方性法规、部门规章、地方政府规章可以补充规定本条例第三章未作规定的应当给予处分的违法违纪行为以及相应的处分幅度。除国务院监察机关、国务院人事部门外,国务院其他部门制定处分规章,应当与国务院监察机关、国务院人事部门联合制定。

除法律、法规、规章以及国务院决定外,行政机关不得以其他形式设定行政机关公务员处分事项。

第三条　行政机关公务员依法履行职务的行为受法律保护,非因法定事由,非经法定程序,不受处分。

第四条　给予行政机关公务员处分,应当坚持公正、公平和教育与惩处相结合的原则。

给予行政机关公务员处分,应当与其违法违纪行为的性质、情节、危害程度相适应。

给予行政机关公务员处分,应当事实清楚、证据确凿、定性准确、处理恰当、程序合法、手续完备。

第五条　行政机关公务员违法违纪涉嫌犯罪的,应当移送司法机关依法追究刑事责任。

第二章　处分的种类和适用

第六条　行政机关公务员处分的种类为:

(一)警告;

(二)记过;

(三)记大过;

（四）降级；

（五）撤职；

（六）开除。

第七条 行政机关公务员受处分的期间为：

（一）警告，6 个月；

（二）记过，12 个月；

（三）记大过，18 个月；

（四）降级、撤职，24 个月。

第八条 行政机关公务员在受处分期间不得晋升职务和级别，其中，受记过、记大过、降级、撤职处分的，不得晋升工资档次；受撤职处分的，应当按照规定降低级别。

第九条 行政机关公务员受开除处分的，自处分决定生效之日起，解除其与单位的人事关系，不得再担任公务员职务。

行政机关公务员受开除以外的处分，在受处分期间有悔改表现，并且没有再发生违法违纪行为的，处分期满后，应当解除处分。解除处分后，晋升工资档次、级别和职务不再受原处分的影响。但是，解除降级、撤职处分的，不视为恢复原级别、原职务。

第十条 行政机关公务员同时有两种以上需要给予处分的行为的，应当分别确定其处分。应当给予的处分种类不同的，执行其中最重的处分；应当给予撤职以下多个相同种类处分的，执行该处分，并在一个处分期以上、多个处分期之和以下，决定处分期。

行政机关公务员在受处分期间受到新的处分的，其处分期为原处分期尚未执行的期限与新处分期限之和。

处分期最长不得超过 48 个月。

第十一条 行政机关公务员 2 人以上共同违法违纪，需要给予处分的，根据各自应当承担的纪律责任，分别给予处分。

第十二条 有下列情形之一的，应当从重处分：

（一）在 2 人以上的共同违法违纪行为中起主要作用的；

（二）隐匿、伪造、销毁证据的；

（三）串供或者阻止他人揭发检举、提供证据材料的；

（四）包庇同案人员的；

（五）法律、法规、规章规定的其他从重情节。

第十三条 有下列情形之一的，应当从轻处分：

（一）主动交代违法违纪行为的；

（二）主动采取措施，有效避免或者挽回损失的；

（三）检举他人重大违法违纪行为，情况属实的。

第十四条 行政机关公务员主动交代违法违纪行为，并主动采取措施有效避免或者挽回损失的，应当减轻处分。

行政机关公务员违纪行为情节轻微，经过批评教育后改正的，可以免予处分。

第十五条 行政机关公务员有本条例第十二条、第十三条规定情形之一的，应当在本条例第三章规定的处分幅度以内从重或者从轻给予处分。

行政机关公务员有本条例第十四条第一款规定情形的，应当在本条例第三章规定的处分幅度以外，减轻一个处分的档次给予处分。应当给予警告处分，又有减轻处分的情形的，免予处分。

第十六条 行政机关经人民法院、监察机关、行政复议机关或者上级行政机关依法认定有行政违法行为或者其他违法违纪行为，需要追究纪律责任的，对负有责任的领导人员和直接责任人员给予处分。

第十七条 违法违纪的行政机关公务员在行政机关对其作出处分决定前，已经依法被判处刑罚、罢免、免职或者已经辞去领导职务，依法应当给予处分的，由行政机关根据其违法违纪事实，给予处分。

行政机关公务员依法被判处刑罚的，给予开除处分。

第三章　违法违纪行为及其适用的处分

第十八条 有下列行为之一的，给予记大过处分；情节较重的，给予降级或者撤职处分；情节严重的，给予开除处分：

（一）散布有损国家声誉的言论，组织或者参加旨在反对国家的集会、游行、示威等活动的；

（二）组织或者参加非法组织，组织或者参加罢工的；

（三）违反国家的民族宗教政策，造成不良后果的；

（四）以暴力、威胁、贿赂、欺骗等手段，破坏选举的；

（五）在对外交往中损害国家荣誉和利益的；

（六）非法出境，或者违反规定滞留境外不归的；

（七）未经批准获取境外永久居留资格，或者取得外国国籍的；

（八）其他违反政治纪律的行为。

有前款第（六）项规定行为的，给予开除处分；有前款第（一）项、第（二）项或者第（三）项规定的行为，属于不明真相被裹挟参加，经批评教育后确有悔改表现的，可以减轻或者免予处分。

第十九条 有下列行为之一的，给予警告、记过或者记大过处分；情节较重的，给予降级或者撤职处分；情节严重的，给予开除处分：

（一）负有领导责任的公务员违反议事规则，个人或者少数人决定重大事项，或者改变集体作出的重大决定的；

（二）拒绝执行上级依法作出的决定、命令的；

（三）拒不执行机关的交流决定的；

（四）拒不执行人民法院对行政案件的判决、裁定或者监察机关、审计机关、行政复议机关作出的决定的；

（五）违反规定应当回避而不回避，影响公正执行公务，造成不良后果的；

（六）离任、辞职或者被辞退时，拒不办理公务交接手续或者拒不接受审计的；

(七)旷工或者因公外出、请假期满无正当理由逾期不归,造成不良影响的;

(八)其他违反组织纪律的行为。

第二十条 有下列行为之一的,给予记过、记大过处分;情节较重的,给予降级或者撤职处分;情节严重的,给予开除处分:

(一)不依法履行职责,致使可以避免的爆炸、火灾、传染病传播流行、严重环境污染、严重人员伤亡等重大事故或者群体性事件发生的;

(二)发生重大事故、灾害、事件或者重大刑事案件、治安案件,不按规定报告、处理的;

(三)对救灾、抢险、防汛、防疫、优抚、扶贫、移民、救济、社会保险、征地补偿等专项款物疏于管理,致使款物被贪污、挪用,或者毁损、灭失的;

(四)其他玩忽职守、贻误工作的行为。

第二十一条 有下列行为之一的,给予警告或者记过处分;情节较重的,给予记大过或者降级处分;情节严重的,给予撤职处分:

(一)在行政许可工作中违反法定权限、条件和程序设定或者实施行政许可的;

(二)违法设定或者实施行政强制措施的;

(三)违法设定或者实施行政处罚的;

(四)违反法律、法规规定进行行政委托的;

(五)对需要政府、政府部门决定的招标投标、征收征用、城市房屋拆迁、拍卖等事项违反规定办理的。

第二十二条 弄虚作假,误导、欺骗领导和公众,造成不良后果的,给予警告、记过或者记大过处分;情节较重的,给予降级或者撤职处分;情节严重的,给予开除处分。

第二十三条 有贪污、索贿、受贿、行贿、介绍贿赂、挪用公款、利用职务之便为自己或者他人谋取私利、巨额财产来源不明等违反廉政纪律行为的,给予记过或者记大过处分;情节较重的,给予降级或者撤职处分;情节严重的,给予开除处分。

第二十四条 违反财经纪律,挥霍浪费国家资财的,给予警告处分;情节较重的,给予记过或者记大过处分;情节严重的,给予降级或者撤职处分。

第二十五条 有下列行为之一的,给予记过或者记大过处分;情节较重的,给予降级或者撤职处分;情节严重的,给予开除处分:

(一)以殴打、体罚、非法拘禁等方式侵犯公民人身权利的;

(二)压制批评,打击报复,扣压、销毁举报信件,或者向被举报人透露举报情况的;

(三)违反规定向公民、法人或者其他组织摊派或者收取财物的;

(四)妨碍执行公务或者违反规定干预执行公务的;

(五)其他滥用职权,侵害公民、法人或者其他组织合法权益的行为。

第二十六条 泄露国家秘密、工作秘密,或者泄露因履行职责掌握的商业秘密、个人隐私,造成不良后果的,给予警告、记过或者记大过处分;情节较重的,给予降级或者撤职处分;情节严重的,给予开除处分。

第二十七条 从事或者参与营利性活动,在企业或者其他营利性组织中兼任职务的,给予记过或者记大过处分;情节较重的,给予降级或者撤职处分;情节严重的,给予开除处分。

第二十八条 严重违反公务员职业道德,工作作风懈怠、工作态度恶劣,造成不良影响的,给予警告、记过或者记大过处分。

第二十九条 有下列行为之一的,给予警告、记过或者记大过处分;情节较重的,给予降级或者撤职处分;情节严重的,给予开除处分:

(一)拒不承担赡养、抚养、扶养义务的;

(二)虐待、遗弃家庭成员的;

(三)包养情人的;

(四)严重违反社会公德的行为。

有前款第(三)项行为的,给予撤职或者开除处分。

第三十条 参与迷信活动,造成不良影响的,给予警告、记过或者记大过处分;组织迷信活动的,给予降级或者撤职处分,情节严重的,给予开除处分。

第三十一条 吸食、注射毒品或者组织、支持、参与卖淫、嫖娼、色情淫乱活动的,给予撤职或者开除处分。

第三十二条 参与赌博的,给予警告或者记过处分;情节较重的,给予记大过或者降级处分;情节严重的,给予撤职或者开除处分。

为赌博活动提供场所或者其他便利条件的,给予警告、记过或者记大过处分;情节严重的,给予撤职或者开除处分。

在工作时间赌博的,给予记过、记大过或者降级处分;屡教不改的,给予撤职或者开除处分。

挪用公款赌博的,给予撤职或者开除处分。

利用赌博索贿、受贿或者行贿的,依照本条例第二十三条的规定给予处分。

第三十三条 违反规定超计划生育的,给予降级或者撤职处分;情节严重的,给予开除处分。

第四章 处分的权限

第三十四条 对行政机关公务员给予处分,由任免机关或者监察机关(以下统称处分决定机关)按照管理权限决定。

第三十五条 对经全国人民代表大会及其常务委员会决定任命的国务院组成人员给予处分,由国务院决定。其中,拟给予撤职、开除处分的,由国务院向全国人民代表大会提出罢免建议,或者向全国人民代表大会常务委员会提出免职建议。罢免或者免职前,国务院可以决定暂停其履行职务。

第三十六条 对经地方各级人民代表大会及其常务委员会选举或者决定任命的地方各级人民政府领导人员给予处分,由上一级人民政府决定。

拟给予经县级以上地方人民代表大会及其常务委员会选举或者决定任命的县级以上地方人民政府领导人员撤职、开除处分的,应当先由本级人民政府向同级人民代表大会提出罢免建议。其中,拟给予县级以上地方人民政府副职领导人员撤职、开除处分的,也可以向同级人民代表大会常务委员会提出撤销职务的建议。拟给予乡镇人民政府领导人员撤职、开除处分的，应当先由本级人民政府向同级人民代表大会提出罢免建议。罢免或者撤销职务前，上级人民政府可以决定暂停其履行职务；遇有特殊紧急情况，省级以上人民政府认为必要时，也可以对其作出撤职或者开除的处分，同时报告同级人民代表大会常务委员会，并通报下级人民代表大会常务委员会。

第三十七条 对地方各级人民政府工作部门正职领导人员给予处分，由本级人民政府决定。其中，拟给予撤职、开除处分的，由本级人民政府向同级人民代表大会常务委员会提出免职建议。免去职务前，本级人民政府或者上级人民政府可以决定暂停其履行职务。

第三十八条 行政机关公务员违法违纪，已经被立案调查，不宜继续履行职责的，任免机关可以决定暂停其履行职务。

被调查的公务员在违法违纪案件立案调查期间，不得交流、出境、辞去公职或者办理退休手续。

第五章 处分的程序

第三十九条 任免机关对涉嫌违法违纪的行政机关公务员的调查、处理，按照下列程序办理：

（一）经任免机关负责人同意，由任免机关有关部门对需要调查处理的事项进行初步调查；

（二）任免机关有关部门经初步调查认为该公务员涉嫌违法违纪，需要进一步查证的，报任免机关负责人批准后立案；

（三）任免机关有关部门负责对该公务员违法违纪事实做进一步调查，包括收集、查证有关证据材料，听取被调查的公务员所在单位的领导成员、有关工作人员以及所在单位监察机构的意见，向其他有关单位和人员了解情况，并形成书面调查材料，向任免机关负责人报告；

（四）任免机关有关部门将调查认定的事实及拟给予处分的依据告知被调查的公务员本人，听取其陈述和申辩，并对其所提出的事实、理由和证据进行复核，记录在案。被调查的公务员提出的事实、理由和证据成立的，应予采信；

（五）经任免机关领导成员集体讨论，作出对该公务员给予处分、免予处分或者撤销案件的决定；

（六）任免机关应当将处分决定以书面形式通知受处分的公务员本人，并在一定范围内宣布；

（七）任免机关有关部门应当将处分决定归入受处分的公务员本人档案，同时汇集有关材料形成该处分案件的工作档案。

受处分的行政机关公务员处分期满解除处分的程序，参照前款第（五）项、第（六）项和第（七）项的规定办理。

任免机关应当按照管理权限，及时将处分决定或者解除处分决定报公务员主管部门备案。

第四十条 监察机关对违法违纪的行政机关公务员的调查、处理，依照《中华人民共和国行政监察法》规定的程序办理。

第四十一条 对行政机关公务员违法违纪案件进行调查，应当由2名以上办案人员进行；接受调查的单位和个人应当如实提供情况。

严禁以暴力、威胁、引诱、欺骗等非法方式收集证据；非法收集的证据不得作为定案的依据。

第四十二条 参与行政机关公务员违法违纪案件调查、处理的人员有下列情形之一的，应当提出回避申请；被调查的公务员以及与案件有利害关系的公民、法人或者其他组织有权要求其回避：

（一）与被调查的公务员是近亲属关系的；

（二）与被调查的案件有利害关系的；

（三）与被调查的公务员有其他关系，可能影响案件公正处理的。

第四十三条 处分决定机关负责人的回避，由处分决定机关的上一级行政机关负责人决定；其他违法违纪案件调查、处理人员的回避，由处分决定机关负责人决定。

处分决定机关或者处分决定机关的上一级行政机关，发现违法违纪案件调查、处理人员有应当回避的情形，可以直接决定该人员回避。

第四十四条 给予行政机关公务员处分，应当自批准立案之日起6个月内作出决定；案情复杂或者遇有其他特殊情形的，办案期限可以延长，但是最长不得超过12个月。

第四十五条 处分决定应当包括下列内容：

（一）被处分人员的姓名、职务、级别、工作单位等基本情况；

（二）经查证的违法违纪事实；

（三）处分的种类和依据；

（四）不服处分决定的申诉途径和期限；

（五）处分决定机关的名称、印章和作出决定的日期。

解除处分决定除包括前款第（一）项、第（二）项和第（五）项规定的内容外，还应当包括原处分的种类和解除处分的依据，以及受处分的行政机关公务员在受处分期间的表现情况。

第四十六条 处分决定、解除处分决定自作出之日起生效。

第四十七条 行政机关公务员受到开除处分后，有新工作单位的，其本人档案转由新工作单位管理；没有新工作单位的，其本人档案转由其户籍所在地人事部门所属的人才服务机构管理。

第六章 不服处分的申诉

第四十八条 受到处分的行政机关公务员对处分决定不服的，依照《中华人民共和国公务员法》和《中华人民共和国行政监察法》的有关规定，可以申请复核或者申诉。

复核、申诉期间不停止处分的执行。

行政机关公务员不因提出复核、申诉而被加重处分。

第四十九条 有下列情形之一的，受理公务员复核、申诉的机关应当撤销处分决定，重新作出决定或者责令原处分决定机关重新作出决定：

（一）处分所依据的违法违纪事实证据不足的；

（二）违反法定程序，影响案件公正处理的；

（三）作出处分决定超越职权或者滥用职权的。

第五十条 有下列情形之一的，受理公务员复核、申诉的机关应当变更处分决定，或者责令原处分决定机关变更处分决定：

（一）适用法律、法规、规章或者国务院决定错误的；

（二）对违法违纪行为的情节认定有误的；

（三）处分不当的。

第五十一条 行政机关公务员的处分决定被变更，需要调整该公务员的职务、级别或者工资档次的，应当按照规定予以调整；行政机关公务员的处分决定被撤销的，应当恢复该公务员的级别、工资档次，按照原职务安排相应的职务，并在适当范围内为其恢复名誉。

被撤销处分或者被减轻处分的行政机关公务员工资福利受到损失的，应当予以补偿。

第七章 附 则

第五十二条 有违法违纪行为应当受到处分的行政机关公务员，在处分决定机关作出处分决定前已经退休的，不再给予处分；但是，依法应当给予降级、撤职、开除处分的，应当按照规定相应降低或者取消其享受的待遇。

第五十三条 行政机关公务员违法违纪取得的财物和用于违法违纪的财物，除依法应当由其他机关没收、追缴或者责令退赔的，由处分决定机关没收、追缴或者责令退赔。违法违纪取得的财物应当退还原所有人或者原持有人的，退还原所有人或者原持有人；属于国家财产以及不应当退还或者无法退还原所有人或者原持有人的，上缴国库。

第五十四条 对法律、法规授权的具有公共事务管理职能的事业单位中经批准参照《中华人民共和国公务员法》管理的工作人员给予处分，参照本条例的有关规定办理。

第五十五条 本条例自2007年6月1日起施行。1988年9月13日国务院发布的《国家行政机关工作人员贪污贿赂行政处分暂行规定》同时废止。

中华人民共和国刑法(节录)

1. 1979年7月1日第五届全国人民代表大会第二次会议通过
2. 1997年3月14日第八届全国人民代表大会第五次会议修订
3. 根据1998年12月29日第九届全国人民代表大会常务委员会第六次会议通过的《关于惩治骗购外汇、逃汇和非法买卖外汇犯罪的决定》、1999年12月25日第九届全国人民代表大会常务委员会第十三次会议通过的《中华人民共和国刑法修正案》、2001年8月31日第九届全国人民代表大会常务委员会第二十三次会议通过的《中华人民共和国刑法修正案(二)》、2001年12月29日第九届全国人民代表大会常务委员会第二十五次会议通过的《中华人民共和国刑法修正案(三)》、2002年12月28日第九届全国人民代表大会常务委员会第三十一次会议通过的《中华人民共和国刑法修正案(四)》、2005年2月28日第十届全国人民代表大会常务委员会第十四次会议通过的《中华人民共和国刑法修正案(五)》、2006年6月29日第十届全国人民代表大会常务委员会第二十二次会议通过的《中华人民共和国刑法修正案(六)》、2009年2月28日第十一届全国人民代表大会常务委员会第七次会议通过的《中华人民共和国刑法修正案(七)》、2009年8月27日第十一届全国人民代表大会常务委员会第十次会议通过的《关于修改部分法律的决定》、2011年2月25日第十一届全国人民代表大会常务委员会第十九次会议通过的《中华人民共和国刑法修正案(八)》、2015年8月29日第十二届全国人民代表大会常务委员会第十六次会议通过的《中华人民共和国刑法修正案(九)》、2017年11月4日第十二届全国人民代表大会常务委员会第三十次会议通过的《中华人民共和国刑法修正案(十)》修正

第八章　贪污贿赂罪

第三百八十二条　国家工作人员利用职务上的便利,侵吞、窃取、骗取或者以其他手段非法占有公共财物的,是贪污罪。

受国家机关、国有公司、企业、事业单位、人民团体委托管理、经营国有财产的人员,利用职务上的便利,侵吞、窃取、骗取或者以其他手段非法占有国有财物的,以贪污论。

与前两款所列人员勾结,伙同贪污的,以共犯论处。

第三百八十三条　对犯贪污罪的,根据情节轻重,分别依照下列规定处罚:

(一)贪污数额较大或者有其他较重情节的,处三年以下有期徒刑或者拘役,并处罚金。

(二)贪污数额巨大或者有其他严重情节的,处三年以上十年以下有期徒刑,并处罚金或者没收财产。

(三)贪污数额特别巨大或者有其他特别严重情节的,处十年以上有期徒刑或者无期徒刑,并处罚金或者没收财产;数额特别巨大,并使国家和人民利益遭受特别重大损失的,处无期徒刑

或者死刑,并处没收财产。

对多次贪污未经处理的,按照累计贪污数额处罚。

犯第一款罪,在提起公诉前如实供述自己罪行、真诚悔罪、积极退赃,避免、减少损害结果的发生,有第一项规定情形的,可以从轻、减轻或者免除处罚;有第二项、第三项规定情形的,可以从轻处罚。

犯第一款罪,有第三项规定情形被判处死刑缓期执行的,人民法院根据犯罪情节等情况可以同时决定在其死刑缓期执行二年期满依法减为无期徒刑后,终身监禁,不得减刑、假释。

第三百八十四条 国家工作人员利用职务上的便利,挪用公款归个人使用,进行非法活动的,或者挪用公款数额较大、进行营利活动的,或者挪用公款数额较大、超过三个月未还的,是挪用公款罪,处五年以下有期徒刑或者拘役;情节严重的,处五年以上有期徒刑。挪用公款数额巨大不退还的,处十年以上有期徒刑或者无期徒刑。

挪用用于救灾、抢险、防汛、优抚、扶贫、移民、救济款物归个人使用的,从重处罚。

第三百八十五条 国家工作人员利用职务上的便利,索取他人财物的,或者非法收受他人财物,为他人谋取利益的,是受贿罪。

国家工作人员在经济往来中,违反国家规定,收受各种名义的回扣、手续费,归个人所有的,以受贿论处。

第三百八十六条 对犯受贿罪的,根据受贿所得数额及情节,依照本法第三百八十三条的规定处罚。索贿的从重处罚。

第三百八十七条 国家机关、国有公司、企业、事业单位、人民团体,索取、非法收受他人财物,为他人谋取利益,情节严重的,对单位判处罚金,并对其直接负责的主管人员和其他直接责任人员,处五年以下有期徒刑或者拘役。

前款所列单位,在经济往来中,在帐外暗中收受各种名义的回扣、手续费的,以受贿论,依照前款的规定处罚。

第三百八十八条 国家工作人员利用本人职权或者地位形成的便利条件,通过其他国家工作人员职务上的行为,为请托人谋取不正当利益,索取请托人财物或者收受请托人财物的,以受贿论处。

第三百八十八条之一 国家工作人员的近亲属或者其他与该国家工作人员关系密切的人,通过该国家工作人员职务上的行为,或者利用该国家工作人员职权或者地位形成的便利条件,通过其他国家工作人员职务上的行为,为请托人谋取不正当利益,索取请托人财物或者收受请托人财物,数额较大或者有其他较重情节的,处三年以下有期徒刑或者拘役,并处罚金;数额巨大或者有其他严重情节的,处三年以上七年以下有期徒刑,并处罚金;数额特别巨大或者有其他特别严重情节的,处七年以上有期徒刑,并处罚金或者没收财产。

离职的国家工作人员或者其近亲属以及其他与其关系密切的人,利用该离职的国家工作人员原职权或者地位形成的便利条件实施前款行为的,依照前款的规定定罪处罚。

第三百八十九条 为谋取不正当利益,给予国家工作人员以财物的,是行贿罪。

在经济往来中,违反国家规定,给予国家工作人员以财物,数额较大的,或者违反国家规定,给予国家工作人员以各种名义的回扣、手续费的，以行贿论处。

因被勒索给予国家工作人员以财物，没有获得不正当利益的，不是行贿。

第三百九十条 对犯行贿罪的，处五年以下有期徒刑或者拘役，并处罚金；因行贿谋取不正当利益，情节严重的，或者使国家利益遭受重大损失的，处五年以上十年以下有期徒刑，并处罚金；情节特别严重的，或者使国家利益遭受特别重大损失的，处十年以上有期徒刑或者无期徒刑，并处罚金或者没收财产。

行贿人在被追诉前主动交待行贿行为的，可以从轻或者减轻处罚。其中，犯罪较轻的，对侦破重大案件起关键作用的，或者有重大立功表现的，可以减轻或者免除处罚。

第三百九十条之一 为谋取不正当利益，向国家工作人员的近亲属或者其他与该国家工作人员关系密切的人，或者向离职的国家工作人员或者其近亲属以及其他与其关系密切的人行贿的，处三年以下有期徒刑或者拘役，并处罚金；情节严重的，或者使国家利益遭受重大损失的，处三年以上七年以下有期徒刑，并处罚金；情节特别严重的，或者使国家利益遭受特别重大损失的，处七年以上十年以下有期徒刑，并处罚金。

单位犯前款罪的，对单位判处罚金，并对其直接负责的主管人员和其他直接责任人员，处三年以下有期徒刑或者拘役，并处罚金。

第三百九十一条 为谋取不正当利益，给予国家机关、国有公司、企业、事业单位、人民团体以财物的，或者在经济往来中，违反国家规定，给予各种名义的回扣、手续费的，处三年以下有期徒刑或者拘役，并处罚金。

单位犯前款罪的，对单位判处罚金，并对其直接负责的主管人员和其他直接责任人员，依照前款的规定处罚。

第三百九十二条 向国家工作人员介绍贿赂，情节严重的，处三年以下有期徒刑或者拘役，并处罚金。

介绍贿赂人在被追诉前主动交待介绍贿赂行为的，可以减轻处罚或者免除处罚。

第三百九十三条 单位为谋取不正当利益而行贿，或者违反国家规定，给予国家工作人员以回扣、手续费，情节严重的，对单位判处罚金，并对其直接负责的主管人员和其他直接责任人员，处五年以下有期徒刑或者拘役，并处罚金。因行贿取得的违法所得归个人所有的，依照本法第三百八十九条、第三百九十条的规定定罪处罚。

第三百九十四条 国家工作人员在国内公务活动或者对外交往中接受礼物，依照国家规定应当交公而不交公，数额较大的，依照本法第三百八十二条、第三百八十三条的规定定罪处罚。

第三百九十五条 国家工作人员的财产、支出明显超过合法收入，差额巨大的，可以责令该国家工作人员说明来源，不能说明来源的，差额部分以非法所得论，处五年以下有期徒刑或者拘役；差额特别巨大的，处五年以上十年以下有期徒刑。财产的差额部分予以追缴。

国家工作人员在境外的存款，应当依照国家规定申报。数额较大、隐瞒不报的，处二年以下有期徒刑或者拘役；情节较轻的，由其所在单位或者上级主管机关酌情给予行政处分。

第三百九十六条 国家机关、国有公司、企业、事业单位、人民团体，违反国家规定，以单位名义将国有资产集体私分给个人，数额较大的，对其直接负责的主管人员和其他直接责任人员，处三年以下有期徒刑或者拘役,并处或者单处罚金;数额巨大的,处三年以上七年以下有期徒刑,并处罚金。

司法机关、行政执法机关违反国家规定,将应当上缴国家的罚没财物,以单位名义集体私分给个人的,依照前款的规定处罚。

第九章 渎 职 罪

第三百九十七条 国家机关工作人员滥用职权或者玩忽职守,致使公共财产、国家和人民利益遭受重大损失的,处三年以下有期徒刑或者拘役;情节特别严重的,处三年以上七年以下有期徒刑。本法另有规定的,依照规定。

国家机关工作人员徇私舞弊,犯前款罪的,处五年以下有期徒刑或者拘役;情节特别严重的,处五年以上十年以下有期徒刑。本法另有规定的,依照规定。

第三百九十八条 国家机关工作人员违反保守国家秘密法的规定,故意或者过失泄露国家秘密,情节严重的,处三年以下有期徒刑或者拘役;情节特别严重的,处三年以上七年以下有期徒刑。

非国家机关工作人员犯前款罪的,依照前款的规定酌情处罚。

第三百九十九条 司法工作人员徇私枉法、徇情枉法,对明知是无罪的人而使他受追诉、对明知是有罪的人而故意包庇不使他受追诉,或者在刑事审判活动中故意违背事实和法律作枉法裁判的,处五年以下有期徒刑或者拘役;情节严重的,处五年以上十年以下有期徒刑;情节特别严重的,处十年以上有期徒刑。

在民事、行政审判活动中故意违背事实和法律作枉法裁判,情节严重的,处五年以下有期徒刑或者拘役;情节特别严重的,处五年以上十年以下有期徒刑。

在执行判决、裁定活动中,严重不负责任或者滥用职权,不依法采取诉讼保全措施、不履行法定执行职责,或者违法采取诉讼保全措施、强制执行措施,致使当事人或者其他人的利益遭受重大损失的,处五年以下有期徒刑或者拘役;致使当事人或者其他人的利益遭受特别重大损失的,处五年以上十年以下有期徒刑。

司法工作人员收受贿赂,有前三款行为的,同时又构成本法第三百八十五条规定之罪的,依照处罚较重的规定定罪处罚。

第三百九十九条之一 依法承担仲裁职责的人员,在仲裁活动中故意违背事实和法律作枉法裁决,情节严重的,处三年以下有期徒刑或者拘役;情节特别严重的,处三年以上七年以下有期徒刑。

第四百条 司法工作人员私放在押的犯罪嫌疑人、被告人或者罪犯的,处五年以下有期徒刑或者拘役;情节严重的,处五年以上十年以下有期徒刑;情节特别严重的,处十年以上有期徒刑。

司法工作人员由于严重不负责任,致使在押的犯罪嫌疑人、被告人或者罪犯脱逃,造成严重后果的,处三年以下有期徒刑或者拘役;造成特别严重后果的,处三年以上十年以下有期徒刑。

第四百零一条 司法工作人员徇私舞弊,对不符合减刑、假释、暂予监外执行条件的罪犯,予以减刑、假释或者暂予监外执行的，处三年以下有期徒刑或者拘役；情节严重的，处三年以上七年以下有期徒刑。

第四百零二条 行政执法人员徇私舞弊，对依法应当移交司法机关追究刑事责任的不移交，情节严重的，处三年以下有期徒刑或者拘役；造成严重后果的，处三年以上七年以下有期徒刑。

第四百零三条 国家有关主管部门的国家机关工作人员，徇私舞弊，滥用职权，对不符合法律规定条件的公司设立、登记申请或者股票、债券发行、上市申请，予以批准或者登记，致使公共财产、国家和人民利益遭受重大损失的，处五年以下有期徒刑或者拘役。

上级部门强令登记机关及其工作人员实施前款行为的，对其直接负责的主管人员，依照前款的规定处罚。

第四百零四条 税务机关的工作人员徇私舞弊，不征或者少征应征税款，致使国家税收遭受重大损失的，处五年以下有期徒刑或者拘役；造成特别重大损失的，处五年以上有期徒刑。

第四百零五条 税务机关的工作人员违反法律、行政法规的规定，在办理发售发票、抵扣税款、出口退税工作中，徇私舞弊，致使国家利益遭受重大损失的，处五年以下有期徒刑或者拘役；致使国家利益遭受特别重大损失的，处五年以上有期徒刑。

其他国家机关工作人员违反国家规定，在提供出口货物报关单、出口收汇核销单等出口退税凭证的工作中，徇私舞弊，致使国家利益遭受重大损失的，依照前款的规定处罚。

第四百零六条 国家机关工作人员在签订、履行合同过程中，因严重不负责任被诈骗，致使国家利益遭受重大损失的，处三年以下有期徒刑或者拘役；致使国家利益遭受特别重大损失的，处三年以上七年以下有期徒刑。

第四百零七条 林业主管部门的工作人员违反森林法的规定，超过批准的年采伐限额发放林木采伐许可证或者违反规定滥发林木采伐许可证，情节严重，致使森林遭受严重破坏的，处三年以下有期徒刑或者拘役。

第四百零八条 负有环境保护监督管理职责的国家机关工作人员严重不负责任，导致发生重大环境污染事故，致使公私财产遭受重大损失或者造成人身伤亡的严重后果的，处三年以下有期徒刑或者拘役。

第四百零八条之一 负有食品安全监督管理职责的国家机关工作人员，滥用职权或者玩忽职守，导致发生重大食品安全事故或者造成其他严重后果的，处五年以下有期徒刑或者拘役；造成特别严重后果的，处五年以上十年以下有期徒刑。

徇私舞弊犯前款罪的，从重处罚。

第四百零九条 从事传染病防治的政府卫生行政部门的工作人员严重不负责任，导致传染病传播或者流行，情节严重的，处三年以下有期徒刑或者拘役。

第四百一十条 国家机关工作人员徇私舞弊，违反土地管理法规，滥用职权，非法批准征收、征用、占用土地，或者非法低价出让国有土地使用权，情节严重的，处三年以下有期徒刑或者拘役；致使国家或者集体利益遭受特别重大损失的，处三年以上七年以下有期徒刑。

第四百一十一条 海关工作人员徇私舞弊，放纵走私，情节严重的，处五年以下有期徒刑或者拘役;情节特别严重的,处五年以上有期徒刑。

第四百一十二条 国家商检部门、商检机构的工作人员徇私舞弊,伪造检验结果的,处五年以下有期徒刑或者拘役;造成严重后果的,处五年以上十年以下有期徒刑。

前款所列人员严重不负责任,对应当检验的物品不检验,或者延误检验出证、错误出证,致使国家利益遭受重大损失的,处三年以下有期徒刑或者拘役。

第四百一十三条 动植物检疫机关的检疫人员徇私舞弊,伪造检疫结果的,处五年以下有期徒刑或者拘役;造成严重后果的,处五年以上十年以下有期徒刑。

前款所列人员严重不负责任,对应当检疫的检疫物不检疫,或者延误检疫出证、错误出证,致使国家利益遭受重大损失的,处三年以下有期徒刑或者拘役。

第四百一十四条 对生产、销售伪劣商品犯罪行为负有追究责任的国家机关工作人员,徇私舞弊,不履行法律规定的追究职责,情节严重的,处五年以下有期徒刑或者拘役。

第四百一十五条 负责办理护照、签证以及其他出入境证件的国家机关工作人员,对明知是企图偷越国(边)境的人员,予以办理出入境证件的,或者边防、海关等国家机关工作人员,对明知是偷越国(边)境的人员,予以放行的,处三年以下有期徒刑或者拘役;情节严重的,处三年以上七年以下有期徒刑。

第四百一十六条 对被拐卖、绑架的妇女、儿童负有解救职责的国家机关工作人员,接到被拐卖、绑架的妇女、儿童及其家属的解救要求或者接到其他人的举报,而对被拐卖、绑架的妇女、儿童不进行解救,造成严重后果的,处五年以下有期徒刑或者拘役。

负有解救职责的国家机关工作人员利用职务阻碍解救的,处二年以上七年以下有期徒刑;情节较轻的,处二年以下有期徒刑或者拘役。

第四百一十七条 有查禁犯罪活动职责的国家机关工作人员,向犯罪分子通风报信、提供便利,帮助犯罪分子逃避处罚的,处三年以下有期徒刑或者拘役;情节严重的,处三年以上十年以下有期徒刑。

第四百一十八条 国家机关工作人员在招收公务员、学生工作中徇私舞弊,情节严重的,处三年以下有期徒刑或者拘役。

第四百一十九条 国家机关工作人员严重不负责任,造成珍贵文物损毁或者流失,后果严重的,处三年以下有期徒刑或者拘役。

中华人民共和国刑事诉讼法

1．1979 年 7 月 1 日第五届全国人民代表大会第二次会议通过
2．根据 1996 年 3 月 17 日第八届全国人民代表大会第四次会议《关于修改〈中华人民共和国刑事诉讼法〉的决定》第一次修正
3．根据 2012 年 3 月 14 日第十一届全国人民代表大会第五次会议《关于修改〈中华人民共和国刑事诉讼法〉的决定》第二次修正
4．根据 2018 年 10 月 26 日第十三届全国人民代表大会常务委员会第六次会议《关于修改〈中华人民共和国刑事诉讼法〉的决定》第三次修正

目　　录

第一编 总 则

第一章 任务和基本原则

第一条 为了保证刑法的正确实施，惩罚犯罪，保护人民，保障国家安全和社会公共安全，维护社会主义社会秩序，根据宪法，制定本法。

第二条 中华人民共和国刑事诉讼法的任务，是保证准确、及时地查明犯罪事实，正确应用法律，惩罚犯罪分子，保障无罪的人不受刑事追究，教育公民自觉遵守法律，积极同犯罪行为作斗争，维护社会主义法制，尊重和保障人权，保护公民的人身权利、财产权利、民主权利和其他权利，保障社会主义建设事业的顺利进行。

第三条 对刑事案件的侦查、拘留、执行逮捕、预审，由公安机关负责。检察、批准逮捕、检察机关直接受理的案件的侦查、提起公诉，由人民检察院负责。审判由人民法院负责。除法律特别规定的以外，其他任何机关、团体和个人都无权行使这些权力。

人民法院、人民检察院和公安机关进行刑事诉讼，必须严格遵守本法和其他法律的有关规定。

第四条 国家安全机关依照法律规定，办理危害国家安全的刑事案件，行使与公安机关相同的职权。

第五条 人民法院依照法律规定独立行使审判权，人民检察院依照法律规定独立行使检察权，不受行政机关、社会团体和个人的干涉。

第六条 人民法院、人民检察院和公安机关进行刑事诉讼，必须依靠群众，必须以事实为根据，以法律为准绳。对于一切公民，在适用法律上一律平等，在法律面前，不允许有任何特权。

第七条 人民法院、人民检察院和公安机关进行刑事诉讼，应当分工负责，互相配合，互相制约，以保证准确有效地执行法律。

第八条 人民检察院依法对刑事诉讼实行法律监督。

第九条 各民族公民都有用本民族语言文字进行诉讼的权利。人民法院、人民检察院和公安机关对于不通晓当地通用的语言文字的诉讼参与人，应当为他们翻译。

在少数民族聚居或者多民族杂居的地区，应当用当地通用的语言进行审讯，用当地通用的文字发布判决书、布告和其他文件。

第十条 人民法院审判案件，实行两审终审制。

第十一条 人民法院审判案件，除本法另有规定的以外，一律公开进行。被告人有权获得辩护，人民法院有义务保证被告人获得辩护。

第十二条 未经人民法院依法判决，对任何人都不得确定有罪。

第十三条 人民法院审判案件，依照本法实行人民陪审员陪审的制度。

第十四条 人民法院、人民检察院和公安机关应当保障犯罪嫌疑人、被告人和其他诉讼参与人依法享有的辩护权和其他诉讼权利。

诉讼参与人对于审判人员、检察人员和侦查人员侵犯公民诉讼权利和人身侮辱的行为，有权提出控告。

第十五条 犯罪嫌疑人、被告人自愿如实供述自己的罪行，承认指控的犯罪事实，愿意接受处罚的，可以依法从宽处理。

第十六条 有下列情形之一的，不追究刑事责任，已经追究的，应当撤销案件，或者不起诉，或者终止审理，或者宣告无罪：

（一）情节显著轻微、危害不大，不认为是犯罪的；

（二）犯罪已过追诉时效期限的；

（三）经特赦令免除刑罚的；

（四）依照刑法告诉才处理的犯罪，没有告诉或者撤回告诉的；

（五）犯罪嫌疑人、被告人死亡的；

（六）其他法律规定免予追究刑事责任的。

第十七条 对于外国人犯罪应当追究刑事责任的，适用本法的规定。

对于享有外交特权和豁免权的外国人犯罪应当追究刑事责任的，通过外交途径解决。

第十八条 根据中华人民共和国缔结或者参加的国际条约，或者按照互惠原则，我国司法机关和外国司法机关可以相互请求刑事司法协助。

第二章　管　　辖

第十九条　刑事案件的侦查由公安机关进行,法律另有规定的除外。

人民检察院在对诉讼活动实行法律监督中发现的司法工作人员利用职权实施的非法拘禁、刑讯逼供、非法搜查等侵犯公民权利、损害司法公正的犯罪,可以由人民检察院立案侦查。对于公安机关管辖的国家机关工作人员利用职权实施的重大犯罪案件,需要由人民检察院直接受理的时候,经省级以上人民检察院决定,可以由人民检察院立案侦查。

自诉案件,由人民法院直接受理。

第二十条　基层人民法院管辖第一审普通刑事案件,但是依照本法由上级人民法院管辖的除外。

第二十一条　中级人民法院管辖下列第一审刑事案件:

(一)危害国家安全、恐怖活动案件;

(二)可能判处无期徒刑、死刑的案件。

第二十二条　高级人民法院管辖的第一审刑事案件,是全省(自治区、直辖市)性的重大刑事案件。

第二十三条　最高人民法院管辖的第一审刑事案件,是全国性的重大刑事案件。

第二十四条　上级人民法院在必要的时候,可以审判下级人民法院管辖的第一审刑事案件;下级人民法院认为案情重大、复杂需要由上级人民法院审判的第一审刑事案件,可以请求移送上一级人民法院审判。

第二十五条　刑事案件由犯罪地的人民法院管辖。如果由被告人居住地的人民法院审判更为适宜的,可以由被告人居住地的人民法院管辖。

第二十六条　几个同级人民法院都有权管辖的案件,由最初受理的人民法院审判。在必要的时候,可以移送主要犯罪地的人民法院审判。

第二十七条　上级人民法院可以指定下级人民法院审判管辖不明的案件,也可以指定下级人民法院将案件移送其他人民法院审判。

第二十八条　专门人民法院案件的管辖另行规定。

第三章　回　　避

第二十九条　审判人员、检察人员、侦查人员有下列情形之一的,应当自行回避,当事人及其法定代理人也有权要求他们回避:

(一)是本案的当事人或者是当事人的近亲属的;

(二)本人或者他的近亲属和本案有利害关系的;

(三)担任过本案的证人、鉴定人、辩护人、诉讼代理人的;

(四)与本案当事人有其他关系,可能影响公正处理案件的。

第三十条　审判人员、检察人员、侦查人员不得接受当事人及其委托的人的请客送礼,不得违反规定会见当事人及其委托的人。

审判人员、检察人员、侦查人员违反前款规定的，应当依法追究法律责任。当事人及其法定代理人有权要求他们回避。

第三十一条 审判人员、检察人员、侦查人员的回避，应当分别由院长、检察长、公安机关负责人决定；院长的回避，由本院审判委员会决定；检察长和公安机关负责人的回避，由同级人民检察院检察委员会决定。

对侦查人员的回避作出决定前，侦查人员不能停止对案件的侦查。

对驳回申请回避的决定，当事人及其法定代理人可以申请复议一次。

第三十二条 本章关于回避的规定适用于书记员、翻译人员和鉴定人。

辩护人、诉讼代理人可以依照本章的规定要求回避、申请复议。

第四章 辩护与代理

第三十三条 犯罪嫌疑人、被告人除自己行使辩护权以外，还可以委托一至二人作为辩护人。下列的人可以被委托为辩护人：

（一）律师；

（二）人民团体或者犯罪嫌疑人、被告人所在单位推荐的人；

（三）犯罪嫌疑人、被告人的监护人、亲友。

正在被执行刑罚或者依法被剥夺、限制人身自由的人，不得担任辩护人。

被开除公职和被吊销律师、公证员执业证书的人，不得担任辩护人，但系犯罪嫌疑人、被告人的监护人、近亲属的除外。

第三十四条 犯罪嫌疑人自被侦查机关第一次讯问或者采取强制措施之日起，有权委托辩护人；在侦查期间，只能委托律师作为辩护人。被告人有权随时委托辩护人。

侦查机关在第一次讯问犯罪嫌疑人或者对犯罪嫌疑人采取强制措施的时候，应当告知犯罪嫌疑人有权委托辩护人。人民检察院自收到移送审查起诉的案件材料之日起三日以内，应当告知犯罪嫌疑人有权委托辩护人。人民法院自受理案件之日起三日以内，应当告知被告人有权委托辩护人。犯罪嫌疑人、被告人在押期间要求委托辩护人的，人民法院、人民检察院和公安机关应当及时转达其要求。

犯罪嫌疑人、被告人在押的，也可以由其监护人、近亲属代为委托辩护人。

辩护人接受犯罪嫌疑人、被告人委托后，应当及时告知办理案件的机关。

第三十五条 犯罪嫌疑人、被告人因经济困难或者其他原因没有委托辩护人的，本人及其近亲属可以向法律援助机构提出申请。对符合法律援助条件的，法律援助机构应当指派律师为其提供辩护。

犯罪嫌疑人、被告人是盲、聋、哑人，或者是尚未完全丧失辨认或者控制自己行为能力的精神病人，没有委托辩护人的，人民法院、人民检察院和公安机关应当通知法律援助机构指派律师为其提供辩护。

犯罪嫌疑人、被告人可能被判处无期徒刑、死刑，没有委托辩护人的，人民法院、人民检察院和公安机关应当通知法律援助机构指派律师为其提供辩护。

第三十六条 法律援助机构可以在人民法院、看守所等场所派驻值班律师。犯罪嫌疑人、被告人没有委托辩护人,法律援助机构没有指派律师为其提供辩护的,由值班律师为犯罪嫌疑人、被告人提供法律咨询、程序选择建议、申请变更强制措施、对案件处理提出意见等法律帮助。

人民法院、人民检察院、看守所应当告知犯罪嫌疑人、被告人有权约见值班律师,并为犯罪嫌疑人、被告人约见值班律师提供便利。

第三十七条 辩护人的责任是根据事实和法律,提出犯罪嫌疑人、被告人无罪、罪轻或者减轻、免除其刑事责任的材料和意见,维护犯罪嫌疑人、被告人的诉讼权利和其他合法权益。

第三十八条 辩护律师在侦查期间可以为犯罪嫌疑人提供法律帮助;代理申诉、控告;申请变更强制措施;向侦查机关了解犯罪嫌疑人涉嫌的罪名和案件有关情况,提出意见。

第三十九条 辩护律师可以同在押的犯罪嫌疑人、被告人会见和通信。其他辩护人经人民法院、人民检察院许可,也可以同在押的犯罪嫌疑人、被告人会见和通信。

辩护律师持律师执业证书、律师事务所证明和委托书或者法律援助公函要求会见在押的犯罪嫌疑人、被告人的,看守所应当及时安排会见,至迟不得超过四十八小时。

危害国家安全犯罪、恐怖活动犯罪案件,在侦查期间辩护律师会见在押的犯罪嫌疑人,应当经侦查机关许可。上述案件,侦查机关应当事先通知看守所。

辩护律师会见在押的犯罪嫌疑人、被告人,可以了解案件有关情况,提供法律咨询等;自案件移送审查起诉之日起,可以向犯罪嫌疑人、被告人核实有关证据。辩护律师会见犯罪嫌疑人、被告人时不被监听。

辩护律师同被监视居住的犯罪嫌疑人、被告人会见、通信,适用第一款、第三款、第四款的规定。

第四十条 辩护律师自人民检察院对案件审查起诉之日起,可以查阅、摘抄、复制本案的案卷材料。其他辩护人经人民法院、人民检察院许可,也可以查阅、摘抄、复制上述材料。

第四十一条 辩护人认为在侦查、审查起诉期间公安机关、人民检察院收集的证明犯罪嫌疑人、被告人无罪或者罪轻的证据材料未提交的,有权申请人民检察院、人民法院调取。

第四十二条 辩护人收集的有关犯罪嫌疑人不在犯罪现场、未达到刑事责任年龄、属于依法不负刑事责任的精神病人的证据,应当及时告知公安机关、人民检察院。

第四十三条 辩护律师经证人或者其他有关单位和个人同意,可以向他们收集与本案有关的材料,也可以申请人民检察院、人民法院收集、调取证据,或者申请人民法院通知证人出庭作证。

辩护律师经人民检察院或者人民法院许可,并且经被害人或者其近亲属、被害人提供的证人同意,可以向他们收集与本案有关的材料。

第四十四条 辩护人或者其他任何人,不得帮助犯罪嫌疑人、被告人隐匿、毁灭、伪造证据或者串供,不得威胁、引诱证人作伪证以及进行其他干扰司法机关诉讼活动的行为。

违反前款规定的,应当依法追究法律责任,辩护人涉嫌犯罪的,应当由办理辩护人所承办案件的侦查机关以外的侦查机关办理。辩护人是律师的,应当及时通知其所在的律师事务所或者所属的律师协会。

第四十五条 在审判过程中，被告人可以拒绝辩护人继续为他辩护，也可以另行委托辩护人辩护。

第四十六条 公诉案件的被害人及其法定代理人或者近亲属，附带民事诉讼的当事人及其法定代理人，自案件移送审查起诉之日起，有权委托诉讼代理人。自诉案件的自诉人及其法定代理人，附带民事诉讼的当事人及其法定代理人，有权随时委托诉讼代理人。

人民检察院自收到移送审查起诉的案件材料之日起三日以内，应当告知被害人及其法定代理人或者其近亲属、附带民事诉讼的当事人及其法定代理人有权委托诉讼代理人。人民法院自受理自诉案件之日起三日以内，应当告知自诉人及其法定代理人、附带民事诉讼的当事人及其法定代理人有权委托诉讼代理人。

第四十七条 委托诉讼代理人，参照本法第三十三条的规定执行。

第四十八条 辩护律师对在执业活动中知悉的委托人的有关情况和信息，有权予以保密。但是，辩护律师在执业活动中知悉委托人或者其他人，准备或者正在实施危害国家安全、公共安全以及严重危害他人人身安全的犯罪的，应当及时告知司法机关。

第四十九条 辩护人、诉讼代理人认为公安机关、人民检察院、人民法院及其工作人员阻碍其依法行使诉讼权利的，有权向同级或者上一级人民检察院申诉或者控告。人民检察院对申诉或者控告应当及时进行审查，情况属实的，通知有关机关予以纠正。

第五章 证　　据

第五十条 可以用于证明案件事实的材料，都是证据。

证据包括：

（一）物证；

（二）书证；

（三）证人证言；

（四）被害人陈述；

（五）犯罪嫌疑人、被告人供述和辩解；

（六）鉴定意见；

（七）勘验、检查、辨认、侦查实验等笔录；

（八）视听资料、电子数据。

证据必须经过查证属实，才能作为定案的根据。

第五十一条 公诉案件中被告人有罪的举证责任由人民检察院承担，自诉案件中被告人有罪的举证责任由自诉人承担。

第五十二条 审判人员、检察人员、侦查人员必须依照法定程序，收集能够证实犯罪嫌疑人、被告人有罪或者无罪、犯罪情节轻重的各种证据。严禁刑讯逼供和以威胁、引诱、欺骗以及其他非法方法收集证据，不得强迫任何人证实自己有罪。必须保证一切与案件有关或者了解案情的公民，有客观地充分地提供证据的条件，除特殊情况外，可以吸收他们协助调查。

第五十三条 公安机关提请批准逮捕书、人民检察院起诉书、人民法院判决书，必须忠实于事实真象。故意隐瞒事实真象的，应当追究责任。

第五十四条 人民法院、人民检察院和公安机关有权向有关单位和个人收集、调取证据。有关单位和个人应当如实提供证据。

行政机关在行政执法和查办案件过程中收集的物证、书证、视听资料、电子数据等证据材料，在刑事诉讼中可以作为证据使用。

对涉及国家秘密、商业秘密、个人隐私的证据，应当保密。

凡是伪造证据、隐匿证据或者毁灭证据的，无论属于何方，必须受法律追究。

第五十五条 对一切案件的判处都要重证据，重调查研究，不轻信口供。只有被告人供述，没有其他证据的，不能认定被告人有罪和处以刑罚；没有被告人供述，证据确实、充分的，可以认定被告人有罪和处以刑罚。

证据确实、充分，应当符合以下条件：

（一）定罪量刑的事实都有证据证明；

（二）据以定案的证据均经法定程序查证属实；

（三）综合全案证据，对所认定事实已排除合理怀疑。

第五十六条 采用刑讯逼供等非法方法收集的犯罪嫌疑人、被告人供述和采用暴力、威胁等非法方法收集的证人证言、被害人陈述，应当予以排除。收集物证、书证不符合法定程序，可能严重影响司法公正的，应当予以补正或者作出合理解释；不能补正或者作出合理解释的，对该证据应当予以排除。

在侦查、审查起诉、审判时发现有应当排除的证据的，应当依法予以排除，不得作为起诉意见、起诉决定和判决的依据。

第五十七条 人民检察院接到报案、控告、举报或者发现侦查人员以非法方法收集证据的，应当进行调查核实。对于确有以非法方法收集证据情形的，应当提出纠正意见；构成犯罪的，依法追究刑事责任。

第五十八条 法庭审理过程中，审判人员认为可能存在本法第五十六条规定的以非法方法收集证据情形的，应当对证据收集的合法性进行法庭调查。

当事人及其辩护人、诉讼代理人有权申请人民法院对以非法方法收集的证据依法予以排除。申请排除以非法方法收集的证据的，应当提供相关线索或者材料。

第五十九条 在对证据收集的合法性进行法庭调查的过程中，人民检察院应当对证据收集的合法性加以证明。

现有证据材料不能证明证据收集的合法性的，人民检察院可以提请人民法院通知有关侦查人员或者其他人员出庭说明情况；人民法院可以通知有关侦查人员或者其他人员出庭说明情况。有关侦查人员或者其他人员也可以要求出庭说明情况。经人民法院通知，有关人员应当出庭。

第六十条 对于经过法庭审理，确认或者不能排除存在本法第五十六条规定的以非法方法收集证据情形的，对有关证据应当予以排除。

第六十一条 证人证言必须在法庭上经过公诉人、被害人和被告人、辩护人双方质证并且查实以后,才能作为定案的根据。法庭查明证人有意作伪证或者隐匿罪证的时候,应当依法处理。

第六十二条 凡是知道案件情况的人,都有作证的义务。

生理上、精神上有缺陷或者年幼,不能辨别是非、不能正确表达的人,不能作证人。

第六十三条 人民法院、人民检察院和公安机关应当保障证人及其近亲属的安全。

对证人及其近亲属进行威胁、侮辱、殴打或者打击报复,构成犯罪的,依法追究刑事责任;尚不够刑事处罚的,依法给予治安管理处罚。

第六十四条 对于危害国家安全犯罪、恐怖活动犯罪、黑社会性质的组织犯罪、毒品犯罪等案件,证人、鉴定人、被害人因在诉讼中作证,本人或者其近亲属的人身安全面临危险的,人民法院、人民检察院和公安机关应当采取以下一项或者多项保护措施:

(一)不公开真实姓名、住址和工作单位等个人信息;

(二)采取不暴露外貌、真实声音等出庭作证措施;

(三)禁止特定的人员接触证人、鉴定人、被害人及其近亲属;

(四)对人身和住宅采取专门性保护措施;

(五)其他必要的保护措施。

证人、鉴定人、被害人认为因在诉讼中作证,本人或者其近亲属的人身安全面临危险的,可以向人民法院、人民检察院、公安机关请求予以保护。

人民法院、人民检察院、公安机关依法采取保护措施,有关单位和个人应当配合。

第六十五条 证人因履行作证义务而支出的交通、住宿、就餐等费用,应当给予补助。证人作证的补助列入司法机关业务经费,由同级政府财政予以保障。

有工作单位的证人作证,所在单位不得克扣或者变相克扣其工资、奖金及其他福利待遇。

第六章 强制措施

第六十六条 人民法院、人民检察院和公安机关根据案件情况,对犯罪嫌疑人、被告人可以拘传、取保候审或者监视居住。

第六十七条 人民法院、人民检察院和公安机关对有下列情形之一的犯罪嫌疑人、被告人,可以取保候审:

(一)可能判处管制、拘役或者独立适用附加刑的;

(二)可能判处有期徒刑以上刑罚,采取取保候审不致发生社会危险性的;

(三)患有严重疾病、生活不能自理,怀孕或者正在哺乳自己婴儿的妇女,采取取保候审不致发生社会危险性的;

(四)羁押期限届满,案件尚未办结,需要采取取保候审的。

取保候审由公安机关执行。

第六十八条 人民法院、人民检察院和公安机关决定对犯罪嫌疑人、被告人取保候审,应当责令犯罪嫌疑人、被告人提出保证人或者交纳保证金。

第六十九条 保证人必须符合下列条件:

（一）与本案无牵连；

（二）有能力履行保证义务；

（三）享有政治权利，人身自由未受到限制；

（四）有固定的住处和收入。

第七十条 保证人应当履行以下义务：

（一）监督被保证人遵守本法第七十一条的规定；

（二）发现被保证人可能发生或者已经发生违反本法第七十一条规定的行为的，应当及时向执行机关报告。

被保证人有违反本法第七十一条规定的行为，保证人未履行保证义务的，对保证人处以罚款，构成犯罪的，依法追究刑事责任。

第七十一条 被取保候审的犯罪嫌疑人、被告人应当遵守以下规定：

（一）未经执行机关批准不得离开所居住的市、县；

（二）住址、工作单位和联系方式发生变动的，在二十四小时以内向执行机关报告；

（三）在传讯的时候及时到案；

（四）不得以任何形式干扰证人作证；

（五）不得毁灭、伪造证据或者串供。

人民法院、人民检察院和公安机关可以根据案件情况，责令被取保候审的犯罪嫌疑人、被告人遵守以下一项或者多项规定：

（一）不得进入特定的场所；

（二）不得与特定的人员会见或者通信；

（三）不得从事特定的活动；

（四）将护照等出入境证件、驾驶证件交执行机关保存。

被取保候审的犯罪嫌疑人、被告人违反前两款规定，已交纳保证金的，没收部分或者全部保证金，并且区别情形，责令犯罪嫌疑人、被告人具结悔过，重新交纳保证金、提出保证人，或者监视居住、予以逮捕。

对违反取保候审规定，需要予以逮捕的，可以对犯罪嫌疑人、被告人先行拘留。

第七十二条 取保候审的决定机关应当综合考虑保证诉讼活动正常进行的需要，被取保候审人的社会危险性，案件的性质、情节，可能判处刑罚的轻重，被取保候审人的经济状况等情况，确定保证金的数额。

提供保证金的人应当将保证金存入执行机关指定银行的专门账户。

第七十三条 犯罪嫌疑人、被告人在取保候审期间未违反本法第七十一条规定的，取保候审结束的时候，凭解除取保候审的通知或者有关法律文书到银行领取退还的保证金。

第七十四条 人民法院、人民检察院和公安机关对符合逮捕条件，有下列情形之一的犯罪嫌疑人、被告人，可以监视居住：

（一）患有严重疾病、生活不能自理的；

（二）怀孕或者正在哺乳自己婴儿的妇女；

（三）系生活不能自理的人的唯一扶养人；

（四）因为案件的特殊情况或者办理案件的需要，采取监视居住措施更为适宜的；

（五）羁押期限届满，案件尚未办结，需要采取监视居住措施的。

对符合取保候审条件，但犯罪嫌疑人、被告人不能提出保证人，也不交纳保证金的，可以监视居住。

监视居住由公安机关执行。

第七十五条 监视居住应当在犯罪嫌疑人、被告人的住处执行；无固定住处的，可以在指定的居所执行。对于涉嫌危害国家安全犯罪、恐怖活动犯罪，在住处执行可能有碍侦查的，经上一级公安机关批准，也可以在指定的居所执行。但是，不得在羁押场所、专门的办案场所执行。

指定居所监视居住的，除无法通知的以外，应当在执行监视居住后二十四小时以内，通知被监视居住人的家属。

被监视居住的犯罪嫌疑人、被告人委托辩护人，适用本法第三十四条的规定。

人民检察院对指定居所监视居住的决定和执行是否合法实行监督。

第七十六条 指定居所监视居住的期限应当折抵刑期。被判处管制的，监视居住一日折抵刑期一日；被判处拘役、有期徒刑的，监视居住二日折抵刑期一日。

第七十七条 被监视居住的犯罪嫌疑人、被告人应当遵守以下规定：

（一）未经执行机关批准不得离开执行监视居住的处所；

（二）未经执行机关批准不得会见他人或者通信；

（三）在传讯的时候及时到案；

（四）不得以任何形式干扰证人作证；

（五）不得毁灭、伪造证据或者串供；

（六）将护照等出入境证件、身份证件、驾驶证件交执行机关保存。

被监视居住的犯罪嫌疑人、被告人违反前款规定，情节严重的，可以予以逮捕；需要予以逮捕的，可以对犯罪嫌疑人、被告人先行拘留。

第七十八条 执行机关对被监视居住的犯罪嫌疑人、被告人，可以采取电子监控、不定期检查等监视方法对其遵守监视居住规定的情况进行监督；在侦查期间，可以对被监视居住的犯罪嫌疑人的通信进行监控。

第七十九条 人民法院、人民检察院和公安机关对犯罪嫌疑人、被告人取保候审最长不得超过十二个月，监视居住最长不得超过六个月。

在取保候审、监视居住期间，不得中断对案件的侦查、起诉和审理。对于发现不应当追究刑事责任或者取保候审、监视居住期限届满的，应当及时解除取保候审、监视居住。解除取保候审、监视居住，应当及时通知被取保候审、监视居住人和有关单位。

第八十条 逮捕犯罪嫌疑人、被告人，必须经过人民检察院批准或者人民法院决定，由公安机关执行。

第八十一条 对有证据证明有犯罪事实，可能判处徒刑以上刑罚的犯罪嫌疑人、被告人，采取取保候审尚不足以防止发生下列社会危险性的，应当予以逮捕：

（一）可能实施新的犯罪的；

（二）有危害国家安全、公共安全或者社会秩序的现实危险的；

（三）可能毁灭、伪造证据，干扰证人作证或者串供的；

（四）可能对被害人、举报人、控告人实施打击报复的；

（五）企图自杀或者逃跑的。

批准或者决定逮捕，应当将犯罪嫌疑人、被告人涉嫌犯罪的性质、情节，认罪认罚等情况，作为是否可能发生社会危险性的考虑因素。

对有证据证明有犯罪事实，可能判处十年有期徒刑以上刑罚的，或者有证据证明有犯罪事实，可能判处徒刑以上刑罚，曾经故意犯罪或者身份不明的，应当予以逮捕。

被取保候审、监视居住的犯罪嫌疑人、被告人违反取保候审、监视居住规定，情节严重的，可以予以逮捕。

第八十二条 公安机关对于现行犯或者重大嫌疑分子，如果有下列情形之一的，可以先行拘留：

（一）正在预备犯罪、实行犯罪或者在犯罪后即时被发觉的；

（二）被害人或者在场亲眼看见的人指认他犯罪的；

（三）在身边或者住处发现有犯罪证据的；

（四）犯罪后企图自杀、逃跑或者在逃的；

（五）有毁灭、伪造证据或者串供可能的；

（六）不讲真实姓名、住址，身份不明的；

（七）有流窜作案、多次作案、结伙作案重大嫌疑的。

第八十三条 公安机关在异地执行拘留、逮捕的时候，应当通知被拘留、逮捕人所在地的公安机关，被拘留、逮捕人所在地的公安机关应当予以配合。

第八十四条 对于有下列情形的人，任何公民都可以立即扭送公安机关、人民检察院或者人民法院处理：

（一）正在实行犯罪或者在犯罪后即时被发觉的；

（二）通缉在案的；

（三）越狱逃跑的；

（四）正在被追捕的。

第八十五条 公安机关拘留人的时候，必须出示拘留证。

拘留后，应当立即将被拘留人送看守所羁押，至迟不得超过二十四小时。除无法通知或者涉嫌危害国家安全犯罪、恐怖活动犯罪通知可能有碍侦查的情形以外，应当在拘留后二十四小时以内，通知被拘留人的家属。有碍侦查的情形消失以后，应当立即通知被拘留人的家属。

第八十六条 公安机关对被拘留的人，应当在拘留后的二十四小时以内进行讯问。在发现不应当拘留的时候，必须立即释放，发给释放证明。

第八十七条 公安机关要求逮捕犯罪嫌疑人的时候，应当写出提请批准逮捕书，连同案卷材料、证据，一并移送同级人民检察院审查批准。必要的时候，人民检察院可以派人参加公安机关对于重大案件的讨论。

第八十八条 人民检察院审查批准逮捕，可以讯问犯罪嫌疑人；有下列情形之一的，应当讯问犯罪嫌疑人：

（一）对是否符合逮捕条件有疑问的；

（二）犯罪嫌疑人要求向检察人员当面陈述的；

（三）侦查活动可能有重大违法行为的。

人民检察院审查批准逮捕，可以询问证人等诉讼参与人，听取辩护律师的意见；辩护律师提出要求的，应当听取辩护律师的意见。

第八十九条 人民检察院审查批准逮捕犯罪嫌疑人由检察长决定。重大案件应当提交检察委员会讨论决定。

第九十条 人民检察院对于公安机关提请批准逮捕的案件进行审查后，应当根据情况分别作出批准逮捕或者不批准逮捕的决定。对于批准逮捕的决定，公安机关应当立即执行，并且将执行情况及时通知人民检察院。对于不批准逮捕的，人民检察院应当说明理由，需要补充侦查的，应当同时通知公安机关。

第九十一条 公安机关对被拘留的人，认为需要逮捕的，应当在拘留后的三日以内，提请人民检察院审查批准。在特殊情况下，提请审查批准的时间可以延长一日至四日。

对于流窜作案、多次作案、结伙作案的重大嫌疑分子，提请审查批准的时间可以延长至三十日。

人民检察院应当自接到公安机关提请批准逮捕书后的七日以内，作出批准逮捕或者不批准逮捕的决定。人民检察院不批准逮捕的，公安机关应当在接到通知后立即释放，并且将执行情况及时通知人民检察院。对于需要继续侦查，并且符合取保候审、监视居住条件的，依法取保候审或者监视居住。

第九十二条 公安机关对人民检察院不批准逮捕的决定，认为有错误的时候，可以要求复议，但是必须将被拘留的人立即释放。如果意见不被接受，可以向上一级人民检察院提请复核。上级人民检察院应当立即复核，作出是否变更的决定，通知下级人民检察院和公安机关执行。

第九十三条 公安机关逮捕人的时候，必须出示逮捕证。

逮捕后，应当立即将被逮捕人送看守所羁押。除无法通知的以外，应当在逮捕后二十四小时以内，通知被逮捕人的家属。

第九十四条 人民法院、人民检察院对于各自决定逮捕的人，公安机关对于经人民检察院批准逮捕的人，都必须在逮捕后的二十四小时以内进行讯问。在发现不应当逮捕的时候，必须立即释放，发给释放证明。

第九十五条 犯罪嫌疑人、被告人被逮捕后，人民检察院仍应当对羁押的必要性进行审查。对不需要继续羁押的，应当建议予以释放或者变更强制措施。有关机关应当在十日以内将处理情况通知人民检察院。

第九十六条 人民法院、人民检察院和公安机关如果发现对犯罪嫌疑人、被告人采取强制措施不当的，应当及时撤销或者变更。公安机关释放被逮捕的人或者变更逮捕措施的，应当通知原批准的人民检察院。

第九十七条 犯罪嫌疑人、被告人及其法定代理人、近亲属或者辩护人有权申请变更强制措施。人民法院、人民检察院和公安机关收到申请后，应当在三日以内作出决定；不同意变更强制措施的，应当告知申请人，并说明不同意的理由。

第九十八条 犯罪嫌疑人、被告人被羁押的案件，不能在本法规定的侦查羁押、审查起诉、一审、二审期限内办结的，对犯罪嫌疑人、被告人应当予以释放；需要继续查证、审理的，对犯罪嫌疑人、被告人可以取保候审或者监视居住。

第九十九条 人民法院、人民检察院或者公安机关对被采取强制措施法定期限届满的犯罪嫌疑人、被告人，应当予以释放、解除取保候审、监视居住或者依法变更强制措施。犯罪嫌疑人、被告人及其法定代理人、近亲属或者辩护人对于人民法院、人民检察院或者公安机关采取强制措施法定期限届满的，有权要求解除强制措施。

第一百条 人民检察院在审查批准逮捕工作中，如果发现公安机关的侦查活动有违法情况，应当通知公安机关予以纠正，公安机关应当将纠正情况通知人民检察院。

第七章 附带民事诉讼

第一百零一条 被害人由于被告人的犯罪行为而遭受物质损失的，在刑事诉讼过程中，有权提起附带民事诉讼。被害人死亡或者丧失行为能力的，被害人的法定代理人、近亲属有权提起附带民事诉讼。

如果是国家财产、集体财产遭受损失的，人民检察院在提起公诉的时候，可以提起附带民事诉讼。

第一百零二条 人民法院在必要的时候，可以采取保全措施，查封、扣押或者冻结被告人的财产。附带民事诉讼原告人或者人民检察院可以申请人民法院采取保全措施。人民法院采取保全措施，适用民事诉讼法的有关规定。

第一百零三条 人民法院审理附带民事诉讼案件，可以进行调解，或者根据物质损失情况作出判决、裁定。

第一百零四条 附带民事诉讼应当同刑事案件一并审判，只有为了防止刑事案件审判的过分迟延，才可以在刑事案件审判后，由同一审判组织继续审理附带民事诉讼。

第八章 期间、送达

第一百零五条 期间以时、日、月计算。

期间开始的时和日不算在期间以内。

法定期间不包括路途上的时间。上诉状或者其他文件在期满前已经交邮的，不算过期。

期间的最后一日为节假日的，以节假日后的第一日为期满日期，但犯罪嫌疑人、被告人或者罪犯在押期间，应当至期满之日为止，不得因节假日而延长。

第一百零六条 当事人由于不能抗拒的原因或者有其他正当理由而耽误期限的，在障碍消除后五日以内，可以申请继续进行应当在期满以前完成的诉讼活动。

前款申请是否准许，由人民法院裁定。

第一百零七条 送达传票、通知书和其他诉讼文件应当交给收件人本人；如果本人不在，可以交给他的成年家属或者所在单位的负责人员代收。

收件人本人或者代收人拒绝接收或者拒绝签名、盖章的时候，送达人可以邀请他的邻居或者其他见证人到场，说明情况，把文件留在他的住处，在送达证上记明拒绝的事由、送达的日期，由送达人签名，即认为已经送达。

第九章 其他规定

第一百零八条 本法下列用语的含意是：

（一）"侦查"是指公安机关、人民检察院对于刑事案件，依照法律进行的收集证据、查明案情的工作和有关的强制性措施；

（二）"当事人"是指被害人、自诉人、犯罪嫌疑人、被告人、附带民事诉讼的原告人和被告人；

（三）"法定代理人"是指被代理人的父母、养父母、监护人和负有保护责任的机关、团体的代表；

（四）"诉讼参与人"是指当事人、法定代理人、诉讼代理人、辩护人、证人、鉴定人和翻译人员；

（五）"诉讼代理人"是指公诉案件的被害人及其法定代理人或者近亲属、自诉案件的自诉人及其法定代理人委托代为参加诉讼的人和附带民事诉讼的当事人及其法定代理人委托代为参加诉讼的人；

（六）"近亲属"是指夫、妻、父、母、子、女、同胞兄弟姊妹。

第二编 立案、侦查和提起公诉

第一章 立 案

第一百零九条 公安机关或者人民检察院发现犯罪事实或者犯罪嫌疑人，应当按照管辖范围，立案侦查。

第一百一十条 任何单位和个人发现有犯罪事实或者犯罪嫌疑人，有权利也有义务向公安机关、人民检察院或者人民法院报案或者举报。

被害人对侵犯其人身、财产权利的犯罪事实或者犯罪嫌疑人，有权向公安机关、人民检察院或者人民法院报案或者控告。

公安机关、人民检察院或者人民法院对于报案、控告、举报，都应当接受。对于不属于自己管辖的，应当移送主管机关处理，并且通知报案人、控告人、举报人；对于不属于自己管辖而又必须采取紧急措施的，应当先采取紧急措施，然后移送主管机关。

犯罪人向公安机关、人民检察院或者人民法院自首的，适用第三款规定。

第一百一十一条 报案、控告、举报可以用书面或者口头提出。接受口头报案、控告、举报的工作人员，应当写成笔录，经宣读无误后，由报案人、控告人、举报人签名或者盖章。

接受控告、举报的工作人员,应当向控告人、举报人说明诬告应负的法律责任。但是,只要不是捏造事实,伪造证据,即使控告、举报的事实有出入,甚至是错告的,也要和诬告严格加以区别。

公安机关、人民检察院或者人民法院应当保障报案人、控告人、举报人及其近亲属的安全。报案人、控告人、举报人如果不愿公开自己的姓名和报案、控告、举报的行为,应当为他保守秘密。

第一百一十二条 人民法院、人民检察院或者公安机关对于报案、控告、举报和自首的材料,应当按照管辖范围,迅速进行审查,认为有犯罪事实需要追究刑事责任的时候,应当立案;认为没有犯罪事实,或者犯罪事实显著轻微,不需要追究刑事责任的时候,不予立案,并且将不立案的原因通知控告人。控告人如果不服,可以申请复议。

第一百一十三条 人民检察院认为公安机关对应当立案侦查的案件而不立案侦查的,或者被害人认为公安机关对应当立案侦查的案件而不立案侦查,向人民检察院提出的,人民检察院应当要求公安机关说明不立案的理由。人民检察院认为公安机关不立案理由不能成立的,应当通知公安机关立案,公安机关接到通知后应当立案。

第一百一十四条 对于自诉案件,被害人有权向人民法院直接起诉。被害人死亡或者丧失行为能力的,被害人的法定代理人、近亲属有权向人民法院起诉。人民法院应当依法受理。

第二章 侦 查

第一节 一般规定

第一百一十五条 公安机关对已经立案的刑事案件,应当进行侦查,收集、调取犯罪嫌疑人有罪或者无罪、罪轻或者罪重的证据材料。对现行犯或者重大嫌疑分子可以依法先行拘留,对符合逮捕条件的犯罪嫌疑人,应当依法逮捕。

第一百一十六条 公安机关经过侦查,对有证据证明有犯罪事实的案件,应当进行预审,对收集、调取的证据材料予以核实。

第一百一十七条 当事人和辩护人、诉讼代理人、利害关系人对于司法机关及其工作人员有下列行为之一的,有权向该机关申诉或者控告:

(一)采取强制措施法定期限届满,不予以释放、解除或者变更的;

(二)应当退还取保候审保证金不退还的;

(三)对与案件无关的财物采取查封、扣押、冻结措施的;

(四)应当解除查封、扣押、冻结不解除的;

(五)贪污、挪用、私分、调换、违反规定使用查封、扣押、冻结的财物的。

受理申诉或者控告的机关应当及时处理。对处理不服的,可以向同级人民检察院申诉;人民检察院直接受理的案件,可以向上一级人民检察院申诉。人民检察院对申诉应当及时进行审查,情况属实的,通知有关机关予以纠正。

第二节　讯问犯罪嫌疑人

第一百一十八条　讯问犯罪嫌疑人必须由人民检察院或者公安机关的侦查人员负责进行。讯问的时候，侦查人员不得少于二人。

犯罪嫌疑人被送交看守所羁押以后，侦查人员对其进行讯问，应当在看守所内进行。

第一百一十九条　对不需要逮捕、拘留的犯罪嫌疑人，可以传唤到犯罪嫌疑人所在市、县内的指定地点或者到他的住处进行讯问，但是应当出示人民检察院或者公安机关的证明文件。对在现场发现的犯罪嫌疑人，经出示工作证件，可以口头传唤，但应当在讯问笔录中注明。

传唤、拘传持续的时间不得超过十二小时；案情特别重大、复杂，需要采取拘留、逮捕措施的，传唤、拘传持续的时间不得超过二十四小时。

不得以连续传唤、拘传的形式变相拘禁犯罪嫌疑人。传唤、拘传犯罪嫌疑人，应当保证犯罪嫌疑人的饮食和必要的休息时间。

第一百二十条　侦查人员在讯问犯罪嫌疑人的时候，应当首先讯问犯罪嫌疑人是否有犯罪行为，让他陈述有罪的情节或者无罪的辩解，然后向他提出问题。犯罪嫌疑人对侦查人员的提问，应当如实回答。但是对与本案无关的问题，有拒绝回答的权利。

侦查人员在讯问犯罪嫌疑人的时候，应当告知犯罪嫌疑人享有的诉讼权利，如实供述自己罪行可以从宽处理和认罪认罚的法律规定。

第一百二十一条　讯问聋、哑的犯罪嫌疑人，应当有通晓聋、哑手势的人参加，并且将这种情况记明笔录。

第一百二十二条　讯问笔录应当交犯罪嫌疑人核对，对于没有阅读能力的，应当向他宣读。如果记载有遗漏或者差错，犯罪嫌疑人可以提出补充或者改正。犯罪嫌疑人承认笔录没有错误后，应当签名或者盖章。侦查人员也应当在笔录上签名。犯罪嫌疑人请求自行书写供述的，应当准许。必要的时候，侦查人员也可以要犯罪嫌疑人亲笔书写供词。

第一百二十三条　侦查人员在讯问犯罪嫌疑人的时候，可以对讯问过程进行录音或者录像；对于可能判处无期徒刑、死刑的案件或者其他重大犯罪案件，应当对讯问过程进行录音或者录像。

录音或者录像应当全程进行，保持完整性。

第三节　询问证人

第一百二十四条　侦查人员询问证人，可以在现场进行，也可以到证人所在单位、住处或者证人提出的地点进行，在必要的时候，可以通知证人到人民检察院或者公安机关提供证言。在现场询问证人，应当出示工作证件，到证人所在单位、住处或者证人提出的地点询问证人，应当出示人民检察院或者公安机关的证明文件。

询问证人应当个别进行。

第一百二十五条　询问证人，应当告知他应当如实地提供证据、证言和有意作伪证或者隐匿罪证要负的法律责任。

第一百二十六条 本法第一百二十二条的规定，也适用于询问证人。

第一百二十七条 询问被害人，适用本节各条规定。

第四节 勘验、检查

第一百二十八条 侦查人员对于与犯罪有关的场所、物品、人身、尸体应当进行勘验或者检查。在必要的时候，可以指派或者聘请具有专门知识的人，在侦查人员的主持下进行勘验、检查。

第一百二十九条 任何单位和个人，都有义务保护犯罪现场，并且立即通知公安机关派员勘验。

第一百三十条 侦查人员执行勘验、检查，必须持有人民检察院或者公安机关的证明文件。

第一百三十一条 对于死因不明的尸体，公安机关有权决定解剖，并且通知死者家属到场。

第一百三十二条 为了确定被害人、犯罪嫌疑人的某些特征、伤害情况或者生理状态，可以对人身进行检查，可以提取指纹信息，采集血液、尿液等生物样本。

犯罪嫌疑人如果拒绝检查，侦查人员认为必要的时候，可以强制检查。

检查妇女的身体，应当由女工作人员或者医师进行。

第一百三十三条 勘验、检查的情况应当写成笔录，由参加勘验、检查的人和见证人签名或者盖章。

第一百三十四条 人民检察院审查案件的时候，对公安机关的勘验、检查，认为需要复验、复查时，可以要求公安机关复验、复查，并且可以派检察人员参加。

第一百三十五条 为了查明案情，在必要的时候，经公安机关负责人批准，可以进行侦查实验。

侦查实验的情况应当写成笔录，由参加实验的人签名或者盖章。

侦查实验，禁止一切足以造成危险、侮辱人格或者有伤风化的行为。

第五节 搜 查

第一百三十六条 为了收集犯罪证据、查获犯罪人，侦查人员可以对犯罪嫌疑人以及可能隐藏罪犯或者犯罪证据的人的身体、物品、住处和其他有关的地方进行搜查。

第一百三十七条 任何单位和个人，有义务按照人民检察院和公安机关的要求，交出可以证明犯罪嫌疑人有罪或者无罪的物证、书证、视听资料等证据。

第一百三十八条 进行搜查，必须向被搜查人出示搜查证。

在执行逮捕、拘留的时候，遇有紧急情况，不另用搜查证也可以进行搜查。

第一百三十九条 在搜查的时候，应当有被搜查人或者他的家属，邻居或者其他见证人在场。

搜查妇女的身体，应当由女工作人员进行。

第一百四十条 搜查的情况应当写成笔录，由侦查人员和被搜查人或者他的家属，邻居或者其他见证人签名或者盖章。如果被搜查人或者他的家属在逃或者拒绝签名、盖章，应当在笔录上注明。

第六节 查封、扣押物证、书证

第一百四十一条 在侦查活动中发现的可用以证明犯罪嫌疑人有罪或者无罪的各种财物、文件，应当查封、扣押；与案件无关的财物、文件，不得查封、扣押。

对查封、扣押的财物、文件，要妥善保管或者封存，不得使用、调换或者损毁。

第一百四十二条 对查封、扣押的财物、文件，应当会同在场见证人和被查封、扣押财物、文件持有人查点清楚，当场开列清单一式二份，由侦查人员、见证人和持有人签名或者盖章，一份交给持有人，另一份附卷备查。

第一百四十三条 侦查人员认为需要扣押犯罪嫌疑人的邮件、电报的时候，经公安机关或者人民检察院批准，即可通知邮电机关将有关的邮件、电报检交扣押。

不需要继续扣押的时候，应即通知邮电机关。

第一百四十四条 人民检察院、公安机关根据侦查犯罪的需要，可以依照规定查询、冻结犯罪嫌疑人的存款、汇款、债券、股票、基金份额等财产。有关单位和个人应当配合。

犯罪嫌疑人的存款、汇款、债券、股票、基金份额等财产已被冻结的，不得重复冻结。

第一百四十五条 对查封、扣押的财物、文件、邮件、电报或者冻结的存款、汇款、债券、股票、基金份额等财产，经查明确实与案件无关的，应当在三日以内解除查封、扣押、冻结，予以退还。

第七节 鉴　　定

第一百四十六条 为了查明案情，需要解决案件中某些专门性问题的时候，应当指派、聘请有专门知识的人进行鉴定。

第一百四十七条 鉴定人进行鉴定后，应当写出鉴定意见，并且签名。

鉴定人故意作虚假鉴定的，应当承担法律责任。

第一百四十八条 侦查机关应当将用作证据的鉴定意见告知犯罪嫌疑人、被害人。如果犯罪嫌疑人、被害人提出申请，可以补充鉴定或者重新鉴定。

第一百四十九条 对犯罪嫌疑人作精神病鉴定的期间不计入办案期限。

第八节 技术侦查措施

第一百五十条 公安机关在立案后，对于危害国家安全犯罪、恐怖活动犯罪、黑社会性质的组织犯罪、重大毒品犯罪或者其他严重危害社会的犯罪案件，根据侦查犯罪的需要，经过严格的批准手续，可以采取技术侦查措施。

人民检察院在立案后，对于利用职权实施的严重侵犯公民人身权利的重大犯罪案件，根据侦查犯罪的需要，经过严格的批准手续，可以采取技术侦查措施，按照规定交有关机关执行。

追捕被通缉或者批准、决定逮捕的在逃的犯罪嫌疑人、被告人，经过批准，可以采取追捕所必需的技术侦查措施。

第一百五十一条 批准决定应当根据侦查犯罪的需要，确定采取技术侦查措施的种类和适用对象。批准决定自签发之日起三个月以内有效。对于不需要继续采取技术侦查措施的，应当及时解除；对于复杂、疑难案件，期限届满仍有必要继续采取技术侦查措施的，经过批准，有效期可以延长，每次不得超过三个月。

第一百五十二条 采取技术侦查措施，必须严格按照批准的措施种类、适用对象和期限执行。

侦查人员对采取技术侦查措施过程中知悉的国家秘密、商业秘密和个人隐私，应当保密；对采取技术侦查措施获取的与案件无关的材料，必须及时销毁。

采取技术侦查措施获取的材料，只能用于对犯罪的侦查、起诉和审判，不得用于其他用途。

公安机关依法采取技术侦查措施，有关单位和个人应当配合，并对有关情况予以保密。

第一百五十三条 为了查明案情，在必要的时候，经公安机关负责人决定，可以由有关人员隐匿其身份实施侦查。但是，不得诱使他人犯罪，不得采用可能危害公共安全或者发生重大人身危险的方法。

对涉及给付毒品等违禁品或者财物的犯罪活动，公安机关根据侦查犯罪的需要，可以依照规定实施控制下交付。

第一百五十四条 依照本节规定采取侦查措施收集的材料在刑事诉讼中可以作为证据使用。如果使用该证据可能危及有关人员的人身安全，或者可能产生其他严重后果的，应当采取不暴露有关人员身份、技术方法等保护措施，必要的时候，可以由审判人员在庭外对证据进行核实。

第九节 通 缉

第一百五十五条 应当逮捕的犯罪嫌疑人如果在逃，公安机关可以发布通缉令，采取有效措施，追捕归案。

各级公安机关在自己管辖的地区以内，可以直接发布通缉令；超出自己管辖的地区，应当报请有权决定的上级机关发布。

第十节 侦查终结

第一百五十六条 对犯罪嫌疑人逮捕后的侦查羁押期限不得超过二个月。案情复杂、期限届满不能终结的案件，可以经上一级人民检察院批准延长一个月。

第一百五十七条 因为特殊原因，在较长时间内不宜交付审判的特别重大复杂的案件，由最高人民检察院报请全国人民代表大会常务委员会批准延期审理。

第一百五十八条 下列案件在本法第一百五十六条规定的期限届满不能侦查终结的，经省、自治区、直辖市人民检察院批准或者决定，可以延长二个月：

（一）交通十分不便的边远地区的重大复杂案件；

（二）重大的犯罪集团案件；

（三）流窜作案的重大复杂案件；

（四）犯罪涉及面广，取证困难的重大复杂案件。

第一百五十九条 对犯罪嫌疑人可能判处十年有期徒刑以上刑罚，依照本法第一百五十八条规定延长期限届满，仍不能侦查终结的，经省、自治区、直辖市人民检察院批准或者决定，可以再延长二个月。

第一百六十条 在侦查期间，发现犯罪嫌疑人另有重要罪行的，自发现之日起依照本法第一百五十六条的规定重新计算侦查羁押期限。

犯罪嫌疑人不讲真实姓名、住址，身份不明的，应当对其身份进行调查，侦查羁押期限自查清其身份之日起计算，但是不得停止对其犯罪行为的侦查取证。对于犯罪事实清楚，证据确实、充分，确实无法查明其身份的，也可以按其自报的姓名起诉、审判。

第一百六十一条 在案件侦查终结前，辩护律师提出要求的，侦查机关应当听取辩护律师的意见，并记录在案。辩护律师提出书面意见的，应当附卷。

第一百六十二条 公安机关侦查终结的案件，应当做到犯罪事实清楚，证据确实、充分，并且写出起诉意见书，连同案卷材料、证据一并移送同级人民检察院审查决定；同时将案件移送情况告知犯罪嫌疑人及其辩护律师。

犯罪嫌疑人自愿认罪的，应当记录在案，随案移送，并在起诉意见书中写明有关情况。

第一百六十三条 在侦查过程中，发现不应对犯罪嫌疑人追究刑事责任的，应当撤销案件；犯罪嫌疑人已被逮捕的，应当立即释放，发给释放证明，并且通知原批准逮捕的人民检察院。

第十一节 人民检察院对直接受理的案件的侦查

第一百六十四条 人民检察院对直接受理的案件的侦查适用本章规定。

第一百六十五条 人民检察院直接受理的案件中符合本法第八十一条、第八十二条第四项、第五项规定情形，需要逮捕、拘留犯罪嫌疑人的，由人民检察院作出决定，由公安机关执行。

第一百六十六条 人民检察院对直接受理的案件中被拘留的人，应当在拘留后的二十四小时以内进行讯问。在发现不应当拘留的时候，必须立即释放，发给释放证明。

第一百六十七条 人民检察院对直接受理的案件中被拘留的人，认为需要逮捕的，应当在十四日以内作出决定。在特殊情况下，决定逮捕的时间可以延长一日至三日。对不需要逮捕的，应当立即释放；对需要继续侦查，并且符合取保候审、监视居住条件的，依法取保候审或者监视居住。

第一百六十八条 人民检察院侦查终结的案件，应当作出提起公诉、不起诉或者撤销案件的决定。

第三章 提起公诉

第一百六十九条 凡需要提起公诉的案件，一律由人民检察院审查决定。

第一百七十条 人民检察院对于监察机关移送起诉的案件，依照本法和监察法的有关规定进行审查。人民检察院经审查，认为需要补充核实的，应当退回监察机关补充调查，必要时可以自行补充侦查。

对于监察机关移送起诉的已采取留置措施的案件，人民检察院应当对犯罪嫌疑人先行拘留，留置措施自动解除。人民检察院应当在拘留后的十日以内作出是否逮捕、取保候审或者监视居住的决定。在特殊情况下，决定的时间可以延长一日至四日。人民检察院决定采取强制措施的期间不计入审查起诉期限。

第一百七十一条 人民检察院审查案件的时候，必须查明：

（一）犯罪事实、情节是否清楚，证据是否确实、充分，犯罪性质和罪名的认定是否正确；

（二）有无遗漏罪行和其他应当追究刑事责任的人；

（三）是否属于不应追究刑事责任的；

（四）有无附带民事诉讼；

（五）侦查活动是否合法。

第一百七十二条 人民检察院对于监察机关、公安机关移送起诉的案件，应当在一个月以内作出决定，重大、复杂的案件，可以延长十五日；犯罪嫌疑人认罪认罚，符合速裁程序适用条件的，应当在十日以内作出决定，对可能判处的有期徒刑超过一年的，可以延长至十五日。

人民检察院审查起诉的案件，改变管辖的，从改变后的人民检察院收到案件之日起计算审查起诉期限。

第一百七十三条 人民检察院审查案件，应当讯问犯罪嫌疑人，听取辩护人或者值班律师、被害人及其诉讼代理人的意见，并记录在案。辩护人或者值班律师、被害人及其诉讼代理人提出书面意见的，应当附卷。

犯罪嫌疑人认罪认罚的，人民检察院应当告知其享有的诉讼权利和认罪认罚的法律规定，听取犯罪嫌疑人、辩护人或者值班律师、被害人及其诉讼代理人对下列事项的意见，并记录在案：

（一）涉嫌的犯罪事实、罪名及适用的法律规定；

（二）从轻、减轻或者免除处罚等从宽处罚的建议；

（三）认罪认罚后案件审理适用的程序；

（四）其他需要听取意见的事项。

人民检察院依照前两款规定听取值班律师意见的，应当提前为值班律师了解案件有关情况提供必要的便利。

第一百七十四条 犯罪嫌疑人自愿认罪，同意量刑建议和程序适用的，应当在辩护人或者值班律师在场的情况下签署认罪认罚具结书。

犯罪嫌疑人认罪认罚，有下列情形之一的，不需要签署认罪认罚具结书：

（一）犯罪嫌疑人是盲、聋、哑人，或者是尚未完全丧失辨认或者控制自己行为能力的精神病人的；

（二）未成年犯罪嫌疑人的法定代理人、辩护人对未成年人认罪认罚有异议的；

（三）其他不需要签署认罪认罚具结书的情形。

第一百七十五条 人民检察院审查案件，可以要求公安机关提供法庭审判所必需的证据材料；认为可能存在本法第五十六条规定的以非法方法收集证据情形的，可以要求其对证据收集的合法性作出说明。

人民检察院审查案件，对于需要补充侦查的，可以退回公安机关补充侦查，也可以自行侦查。

对于补充侦查的案件，应当在一个月以内补充侦查完毕。补充侦查以二次为限。补充侦查完毕移送人民检察院后，人民检察院重新计算审查起诉期限。

对于二次补充侦查的案件，人民检察院仍然认为证据不足，不符合起诉条件的，应当作出不起诉的决定。

第一百七十六条 人民检察院认为犯罪嫌疑人的犯罪事实已经查清，证据确实、充分，依法应当追究刑事责任的，应当作出起诉决定，按照审判管辖的规定，向人民法院提起公诉，并将案卷材料、证据移送人民法院。

犯罪嫌疑人认罪认罚的，人民检察院应当就主刑、附加刑、是否适用缓刑等提出量刑建议，并随案移送认罪认罚具结书等材料。

第一百七十七条 犯罪嫌疑人没有犯罪事实，或者有本法第十六条规定的情形之一的，人民检察院应当作出不起诉决定。

对于犯罪情节轻微，依照刑法规定不需要判处刑罚或者免除刑罚的，人民检察院可以作出不起诉决定。

人民检察院决定不起诉的案件，应当同时对侦查中查封、扣押、冻结的财物解除查封、扣押、冻结。对被不起诉人需要给予行政处罚、处分或者需要没收其违法所得的，人民检察院应当提出检察意见，移送有关主管机关处理。有关主管机关应当将处理结果及时通知人民检察院。

第一百七十八条 不起诉的决定，应当公开宣布，并且将不起诉决定书送达被不起诉人和他的所在单位。如果被不起诉人在押，应当立即释放。

第一百七十九条 对于公安机关移送起诉的案件，人民检察院决定不起诉的，应当将不起诉决定书送达公安机关。公安机关认为不起诉的决定有错误的时候，可以要求复议，如果意见不被接受，可以向上一级人民检察院提请复核。

第一百八十条 对于有被害人的案件，决定不起诉的，人民检察院应当将不起诉决定书送达被害人。被害人如果不服，可以自收到决定书后七日以内向上一级人民检察院申诉，请求提起公诉。人民检察院应当将复查决定告知被害人。对人民检察院维持不起诉决定的，被害人可以向人民法院起诉。被害人也可以不经申诉，直接向人民法院起诉。人民法院受理案件后，人民检察院应当将有关案件材料移送人民法院。

第一百八十一条 对于人民检察院依照本法第一百七十七条第二款规定作出的不起诉决定，被不起诉人如果不服，可以自收到决定书后七日以内向人民检察院申诉。人民检察院应当作出复查决定，通知被不起诉的人，同时抄送公安机关。

第一百八十二条 犯罪嫌疑人自愿如实供述涉嫌犯罪的事实，有重大立功或者案件涉及国家重大利益的，经最高人民检察院核准，公安机关可以撤销案件，人民检察院可以作出不起诉决定，也可以对涉嫌数罪中的一项或者多项不起诉。

根据前款规定不起诉或者撤销案件的，人民检察院、公安机关应当及时对查封、扣押、冻结的财物及其孳息作出处理。

第三编 审 判

第一章 审判组织

第一百八十三条 基层人民法院、中级人民法院审判第一审案件，应当由审判员三人或者由审判员和人民陪审员共三人或者七人组成合议庭进行，但是基层人民法院适用简易程序、速裁程序的案件可以由审判员一人独任审判。

高级人民法院审判第一审案件，应当由审判员三人至七人或者由审判员和人民陪审员共三人或者七人组成合议庭进行。

最高人民法院审判第一审案件，应当由审判员三人至七人组成合议庭进行。

人民法院审判上诉和抗诉案件，由审判员三人或者五人组成合议庭进行。

合议庭的成员人数应当是单数。

第一百八十四条 合议庭进行评议的时候，如果意见分歧，应当按多数人的意见作出决定，但是少数人的意见应当写入笔录。评议笔录由合议庭的组成人员签名。

第一百八十五条 合议庭开庭审理并且评议后，应当作出判决。对于疑难、复杂、重大的案件，合议庭认为难以作出决定的，由合议庭提请院长决定提交审判委员会讨论决定。审判委员会的决定，合议庭应当执行。

第二章 第一审程序

第一节 公 诉 案 件

第一百八十六条 人民法院对提起公诉的案件进行审查后，对于起诉书中有明确的指控犯罪事实的，应当决定开庭审判。

第一百八十七条 人民法院决定开庭审判后，应当确定合议庭的组成人员，将人民检察院的起诉书副本至迟在开庭十日以前送达被告人及其辩护人。

在开庭以前，审判人员可以召集公诉人、当事人和辩护人、诉讼代理人，对回避、出庭证人名单、非法证据排除等与审判相关的问题，了解情况，听取意见。

人民法院确定开庭日期后，应当将开庭的时间、地点通知人民检察院，传唤当事人，通知辩护人、诉讼代理人、证人、鉴定人和翻译人员，传票和通知书至迟在开庭三日以前送达。公开审判的案件，应当在开庭三日以前先期公布案由、被告人姓名、开庭时间和地点。

上述活动情形应当写入笔录，由审判人员和书记员签名。

第一百八十八条 人民法院审判第一审案件应当公开进行。但是有关国家秘密或者个人隐私的案件，不公开审理；涉及商业秘密的案件，当事人申请不公开审理的，可以不公开审理。

不公开审理的案件，应当当庭宣布不公开审理的理由。

第一百八十九条 人民法院审判公诉案件，人民检察院应当派员出席法庭支持公诉。

第一百九十条 开庭的时候，审判长查明当事人是否到庭，宣布案由；宣布合议庭的组成人员、书记员、公诉人、辩护人、诉讼代理人、鉴定人和翻译人员的名单;告知当事人有权对合议庭组成人员、书记员、公诉人、鉴定人和翻译人员申请回避;告知被告人享有辩护权利。

被告人认罪认罚的,审判长应当告知被告人享有的诉讼权利和认罪认罚的法律规定,审查认罪认罚的自愿性和认罪认罚具结书内容的真实性、合法性。

第一百九十一条 公诉人在法庭上宣读起诉书后,被告人、被害人可以就起诉书指控的犯罪进行陈述,公诉人可以讯问被告人。

被害人、附带民事诉讼的原告人和辩护人、诉讼代理人,经审判长许可,可以向被告人发问。

审判人员可以讯问被告人。

第一百九十二条 公诉人、当事人或者辩护人、诉讼代理人对证人证言有异议,且该证人证言对案件定罪量刑有重大影响,人民法院认为证人有必要出庭作证的,证人应当出庭作证。

人民警察就其执行职务时目击的犯罪情况作为证人出庭作证,适用前款规定。

公诉人、当事人或者辩护人、诉讼代理人对鉴定意见有异议,人民法院认为鉴定人有必要出庭的,鉴定人应当出庭作证。经人民法院通知,鉴定人拒不出庭作证的,鉴定意见不得作为定案的根据。

第一百九十三条 经人民法院通知,证人没有正当理由不出庭作证的,人民法院可以强制其到庭,但是被告人的配偶、父母、子女除外。

证人没有正当理由拒绝出庭或者出庭后拒绝作证的,予以训诫,情节严重的,经院长批准,处以十日以下的拘留。被处罚人对拘留决定不服的,可以向上一级人民法院申请复议。复议期间不停止执行。

第一百九十四条 证人作证,审判人员应当告知他要如实地提供证言和有意作伪证或者隐匿罪证要负的法律责任。公诉人、当事人和辩护人、诉讼代理人经审判长许可,可以对证人、鉴定人发问。审判长认为发问的内容与案件无关的时候,应当制止。

审判人员可以询问证人、鉴定人。

第一百九十五条 公诉人、辩护人应当向法庭出示物证,让当事人辨认,对未到庭的证人的证言笔录、鉴定人的鉴定意见、勘验笔录和其他作为证据的文书,应当当庭宣读。审判人员应当听取公诉人、当事人和辩护人、诉讼代理人的意见。

第一百九十六条 法庭审理过程中,合议庭对证据有疑问的,可以宣布休庭,对证据进行调查核实。

人民法院调查核实证据,可以进行勘验、检查、查封、扣押、鉴定和查询、冻结。

第一百九十七条 法庭审理过程中,当事人和辩护人、诉讼代理人有权申请通知新的证人到庭,调取新的物证,申请重新鉴定或者勘验。

公诉人、当事人和辩护人、诉讼代理人可以申请法庭通知有专门知识的人出庭,就鉴定人作出的鉴定意见提出意见。

法庭对于上述申请,应当作出是否同意的决定。

第二款规定的有专门知识的人出庭,适用鉴定人的有关规定。

第一百九十八条 法庭审理过程中,对与定罪、量刑有关的事实、证据都应当进行调查、辩论。

经审判长许可，公诉人、当事人和辩护人、诉讼代理人可以对证据和案件情况发表意见并且可以互相辩论。

审判长在宣布辩论终结后，被告人有最后陈述的权利。

第一百九十九条 在法庭审判过程中，如果诉讼参与人或者旁听人员违反法庭秩序，审判长应当警告制止。对不听制止的，可以强行带出法庭；情节严重的，处以一千元以下的罚款或者十五日以下的拘留。罚款、拘留必须经院长批准。被处罚人对罚款、拘留的决定不服的，可以向上一级人民法院申请复议。复议期间不停止执行。

对聚众哄闹、冲击法庭或者侮辱、诽谤、威胁、殴打司法工作人员或者诉讼参与人，严重扰乱法庭秩序，构成犯罪的，依法追究刑事责任。

第二百条 在被告人最后陈述后，审判长宣布休庭，合议庭进行评议，根据已经查明的事实、证据和有关的法律规定，分别作出以下判决：

（一）案件事实清楚，证据确实、充分，依据法律认定被告人有罪的，应当作出有罪判决；

（二）依据法律认定被告人无罪的，应当作出无罪判决；

（三）证据不足，不能认定被告人有罪的，应当作出证据不足、指控的犯罪不能成立的无罪判决。

第二百零一条 对于认罪认罚案件，人民法院依法作出判决时，一般应当采纳人民检察院指控的罪名和量刑建议，但有下列情形的除外：

（一）被告人的行为不构成犯罪或者不应当追究其刑事责任的；

（二）被告人违背意愿认罪认罚的；

（三）被告人否认指控的犯罪事实的；

（四）起诉指控的罪名与审理认定的罪名不一致的；

（五）其他可能影响公正审判的情形。

人民法院经审理认为量刑建议明显不当，或者被告人、辩护人对量刑建议提出异议的，人民检察院可以调整量刑建议。人民检察院不调整量刑建议或者调整量刑建议后仍然明显不当的，人民法院应当依法作出判决。

第二百零二条 宣告判决，一律公开进行。

当庭宣告判决的，应当在五日以内将判决书送达当事人和提起公诉的人民检察院；定期宣告判决的，应当在宣告后立即将判决书送达当事人和提起公诉的人民检察院。判决书应当同时送达辩护人、诉讼代理人。

第二百零三条 判决书应当由审判人员和书记员署名，并且写明上诉的期限和上诉的法院。

第二百零四条 在法庭审判过程中，遇有下列情形之一，影响审判进行的，可以延期审理：

（一）需要通知新的证人到庭，调取新的物证，重新鉴定或者勘验的；

（二）检察人员发现提起公诉的案件需要补充侦查，提出建议的；

（三）由于申请回避而不能进行审判的。

第二百零五条 依照本法第二百零四条第二项的规定延期审理的案件，人民检察院应当在一个月以内补充侦查完毕。

第二百零六条 在审判过程中，有下列情形之一，致使案件在较长时间内无法继续审理的，可以中止审理：

（一）被告人患有严重疾病，无法出庭的；

（二）被告人脱逃的；

（三）自诉人患有严重疾病，无法出庭，未委托诉讼代理人出庭的；

（四）由于不能抗拒的原因。

中止审理的原因消失后，应当恢复审理。中止审理的期间不计入审理期限。

第二百零七条 法庭审判的全部活动，应当由书记员写成笔录，经审判长审阅后，由审判长和书记员签名。

法庭笔录中的证人证言部分，应当当庭宣读或者交给证人阅读。证人在承认没有错误后，应当签名或者盖章。

法庭笔录应当交给当事人阅读或者向他宣读。当事人认为记载有遗漏或者差错的，可以请求补充或者改正。当事人承认没有错误后，应当签名或者盖章。

第二百零八条 人民法院审理公诉案件，应当在受理后二个月以内宣判，至迟不得超过三个月。对于可能判处死刑的案件或者附带民事诉讼的案件，以及有本法第一百五十八条规定情形之一的，经上一级人民法院批准，可以延长三个月；因特殊情况还需要延长的，报请最高人民法院批准。

人民法院改变管辖的案件，从改变后的人民法院收到案件之日起计算审理期限。

人民检察院补充侦查的案件，补充侦查完毕移送人民法院后，人民法院重新计算审理期限。

第二百零九条 人民检察院发现人民法院审理案件违反法律规定的诉讼程序，有权向人民法院提出纠正意见。

第二节 自诉案件

第二百一十条 自诉案件包括下列案件：

（一）告诉才处理的案件；

（二）被害人有证据证明的轻微刑事案件；

（三）被害人有证据证明对被告人侵犯自己人身、财产权利的行为应当依法追究刑事责任，而公安机关或者人民检察院不予追究被告人刑事责任的案件。

第二百一十一条 人民法院对于自诉案件进行审查后，按照下列情形分别处理：

（一）犯罪事实清楚，有足够证据的案件，应当开庭审判；

（二）缺乏罪证的自诉案件，如果自诉人提不出补充证据，应当说服自诉人撤回自诉，或者裁定驳回。

自诉人经两次依法传唤，无正当理由拒不到庭的，或者未经法庭许可中途退庭的，按撤诉处理。

法庭审理过程中,审判人员对证据有疑问,需要调查核实的,适用本法第一百九十六条的规定。

第二百一十二条 人民法院对自诉案件,可以进行调解;自诉人在宣告判决前,可以同被告人自行和解或者撤回自诉。本法第二百一十条第三项规定的案件不适用调解。

人民法院审理自诉案件的期限,被告人被羁押的,适用本法第二百零八条第一款、第二款的规定;未被羁押的,应当在受理后六个月以内宣判。

第二百一十三条 自诉案件的被告人在诉讼过程中,可以对自诉人提起反诉。反诉适用自诉的规定。

第三节 简易程序

第二百一十四条 基层人民法院管辖的案件,符合下列条件的,可以适用简易程序审判:

(一)案件事实清楚、证据充分的;

(二)被告人承认自己所犯罪行,对指控的犯罪事实没有异议的;

(三)被告人对适用简易程序没有异议的。

人民检察院在提起公诉的时候,可以建议人民法院适用简易程序。

第二百一十五条 有下列情形之一的,不适用简易程序:

(一)被告人是盲、聋、哑人,或者是尚未完全丧失辨认或者控制自己行为能力的精神病人的;

(二)有重大社会影响的;

(三)共同犯罪案件中部分被告人不认罪或者对适用简易程序有异议的;

(四)其他不宜适用简易程序审理的。

第二百一十六条 适用简易程序审理案件,对可能判处三年有期徒刑以下刑罚的,可以组成合议庭进行审判,也可以由审判员一人独任审判;对可能判处的有期徒刑超过三年的,应当组成合议庭进行审判。

适用简易程序审理公诉案件,人民检察院应当派员出席法庭。

第二百一十七条 适用简易程序审理案件,审判人员应当询问被告人对指控的犯罪事实的意见,告知被告人适用简易程序审理的法律规定,确认被告人是否同意适用简易程序审理。

第二百一十八条 适用简易程序审理案件,经审判人员许可,被告人及其辩护人可以同公诉人、自诉人及其诉讼代理人互相辩论。

第二百一十九条 适用简易程序审理案件,不受本章第一节关于送达期限、讯问被告人、询问证人、鉴定人、出示证据、法庭辩论程序规定的限制。但在判决宣告前应当听取被告人的最后陈述意见。

第二百二十条 适用简易程序审理案件,人民法院应当在受理后二十日以内审结;对可能判处的有期徒刑超过三年的,可以延长至一个半月。

第二百二十一条 人民法院在审理过程中,发现不宜适用简易程序的,应当按照本章第一节或者第二节的规定重新审理。

第四节 速裁程序

第二百二十二条 基层人民法院管辖的可能判处三年有期徒刑以下刑罚的案件，案件事实清楚，证据确实、充分，被告人认罪认罚并同意适用速裁程序的，可以适用速裁程序，由审判员一人独任审判。

人民检察院在提起公诉的时候，可以建议人民法院适用速裁程序。

第二百二十三条 有下列情形之一的，不适用速裁程序：

（一）被告人是盲、聋、哑人，或者是尚未完全丧失辨认或者控制自己行为能力的精神病人的；

（二）被告人是未成年人的；

（三）案件有重大社会影响的；

（四）共同犯罪案件中部分被告人对指控的犯罪事实、罪名、量刑建议或者适用速裁程序有异议的；

（五）被告人与被害人或者其法定代理人没有就附带民事诉讼赔偿等事项达成调解或者和解协议的；

（六）其他不宜适用速裁程序审理的。

第二百二十四条 适用速裁程序审理案件，不受本章第一节规定的送达期限的限制，一般不进行法庭调查、法庭辩论，但在判决宣告前应当听取辩护人的意见和被告人的最后陈述意见。

适用速裁程序审理案件，应当当庭宣判。

第二百二十五条 适用速裁程序审理案件，人民法院应当在受理后十日以内审结；对可能判处的有期徒刑超过一年的，可以延长至十五日。

第二百二十六条 人民法院在审理过程中，发现有被告人的行为不构成犯罪或者不应当追究其刑事责任、被告人违背意愿认罪认罚、被告人否认指控的犯罪事实或者其他不宜适用速裁程序审理的情形的，应当按照本章第一节或者第三节的规定重新审理。

第三章 第二审程序

第二百二十七条 被告人、自诉人和他们的法定代理人，不服地方各级人民法院第一审的判决、裁定，有权用书状或者口头向上一级人民法院上诉。被告人的辩护人和近亲属，经被告人同意，可以提出上诉。

附带民事诉讼的当事人和他们的法定代理人，可以对地方各级人民法院第一审的判决、裁定中的附带民事诉讼部分，提出上诉。

对被告人的上诉权，不得以任何借口加以剥夺。

第二百二十八条 地方各级人民检察院认为本级人民法院第一审的判决、裁定确有错误的时候，应当向上一级人民法院提出抗诉。

第二百二十九条 被害人及其法定代理人不服地方各级人民法院第一审的判决的，自收到判决书后五日以内，有权请求人民检察院提出抗诉。人民检察院自收到被害人及其法定代理人的请求后五日以内,应当作出是否抗诉的决定并且答复请求人。

第二百三十条 不服判决的上诉和抗诉的期限为十日,不服裁定的上诉和抗诉的期限为五日,从接到判决书、裁定书的第二日起算。

第二百三十一条 被告人、自诉人、附带民事诉讼的原告人和被告人通过原审人民法院提出上诉的,原审人民法院应当在三日以内将上诉状连同案卷、证据移送上一级人民法院,同时将上诉状副本送交同级人民检察院和对方当事人。

被告人、自诉人、附带民事诉讼的原告人和被告人直接向第二审人民法院提出上诉的,第二审人民法院应当在三日以内将上诉状交原审人民法院送交同级人民检察院和对方当事人。

第二百三十二条 地方各级人民检察院对同级人民法院第一审判决、裁定的抗诉,应当通过原审人民法院提出抗诉书,并且将抗诉书抄送上一级人民检察院。原审人民法院应当将抗诉书连同案卷、证据移送上一级人民法院,并且将抗诉书副本送交当事人。

上级人民检察院如果认为抗诉不当,可以向同级人民法院撤回抗诉,并且通知下级人民检察院。

第二百三十三条 第二审人民法院应当就第一审判决认定的事实和适用法律进行全面审查,不受上诉或者抗诉范围的限制。

共同犯罪的案件只有部分被告人上诉的,应当对全案进行审查,一并处理。

第二百三十四条 第二审人民法院对于下列案件,应当组成合议庭,开庭审理:

(一)被告人、自诉人及其法定代理人对第一审认定的事实、证据提出异议,可能影响定罪量刑的上诉案件;

(二)被告人被判处死刑的上诉案件;

(三)人民检察院抗诉的案件;

(四)其他应当开庭审理的案件。

第二审人民法院决定不开庭审理的,应当讯问被告人,听取其他当事人、辩护人、诉讼代理人的意见。

第二审人民法院开庭审理上诉、抗诉案件,可以到案件发生地或者原审人民法院所在地进行。

第二百三十五条 人民检察院提出抗诉的案件或者第二审人民法院开庭审理的公诉案件,同级人民检察院都应当派员出席法庭。第二审人民法院应当在决定开庭审理后及时通知人民检察院查阅案卷。人民检察院应当在一个月以内查阅完毕。人民检察院查阅案卷的时间不计入审理期限。

第二百三十六条 第二审人民法院对不服第一审判决的上诉、抗诉案件,经过审理后,应当按照下列情形分别处理:

(一)原判决认定事实和适用法律正确、量刑适当的,应当裁定驳回上诉或者抗诉,维持原判;

(二)原判决认定事实没有错误,但适用法律有错误,或者量刑不当的,应当改判;

(三)原判决事实不清楚或者证据不足的,可以在查清事实后改判;也可以裁定撤销原判,发回原审人民法院重新审判。

原审人民法院对于依照前款第三项规定发回重新审判的案件作出判决后，被告人提出上诉或者人民检察院提出抗诉的，第二审人民法院应当依法作出判决或者裁定，不得再发回原审人民法院重新审判。

第二百三十七条 第二审人民法院审理被告人或者他的法定代理人、辩护人、近亲属上诉的案件，不得加重被告人的刑罚。第二审人民法院发回原审人民法院重新审判的案件，除有新的犯罪事实，人民检察院补充起诉的以外，原审人民法院也不得加重被告人的刑罚。

人民检察院提出抗诉或者自诉人提出上诉的，不受前款规定的限制。

第二百三十八条 第二审人民法院发现第一审人民法院的审理有下列违反法律规定的诉讼程序的情形之一的，应当裁定撤销原判，发回原审人民法院重新审判：

（一）违反本法有关公开审判的规定的；

（二）违反回避制度的；

（三）剥夺或者限制了当事人的法定诉讼权利，可能影响公正审判的；

（四）审判组织的组成不合法的；

（五）其他违反法律规定的诉讼程序，可能影响公正审判的。

第二百三十九条 原审人民法院对于发回重新审判的案件，应当另行组成合议庭，依照第一审程序进行审判。对于重新审判后的判决，依照本法第二百二十七条、第二百二十八条、第二百二十九条的规定可以上诉、抗诉。

第二百四十条 第二审人民法院对不服第一审裁定的上诉或者抗诉，经过审查后，应当参照本法第二百三十六条、第二百三十八条和第二百三十九条的规定，分别情形用裁定驳回上诉、抗诉，或者撤销、变更原裁定。

第二百四十一条 第二审人民法院发回原审人民法院重新审判的案件，原审人民法院从收到发回的案件之日起，重新计算审理期限。

第二百四十二条 第二审人民法院审判上诉或者抗诉案件的程序，除本章已有规定的以外，参照第一审程序的规定进行。

第二百四十三条 第二审人民法院受理上诉、抗诉案件，应当在二个月以内审结。对于可能判处死刑的案件或者附带民事诉讼的案件，以及有本法第一百五十八条规定情形之一的，经省、自治区、直辖市高级人民法院批准或者决定，可以延长二个月；因特殊情况还需要延长的，报请最高人民法院批准。

最高人民法院受理上诉、抗诉案件的审理期限，由最高人民法院决定。

第二百四十四条 第二审的判决、裁定和最高人民法院的判决、裁定，都是终审的判决、裁定。

第二百四十五条 公安机关、人民检察院和人民法院对查封、扣押、冻结的犯罪嫌疑人、被告人的财物及其孳息，应当妥善保管，以供核查，并制作清单，随案移送。任何单位和个人不得挪用或者自行处理。对被害人的合法财产，应当及时返还。对违禁品或者不宜长期保存的物品，应当依照国家有关规定处理。

对作为证据使用的实物应当随案移送，对不宜移送的，应当将其清单、照片或者其他证明文件随案移送。

人民法院作出的判决，应当对查封、扣押、冻结的财物及其孳息作出处理。

人民法院作出的判决生效以后，有关机关应当根据判决对查封、扣押、冻结的财物及其孳息进行处理。对查封、扣押、冻结的赃款赃物及其孳息，除依法返还被害人的以外，一律上缴国库。

司法工作人员贪污、挪用或者私自处理查封、扣押、冻结的财物及其孳息的，依法追究刑事责任；不构成犯罪的，给予处分。

第四章　死刑复核程序

第二百四十六条　死刑由最高人民法院核准。

第二百四十七条　中级人民法院判处死刑的第一审案件，被告人不上诉的，应当由高级人民法院复核后，报请最高人民法院核准。高级人民法院不同意判处死刑的，可以提审或者发回重新审判。

高级人民法院判处死刑的第一审案件被告人不上诉的，和判处死刑的第二审案件，都应当报请最高人民法院核准。

第二百四十八条　中级人民法院判处死刑缓期二年执行的案件，由高级人民法院核准。

第二百四十九条　最高人民法院复核死刑案件，高级人民法院复核死刑缓期执行的案件，应当由审判员三人组成合议庭进行。

第二百五十条　最高人民法院复核死刑案件，应当作出核准或者不核准死刑的裁定。对于不核准死刑的，最高人民法院可以发回重新审判或者予以改判。

第二百五十一条　最高人民法院复核死刑案件，应当讯问被告人，辩护律师提出要求的，应当听取辩护律师的意见。

在复核死刑案件过程中，最高人民检察院可以向最高人民法院提出意见。最高人民法院应当将死刑复核结果通报最高人民检察院。

第五章　审判监督程序

第二百五十二条　当事人及其法定代理人、近亲属，对已经发生法律效力的判决、裁定，可以向人民法院或者人民检察院提出申诉，但是不能停止判决、裁定的执行。

第二百五十三条　当事人及其法定代理人、近亲属的申诉符合下列情形之一的，人民法院应当重新审判：

（一）有新的证据证明原判决、裁定认定的事实确有错误，可能影响定罪量刑的；

（二）据以定罪量刑的证据不确实、不充分、依法应当予以排除，或者证明案件事实的主要证据之间存在矛盾的；

（三）原判决、裁定适用法律确有错误的；

（四）违反法律规定的诉讼程序，可能影响公正审判的；

（五）审判人员在审理该案件的时候，有贪污受贿，徇私舞弊，枉法裁判行为的。

第二百五十四条 各级人民法院院长对本院已经发生法律效力的判决和裁定，如果发现在认定事实上或者在适用法律上确有错误，必须提交审判委员会处理。

最高人民法院对各级人民法院已经发生法律效力的判决和裁定，上级人民法院对下级人民法院已经发生法律效力的判决和裁定，如果发现确有错误，有权提审或者指令下级人民法院再审。

最高人民检察院对各级人民法院已经发生法律效力的判决和裁定，上级人民检察院对下级人民法院已经发生法律效力的判决和裁定，如果发现确有错误，有权按照审判监督程序向同级人民法院提出抗诉。

人民检察院抗诉的案件，接受抗诉的人民法院应当组成合议庭重新审理，对于原判决事实不清楚或者证据不足的，可以指令下级人民法院再审。

第二百五十五条 上级人民法院指令下级人民法院再审的，应当指令原审人民法院以外的下级人民法院审理；由原审人民法院审理更为适宜的，也可以指令原审人民法院审理。

第二百五十六条 人民法院按照审判监督程序重新审判的案件，由原审人民法院审理的，应当另行组成合议庭进行。如果原来是第一审案件，应当依照第一审程序进行审判，所作的判决、裁定，可以上诉、抗诉；如果原来是第二审案件，或者是上级人民法院提审的案件，应当依照第二审程序进行审判，所作的判决、裁定，是终审的判决、裁定。

人民法院开庭审理的再审案件，同级人民检察院应当派员出席法庭。

第二百五十七条 人民法院决定再审的案件，需要对被告人采取强制措施的，由人民法院依法决定；人民检察院提出抗诉的再审案件，需要对被告人采取强制措施的，由人民检察院依法决定。

人民法院按照审判监督程序审判的案件，可以决定中止原判决、裁定的执行。

第二百五十八条 人民法院按照审判监督程序重新审判的案件，应当在作出提审、再审决定之日起三个月以内审结，需要延长期限的，不得超过六个月。

接受抗诉的人民法院按照审判监督程序审判抗诉的案件，审理期限适用前款规定；对需要指令下级人民法院再审的，应当自接受抗诉之日起一个月以内作出决定，下级人民法院审理案件的期限适用前款规定。

第四编　执　　行

第二百五十九条 判决和裁定在发生法律效力后执行。

下列判决和裁定是发生法律效力的判决和裁定：

（一）已过法定期限没有上诉、抗诉的判决和裁定；

（二）终审的判决和裁定；

（三）最高人民法院核准的死刑的判决和高级人民法院核准的死刑缓期二年执行的判决。

第二百六十条 第一审人民法院判决被告人无罪、免除刑事处罚的，如果被告人在押，在宣判后应当立即释放。

第二百六十一条 最高人民法院判处和核准的死刑立即执行的判决，应当由最高人民法院院长签发执行死刑的命令。

被判处死刑缓期二年执行的罪犯,在死刑缓期执行期间,如果没有故意犯罪,死刑缓期执行期满,应当予以减刑的,由执行机关提出书面意见,报请高级人民法院裁定;如果故意犯罪,情节恶劣,查证属实,应当执行死刑的,由高级人民法院报请最高人民法院核准;对于故意犯罪未执行死刑的,死刑缓期执行的期间重新计算,并报最高人民法院备案。

第二百六十二条 下级人民法院接到最高人民法院执行死刑的命令后,应当在七日以内交付执行。但是发现有下列情形之一的,应当停止执行,并且立即报告最高人民法院,由最高人民法院作出裁定:

(一)在执行前发现判决可能有错误的;

(二)在执行前罪犯揭发重大犯罪事实或者有其他重大立功表现,可能需要改判的;

(三)罪犯正在怀孕。

前款第一项、第二项停止执行的原因消失后,必须报请最高人民法院院长再签发执行死刑的命令才能执行;由于前款第三项原因停止执行的,应当报请最高人民法院依法改判。

第二百六十三条 人民法院在交付执行死刑前,应当通知同级人民检察院派员临场监督。

死刑采用枪决或者注射等方法执行。

死刑可以在刑场或者指定的羁押场所内执行。

指挥执行的审判人员,对罪犯应当验明正身,讯问有无遗言、信札,然后交付执行人员执行死刑。在执行前,如果发现可能有错误,应当暂停执行,报请最高人民法院裁定。

执行死刑应当公布,不应示众。

执行死刑后,在场书记员应当写成笔录。交付执行的人民法院应当将执行死刑情况报告最高人民法院。

执行死刑后,交付执行的人民法院应当通知罪犯家属。

第二百六十四条 罪犯被交付执行刑罚的时候,应当由交付执行的人民法院在判决生效后十日以内将有关的法律文书送达公安机关、监狱或者其他执行机关。

对被判处死刑缓期二年执行、无期徒刑、有期徒刑的罪犯,由公安机关依法将该罪犯送交监狱执行刑罚。对被判处有期徒刑的罪犯,在被交付执行刑罚前,剩余刑期在三个月以下的,由看守所代为执行。对被判处拘役的罪犯,由公安机关执行。

对未成年犯应当在未成年犯管教所执行刑罚。

执行机关应当将罪犯及时收押,并且通知罪犯家属。

判处有期徒刑、拘役的罪犯,执行期满,应当由执行机关发给释放证明书。

第二百六十五条 对被判处有期徒刑或者拘役的罪犯,有下列情形之一的,可以暂予监外执行:

(一)有严重疾病需要保外就医的;

(二)怀孕或者正在哺乳自己婴儿的妇女;

(三)生活不能自理,适用暂予监外执行不致危害社会的。

对被判处无期徒刑的罪犯,有前款第二项规定情形的,可以暂予监外执行。

对适用保外就医可能有社会危险性的罪犯，或者自伤自残的罪犯，不得保外就医。

对罪犯确有严重疾病，必须保外就医的，由省级人民政府指定的医院诊断并开具证明文件。

在交付执行前，暂予监外执行由交付执行的人民法院决定；在交付执行后，暂予监外执行由监狱或者看守所提出书面意见，报省级以上监狱管理机关或者设区的市一级以上公安机关批准。

第二百六十六条 监狱、看守所提出暂予监外执行的书面意见的，应当将书面意见的副本抄送人民检察院。人民检察院可以向决定或者批准机关提出书面意见。

第二百六十七条 决定或者批准暂予监外执行的机关应当将暂予监外执行决定抄送人民检察院。人民检察院认为暂予监外执行不当的，应当自接到通知之日起一个月以内将书面意见送交决定或者批准暂予监外执行的机关，决定或者批准暂予监外执行的机关接到人民检察院的书面意见后，应当立即对该决定进行重新核查。

第二百六十八条 对暂予监外执行的罪犯，有下列情形之一的，应当及时收监：

（一）发现不符合暂予监外执行条件的；

（二）严重违反有关暂予监外执行监督管理规定的；

（三）暂予监外执行的情形消失后，罪犯刑期未满的。

对于人民法院决定暂予监外执行的罪犯应当予以收监的，由人民法院作出决定，将有关的法律文书送达公安机关、监狱或者其他执行机关。

不符合暂予监外执行条件的罪犯通过贿赂等非法手段被暂予监外执行的，在监外执行的期间不计入执行刑期。罪犯在暂予监外执行期间脱逃的，脱逃的期间不计入执行刑期。

罪犯在暂予监外执行期间死亡的，执行机关应当及时通知监狱或者看守所。

第二百六十九条 对被判处管制、宣告缓刑、假释或者暂予监外执行的罪犯，依法实行社区矫正，由社区矫正机构负责执行。

第二百七十条 对被判处剥夺政治权利的罪犯，由公安机关执行。执行期满，应当由执行机关书面通知本人及其所在单位、居住地基层组织。

第二百七十一条 被判处罚金的罪犯，期满不缴纳的，人民法院应当强制缴纳；如果由于遭遇不能抗拒的灾祸等原因缴纳确实有困难的，经人民法院裁定，可以延期缴纳、酌情减少或者免除。

第二百七十二条 没收财产的判决，无论附加适用或者独立适用，都由人民法院执行；在必要的时候，可以会同公安机关执行。

第二百七十三条 罪犯在服刑期间又犯罪的，或者发现了判决的时候所没有发现的罪行，由执行机关移送人民检察院处理。

被判处管制、拘役、有期徒刑或者无期徒刑的罪犯，在执行期间确有悔改或者立功表现，应当依法予以减刑、假释的时候，由执行机关提出建议书，报请人民法院审核裁定，并将建议书副本抄送人民检察院。人民检察院可以向人民法院提出书面意见。

第二百七十四条 人民检察院认为人民法院减刑、假释的裁定不当，应当在收到裁定书副本后二十日以内，向人民法院提出书面纠正意见。人民法院应当在收到纠正意见后一个月以内重新组成合议庭进行审理,作出最终裁定。

第二百七十五条 监狱和其他执行机关在刑罚执行中,如果认为判决有错误或者罪犯提出申诉,应当转请人民检察院或者原判人民法院处理。

第二百七十六条 人民检察院对执行机关执行刑罚的活动是否合法实行监督。如果发现有违法的情况,应当通知执行机关纠正。

第五编 特别程序

第一章 未成年人刑事案件诉讼程序

第二百七十七条 对犯罪的未成年人实行教育、感化、挽救的方针,坚持教育为主、惩罚为辅的原则。

人民法院、人民检察院和公安机关办理未成年人刑事案件,应当保障未成年人行使其诉讼权利,保障未成年人得到法律帮助,并由熟悉未成年人身心特点的审判人员、检察人员、侦查人员承办。

第二百七十八条 未成年犯罪嫌疑人、被告人没有委托辩护人的,人民法院、人民检察院、公安机关应当通知法律援助机构指派律师为其提供辩护。

第二百七十九条 公安机关、人民检察院、人民法院办理未成年人刑事案件,根据情况可以对未成年犯罪嫌疑人、被告人的成长经历、犯罪原因、监护教育等情况进行调查。

第二百八十条 对未成年犯罪嫌疑人、被告人应当严格限制适用逮捕措施。人民检察院审查批准逮捕和人民法院决定逮捕,应当讯问未成年犯罪嫌疑人、被告人,听取辩护律师的意见。

对被拘留、逮捕和执行刑罚的未成年人与成年人应当分别关押、分别管理、分别教育。

第二百八十一条 对于未成年人刑事案件,在讯问和审判的时候,应当通知未成年犯罪嫌疑人、被告人的法定代理人到场。无法通知、法定代理人不能到场或者法定代理人是共犯的,也可以通知未成年犯罪嫌疑人、被告人的其他成年亲属,所在学校、单位、居住地基层组织或者未成年人保护组织的代表到场,并将有关情况记录在案。到场的法定代理人可以代为行使未成年犯罪嫌疑人、被告人的诉讼权利。

到场的法定代理人或者其他人员认为办案人员在讯问、审判中侵犯未成年人合法权益的,可以提出意见。讯问笔录、法庭笔录应当交给到场的法定代理人或者其他人员阅读或者向他宣读。

讯问女性未成年犯罪嫌疑人,应当有女工作人员在场。

审判未成年人刑事案件,未成年被告人最后陈述后,其法定代理人可以进行补充陈述。

询问未成年被害人、证人,适用第一款、第二款、第三款的规定。

第二百八十二条 对于未成年人涉嫌刑法分则第四章、第五章、第六章规定的犯罪,可能判处一年有期徒刑以下刑罚,符合起诉条件,但有悔罪表现的,人民检察院可以作出附条件不起诉的决定。人民检察院在作出附条件不起诉的决定以前,应当听取公安机关、被害人的意见。

对附条件不起诉的决定,公安机关要求复议、提请复核或者被害人申诉的,适用本法第一百七十九条、第一百八十条的规定。

未成年犯罪嫌疑人及其法定代理人对人民检察院决定附条件不起诉有异议的，人民检察院应当作出起诉的决定。

第二百八十三条 在附条件不起诉的考验期内，由人民检察院对被附条件不起诉的未成年犯罪嫌疑人进行监督考察。未成年犯罪嫌疑人的监护人，应当对未成年犯罪嫌疑人加强管教，配合人民检察院做好监督考察工作。

附条件不起诉的考验期为六个月以上一年以下，从人民检察院作出附条件不起诉的决定之日起计算。

被附条件不起诉的未成年犯罪嫌疑人，应当遵守下列规定：

（一）遵守法律法规，服从监督；

（二）按照考察机关的规定报告自己的活动情况；

（三）离开所居住的市、县或者迁居，应当报经考察机关批准；

（四）按照考察机关的要求接受矫治和教育。

第二百八十四条 被附条件不起诉的未成年犯罪嫌疑人，在考验期内有下列情形之一的，人民检察院应当撤销附条件不起诉的决定，提起公诉：

（一）实施新的犯罪或者发现决定附条件不起诉以前还有其他犯罪需要追诉的；

（二）违反治安管理规定或者考察机关有关附条件不起诉的监督管理规定，情节严重的。

被附条件不起诉的未成年犯罪嫌疑人，在考验期内没有上述情形，考验期满的，人民检察院应当作出不起诉的决定。

第二百八十五条 审判的时候被告人不满十八周岁的案件，不公开审理。但是，经未成年被告人及其法定代理人同意，未成年被告人所在学校和未成年人保护组织可以派代表到场。

第二百八十六条 犯罪的时候不满十八周岁，被判处五年有期徒刑以下刑罚的，应当对相关犯罪记录予以封存。

犯罪记录被封存的，不得向任何单位和个人提供，但司法机关为办案需要或者有关单位根据国家规定进行查询的除外。依法进行查询的单位，应当对被封存的犯罪记录的情况予以保密。

第二百八十七条 办理未成年人刑事案件，除本章已有规定的以外，按照本法的其他规定进行。

第二章 当事人和解的公诉案件诉讼程序

第二百八十八条 下列公诉案件，犯罪嫌疑人、被告人真诚悔罪，通过向被害人赔偿损失、赔礼道歉等方式获得被害人谅解，被害人自愿和解的，双方当事人可以和解：

（一）因民间纠纷引起，涉嫌刑法分则第四章、第五章规定的犯罪案件，可能判处三年有期徒刑以下刑罚的；

（二）除渎职犯罪以外的可能判处七年有期徒刑以下刑罚的过失犯罪案件。

犯罪嫌疑人、被告人在五年以内曾经故意犯罪的，不适用本章规定的程序。

第二百八十九条 双方当事人和解的，公安机关、人民检察院、人民法院应当听取当事人和其他有关人员的意见，对和解的自愿性、合法性进行审查，并主持制作和解协议书。

第二百九十条 对于达成和解协议的案件，公安机关可以向人民检察院提出从宽处理的建议。人民检察院可以向人民法院提出从宽处罚的建议；对于犯罪情节轻微，不需要判处刑罚的，可以作出不起诉的决定。人民法院可以依法对被告人从宽处罚。

第三章 缺席审判程序

第二百九十一条 对于贪污贿赂犯罪案件，以及需要及时进行审判，经最高人民检察院核准的严重危害国家安全犯罪、恐怖活动犯罪案件，犯罪嫌疑人、被告人在境外，监察机关、公安机关移送起诉，人民检察院认为犯罪事实已经查清，证据确实、充分，依法应当追究刑事责任的，可以向人民法院提起公诉。人民法院进行审查后，对于起诉书中有明确的指控犯罪事实，符合缺席审判程序适用条件的，应当决定开庭审判。

前款案件，由犯罪地、被告人离境前居住地或者最高人民法院指定的中级人民法院组成合议庭进行审理。

第二百九十二条 人民法院应当通过有关国际条约规定的或者外交途径提出的司法协助方式，或者被告人所在地法律允许的其他方式，将传票和人民检察院的起诉书副本送达被告人。传票和起诉书副本送达后，被告人未按要求到案的，人民法院应当开庭审理，依法作出判决，并对违法所得及其他涉案财产作出处理。

第二百九十三条 人民法院缺席审判案件，被告人有权委托辩护人，被告人的近亲属可以代为委托辩护人。被告人及其近亲属没有委托辩护人的，人民法院应当通知法律援助机构指派律师为其提供辩护。

第二百九十四条 人民法院应当将判决书送达被告人及其近亲属、辩护人。被告人或者其近亲属不服判决的，有权向上一级人民法院上诉。辩护人经被告人或者其近亲属同意，可以提出上诉。

人民检察院认为人民法院的判决确有错误的，应当向上一级人民法院提出抗诉。

第二百九十五条 在审理过程中，被告人自动投案或者被抓获的，人民法院应当重新审理。

罪犯在判决、裁定发生法律效力后到案的，人民法院应当将罪犯交付执行刑罚。交付执行刑罚前，人民法院应当告知罪犯有权对判决、裁定提出异议。罪犯对判决、裁定提出异议的，人民法院应当重新审理。

依照生效判决、裁定对罪犯的财产进行的处理确有错误的，应当予以返还、赔偿。

第二百九十六条 因被告人患有严重疾病无法出庭，中止审理超过六个月，被告人仍无法出庭，被告人及其法定代理人、近亲属申请或者同意恢复审理的，人民法院可以在被告人不出庭的情况下缺席审理，依法作出判决。

第二百九十七条 被告人死亡的，人民法院应当裁定终止审理，但有证据证明被告人无罪，人民法院经缺席审理确认无罪的，应当依法作出判决。

人民法院按照审判监督程序重新审判的案件，被告人死亡的，人民法院可以缺席审理，依法作出判决。

第四章 犯罪嫌疑人、被告人逃匿、死亡案件违法所得的没收程序

第二百九十八条 对于贪污贿赂犯罪、恐怖活动犯罪等重大犯罪案件，犯罪嫌疑人、被告人逃匿，在通缉一年后不能到案，或者犯罪嫌疑人、被告人死亡，依照刑法规定应当追缴其违法所得及其他涉案财产的，人民检察院可以向人民法院提出没收违法所得的申请。

公安机关认为有前款规定情形的，应当写出没收违法所得意见书，移送人民检察院。

没收违法所得的申请应当提供与犯罪事实、违法所得相关的证据材料，并列明财产的种类、数量、所在地及查封、扣押、冻结的情况。

人民法院在必要的时候，可以查封、扣押、冻结申请没收的财产。

第二百九十九条 没收违法所得的申请，由犯罪地或者犯罪嫌疑人、被告人居住地的中级人民法院组成合议庭进行审理。

人民法院受理没收违法所得的申请后，应当发出公告。公告期间为六个月。犯罪嫌疑人、被告人的近亲属和其他利害关系人有权申请参加诉讼，也可以委托诉讼代理人参加诉讼。

人民法院在公告期满后对没收违法所得的申请进行审理。利害关系人参加诉讼的，人民法院应当开庭审理。

第三百条 人民法院经审理，对经查证属于违法所得及其他涉案财产，除依法返还被害人的以外，应当裁定予以没收；对不属于应当追缴的财产的，应当裁定驳回申请，解除查封、扣押、冻结措施。

对于人民法院依照前款规定作出的裁定，犯罪嫌疑人、被告人的近亲属和其他利害关系人或者人民检察院可以提出上诉、抗诉。

第三百零一条 在审理过程中，在逃的犯罪嫌疑人、被告人自动投案或者被抓获的，人民法院应当终止审理。

没收犯罪嫌疑人、被告人财产确有错误的，应当予以返还、赔偿。

第五章 依法不负刑事责任的精神病人的强制医疗程序

第三百零二条 实施暴力行为，危害公共安全或者严重危害公民人身安全，经法定程序鉴定依法不负刑事责任的精神病人，有继续危害社会可能的，可以予以强制医疗。

第三百零三条 根据本章规定对精神病人强制医疗的，由人民法院决定。

公安机关发现精神病人符合强制医疗条件的，应当写出强制医疗意见书，移送人民检察院。对于公安机关移送的或者在审查起诉过程中发现的精神病人符合强制医疗条件的，人民检察院应当向人民法院提出强制医疗的申请。人民法院在审理案件过程中发现被告人符合强制医疗条件的，可以作出强制医疗的决定。

对实施暴力行为的精神病人，在人民法院决定强制医疗前，公安机关可以采取临时的保护

性约束措施。

第三百零四条 人民法院受理强制医疗的申请后,应当组成合议庭进行审理。

人民法院审理强制医疗案件,应当通知被申请人或者被告人的法定代理人到场。被申请人或者被告人没有委托诉讼代理人的,人民法院应当通知法律援助机构指派律师为其提供法律帮助。

第三百零五条 人民法院经审理,对于被申请人或者被告人符合强制医疗条件的,应当在一个月以内作出强制医疗的决定。

被决定强制医疗的人、被害人及其法定代理人、近亲属对强制医疗决定不服的,可以向上一级人民法院申请复议。

第三百零六条 强制医疗机构应当定期对被强制医疗的人进行诊断评估。对于已不具有人身危险性,不需要继续强制医疗的,应当及时提出解除意见,报决定强制医疗的人民法院批准。

被强制医疗的人及其近亲属有权申请解除强制医疗。

第三百零七条 人民检察院对强制医疗的决定和执行实行监督。

附　　则

第三百零八条 军队保卫部门对军队内部发生的刑事案件行使侦查权。

中国海警局履行海上维权执法职责,对海上发生的刑事案件行使侦查权。

对罪犯在监狱内犯罪的案件由监狱进行侦查。

军队保卫部门、中国海警局、监狱办理刑事案件,适用本法的有关规定。

中华人民共和国引渡法

1. 2000年12月28日第九届全国人民代表大会常务委员会第十九次会议通过
2. 2000年12月28日中华人民共和国主席令第42号公布
3. 自公布之日起施行

目　　录

第一章 总 则

第一条 为了保障引渡的正常进行，加强惩罚犯罪方面的国际合作，保护个人和组织的合法权益，维护国家利益和社会秩序，制定本法。

第二条 中华人民共和国和外国之间的引渡，依照本法进行。

第三条 中华人民共和国和外国在平等互惠的基础上进行引渡合作。

引渡合作，不得损害中华人民共和国的主权、安全和社会公共利益。

第四条 中华人民共和国和外国之间的引渡，通过外交途径联系。中华人民共和国外交部为指定的进行引渡的联系机关。

引渡条约对联系机关有特别规定的，依照条约规定。

第五条 办理引渡案件，可以根据情况，对被请求引渡人采取引渡拘留、引渡逮捕或者引渡监视居住的强制措施。

第六条 本法下列用语的含义是：

（一）“被请求引渡人”是指请求国向被请求国请求准予引渡的人；

（二）“被引渡人”是指从被请求国引渡到请求国的人；

（三）“引渡条约”是指中华人民共和国与外国缔结或者共同参加的引渡条约或者载有引渡条款的其他条约。

第二章 向中华人民共和国请求引渡

第一节 引渡的条件

第七条 外国向中华人民共和国提出的引渡请求必须同时符合下列条件，才能准予引渡：

（一）引渡请求所指的行为，依照中华人民共和国法律和请求国法律均构成犯罪；

（二）为了提起刑事诉讼而请求引渡的，根据中华人民共和国法律和请求国法律，对于引渡请求所指的犯罪均可判处一年以上有期徒刑或者其他更重的刑罚；为了执行刑罚而请求引渡的，在提出引渡请求时，被请求引渡人尚未服完的刑期至少为六个月。

对于引渡请求中符合前款第一项规定的多种犯罪，只要其中有一种犯罪符合前款第二项的规定，就可以对上述各种犯罪准予引渡。

第八条 外国向中华人民共和国提出的引渡请求，有下列情形之一的，应当拒绝引渡：

（一）根据中华人民共和国法律，被请求引渡人具有中华人民共和国国籍的；

（二）在收到引渡请求时，中华人民共和国的司法机关对于引渡请求所指的犯罪已经作出生效判决，或者已经终止刑事诉讼程序的；

（三）因政治犯罪而请求引渡的，或者中华人民共和国已经给予被请求引渡人受庇护权利的；

（四）被请求引渡人可能因其种族、宗教、国籍、性别、政治见解或者身份等方面的原因而被提起刑事诉讼或者执行刑罚，或者被请求引渡人在司法程序中可能由于上述原因受到不公正待遇的；

（五）根据中华人民共和国或者请求国法律，引渡请求所指的犯罪纯属军事犯罪的；

（六）根据中华人民共和国或者请求国法律，在收到引渡请求时，由于犯罪已过追诉时效期限或者被请求引渡人已被赦免等原因，不应当追究被请求引渡人的刑事责任的；

（七）被请求引渡人在请求国曾经遭受或者可能遭受酷刑或者其他残忍、不人道或者有辱人格的待遇或者处罚的；

（八）请求国根据缺席判决提出引渡请求的。但请求国承诺在引渡后对被请求引渡人给予在其出庭的情况下进行重新审判机会的除外。

第九条 外国向中华人民共和国提出的引渡请求，有下列情形之一的，可以拒绝引渡：

（一）中华人民共和国对于引渡请求所指的犯罪具有刑事管辖权，并且对被请求引渡人正在进行刑事诉讼或者准备提起刑事诉讼的；

（二）由于被请求引渡人的年龄、健康等原因，根据人道主义原则不宜引渡的。

第二节 引渡请求的提出

第十条 请求国的引渡请求应当向中华人民共和国外交部提出。

第十一条 请求国请求引渡应当出具请求书，请求书应当载明：

（一）请求机关的名称；

（二）被请求引渡人的姓名、性别、年龄、国籍、身份证件的种类及号码、职业、外表特征、住所地和居住地以及其他有助于辨别其身份和查找该人的情况；

（三）犯罪事实，包括犯罪的时间、地点、行为、结果等；

（四）对犯罪的定罪量刑以及追诉时效方面的法律规定。

第十二条 请求国请求引渡，应当在出具请求书的同时，提供以下材料：

（一）为了提起刑事诉讼而请求引渡的，应当附有逮捕证或者其他具有同等效力的文件的副本；为了执行刑罚而请求引渡的，应当附有发生法律效力的判决书或者裁定书的副本，对于已经执行部分刑罚的，还应当附有已经执行刑期的证明；

（二）必要的犯罪证据或者证据材料。

请求国掌握被请求引渡人照片、指纹以及其他可供确认被请求引渡人的材料的，应当提供。

第十三条 请求国根据本节提交的引渡请求书或者其他有关文件，应当由请求国的主管机关正式签署或者盖章，并应当附有中文译本或者经中华人民共和国外交部同意使用的其他文字的译本。

第十四条 请求国请求引渡，应当作出如下保证：

（一）请求国不对被引渡人在引渡前实施的其他未准予引渡的犯罪追究刑事责任，也不将该人再引渡给第三国。但经中华人民共和国同意，或者被引渡人在其引渡罪行诉讼终结、服刑期满或者提前释放之日起三十日内没有离开请求国，或者离开后又自愿返回的除外；

（二）请求国提出请求后撤销、放弃引渡请求，或者提出引渡请求错误的，由请求国承担因请求引渡对被请求引渡人造成损害的责任。

第十五条 在没有引渡条约的情况下，请求国应当作出互惠的承诺。

第三节 对引渡请求的审查

第十六条 外交部收到请求国提出的引渡请求后，应当对引渡请求书及其所附文件、材料是否符合本法第二章第二节和引渡条约的规定进行审查。

最高人民法院指定的高级人民法院对请求国提出的引渡请求是否符合本法和引渡条约关于引渡条件等规定进行审查并作出裁定。最高人民法院对高级人民法院作出的裁定进行复核。

第十七条 对于两个以上国家就同一行为或者不同行为请求引渡同一人的，应当综合考虑中华人民共和国收到引渡请求的先后、中华人民共和国与请求国是否存在引渡条约关系等因素，确定接受引渡请求的优先顺序。

第十八条 外交部对请求国提出的引渡请求进行审查，认为不符合本法第二章第二节和引渡条约的规定的，可以要求请求国在三十日内提供补充材料。经请求国请求，上述期限可以延长十五日。

请求国未在上述期限内提供补充材料的，外交部应当终止该引渡案件。请求国可以对同一犯罪再次提出引渡该人的请求。

第十九条 外交部对请求国提出的引渡请求进行审查，认为符合本法第二章第二节和引渡条约的规定的，应当将引渡请求书及其所附文件和材料转交最高人民法院、最高人民检察院。

第二十条 外国提出正式引渡请求前被请求引渡人已经被引渡拘留的，最高人民法院接到引渡请求书及其所附文件和材料后，应当将引渡请求书及其所附文件和材料及时转交有关高级人民法院进行审查。

外国提出正式引渡请求前被请求引渡人未被引渡拘留的，最高人民法院接到引渡请求书及其所附文件和材料后，通知公安部查找被请求引渡人。公安机关查找到被请求引渡人后，应当根据情况对被请求引渡人予以引渡拘留或者引渡监视居住，由公安部通知最高人民法院。最高人民法院接到公安部的通知后，应当及时将引渡请求书及其所附文件和材料转交有关高级人民法院进行审查。

公安机关经查找后，确认被请求引渡人不在中华人民共和国境内或者查找不到被请求引渡人的，公安部应当及时通知最高人民法院。最高人民法院接到公安部的通知后，应当及时将查找情况通知外交部，由外交部通知请求国。

第二十一条 最高人民检察院经审查，认为对引渡请求所指的犯罪或者被请求引渡人的其他犯罪，应当由我国司法机关追诉，但尚未提起刑事诉讼的，应当自收到引渡请求书及其所附文件和材料之日起一个月内,将准备提起刑事诉讼的意见分别告知最高人民法院和外交部。

第二十二条 高级人民法院根据本法和引渡条约关于引渡条件等有关规定,对请求国的引渡请求进行审查,由审判员三人组成合议庭进行。

第二十三条 高级人民法院审查引渡案件,应当听取被请求引渡人的陈述及其委托的中国律师的意见。高级人民法院应当在收到最高人民法院转来的引渡请求书之日起十日内将引渡请求书副本发送被请求引渡人。被请求引渡人应当在收到之日起三十日内提出意见。

第二十四条 高级人民法院经审查后,应当分别作出以下裁定:

(一)认为请求国的引渡请求符合本法和引渡条约规定的,应当作出符合引渡条件的裁定。如果被请求引渡人具有本法第四十二条规定的暂缓引渡情形的,裁定中应当予以说明;

(二)认为请求国的引渡请求不符合本法和引渡条约规定的,应当作出不引渡的裁定。

根据请求国的请求,在不影响中华人民共和国领域内正在进行的其他诉讼,不侵害中华人民共和国领域内任何第三人的合法权益的情况下,可以在作出符合引渡条件的裁定的同时,作出移交与案件有关财物的裁定。

第二十五条 高级人民法院作出符合引渡条件或者不引渡的裁定后,应当向被请求引渡人宣读,并在作出裁定之日起七日内将裁定书连同有关材料报请最高人民法院复核。

被请求引渡人对高级人民法院作出符合引渡条件的裁定不服的,被请求引渡人及其委托的中国律师可以在人民法院向被请求引渡人宣读裁定之日起十日内,向最高人民法院提出意见。

第二十六条 最高人民法院复核高级人民法院的裁定,应当根据下列情形分别处理:

(一)认为高级人民法院作出的裁定符合本法和引渡条约规定的,应当对高级人民法院的裁定予以核准;

(二)认为高级人民法院作出的裁定不符合本法和引渡条约规定的,可以裁定撤销,发回原审人民法院重新审查,也可以直接作出变更的裁定。

第二十七条 人民法院在审查过程中,在必要时,可以通过外交部要求请求国在三十日内提供补充材料。

第二十八条 最高人民法院作出核准或者变更的裁定后,应当在作出裁定之日起七日内将裁定书送交外交部,并同时送达被请求引渡人。

最高人民法院核准或者作出不引渡裁定的,应当立即通知公安机关解除对被请求引渡人采取的强制措施。

第二十九条 外交部接到最高人民法院不引渡的裁定后,应当及时通知请求国。

外交部接到最高人民法院符合引渡条件的裁定后,应当报送国务院决定是否引渡。

国务院决定不引渡的,外交部应当及时通知请求国。人民法院应当立即通知公安机关解除对被请求引渡人采取的强制措施。

第四节　为引渡而采取的强制措施

第三十条 对于外国正式提出引渡请求前,因紧急情况申请对将被请求引渡的人采取羁押措施的,公安机关可以根据外国的申请采取引渡拘留措施。

前款所指的申请应当通过外交途径或者向公安部书面提出，并应当载明：

（一）本法第十一条、第十四条规定的内容；

（二）已经具有本法第十二条第一项所指材料的说明；

（三）即将正式提出引渡请求的说明。

对于通过外交途径提出申请的，外交部应当及时将该申请转送公安部。对于向公安部提出申请的，公安部应当将申请的有关情况通知外交部。

第三十一条 公安机关根据本法第三十条的规定对被请求人采取引渡拘留措施，对于向公安部提出申请的，公安部应当将执行情况及时通知对方，对于通过外交途径提出申请的，公安部将执行情况通知外交部，外交部应当及时通知请求国。通过上述途径通知时，对于被请求人已被引渡拘留的，应当同时告知提出正式引渡请求的期限。

公安机关采取引渡拘留措施后三十日内外交部没有收到外国正式引渡请求的，应当撤销引渡拘留，经该外国请求，上述期限可以延长十五日。

对根据本条第二款撤销引渡拘留的，请求国可以在事后对同一犯罪正式提出引渡该人的请求。

第三十二条 高级人民法院收到引渡请求书及其所附文件和材料后，对于不采取引渡逮捕措施可能影响引渡正常进行的，应当及时作出引渡逮捕的决定。对被请求引渡人不采取引渡逮捕措施的，应当及时作出引渡监视居住的决定。

第三十三条 引渡拘留、引渡逮捕、引渡监视居住由公安机关执行。

第三十四条 采取引渡强制措施的机关应当在采取引渡强制措施后二十四小时内对被采取引渡强制措施的人进行讯问。

被采取引渡强制措施的人自被采取引渡强制措施之日起，可以聘请中国律师为其提供法律帮助。公安机关在执行引渡强制措施时，应当告知被采取引渡强制措施的人享有上述权利。

第三十五条 对于应当引渡逮捕的被请求引渡人，如果患有严重疾病，或者是正在怀孕、哺乳自己婴儿的妇女，可以采取引渡监视居住措施。

第三十六条 国务院作出准予引渡决定后，应当及时通知最高人民法院。如果被请求引渡人尚未被引渡逮捕的，人民法院应当立即决定引渡逮捕。

第三十七条 外国撤销、放弃引渡请求的，应当立即解除对被请求引渡人采取的引渡强制措施。

第五节 引渡的执行

第三十八条 引渡由公安机关执行。对于国务院决定准予引渡的，外交部应当及时通知公安部，并通知请求国与公安部约定移交被请求引渡人的时间、地点、方式以及执行引渡有关的其他事宜。

第三十九条 对于根据本法第三十八条的规定执行引渡的，公安机关应当根据人民法院的裁定，向请求国移交与案件有关的财物。

因被请求引渡人死亡、逃脱或者其他原因而无法执行引渡时，也可以向请求国移交上述财物。

第四十条 请求国自约定的移交之日起十五日内不接收被请求引渡人的，应当视为自动放弃引渡请求。公安机关应当立即释放被请求引渡人,外交部可以不再受理该国对同一犯罪再次提出的引渡该人的请求。

请求国在上述期限内因无法控制的原因不能接收被请求引渡人的,可以申请延长期限,但最长不得超过三十日,也可以根据本法第三十八条的规定重新约定移交事宜。

第四十一条 被引渡人在请求国的刑事诉讼终结或者服刑完毕之前逃回中华人民共和国的,可以根据请求国再次提出的相同的引渡请求准予重新引渡,无需请求国提交本章第二节规定的文件和材料。

第六节 暂缓引渡和临时引渡

第四十二条 国务院决定准予引渡时,对于中华人民共和国司法机关正在对被请求引渡人由于其他犯罪进行刑事诉讼或者执行刑罚的,可以同时决定暂缓引渡。

第四十三条 如果暂缓引渡可能给请求国的刑事诉讼造成严重障碍,在不妨碍中华人民共和国领域内正在进行的刑事诉讼,并且请求国保证在完成有关诉讼程序后立即无条件送回被请求引渡人的情况下,可以根据请求国的请求,临时引渡该人。

临时引渡的决定,由国务院征得最高人民法院或者最高人民检察院的同意后作出。

第七节 引渡的过境

第四十四条 外国之间进行引渡需要经过中华人民共和国领域的,应当按照本法第四条和本章第二节的有关规定提出过境请求。

过境采用航空运输并且在中华人民共和国领域内没有着陆计划的,不适用前款规定;但发生计划外着陆的,应当依照前款规定提出过境请求。

第四十五条 对于外国提出的过境请求,由外交部根据本法的有关规定进行审查,作出准予过境或者拒绝过境的决定。

准予过境或者拒绝过境的决定应当由外交部通过与收到请求相同的途径通知请求国。

外交部作出准予过境的决定后,应当将该决定及时通知公安部。过境的时间、地点和方式等事宜由公安部决定。

第四十六条 引渡的过境由过境地的公安机关监督或者协助执行。

公安机关可以根据过境请求国的请求,提供临时羁押场所。

第三章 向外国请求引渡

第四十七条 请求外国准予引渡或者引渡过境的,应当由负责办理有关案件的省、自治区或者直辖市的审判、检察、公安、国家安全或者监狱管理机关分别向最高人民法院、最高人民检察院、公安部、国家安全部、司法部提出意见书,并附有关文件和材料及其经证明无误的译文。最高人民法院、最高人民检察院、公安部、国家安全部、司法部分别会同外交部审核同意后,通过外交部向外国提出请求。

第四十八条 在紧急情况下,可以在向外国正式提出引渡请求前,通过外交途径或者被请求国同意的其他途径，请求外国对有关人员先行采取强制措施。

第四十九条 引渡、引渡过境或者采取强制措施的请求所需的文书、文件和材料，应当依照引渡条约的规定提出；没有引渡条约或者引渡条约没有规定的，可以参照本法第二章第二节、第四节和第七节的规定提出；被请求国有特殊要求的，在不违反中华人民共和国法律的基本原则的情况下，可以按照被请求国的特殊要求提出。

第五十条 被请求国就准予引渡附加条件的，对于不损害中华人民共和国主权、国家利益、公共利益的，可以由外交部代表中华人民共和国政府向被请求国作出承诺。对于限制追诉的承诺，由最高人民检察院决定；对于量刑的承诺，由最高人民法院决定。

在对被引渡人追究刑事责任时，司法机关应当受所作出的承诺的约束。

第五十一条 公安机关负责接收外国准予引渡的人以及与案件有关的财物。

对于其他部门提出引渡请求的，公安机关在接收被引渡人以及与案件有关的财物后，应当及时转交提出引渡请求的部门；也可以会同有关部门共同接收被引渡人以及与案件有关的财物。

第四章 附　　则

第五十二条 根据本法规定是否引渡由国务院决定的，国务院在必要时，得授权国务院有关部门决定。

第五十三条 请求国提出请求后撤销、放弃引渡请求，或者提出引渡请求错误，给被请求引渡人造成损害，被请求引渡人提出赔偿的，应当向请求国提出。

第五十四条 办理引渡案件产生的费用，依照请求国和被请求国共同参加、签订的引渡条约或者协议办理。

第五十五条 本法自公布之日起施行。

中华人民共和国国际刑事司法协助法

1. 2018年10月26日第十三届全国人民代表大会常务委员会第六次会议通过
2. 2018年10月26日中华人民共和国主席令第13号公布
3. 自公布之日起施行

目　　录

第一章 总 则

第一条 为了保障国际刑事司法协助的正常进行，加强刑事司法领域的国际合作，有效惩治犯罪，保护个人和组织的合法权益，维护国家利益和社会秩序，制定本法。

第二条 本法所称国际刑事司法协助，是指中华人民共和国和外国在刑事案件调查、侦查、起诉、审判和执行等活动中相互提供协助，包括送达文书，调查取证，安排证人作证或者协助调查，查封、扣押、冻结涉案财物，没收、返还违法所得及其他涉案财物，移管被判刑人以及其他协助。

第三条 中华人民共和国和外国之间开展刑事司法协助，依照本法进行。

执行外国提出的刑事司法协助请求，适用本法、刑事诉讼法及其他相关法律的规定。

对于请求书的签署机关、请求书及所附材料的语言文字、有关办理期限和具体程序等事项，在不违反中华人民共和国法律的基本原则的情况下，可以按照刑事司法协助条约规定或者双方协商办理。

第四条 中华人民共和国和外国按照平等互惠原则开展国际刑事司法协助。

国际刑事司法协助不得损害中华人民共和国的主权、安全和社会公共利益，不得违反中华人民共和国法律的基本原则。

非经中华人民共和国主管机关同意，外国机构、组织和个人不得在中华人民共和国境内进行本法规定的刑事诉讼活动，中华人民共和国境内的机构、组织和个人不得向外国提供证据材料和本法规定的协助。

第五条 中华人民共和国和外国之间开展刑事司法协助，通过对外联系机关联系。

中华人民共和国司法部等对外联系机关负责提出、接收和转递刑事司法协助请求，处理其他与国际刑事司法协助相关的事务。

中华人民共和国和外国之间没有刑事司法协助条约的，通过外交途径联系。

第六条 国家监察委员会、最高人民法院、最高人民检察院、公安部、国家安全部等部门是开展国际刑事司法协助的主管机关，按照职责分工，审核向外国提出的刑事司法协助请求，审查处理对外联系机关转递的外国提出的刑事司法协助请求，承担其他与国际刑事司法协助相关的工作。在移管被判刑人案件中，司法部按照职责分工，承担相应的主管机关职责。

办理刑事司法协助相关案件的机关是国际刑事司法协助的办案机关，负责向所属主管机关提交需要向外国提出的刑事司法协助请求、执行所属主管机关交办的外国提出的刑事司法协助请求。

第七条 国家保障开展国际刑事司法协助所需经费。

第八条 中华人民共和国和外国相互执行刑事司法协助请求产生的费用，有条约规定的，按照条约承担；没有条约或者条约没有规定的，按照平等互惠原则通过协商解决。

第二章 刑事司法协助请求的提出、接收和处理

第一节 向外国请求刑事司法协助

第九条 办案机关需要向外国请求刑事司法协助的，应当制作刑事司法协助请求书并附相关材料，经所属主管机关审核同意后，由对外联系机关及时向外国提出请求。

第十条 向外国的刑事司法协助请求书，应当依照刑事司法协助条约的规定提出；没有条约或者条约没有规定的，可以参照本法第十三条的规定提出；被请求国有特殊要求的，在不违反中华人民共和国法律的基本原则的情况下，可以按照被请求国的特殊要求提出。

请求书及所附材料应当以中文制作，并附有被请求国官方文字的译文。

第十一条 被请求国就执行刑事司法协助请求提出附加条件，不损害中华人民共和国的主权、安全和社会公共利益的，可以由外交部作出承诺。被请求国明确表示对外联系机关作出的承诺充分有效的，也可以由对外联系机关作出承诺。对于限制追诉的承诺，由最高人民检察院决定；对于量刑的承诺，由最高人民法院决定。

在对涉案人员追究刑事责任时，有关机关应当受所作出的承诺的约束。

第十二条 对外联系机关收到外国的有关通知或者执行结果后，应当及时转交或者转告有关主管机关。

外国就其提供刑事司法协助的案件要求通报诉讼结果的，对外联系机关转交有关主管机关办理。

第二节 向中华人民共和国请求刑事司法协助

第十三条 外国向中华人民共和国提出刑事司法协助请求的，应当依照刑事司法协助条约

的规定提出请求书。没有条约或者条约没有规定的，应当在请求书中载明下列事项并附相关材料：

（一）请求机关的名称；

（二）案件性质、涉案人员基本信息及犯罪事实；

（三）本案适用的法律规定；

（四）请求的事项和目的；

（五）请求的事项与案件之间的关联性；

（六）希望请求得以执行的期限；

（七）其他必要的信息或者附加的要求。

在没有刑事司法协助条约的情况下，请求国应当作出互惠的承诺。

请求书及所附材料应当附有中文译文。

第十四条 外国向中华人民共和国提出的刑事司法协助请求，有下列情形之一的，可以拒绝提供协助：

（一）根据中华人民共和国法律，请求针对的行为不构成犯罪；

（二）在收到请求时，在中华人民共和国境内对于请求针对的犯罪正在进行调查、侦查、起诉、审判，已经作出生效判决，终止刑事诉讼程序，或者犯罪已过追诉时效期限；

（三）请求针对的犯罪属于政治犯罪；

（四）请求针对的犯罪纯属军事犯罪；

（五）请求的目的是基于种族、民族、宗教、国籍、性别、政治见解或者身份等方面的原因而进行调查、侦查、起诉、审判、执行刑罚，或者当事人可能由于上述原因受到不公正待遇；

（六）请求的事项与请求协助的案件之间缺乏实质性联系；

（七）其他可以拒绝的情形。

第十五条 对外联系机关收到外国提出的刑事司法协助请求，应当对请求书及所附材料进行审查。对于请求书形式和内容符合要求的，应当按照职责分工，将请求书及所附材料转交有关主管机关处理；对于请求书形式和内容不符合要求的，可以要求请求国补充材料或者重新提出请求。

对于刑事司法协助请求明显损害中华人民共和国的主权、安全和社会公共利益的，对外联系机关可以直接拒绝协助。

第十六条 主管机关收到对外联系机关转交的刑事司法协助请求书及所附材料后，应当进行审查，并分别作出以下处理：

（一）根据本法和刑事司法协助条约的规定认为可以协助执行的，作出决定并安排有关办案机关执行；

（二）根据本法第四条、第十四条或者刑事司法协助条约的规定，认为应当全部或者部分拒绝协助的，将请求书及所附材料退回对外联系机关并说明理由；

（三）对执行请求有保密要求或者有其他附加条件的，通过对外联系机关向外国提出，在外国接受条件并且作出书面保证后，决定附条件执行；

（四）需要补充材料的，书面通知对外联系机关要求请求国在合理期限内提供。

执行请求可能妨碍中华人民共和国有关机关正在进行的调查、侦查、起诉、审判或者执行的，主管机关可以决定推迟协助，并将推迟协助的决定和理由书面通知对外联系机关。

外国对执行其请求有保密要求或者特殊程序要求的，在不违反中华人民共和国法律的基本原则的情况下，主管机关可以按照其要求安排执行。

第十七条 办案机关收到主管机关交办的外国刑事司法协助请求后，应当依法执行，并将执行结果或者妨碍执行的情形及时报告主管机关。

办案机关在执行请求过程中，应当维护当事人和其他相关人员的合法权益，保护个人信息。

第十八条 外国请求将通过刑事司法协助取得的证据材料用于请求针对的案件以外的其他目的的，对外联系机关应当转交主管机关，由主管机关作出是否同意的决定。

第十九条 对外联系机关收到主管机关的有关通知或者执行结果后，应当及时转交或者转告请求国。

对于中华人民共和国提供刑事司法协助的案件，主管机关可以通过对外联系机关要求外国通报诉讼结果。

外国通报诉讼结果的，对外联系机关收到相关材料后，应当及时转交或者转告主管机关，涉及对中华人民共和国公民提起刑事诉讼的，还应当通知外交部。

第三章 送达文书

第一节 向外国请求送达文书

第二十条 办案机关需要外国协助送达传票、通知书、起诉书、判决书和其他司法文书的，应当制作刑事司法协助请求书并附相关材料，经所属主管机关审核同意后，由对外联系机关及时向外国提出请求。

第二十一条 向外国请求送达文书的，请求书应当载明受送达人的姓名或者名称、送达的地址以及需要告知受送达人的相关权利和义务。

第二节 向中华人民共和国请求送达文书

第二十二条 外国可以请求中华人民共和国协助送达传票、通知书、起诉书、判决书和其他司法文书。中华人民共和国协助送达司法文书，不代表对外国司法文书法律效力的承认。

请求协助送达出庭传票的，应当按照有关条约规定的期限提出。没有条约或者条约没有规定的，应当至迟在开庭前三个月提出。

对于要求中华人民共和国公民接受讯问或者作为被告人出庭的传票，中华人民共和国不负有协助送达的义务。

第二十三条 外国向中华人民共和国请求送达文书的，请求书应当载明受送达人的姓名或者名称、送达的地址以及需要告知受送达人的相关权利和义务。

第二十四条 负责执行协助送达文书的人民法院或者其他办案机关，应当及时将执行结果通过所属主管机关告知对外联系机关，由对外联系机关告知请求国。除无法送达的情形外，应当附有受送达人签收的送达回执或者其他证明文件。

第四章　调查取证

第一节　向外国请求调查取证

第二十五条　办案机关需要外国就下列事项协助调查取证的，应当制作刑事司法协助请求书并附相关材料，经所属主管机关审核同意后，由对外联系机关及时向外国提出请求：

（一）查找、辨认有关人员；

（二）查询、核实涉案财物、金融账户信息；

（三）获取并提供有关人员的证言或者陈述；

（四）获取并提供有关文件、记录、电子数据和物品；

（五）获取并提供鉴定意见；

（六）勘验或者检查场所、物品、人身、尸体；

（七）搜查人身、物品、住所和其他有关场所；

（八）其他事项。

请求外国协助调查取证时，办案机关可以同时请求在执行请求时派员到场。

第二十六条　向外国请求调查取证的，请求书及所附材料应当根据需要载明下列事项：

（一）被调查人的姓名、性别、住址、身份信息、联系方式和有助于确认被调查人的其他资料；

（二）需要向被调查人提问的问题；

（三）需要查找、辨认人员的姓名、性别、住址、身份信息、联系方式、外表和行为特征以及有助于查找、辨认的其他资料；

（四）需要查询、核实的涉案财物的权属、地点、特性、外形和数量等具体信息，需要查询、核实的金融账户相关信息；

（五）需要获取的有关文件、记录、电子数据和物品的持有人、地点、特性、外形和数量等具体信息；

（六）需要鉴定的对象的具体信息；

（七）需要勘验或者检查的场所、物品等的具体信息；

（八）需要搜查的对象的具体信息；

（九）有助于执行请求的其他材料。

第二十七条　被请求国要求归还其提供的证据材料或者物品的，办案机关应当尽快通过对外联系机关归还。

第二节　向中华人民共和国请求调查取证

第二十八条　外国可以请求中华人民共和国就本法第二十五条第一款规定的事项协助调查取证。

外国向中华人民共和国请求调查取证的，请求书及所附材料应当根据需要载明本法第二十六条规定的事项。

第二十九条 外国向中华人民共和国请求调查取证时，可以同时请求在执行请求时派员到场。经同意到场的人员应当遵守中华人民共和国法律，服从主管机关和办案机关的安排。

第三十条 办案机关要求请求国保证归还其提供的证据材料或者物品，请求国作出保证的，可以提供。

第五章 安排证人作证或者协助调查

第一节 向外国请求安排证人作证或者协助调查

第三十一条 办案机关需要外国协助安排证人、鉴定人来中华人民共和国作证或者通过视频、音频作证，或者协助调查的，应当制作刑事司法协助请求书并附相关材料，经所属主管机关审核同意后，由对外联系机关及时向外国提出请求。

第三十二条 向外国请求安排证人、鉴定人作证或者协助调查的，请求书及所附材料应当根据需要载明下列事项：

（一）证人、鉴定人的姓名、性别、住址、身份信息、联系方式和有助于确认证人、鉴定人的其他资料；

（二）作证或者协助调查的目的、必要性、时间和地点等；

（三）证人、鉴定人的权利和义务；

（四）对证人、鉴定人的保护措施；

（五）对证人、鉴定人的补助；

（六）有助于执行请求的其他材料。

第三十三条 来中华人民共和国作证或者协助调查的证人、鉴定人在离境前，其入境前实施的犯罪不受追诉；除因入境后实施违法犯罪而被采取强制措施的以外，其人身自由不受限制。

证人、鉴定人在条约规定的期限内或者被通知无需继续停留后十五日内没有离境的，前款规定不再适用，但是由于不可抗力或者其他特殊原因未能离境的除外。

第三十四条 对来中华人民共和国作证或者协助调查的证人、鉴定人，办案机关应当依法给予补助。

第三十五条 来中华人民共和国作证或者协助调查的人员系在押人员的，由对外联系机关会同主管机关与被请求国就移交在押人员的相关事项事先达成协议。

主管机关和办案机关应当遵守协议内容，依法对被移交的人员予以羁押，并在作证或者协助调查结束后及时将其送回被请求国。

第二节 向中华人民共和国请求安排证人作证或者协助调查

第三十六条 外国可以请求中华人民共和国协助安排证人、鉴定人赴外国作证或者通过视频、音频作证,或者协助调查。

外国向中华人民共和国请求安排证人、鉴定人作证或者协助调查的,请求书及所附材料应当根据需要载明本法第三十二条规定的事项。

请求国应当就本法第三十三条第一款规定的内容作出书面保证。

第三十七条 证人、鉴定人书面同意作证或者协助调查的,办案机关应当及时将证人、鉴定人的意愿、要求和条件通过所属主管机关通知对外联系机关,由对外联系机关通知请求国。

安排证人、鉴定人通过视频、音频作证的,主管机关或者办案机关应当派员到场,发现有损害中华人民共和国的主权、安全和社会公共利益以及违反中华人民共和国法律的基本原则的情形的,应当及时制止。

第三十八条 外国请求移交在押人员出国作证或者协助调查,并保证在作证或者协助调查结束后及时将在押人员送回的,对外联系机关应当征求主管机关和在押人员的意见。主管机关和在押人员均同意出国作证或者协助调查的,由对外联系机关会同主管机关与请求国就移交在押人员的相关事项事先达成协议。

在押人员在外国被羁押的期限,应当折抵其在中华人民共和国被判处的刑期。

第六章 查封、扣押、冻结涉案财物

第一节 向外国请求查封、扣押、冻结涉案财物

第三十九条 办案机关需要外国协助查封、扣押、冻结涉案财物的,应当制作刑事司法协助请求书并附相关材料,经所属主管机关审核同意后,由对外联系机关及时向外国提出请求。

外国对于协助执行中华人民共和国查封、扣押、冻结涉案财物的请求有特殊要求的,在不违反中华人民共和国法律的基本原则的情况下,可以同意。需要由司法机关作出决定的,由人民法院作出。

第四十条 向外国请求查封、扣押、冻结涉案财物的,请求书及所附材料应当根据需要载明下列事项:

(一)需要查封、扣押、冻结的涉案财物的权属证明、名称、特性、外形和数量等;

(二)需要查封、扣押、冻结的涉案财物的地点。资金或者其他金融资产存放在金融机构中的,应当载明金融机构的名称、地址和账户信息;

(三)相关法律文书的副本;

(四)有关查封、扣押、冻结以及利害关系人权利保障的法律规定;

(五)有助于执行请求的其他材料。

第四十一条 外国确定的查封、扣押、冻结的期限届满,办案机关需要外国继续查封、扣押、冻结相关涉案财物的,应当再次向外国提出请求。

办案机关决定解除查封、扣押、冻结的,应当及时通知被请求国。

第二节 向中华人民共和国请求查封、扣押、冻结涉案财物

第四十二条 外国可以请求中华人民共和国协助查封、扣押、冻结在中华人民共和国境内的涉案财物。

外国向中华人民共和国请求查封、扣押、冻结涉案财物的，请求书及所附材料应当根据需要载明本法第四十条规定的事项。

第四十三条 主管机关经审查认为符合下列条件的，可以同意查封、扣押、冻结涉案财物，并安排有关办案机关执行：

（一）查封、扣押、冻结符合中华人民共和国法律规定的条件；

（二）查封、扣押、冻结涉案财物与请求国正在进行的刑事案件的调查、侦查、起诉和审判活动相关；

（三）涉案财物可以被查封、扣押、冻结；

（四）执行请求不影响利害关系人的合法权益；

（五）执行请求不影响中华人民共和国有关机关正在进行的调查、侦查、起诉、审判和执行活动。

办案机关应当及时通过主管机关通知对外联系机关，由对外联系机关将查封、扣押、冻结的结果告知请求国。必要时，办案机关可以对被查封、扣押、冻结的涉案财物依法采取措施进行处理。

第四十四条 查封、扣押、冻结的期限届满，外国需要继续查封、扣押、冻结相关涉案财物的，应当再次向对外联系机关提出请求。

外国决定解除查封、扣押、冻结的，对外联系机关应当通过主管机关通知办案机关及时解除。

第四十五条 利害关系人对查封、扣押、冻结有异议，办案机关经审查认为查封、扣押、冻结不符合本法第四十三条第一款规定的条件的，应当报请主管机关决定解除查封、扣押、冻结并通知对外联系机关，由对外联系机关告知请求国；对案件处理提出异议的，办案机关可以通过所属主管机关转送对外联系机关，由对外联系机关向请求国提出。

第四十六条 由于请求国的原因导致查封、扣押、冻结不当，对利害关系人的合法权益造成损害的，办案机关可以通过对外联系机关要求请求国承担赔偿责任。

第七章 没收、返还违法所得及其他涉案财物

第一节 向外国请求没收、返还违法所得及其他涉案财物

第四十七条 办案机关需要外国协助没收违法所得及其他涉案财物的，应当制作刑事司法协助请求书并附相关材料，经所属主管机关审核同意后，由对外联系机关及时向外国提出请求。

请求外国将违法所得及其他涉案财物返还中华人民共和国或者返还被害人的，可以在向外国提出没收请求时一并提出，也可以单独提出。

外国对于返还被查封、扣押、冻结的违法所得及其他涉案财物有特殊要求的，在不违反中华人民共和国法律的基本原则的情况下，可以同意。需要由司法机关作出决定的，由人民法院作出决定。

第四十八条 向外国请求没收、返还违法所得及其他涉案财物的，请求书及所附材料应当根据需要载明下列事项：

（一）需要没收、返还的违法所得及其他涉案财物的名称、特性、外形和数量等；

（二）需要没收、返还的违法所得及其他涉案财物的地点。资金或者其他金融资产存放在金融机构中的，应当载明金融机构的名称、地址和账户信息；

（三）没收、返还的理由和相关权属证明；

（四）相关法律文书的副本；

（五）有关没收、返还以及利害关系人权利保障的法律规定；

（六）有助于执行请求的其他材料。

第四十九条 外国协助没收、返还违法所得及其他涉案财物的，由对外联系机关会同主管机关就有关财物的移交问题与外国进行协商。

对于请求外国协助没收、返还违法所得及其他涉案财物，外国提出分享请求的，分享的数额或者比例，由对外联系机关会同主管机关与外国协商确定。

第二节 向中华人民共和国请求没收、返还违法所得及其他涉案财物

第五十条 外国可以请求中华人民共和国协助没收、返还违法所得及其他涉案财物。

外国向中华人民共和国请求协助没收、返还违法所得及其他涉案财物的，请求书及所附材料应当根据需要载明本法第四十八条规定的事项。

第五十一条 主管机关经审查认为符合下列条件的，可以同意协助没收违法所得及其他涉案财物，并安排有关办案机关执行：

（一）没收违法所得及其他涉案财物符合中华人民共和国法律规定的条件；

（二）外国充分保障了利害关系人的相关权利；

（三）在中华人民共和国有可供执行的财物；

（四）请求书及所附材料详细描述了请求针对的财物的权属、名称、特性、外形和数量等信息；

（五）没收在请求国不能执行或者不能完全执行；

（六）主管机关认为应当满足的其他条件。

第五十二条 外国请求协助没收违法所得及其他涉案财物，有下列情形之一的，可以拒绝提供协助，并说明理由：

（一）中华人民共和国或者第三国司法机关已经对请求针对的财物作出生效裁判，并且已经执行完毕或者正在执行；

（二）请求针对的财物不存在，已经毁损、灭失、变卖或者已经转移导致无法执行，但请求没收变卖物或者转移后的财物的除外；

（三）请求针对的人员在中华人民共和国境内有尚未清偿的债务或者尚未了结的诉讼；

（四）其他可以拒绝的情形。

第五十三条 外国请求返还违法所得及其他涉案财物，能够提供确实、充分的证据证明，主管机关经审查认为符合中华人民共和国法律规定的条件的，可以同意并安排有关办案机关执行。返还前，办案机关可以扣除执行请求产生的合理费用。

第五十四条 对于外国请求协助没收、返还违法所得及其他涉案财物的，可以由对外联系机关会同主管机关提出分享的请求。分享的数额或者比例，由对外联系机关会同主管机关与外国协商确定。

第八章 移管被判刑人

第一节 向外国移管被判刑人

第五十五条 外国可以向中华人民共和国请求移管外国籍被判刑人，中华人民共和国可以向外国请求移管外国籍被判刑人。

第五十六条 向外国移管被判刑人应当符合下列条件：

（一）被判刑人是该国国民；

（二）对被判刑人判处刑罚所针对的行为根据该国法律也构成犯罪；

（三）对被判刑人判处刑罚的判决已经发生法律效力；

（四）被判刑人书面同意移管，或者因被判刑人年龄、身体、精神等状况确有必要，经其代理人书面同意移管；

（五）中华人民共和国和该国均同意移管。

有下列情形之一的，可以拒绝移管：

（一）被判刑人被判处死刑缓期执行或者无期徒刑，但请求移管时已经减为有期徒刑的除外；

（二）在请求移管时，被判刑人剩余刑期不足一年；

（三）被判刑人在中华人民共和国境内存在尚未了结的诉讼；

（四）其他不宜移管的情形。

第五十七条 请求向外国移管被判刑人的，请求书及所附材料应当根据需要载明下列事项：

（一）请求机关的名称；

（二）被请求移管的被判刑人的姓名、性别、国籍、身份信息和其他资料；

（三）被判刑人的服刑场所；

（四）请求移管的依据和理由；

（五）被判刑人或者其代理人同意移管的书面声明；

（六）其他事项。

第五十八条 主管机关应当对被判刑人的移管意愿进行核实。外国请求派员对被判刑人的移管意愿进行核实的，主管机关可以作出安排。

第五十九条 外国向中华人民共和国提出移管被判刑人的请求的，或者主管机关认为需要向外国提出移管被判刑人的请求的，主管机关应当会同相关主管部门，作出是否同意外国请求或者向外国提出请求的决定。作出同意外国移管请求的决定后，对外联系机关应当书面通知请求国和被判刑人。

第六十条 移管被判刑人由主管机关指定刑罚执行机关执行。移交被判刑人的时间、地点、方式等执行事项，由主管机关与外国协商确定。

第六十一条 被判刑人移管后对原生效判决提出申诉的，应当向中华人民共和国有管辖权的人民法院提出。

人民法院变更或者撤销原生效判决的，应当及时通知外国。

第二节 向中华人民共和国移管被判刑人

第六十二条 中华人民共和国可以向外国请求移管中国籍被判刑人，外国可以请求中华人民共和国移管中国籍被判刑人。移管的具体条件和办理程序，参照本章第一节的有关规定执行。

第六十三条 被判刑人移管回国后，由主管机关指定刑罚执行机关先行关押。

第六十四条 人民检察院应当制作刑罚转换申请书并附相关材料，提请刑罚执行机关所在地的中级人民法院作出刑罚转换裁定。

人民法院应当依据外国法院判决认定的事实，根据刑法规定，作出刑罚转换裁定。对于外国法院判处的刑罚性质和期限符合中华人民共和国法律规定的，按照其判处的刑罚和期限予以转换；对于外国法院判处的刑罚性质和期限不符合中华人民共和国法律规定的，按照下列原则确定刑种、刑期：

（一）转换后的刑罚应当尽可能与外国法院判处的刑罚相一致；

（二）转换后的刑罚在性质上或者刑期上不得重于外国法院判处的刑罚，也不得超过中华人民共和国刑法对同类犯罪所规定的最高刑期；

（三）不得将剥夺自由的刑罚转换为财产刑；

（四）转换后的刑罚不受中华人民共和国刑法对同类犯罪所规定的最低刑期的约束。

被判刑人回国服刑前被羁押的，羁押一日折抵转换后的刑期一日。

人民法院作出的刑罚转换裁定，是终审裁定。

第六十五条 刑罚执行机关根据刑罚转换裁定将移管回国的被判刑人收监执行刑罚。刑罚执行以及减刑、假释、暂予监外执行等，依照中华人民共和国法律办理。

第六十六条 被判刑人移管回国后对外国法院判决的申诉，应当向外国有管辖权的法院提出。

第九章 附 则

第六十七条 中华人民共和国与有关国际组织开展刑事司法协助,参照本法规定。

第六十八条 向中华人民共和国提出的刑事司法协助请求或者应中华人民共和国请求提供的文件和证据材料,按照条约的规定办理公证和认证事宜。没有条约或者条约没有规定的,按照互惠原则办理。

第六十九条 本法所称刑事司法协助条约,是指中华人民共和国与外国缔结或者共同参加的刑事司法协助条约、移管被判刑人条约或者载有刑事司法协助、移管被判刑人条款的其他条约。

第七十条 本法自公布之日起施行。

中国共产党纪律检查机关监督执纪工作规则

2018 年 12 月 28 日中共中央办公厅印发

第一章 总 则

第一条 为了加强党对纪律检查和国家监察工作的统一领导,加强党的纪律建设,推进全面从严治党,规范纪检监察机关监督执纪工作,根据《中国共产党章程》和有关法律,结合纪检监察体制改革和监督执纪工作实践,制定本规则。

第二条 坚持以马克思列宁主义、毛泽东思想、邓小平理论、“三个代表”重要思想、科学发展观、习近平新时代中国特色社会主义思想为指导,全面贯彻纪律检查委员会和监察委员会合署办公要求,依规依纪依法严格监督执纪,坚持打铁必须自身硬,把权力关进制度笼子,建设忠诚干净担当的纪检监察干部队伍。

第三条 监督执纪工作应当遵循以下原则:

(一)坚持和加强党的全面领导,牢固树立政治意识、大局意识、核心意识、看齐意识,坚定中国特色社会主义道路自信、理论自信、制度自信、文化自信,坚决维护习近平总书记党中央的核心、全党的核心地位,坚决维护党中央权威和集中统一领导,严守政治纪律和政治规矩,体现监督执纪工作的政治性,构建党统一指挥、全面覆盖、权威高效的监督体系;

(二)坚持纪律检查工作双重领导体制,监督执纪工作以上级纪委领导为主,线索处置、立案审查等在向同级党委报告的同时应当向上级纪委报告;

(三)坚持实事求是,以事实为依据,以党章党规党纪和国家法律法规为准绳,强化监督、严格执纪,把握政策、宽严相济,对主动投案、主动交代问题的宽大处理,对拒不交代、欺瞒组织的从严处理;

(四)坚持信任不能代替监督,执纪者必先守纪,以更高的标准、更严的要求约束自己,严格工作程序，有效管控风险，强化对监督执纪各环节的监督制约，确保监督执纪工作经得起历史和人民的检验。

第四条 坚持惩前毖后、治病救人，把纪律挺在前面，精准有效运用监督执纪"四种形态"，把思想政治工作贯穿监督执纪全过程，严管和厚爱结合，激励和约束并重，注重教育转化，促使党员自觉防止和纠正违纪行为，惩治极少数，教育大多数，实现政治效果、纪法效果和社会效果相统一。

第二章 领导体制

第五条 中央纪律检查委员会在党中央领导下进行工作。地方各级纪律检查委员会和基层纪律检查委员会在同级党的委员会和上级纪律检查委员会双重领导下进行工作。

党委应当定期听取、审议同级纪律检查委员会和监察委员会的工作报告，加强对纪委监委工作的领导、管理和监督。

第六条 党的纪律检查机关和国家监察机关是党和国家自我监督的专责机关，中央纪委和地方各级纪委贯彻党中央关于国家监察工作的决策部署，审议决定监委依法履职中的重要事项，把执纪和执法贯通起来，实现党内监督和国家监察的有机统一。

第七条 监督执纪工作实行分级负责制：

（一）中央纪委国家监委负责监督检查和审查调查中央委员、候补中央委员，中央纪委委员，中央管理的领导干部，党中央工作部门、党中央批准设立的党组（党委），各省、自治区、直辖市党委、纪委等党组织的涉嫌违纪或者职务违法、职务犯罪问题。

（二）地方各级纪委监委负责监督检查和审查调查同级党委委员、候补委员，同级纪委委员，同级党委管理的党员、干部以及监察对象，同级党委工作部门、党委批准设立的党组（党委），下一级党委、纪委等党组织的涉嫌违纪或者职务违法、职务犯罪问题。

（三）基层纪委负责监督检查和审查同级党委管理的党员，同级党委下属的各级党组织的涉嫌违纪问题；未设立纪律检查委员会的党的基层委员会，由该委员会负责监督执纪工作。

地方各级纪委监委依照规定加强对同级党委履行职责、行使权力情况的监督。

第八条 对党的组织关系在地方、干部管理权限在主管部门的党员、干部以及监察对象涉嫌违纪违法问题，应当按照谁主管谁负责的原则进行监督执纪，由设在主管部门、有管辖权的纪检监察机关进行审查调查，主管部门认为有必要的，可以与地方纪检监察机关联合审查调查。地方纪检监察机关接到问题线索反映的，经与主管部门协调，可以对其进行审查调查，也可以与主管部门组成联合审查调查组，审查调查情况及时向对方通报。

第九条 上级纪检监察机关有权指定下级纪检监察机关对其他下级纪检监察机关管辖的党组织和党员、干部以及监察对象涉嫌违纪或者职务违法、职务犯罪问题进行审查调查，必要时也可以直接进行审查调查。上级纪检监察机关可以将其直接管辖的事项指定下级纪检监察机关进行审查调查。

纪检监察机关之间对管辖事项有争议的，由其共同的上级纪检监察机关确定；认为所管辖的事项重大、复杂，需要由上级纪检监察机关管辖的，可以报请上级纪检监察机关管辖。

第十条 纪检监察机关应当严格执行请示报告制度。中央纪委定期向党中央报告工作,研究涉及全局的重大事项、遇有重要问题以及作出立案审查调查决定、给予党纪政务处分等事项应当及时向党中央请示报告,既要报告结果也要报告过程。执行党中央重要决定的情况应当专题报告。

地方各级纪检监察机关对作出立案审查调查决定、给予党纪政务处分等重要事项,应当向同级党委请示汇报并向上级纪委监委报告,形成明确意见后再正式行文请示。遇有重要事项应当及时报告。

纪检监察机关应当坚持民主集中制,对于线索处置、谈话函询、初步核实、立案审查调查、案件审理、处置执行中的重要问题,经集体研究后,报纪检监察机关相关负责人、主要负责人审批。

第十一条 纪检监察机关应当建立监督检查、审查调查、案件监督管理、案件审理相互协调、相互制约的工作机制。市地级以上纪委监委实行监督检查和审查调查部门分设,监督检查部门主要负责联系地区和部门、单位的日常监督检查和对涉嫌一般违纪问题线索处置,审查调查部门主要负责对涉嫌严重违纪或者职务违法、职务犯罪问题线索进行初步核实和立案审查调查;案件监督管理部门负责对监督检查、审查调查工作全过程进行监督管理,案件审理部门负责对需要给予党纪政务处分的案件审核把关。

纪检监察机关在工作中需要协助的,有关组织和机关、单位、个人应当依规依纪依法予以协助。

第十二条 纪检监察机关案件监督管理部门负责对监督执纪工作全过程进行监督管理,做好线索管理、组织协调、监督检查、督促办理、统计分析等工作。党风政风监督部门应当加强对党风政风建设的综合协调,做好督促检查、通报曝光和综合分析等工作。

第三章　监督检查

第十三条 党委(党组)在党内监督中履行主体责任,纪检监察机关履行监督责任,应当将纪律监督、监察监督、巡视监督、派驻监督结合起来,重点检查遵守、执行党章党规党纪和宪法法律法规,坚定理想信念,增强"四个意识",坚定"四个自信",维护习近平总书记核心地位,维护党中央权威和集中统一领导,贯彻执行党和国家的路线方针政策以及重大决策部署,坚持主动作为、真抓实干,落实全面从严治党责任、民主集中制原则、选人用人规定以及中央八项规定精神,巡视巡察整改,依法履职、秉公用权、廉洁从政从业以及恪守社会道德规范等情况,对发现的问题分类处置、督促整改。

第十四条 纪委监委(纪检监察组、纪检监察工委)报请或者会同党委(党组)定期召开专题会议,听取加强党内监督情况专题报告,综合分析所联系的地区、部门、单位政治生态状况,提出加强和改进的意见及工作措施,抓好组织实施和督促检查。

第十五条 纪检监察机关应当结合被监督对象的职责,加强对行使权力情况的日常监督,通过多种方式了解被监督对象的思想、工作、作风、生活情况,发现苗头性、倾向性问题或者轻微违纪问题,应当及时约谈提醒、批评教育、责令检查、诫勉谈话,提高监督的针对性和实效性。

第十六条 纪检监察机关应当畅通来信、来访、来电和网络等举报渠道,建设覆盖纪检监察系统的检举举报平台，及时受理检举控告，发挥党员和群众的监督作用。

第十七条 纪检监察机关应当建立健全党员领导干部廉政档案，主要内容包括：

（一）任免情况、人事档案情况、因不如实报告个人有关事项受到处理的情况等；

（二）巡视巡察、信访、案件监督管理以及其他方面移交的问题线索和处置情况；

（三）开展谈话函询、初步核实、审查调查以及其他工作形成的有关材料；

（四）党风廉政意见回复材料；

（五）其他反映廉政情况的材料。

廉政档案应当动态更新。

第十八条 纪检监察机关应当做好干部选拔任用党风廉政意见回复工作，对反映问题线索认真核查，综合用好巡视巡察等其他监督成果，严把政治关、品行关、作风关、廉洁关。

第十九条 纪检监察机关对监督中发现的突出问题，应当向有关党组织或者单位提出纪律检查建议或者监察建议，通过督促召开专题民主生活会、组织开展专项检查等方式，督查督办，推动整改。

第四章 线索处置

第二十条 纪检监察机关应当加强对问题线索的集中管理、分类处置、定期清理。信访举报部门归口受理同级党委管理的党组织和党员、干部以及监察对象涉嫌违纪或者职务违法、职务犯罪问题的信访举报，统一接收有关纪检监察机关、派驻或者派出机构以及其他单位移交的相关信访举报，移送本机关有关部门，深入分析信访形势，及时反映损害群众最关心、最直接、最现实的利益问题。

巡视巡察工作机构和审计机关、行政执法机关、司法机关等单位发现涉嫌违纪或者职务违法、职务犯罪问题线索，应当及时移交纪检监察机关案件监督管理部门统一办理。

监督检查部门、审查调查部门、干部监督部门发现的相关问题线索，属于本部门受理范围的，应当送案件监督管理部门备案；不属于本部门受理范围的，经审批后移送案件监督管理部门，由其按程序转交相关监督执纪部门办理。

第二十一条 纪检监察机关应当结合问题线索所涉及地区、部门、单位总体情况，综合分析，按照谈话函询、初步核实、暂存待查、予以了结 4 类方式进行处置。

线索处置不得拖延和积压，处置意见应当在收到问题线索之日起 1 个月内提出，并制定处置方案，履行审批手续。

第二十二条 纪检监察机关对反映同级党委委员、候补委员，纪委常委、监委委员，以及所辖地区、部门、单位主要负责人的问题线索和线索处置情况，应当及时向上级纪检监察机关报告。

第二十三条 案件监督管理部门对问题线索实行集中管理、动态更新、定期汇总核对，提出分办意见，报纪检监察机关主要负责人批准，按程序移送承办部门。承办部门应当指定专人负责管理问题线索，逐件编号登记、建立管理台账。线索管理处置各环节应当由经手人员签名，全程登记备查。

第二十四条 纪检监察机关应当根据工作需要,定期召开专题会议,听取问题线索综合情况汇报,进行分析研判,对重要检举事项和反映问题集中的领域深入研究,提出处置要求,做到件件有着落。

第二十五条 承办部门应当做好线索处置归档工作,归档材料齐全完整,载明领导批示和处置过程。案件监督管理部门定期汇总、核对问题线索及处置情况,向纪检监察机关主要负责人报告,并向相关部门通报。

第五章 谈 话 函 询

第二十六条 各级党委(党组)和纪检监察机关应当推动加强和规范党内政治生活,经常拿起批评和自我批评的武器,及时开展谈话提醒、约谈函询,促使党员、干部以及监察对象增强党的观念和纪律意识。

第二十七条 纪检监察机关采取谈话函询方式处置问题线索,应当起草谈话函询报批请示,拟订谈话方案和相关工作预案,按程序报批。需要谈话函询下一级党委(党组)主要负责人的,应当报纪检监察机关主要负责人批准,必要时向同级党委主要负责人报告。

第二十八条 谈话应当由纪检监察机关相关负责人或者承办部门负责人进行,可以由被谈话人所在党委(党组)、纪委监委(纪检监察组、纪检监察工委)有关负责人陪同;经批准也可以委托被谈话人所在党委(党组)主要负责人进行。

谈话应当在具备安全保障条件的场所进行。由纪检监察机关谈话的,应当制作谈话笔录,谈话后可以视情况由被谈话人写出书面说明。

第二十九条 纪检监察机关进行函询应当以办公厅(室)名义发函给被反映人,并抄送其所在党委(党组)和派驻纪检监察组主要负责人。被函询人应当在收到函件后15个工作日内写出说明材料,由其所在党委(党组)主要负责人签署意见后发函回复。

被函询人为党委(党组)主要负责人的,或者被函询人所作说明涉及党委(党组)主要负责人的,应当直接发函回复纪检监察机关。

第三十条 承办部门应当在谈话结束或者收到函询回复后1个月内写出情况报告和处置意见,按程序报批。根据不同情形作出相应处理:

(一)反映不实,或者没有证据证明存在问题的,予以采信了结,并向被函询人发函反馈。

(二)问题轻微,不需要追究纪律责任的,采取谈话提醒、批评教育、责令检查、诫勉谈话等方式处理。

(三)反映问题比较具体,但被反映人予以否认且否认理由不充分具体的,或者说明存在明显问题的,一般应当再次谈话或者函询;发现被反映人涉嫌违纪或者职务违法、职务犯罪问题需要追究纪律和法律责任的,应当提出初步核实的建议。

(四)对诬告陷害者,依规依纪依法予以查处。

必要时可以对被反映人谈话函询的说明情况进行抽查核实。

谈话函询材料应当存入廉政档案。

第三十一条 被谈话函询的党员干部应当在民主生活会、组织生活会上就本年度或者上年度谈话函询问题进行说明，讲清组织予以采信了结的情况；存在违纪问题的，应当进行自我批评，作出检讨。

第六章　初步核实

第三十二条　党委（党组）、纪委监委（纪检监察组）应当对具有可查性的涉嫌违纪或者职务违法、职务犯罪问题线索，扎实开展初步核实工作，收集客观性证据，确保真实性和准确性。

第三十三条　纪检监察机关采取初步核实方式处置问题线索，应当制定工作方案，成立核查组，履行审批程序。被核查人为下一级党委（党组）主要负责人的，纪检监察机关应当报同级党委主要负责人批准。

第三十四条　核查组经批准可以采取必要措施收集证据，与相关人员谈话了解情况，要求相关组织作出说明，调取个人有关事项报告，查阅复制文件、账目、档案等资料，查核资产情况和有关信息，进行鉴定勘验。对被核查人及相关人员主动上交的财物，核查组应当予以暂扣。

需要采取技术调查或者限制出境等措施的，纪检监察机关应当严格履行审批手续，交有关机关执行。

第三十五条　初步核实工作结束后，核查组应当撰写初步核实情况报告，列明被核查人基本情况、反映的主要问题、办理依据以及初步核实结果、存在疑点、处理建议，由核查组全体人员签名备查。

承办部门应当综合分析初步核实情况，按照拟立案审查调查、予以了结、谈话提醒、暂存待查，或者移送有关党组织处理等方式提出处置建议。

初步核实情况报告应当报纪检监察机关主要负责人审批，必要时向同级党委主要负责人报告。

第七章　审查调查

第三十六条　党委（党组）应当按照管理权限，加强对党员、干部以及监察对象涉嫌严重违纪或者职务违法、职务犯罪问题审查调查处置工作，定期听取重大案件情况报告，加强反腐败协调机构的机制建设，坚定不移、精准有序惩治腐败。

第三十七条　纪检监察机关经过初步核实，对党员、干部以及监察对象涉嫌违纪或者职务违法、职务犯罪，需要追究纪律或者法律责任的，应当立案审查调查。

凡报请批准立案的，应当已经掌握部分违纪或者职务违法、职务犯罪事实和证据，具备进行审查调查的条件。

第三十八条　对符合立案条件的，承办部门应当起草立案审查调查呈批报告，经纪检监察机关主要负责人审批，报同级党委主要负责人批准，予以立案审查调查。

立案审查调查决定应当向被审查调查人宣布，并向被审查调查人所在党委（党组）主要负责人通报。

第三十九条　对涉嫌严重违纪或者职务违法、职务犯罪人员立案审查调查，纪检监察机关主要负责人应当主持召开由纪检监察机关相关负责人参加的专题会议，研究批准审查调查方案。

纪检监察机关相关负责人批准成立审查调查组，确定审查调查谈话方案、外查方案，审批重要信息查询、涉案财物查扣等事项。

监督检查、审查调查部门主要负责人组织研究提出审查调查谈话方案、外查方案和处置意见建议，审批一般信息查询，对调查取证审核把关。

审查调查组组长应当严格执行审查调查方案，不得擅自更改；以书面形式报告审查调查进展情况，遇有重要事项及时请示。

第四十条 审查调查组可以依照党章党规和监察法，经审批进行谈话、讯问、询问、留置、查询、冻结、搜查、调取、查封、扣押（暂扣、封存）、勘验检查、鉴定，提请有关机关采取技术调查、通缉、限制出境等措施。

承办部门应当建立台账，记录使用措施情况，向案件监督管理部门定期备案。

案件监督管理部门应当核对检查，定期汇总重要措施使用情况并报告纪委监委领导和上一级纪检监察机关，发现违规违纪违法使用措施的，区分不同情况进行处理，防止擅自扩大范围、延长时限。

第四十一条 需要对被审查调查人采取留置措施的，应当依据监察法进行，在 24 小时内通知其所在单位和家属，并及时向社会公开发布。因可能毁灭、伪造证据，干扰证人作证或者串供等有碍调查情形而不宜通知或者公开的，应当按程序报批并记录在案。有碍调查的情形消失后，应当立即通知被留置人员所在单位和家属。

第四十二条 审查调查工作应当依照规定由两人以上进行，按照规定出示证件，出具书面通知。

第四十三条 立案审查调查方案批准后，应当由纪检监察机关相关负责人或者部门负责人与被审查调查人谈话，宣布立案决定，讲明党的政策和纪律，要求被审查调查人端正态度、配合审查调查。

审查调查应当充分听取被审查调查人陈述，保障其饮食、休息，提供医疗服务，确保安全。严格禁止使用违反党章党规党纪和国家法律的手段，严禁逼供、诱供、侮辱、打骂、虐待、体罚或者变相体罚。

第四十四条 审查调查期间，对被审查调查人以同志相称，安排学习党章党规党纪以及相关法律法规，开展理想信念宗旨教育，通过深入细致的思想政治工作，促使其深刻反省、认识错误、交代问题，写出忏悔反思材料。

第四十五条 外查工作必须严格按照外查方案执行，不得随意扩大审查调查范围、变更审查调查对象和事项，重要事项应当及时请示报告。

外查工作期间，未经批准，监督执纪人员不得单独接触任何涉案人员及其特定关系人，不得擅自采取审查调查措施，不得从事与外查事项无关的活动。

第四十六条 纪检监察机关应当严格依规依纪依法收集、鉴别证据，做到全面、客观，形成相互印证、完整稳定的证据链。

调查取证应当收集原物原件，逐件清点编号，现场登记，由在场人员签字盖章，原物不便搬运、保存或者取得原件确有困难的，可以将原物封存并拍照录像或者调取原件副本、复印件；谈话应当现场制作谈话笔录并由被谈话人阅看后签字。已调取证据必须及时交审查调查组统一保管。

严禁以威胁、引诱、欺骗以及其他违规违纪违法方式收集证据；严禁隐匿、损毁、篡改、伪造证据。

第四十七条 查封、扣押（暂扣、封存）、冻结、移交涉案财物，应当严格履行审批手续。

执行查封、扣押（暂扣、封存）措施，监督执纪人员应当会同原财物持有人或者保管人、见证人，当面逐一拍照、登记、编号，现场填写登记表，由在场人员签名。对价值不明物品应当及时鉴定，专门封存保管。

纪检监察机关应当设立专用账户、专门场所，指定专门人员保管涉案财物，严格履行交接、调取手续，定期对账核实。严禁私自占有、处置涉案财物及其孳息。

第四十八条 对涉嫌严重违纪或者职务违法、职务犯罪问题的审查调查谈话、搜查、查封、扣押（暂扣、封存）涉案财物等重要取证工作应当全过程进行录音录像，并妥善保管，及时归档，案件监督管理部门定期核查。

第四十九条 对涉嫌严重违纪或者职务违法、职务犯罪问题的审查调查，监督执纪人员未经批准并办理相关手续，不得将被审查调查人或者其他重要的谈话、询问对象带离规定的谈话场所，不得在未配置监控设备的场所进行审查调查谈话或者其他重要的谈话、询问，不得在谈话期间关闭录音录像设备。

第五十条 监督检查、审查调查部门主要负责人、分管领导应当定期检查审查调查期间的录音录像、谈话笔录、涉案财物登记资料，发现问题及时纠正并报告。

纪检监察机关相关负责人应当通过调取录音录像等方式，加强对审查调查全过程的监督。

第五十一条 查明涉嫌违纪或者职务违法、职务犯罪问题后，审查调查组应当撰写事实材料，与被审查调查人见面，听取意见。被审查调查人应当在事实材料上签署意见，对签署不同意见或者拒不签署意见的，审查调查组应当作出说明或者注明情况。

审查调查工作结束，审查调查组应当集体讨论，形成审查调查报告，列明被审查调查人基本情况、问题线索来源及审查调查依据、审查调查过程，主要违纪或者职务违法、职务犯罪事实，被审查调查人的态度和认识，处理建议及党纪法律依据，并由审查调查组组长以及有关人员签名。

对审查调查过程中发现的重要问题和意见建议，应当形成专题报告。

第五十二条 审查调查报告以及忏悔反思材料，违纪或者职务违法、职务犯罪事实材料，涉案财物报告等，应当按程序报纪检监察机关主要负责人批准，连同全部证据和程序材料，依照规定移送审理。

审查调查全过程形成的材料应当案结卷成、事毕归档。

第八章 审　　理

第五十三条 纪检监察机关应当对涉嫌违纪或者违法、犯罪案件严格依规依纪依法审核把关，提出纪律处理或者处分的意见，做到事实清楚、证据确凿、定性准确、处理恰当、手续完备、程序合规。

纪律处理或者处分必须坚持民主集中制原则，集体讨论决定，不允许任何个人或者少数人决定和批准。

第五十四条 坚持审查调查与审理相分离的原则，审查调查人员不得参与审理。纪检监察机关案件审理部门对涉嫌违纪或者职务违法、职务犯罪问题，依照规定应当给予纪律处理或者处分的案件和复议复查案件进行审核处理。

第五十五条 审理工作按照以下程序进行：

（一）案件审理部门收到审查调查报告后，经审核符合移送条件的予以受理，不符合移送条件的可以暂缓受理或者不予受理。

（二）对于重大、复杂、疑难案件，监督检查、审查调查部门已查清主要违纪或者职务违法、职务犯罪事实并提出倾向性意见的；对涉嫌违纪或者职务违法、职务犯罪行为性质认定分歧较大的，经批准案件审理部门可以提前介入。

（三）案件审理部门受理案件后，应当成立由两人以上组成的审理组，全面审理案卷材料，提出审理意见。

（四）坚持集体审议原则，在民主讨论基础上形成处理意见；对争议较大的应当及时报告，形成一致意见后再作出决定。案件审理部门根据案件审理情况，应当与被审查调查人谈话，核对违纪或者职务违法、职务犯罪事实，听取辩解意见，了解有关情况。

（五）对主要事实不清、证据不足的，经纪检监察机关主要负责人批准，退回监督检查、审查调查部门重新审查调查；需要补充完善证据的，经纪检监察机关相关负责人批准，退回监督检查、审查调查部门补充审查调查。

（六）审理工作结束后应当形成审理报告，内容包括被审查调查人基本情况、审查调查简况、违纪违法或者职务犯罪事实、涉案财物处置、监督检查或者审查调查部门意见、审理意见等。审理报告应当体现党内审查特色，依据《中国共产党纪律处分条例》认定违纪事实性质，分析被审查调查人违反党章、背离党的性质宗旨的错误本质，反映其态度、认识以及思想转变过程。涉嫌职务犯罪需要追究刑事责任的，还应当形成《起诉意见书》，作为审理报告附件。

对给予同级党委委员、候补委员，同级纪委委员、监委委员处分的，在同级党委审议前，应当与上级纪委监委沟通并形成处理意见。

审理工作应当在受理之日起1个月内完成，重大复杂案件经批准可以适当延长。

第五十六条 审理报告报经纪检监察机关主要负责人批准后，提请纪委常委会会议审议。需报同级党委审批的，应当在报批前以纪检监察机关办公厅（室）名义征求同级党委组织部门和被审查调查人所在党委（党组）意见。

处分决定作出后，纪检监察机关应当通知受处分党员所在党委（党组），抄送同级党委组织部门，并依照规定在1个月内向其所在党的基层组织中的全体党员以及本人宣布。处分决定执行情况应当及时报告。

第五十七条 被审查调查人涉嫌职务犯罪的，应当由案件监督管理部门协调办理移送司法机关事宜。对于采取留置措施的案件，在人民检察院对犯罪嫌疑人先行拘留后，留置措施自动解除。

案件移送司法机关后，审查调查部门应当跟踪了解处理情况，发现问题及时报告，不得违规过问、干预处理工作。

审理工作完成后，对涉及的其他问题线索，经批准应当及时移送有关纪检监察机关处置。

第五十八条 对被审查调查人违规违纪违法所得财物，应当依规依纪依法予以收缴、责令退赔或者登记上交。

对涉嫌职务犯罪所得财物，应当随案移送司法机关。

对经认定不属于违规违纪违法所得的，应当在案件审结后依规依纪依法予以返还，并办理签收手续。

第五十九条 对不服处分决定的申诉，由批准或者决定处分的党委（党组）或者纪检监察机关受理；需要复议复查的，由纪检监察机关相关负责人批准后受理。

申诉办理部门成立复查组，调阅原案案卷，必要时可以进行取证，经集体研究后，提出办理意见，报纪检监察机关相关负责人批准或者纪委常委会会议研究决定，作出复议复查决定。决定应当告知申诉人，抄送相关单位，并在一定范围内宣布。

坚持复议复查与审查审理分离，原案审查、审理人员不得参与复议复查。

复议复查工作应当在3个月内办结。

第九章 监督管理

第六十条 纪检监察机关应当严格依照党内法规和国家法律，在行使权力上慎之又慎，在自我约束上严之又严，强化自我监督，健全内控机制，自觉接受党内监督、社会监督、群众监督，确保权力受到严格约束，坚决防止“灯下黑”。

纪检监察机关应当加强对监督执纪工作的领导，切实履行自身建设主体责任，严格教育、管理、监督，使纪检监察干部成为严守纪律、改进作风、拒腐防变的表率。

第六十一条 纪检监察机关应当严格干部准入制度，严把政治安全关，纪检监察干部必须忠诚坚定、担当尽责、遵纪守法、清正廉洁，具备履行职责的基本条件。

第六十二条 纪检监察机关应当加强党的政治建设、思想建设、组织建设，突出政治功能，强化政治引领。审查调查组有正式党员3人以上的，应当设立临时党支部，加强对审查调查组成员的教育、管理、监督，开展政策理论学习，做好思想政治工作，及时发现问题、进行批评纠正，发挥战斗堡垒作用。

第六十三条 纪检监察机关应当加强干部队伍作风建设，树立依规依法、纪律严明、作风深入、工作扎实、谦虚谨慎、秉公执纪的良好形象，力戒形式主义、官僚主义，力戒特权思想，力戒口大气粗、颐指气使，不断提高思想政治水平和把握政策能力，建设让党放心、人民信赖的纪检监察干部队伍。

第六十四条 对纪检监察干部打听案情、过问案件、说情干预的，受请托人应当向审查调查组组长和监督检查、审查调查部门主要负责人报告并登记备案。

发现审查调查组成员未经批准接触被审查调查人、涉案人员及其特定关系人，或者存在交往情形的，应当及时向审查调查组组长和监督检查、审查调查部门主要负责人直至纪检监察机关主要负责人报告并登记备案。

第六十五条 严格执行回避制度。审查调查审理人员是被审查调查人或者检举人近亲属、本案证人、利害关系人，或者存在其他可能影响公正审查调查审理情形的，不得参与相关审查调查审理工作，应当主动申请回避，被审查调查人、检举人以及其他有关人员也有权要求其回避。选用借调人员、看护人员、审查场所，应当严格执行回避制度。

第六十六条 审查调查组需要借调人员的，一般应当从审查调查人才库选用，由纪检监察机关组织部门办理手续，实行一案一借，不得连续多次借调。加强对借调人员的管理监督，借调结束后由审查调查组写出鉴定。借调单位和党员干部不得干预借调人员岗位调整、职务晋升等事项。

第六十七条 监督执纪人员应当严格执行保密制度，控制审查调查工作事项知悉范围和时间，不准私自留存、隐匿、查阅、摘抄、复制、携带问题线索和涉案资料，严禁泄露审查调查工作情况。

审查调查组成员工作期间，应当使用专用手机、电脑、电子设备和存储介质，实行编号管理，审查调查工作结束后收回检查。

汇报案情、传递审查调查材料应当使用加密设施，携带案卷材料应当专人专车、卷不离身。

第六十八条 纪检监察机关相关涉密人员离岗离职后，应当遵守脱密期管理规定，严格履行保密义务，不得泄露相关秘密。

监督执纪人员辞职、退休 3 年内，不得从事与纪检监察和司法工作相关联、可能发生利益冲突的职业。

第六十九条 纪检监察机关开展谈话应当做到全程可控。谈话前做好风险评估、医疗保障、安全防范工作以及应对突发事件的预案；谈话中及时研判谈话内容以及案情变化，发现严重职务违法、职务犯罪，依照监察法需要采取留置措施的，应当及时采取留置措施；谈话结束前做好被谈话人思想工作，谈话后按程序与相关单位或者人员交接，并做好跟踪回访等工作。

第七十条 建立健全安全责任制，监督检查、审查调查部门主要负责人和审查调查组组长是审查调查安全第一责任人，审查调查组应当指定专人担任安全员。被审查调查人发生安全事故的，应当在 24 小时内逐级上报至中央纪委，及时做好舆论引导。

发生严重安全事故的，或者存在严重违规违纪违法行为的，省级纪检监察机关主要负责人应当向中央纪委作出检讨，并予以通报、严肃问责追责。

案件监督管理部门应当组织开展经常性检查和不定期抽查，发现问题及时报告并督促整改。

第七十一条 对纪检监察干部越权接触相关地区、部门、单位党委（党组）负责人，私存线索、跑风漏气、违反安全保密规定，接受请托、干预审查调查、以案谋私、办人情案，侮辱、打骂、虐待、体罚或者变相体罚被审查调查人，以违规违纪违法方式收集证据，截留挪用、侵占私分涉案财物，接受宴请和财物等行为，依规依纪严肃处理；涉嫌职务违法、职务犯罪的，依法追究法律责任。

第七十二条 纪检监察机关在维护监督执纪工作纪律方面失职失责的，予以严肃问责。

第七十三条 对案件处置出现重大失误，纪检监察干部涉嫌严重违纪或者职务违法、职务犯罪的，开展“一案双查”，既追究直接责任，还应当严肃追究有关领导人员责任。

建立办案质量责任制，对滥用职权、失职失责造成严重后果的，实行终身问责。

第十章 附 则

第七十四条 各省（自治区、直辖市）党委、中央和国家机关工委可以根据本规则，结合工作实际，制定实施细则。

中央军事委员会可以根据本规则，制定相关规定。

第七十五条 纪委监委派驻纪检监察组、纪检监察工委除执行本规则外，还应当执行党中央以及中央纪委相关规定。

国有企事业单位纪检监察机构结合实际执行本规则。

第七十六条 本规则由中央纪律检查委员会负责解释。

第七十七条 本规则自2019年1月1日起施行。2017年1月15日中央纪委印发的《中国共产党纪律检查机关监督执纪工作规则（试行）》同时废止。此前发布的其他有关纪检监察机关监督执纪工作的规定，凡与本规则不一致的，按照本规则执行。

后　　记

写作分工：

适用提要　夏　红

第一章　夏　红(第1条)　赵　霞(第2~6条)

第二章、第三章　赵　霞

第四章至第六章　夏　红

第七章、第八章　赵　霞

全书由夏红统稿。

本书在编写过程中，参阅了大量有关监察法制定及研究的文章、报道和新闻资料，并且有很多朋友会在第一时间为我们提供最新相关资讯，在此一并表示感谢。

特别感谢法律出版社的编辑在本书写作及出版过程中所给予的无私帮助。

夏　红

2019年9月